ÉCHEC DES ÉCOLOGISTES ?

BILAN DES DÉCENNIES 70 ET 80

LUC GAGNON

ÉCHEC DES ÉCOLOGISTES ?

BILAN DES DÉCENNIES 70 ET 80

Méridien

ÉDITIONS DU MÉRIDIEN

Données de catalogage avant publication (Canada)
Gagnon, Luc, 1952-

Échec des écologistes ? : bilan des décennies 70 et 80.

Comprend des réf. bibliogr.
Présenté à l'origine comme thèse (de doctorat de l'auteur - Université de Montréal), 1990 sous le titre: L'échec macro-écologique, exigences des écologistes et outputs des systèmes politiques.

ISBN: 2-89415-100-4

1. Écologisme.   2. Environnementalistes.   3. Environnement - Protection - Opinion publique.   4. Ressources naturelles - Gestion.   5. Pollution transfrontière.   6. Environnement - Politique gouvernementale. I. Titre.   II. Titre: L'échec macro-écologique, exigences des écologistes et outputs des systèmes politiques

JA75.8.G33   1993   322.4'4   C93-097041-1

Cet ouvrage a été publié grâce à une subvention de la Fédération canadienne des sciences sociales, dont les fonds proviennent du Conseil de recherche en sciences humaines du Canada.

© Éditions du Méridien — 1993

Dépôt légal 1993 — Bibliothèque nationale du Québec.

Imprimé au Canada

Remerciements

Je me dois de remercier sincèrement plusieurs personnes qui ont contribué de diverses façons à la réalisation de ce livre:

-M. Edmond Orban qui, en tant que directeur de thèse, a su m'encourager à continuer ce long travail, tout en contrôlant mes ambitions excessives. Ses conseils m'ont certainement permis de garder le cap sur les objectifs spécifiques de la thèse.

-M. Harvey Mead qui a vérifié attentivement les textes préliminaires et qui m'a fait bénéficier de sa grande expérience des groupes environnementaux.

-M. Luc-Normand Tellier qui a été très rigoureux et critique dans sa révision des textes, me permettant ainsi d'améliorer plusieurs chapitres.

-M. Jean-Guy Vaillancourt et M.Pierre Dansereau qui, en tant que pionniers de l'écologie au Québec, ont contribué grandement à cette thèse par leurs conseils et leurs recherches.

-Et surtout M. Yves Guérard en tant que collègue et ami, avec qui j'ai écrit plusieurs articles et mémoires depuis six ans. Ses idées ont grandement influencé le contenu de cette thèse.

INTRODUCTION

Échec des écologistes?
Bilan des années 70 et 80

Depuis les années 70, les conflits politiques liés aux problèmes environnementaux sont devenus omniprésents dans les pays occidentaux. Après au moins quinze années de conflits environnementaux, une analyse politique devrait maintenant être fructueuse pour deux raisons: premièrement, la période est suffisamment longue pour permettre d'identifier des tendances; deuxièmement, plusieurs acteurs *écologistes* sont maintenant bien identifiés et il est possible d'évaluer leur impact dans le processus de décision.

0.1 Problématique

Plusieurs auteurs ont défini les caractéristiques des groupes écologistes; malheureusement, il existe de nombreux désaccords parmi ces auteurs. La première partie de ce livre consiste donc à clarifier ces désaccords, par une discussion sur l'approche des écologistes, leurs exigences, leur appartenance socio-culturelle et le contexte politique auquel ils se sont adaptés.

Par contre, l'hypothèse centrale de ce livre portera non pas sur les groupes écologistes eux-mêmes, mais sur les interactions entre les groupes et les systèmes politiques dans lesquels ils travaillent, autant sur les plans national qu'international. Ce sont ces interactions qui permettent d'expliquer leur échec (ou leur succès).

La problématique peut être résumée par les titres des trois parties de ce livre:

A. Les caractéristiques des groupes écologistes,
B. La confirmation de l'échec macro-écologique,
C. Les facteurs nationaux et internationaux de l'échec et les conséquences stratégiques pour les groupes.

0.2 Définitions des termes et des concepts

> Écologie: «Science des interactions entre espèces vivantes, ou entre chaque espèce et le milieu où elle vit». (Dictionnaire de l'écologie, Larousse)

Le titre de ce livre comporte deux termes qui doivent être explicités, ceux *d'échec* et *d'écologiste.*

Relativement au terme *écologiste,* il importe de faire plusieurs distinctions dans les nombreux termes basés sur le mot *écologie.* Une première distinction concerne les mots **écologie** versus **écologisme.** L'*écologie* est une science «pure» dans le sens traditionnel de la biologie ou de la physique; elle peut être subdivisée en écologie aquatique, écologie végétale, écologie animale, etc. *L'écologisme* est une approche qui s'inspire de l'écologie et qui permet de structurer un ensemble de revendications politiques. L'écologisme, c'est la conséquence sociale et politique de l'écologie.

Cette dichotomie a produit d'autres distinctions: [1]

Tableau 0.2a: Distinction entre *écologie* et *écologisme*		
	Écologie	**Écologisme**
Science concernée:	Science «pure» ou appliquée	Science sociale ou politique
Spécialiste qui la met en pratique:	*Écologue*	*Écologiste*
Adjectif à utiliser:	Problème *écologique*	Problème *écologiste*

A l'intérieur de la perspective politique et sociale, il existe aussi des distinctions. Plusieurs auteurs réfèrent au concept de **mouvement écologiste.** Par contre, le concept de *mouvement* soulève deux problèmes, d'abord celui de sa définition qui est variable selon les auteurs (Touraine, Wilson), mais aussi un problème de fond car un *mouvement*

---

[1] Ces distinctions proviennent des écrits de certains écologistes radicaux comme Michel Jurdant qui cherchent à démontrer que les écologistes ne sont pas des technocrates.

représente un phénomène social plus profond que l'existence de groupes de pression. Ces problèmes seront discutés, mais comme il ne faut pas présumer que les écologistes constituent effectivement un *mouvement*, il est préférable d'utiliser une étiquette moins controversée. C'est pourquoi **l'expression *groupes écologistes* sera utilisée pour désigner sous une seule étiquette l'ensemble des groupes écologistes, des groupes environnementaux et des partis verts.**

Il existe également des divergences d'opinion parmi les écologistes concernant ceux qui se qualifient *d'environnementalistes* [2]. Certains auteurs considèrent cette branche de l'écologisme comme insuffisamment radicale et veulent l'exclure du phénomène. Ces exclusions sont difficiles à justifier du point de vue méthodologique et tous les groupes dont la première fonction est la protection de l'environnement seront inclus dans l'analyse. En fait, ces divergences sont semblables aux désaccords qui existent entre les groupes de pression dans d'autres secteurs, à savoir quel groupe possède la plus grande légitimité dans la représentation des intérêts.

L'analyse portera donc autant sur les groupes qui pourraient recevoir les qualificatifs *environnementaux* ou *écologistes,* et pour simplifier, le terme *écologistes* (le nom) inclut les environnementalistes parce qu'il est impossible de déterminer qui est suffisamment «pur» pour mériter le titre.

Le deuxième terme qui doit être explicité est le concept «d'échec», dont l'évaluation relative est basée sur trois catégories d'indicateurs:
1. Des indicateurs «sur le terrain», tels que la quantité totale de pollution et la consommation d'énergie per capita.
2. Les *outputs* des systèmes politiques constituent également des indicateurs de succès ou d'échec des groupes écologistes. Par exemple, à la suite de leurs exigences politiques concernant l'énergie nucléaire, les pluies acides et les déchets toxiques, y-a-t-il adoption de mesures de protection de l'environnement?
3. La concordance entre l'agenda politique des gouvernements et les principaux problèmes environnementaux représente aussi un indicateur de la performance des écologistes. Il faudra donc identifier les enjeux environnementaux qui ne font pas l'objet de conflits politiques, et vérifier si ces enjeux sont importants en termes de pollution et de consommation de ressources.

Il est essentiel de noter que l'échec est évalué **uniquement sur des critères et sur des enjeux de protection de l'environnement.** Même si les écologistes ont plusieurs autres objectifs, ce choix méthodologique semble raisonnable, puisque la protection de l'environnement est l'objectif avoué le plus important et parce qu'il serait im-

---

[2]   Ce terme provient probablement du mot anglais *environmentalist* et est implicitement rattaché à l'image des groupes américains.

possible de conclure à un succès des groupes s'il y a échec sur cet objectif fondamental. La protection de l'environnement est définie dans un sens large et elle inclura autant les enjeux liés au contrôle de la pollution que les enjeux liés à la gestion des ressources naturelles sur une base durable.

En conséquence, l'analyse ne se limitera pas à des critères politiques tels que l'opinion publique ou la progression électorale des partis verts. Ces éléments sont importants, mais considérant les objectifs des écologistes, il faut plutôt mettre l'accent sur la concrétisation de leurs exigences environnementales.

Notons que si le concept «d'échec» est associé aux groupes écologistes, nous ne présumons aucunement que ces derniers sont les seuls responsables de la protection de l'environnement. Ce livre inclura une analyse des autres acteurs pertinents et essayera d'identifier les causes d'échec sur lesquelles les écologistes n'ont pas nécessairement de contrôle. (Mais cela ne changerait pas le constat qu'il y a effectivement échec).

L'évaluation de l'échec des groupes écologistes est **relative,** selon les progrès obtenus dans la situation écologique «sur le terrain». Le tableau 0.2b présente cette évaluation, exprimée en termes mathématiques:

Tableau 0.2b: Équation de calcul de l'échec relatif

Situation de l'année $X = \dfrac{\text{Mesures concrètes de protection de l'environnement}}{\text{Intensité des problèmes environnementaux «sur le terrain»}}$

Ratio d'échec relatif $= \dfrac{\text{Situation de l'année } (X + 18) \text{ (environ 1988)}^{3}}{\text{Situation de l'année } \quad X \quad \text{(environ 1970)}}$

Si le ratio est inférieur à 1, il y a échec.

Il y a «échec relatif» si les progrès dans l'adoption de mesures positives sont moins rapides que la croissance des problèmes. Cette dimension est essentielle à l'analyse, puisque sans une comparaison avec la situation précédente, il suffirait que les groupes aient réussi à faire appliquer une seule de leurs exigences pour conclure à un succès.

L'évaluation se fera principalement selon des critères *macro-écologiques,* concept qui mérite une explication détaillée, car il s'appuie

---

[3]   Les dates présentées sont approximatives car, selon les études de cas et la disponibilité des données, le choix des années sera variable .

sur les tendances récentes des enjeux environnementaux. Dans les années 60 et 70, les enjeux semblaient plutôt régionaux ou nationaux: pollution de l'air dans les centre-villes, dégradation de certains lacs de villégiature, épuration des égouts domestiques, sites de centrales nucléaires, etc. Dans les années 80, les problèmes sont devenus internationaux: pluies acides qui menacent l'ensemble des écosystèmes aquatiques et forestiers, érosion de la couche d'ozone stratosphérique, surpâturage et coupe de bois en milieu semi-aride qui sont en voie de désertifier plusieurs pays d'Afrique, destruction des forêts et utilisation de combustibles fossiles qui causent l'effet de serre (dû au CO2), risquant ainsi de perturber le climat de toute la planète.

Il existe en fait une distinction fondamentale entre ces deux périodes: les premiers enjeux portaient sur la protection des écosystèmes, alors que les enjeux les plus récents portent sur l'équilibre des cycles biosphériques ou biogéochimiques (cycle du carbone et cycle du soufre). Du point de vue méthodologique, il faut introduire des qualificatifs qui permettront de distinguer clairement ces différentes catégories d'enjeux (voir tableau 0.2c).

Même si l'hypothèse centrale est basée sur des critères macro-écologiques, l'analyse portera également sur les enjeux micro et méso-écologiques, car les groupes écologistes ont souvent mis l'accent sur ces enjeux. Il sera donc possible de nuancer le niveau de succès ou d'échec des groupes à chacun des trois niveaux.

Pourquoi ne pas avoir décidé d'utiliser des indicateurs plus «politiques» comme la performance électorale ou l'opinion publique telle que révélée par les sondages? Ces indicateurs seront discutés, mais ils ne peuvent pas être utilisés sur une base comparative pour diverses raisons:

— Premièrement, les groupes écologistes ne sont pas organisés en partis politiques dans tous les pays; l'analyse de la performance électorale serait donc injuste pour des pays comme les États-Unis où les groupes environnementaux, malgré leur puissance, ne participent pas directement aux élections.

— Deuxièmement, il faut considérer l'opinion publique comme seulement **une** des composantes du système politique et rien ne démontre que l'opinion publique est intégralement respectée par les systèmes politiques. En d'autres mots, il est possible que les exigences écologistes reçoivent le soutien de l'opinion publique, sans que cela ne se traduise par une application de ces exigences.

Tableau 0.2c: Distinctions entre micro, méso et macro-écologie

	Micro-écologie
Enjeux	**Un seul écosystème concerné**
Pollution domestique de l'eau dans un milieu de villégiature	Un lac ou une rivière
Taux de pollution atmosphérique en milieu urbain	Êtres humains dans la ville

	Méso-écologie
Enjeux	**Plusieurs écosystèmes concernés**
Protection d'une espèce	Tous les écosystèmes essentiels à l'espèce
Rejets de métaux lourds dans une rivière	Les cours d'eau du bassin versant affecté
Lessivage d'un site de déchets toxiques	Écosystèmes recevant les eaux de lessivage
Le choix du site d'une centrale hydroélectrique	Rivières, tourbières, forêts affectées par les équipements
Concentration de la population humaine	Écosystèmes détruits par les villes

	Macro-écologie
Enjeux	**Cycles biosphériques concernés**
Quantité totale de polluants pouvant contribuer aux pluies acides	Soufre, azote, cycle hydrologique
Quantité totale d'énergie utilisée	Carbone, soufre, azote
Quantité totale de forêts détruites	Carbone, azote, cycle hydrologique
Désertification continentale	Carbone, azote, cycle hydrologique
Quantité totale d'émissions de CFC	Cycle d'entretien de l'ozone stratosphérique
Population totale	Tous les cycles

Nouveaux cycles créés par les êtres humains	
Production totale de déchets nucléaires	Cycles géologiques du plutonium et des autres minerais radioactifs

0.3 Justification du choix de pays et de la période étudiée

Une analyse approfondie des groupes écologistes ne permet pas d'inclure tous les pays où ces groupes existent car il faudrait inclure plusieurs dizaines de pays. Il faut donc restreindre l'analyse à quelques pays types, selon les critères présentés au tableau suivant.

Tableau 0.3a: Critères de sélection des pays inclus dans l'analyse

Critères	Motifs
Présence de pressions «visibles» en faveur de la protection de l'environnement.	Nécessité de bien pouvoir identifier les revendications, de même que leur source dans des textes écrits.
Les pays sélectionnés doivent inclure des groupes qui sont très bien organisés.	Il faut choisir les pays où l'organisation et les ressources des groupes sont les meilleures; il sera alors difficile de conclure que l'échec est une exception. (Si les groupes les plus puissants connaissent un échec, il est peu probable qu'il y ait succès dans plusieurs autres pays).
Systèmes politiques relativement différents pour enrichir la comparaison.	S'il y a échec des écologistes dans plusieurs pays aux systèmes différents, il sera difficile d'affirmer que l'échec est exclusif à un type particulier de système politique.

Les pays choisis en fonction de ces critères sont présentés au prochain tableau. Notons que ces critères ont exclu les pays de l'Est où les pressions politiques en faveur de la protection de l'environnement ne sont pas très «visibles». De plus, les groupes écologistes les mieux organisés sont situés dans des pays occidentaux riches où les régimes politiques sont relativement démocratiques. La prudence s'impose donc avant d'extrapoler les conclusions de cette thèse à des pays du Tiers monde ou à des pays à régime «autoritaire».

Tableau 0.3b: Pays inclus dans l'analyse

Pays	Contrastes dans l'action des groupes écologistes	Contrastes dans les systèmes politiques
États-Unis	Groupes environnementaux très puissants en termes d'organisation et de ressources financières	Système présidentiel; fédéralisme Puissance relative du pouvoir judiciaire Bipartisme très rigide; ouverture aux groupes de pression
Canada	Groupes environnementaux assez bien organisés, mais très régionalisés; partis verts très faibles	Système parlementaire; fédéralisme Division linguistique du pays; bipartisme peu rigide Ouverture modeste aux groupes de pression
France	Interventions majeures aux élections présidentielles et parlementaires	Système présidentiel; pays unitaire; bureaucratie puissante Faible ouverture face aux groupes de pression / Scrutin à deux tours
R.F.A.	Parti Vert le mieux organisé au monde; plate-forme écologiste et pacifiste	Système présidentiel; fédéralisme Système électoral mixte qui favorise les tiers-partis

0.4 Les postulats

Certains postulats sont nécessaires, notamment parce que la démonstration de leur validité nécessiterait la rédaction de plusieurs autres livres.

— *L'écologisme est une approche sociale et politique qui doit s'inspirer de l'écologie.*
Ce postulat (par définition) établit les bases de l'écologisme en tant qu'approche autonome.

— *La protection de l'environnement et la gestion des ressources naturelles sur une base durable constituent les objectifs les plus importants des groupes écologistes.*
Ce postulat permet de définir avec précision des critères de succès ou d'échec des groupes écologistes. Il serait contesté par quelques écologistes dont l'inspiration est d'abord socialiste ou anarchiste. Mais l'analyse de l'approche et des exigences écologistes (partie A de ce livre) démontre que l'écologisme n'est pas une forme de socialisme ou d'anarchisme. De plus, il est impossible d'évaluer les progrès des groupes écologistes en se basant sur des objectifs tels que la propriété des moyens de production, la décentralisation ou la «qualité de vie» (qui n'est pas un concept opérationnel).

— *Les revendications exprimées publiquement par les écologistes constituent des indicateurs fiables des exigences adressées au système politique.*
Les groupes écologistes ont possiblement des objectifs non avoués; une identification de ces objectifs nécessiterait cependant des recherches extensives. Nous assumerons que les revendications exprimées publiquement représentent les revendications réelles.

0.5 Les hypothèses

Avant de discuter en détail chacune des hypothèses de recherche, il est préférable d'en présenter l'ensemble:

Tableau 0.5a: Hypothèses de recherche

Hypothèse centrale:
   Les écologistes participent à un conflit dont la résolution est dysfonctionnelle[4] au niveau des systèmes politiques nationaux et fonctionnelle au niveau du système politique international.

Hypothèses sur les caractéristiques des groupes écologistes:
   — Les écologistes se différencient par une approche distincte.
   — Les écologistes se différencient par des exigences distinctes.
   — Les écologistes forment un «mouvement social».

Hypothèses sur la confirmation de l'échec des écologistes:
   — Les divers indicateurs écologiques confirment l'échec des écologistes.
   — Les systèmes politiques actuels (des pays étudiés) répondent faiblement aux exigences des écologistes.
   — Les problèmes environnementaux les plus significatifs à long terme ne font pas l'objet de conflits politiques.

Hypothèses sur les facteurs nationaux d'échec macro-écologique:
   — L'échec des écologistes n'est pas dû à une faiblesse du soutien public à leurs exigences.
   — Le choix stratégique *Parti Vert* versus *groupes de pression* n'explique pas l'échec des écologistes.
   — Le conflit écologiste est différent des conflits traditionnels qui ont mené à la construction des États-nations.
   — Les acteurs écologistes expriment des exigences qui sont dysfonctionnelles au niveau des systèmes politiques nationaux.

Hypothèses sur les facteurs internationaux d'échec macro-écologique:
   — La protection de l'environnement est surtout un enjeu international.
   — La conception actuelle de souveraineté des États constitue un obstacle important à la protection de l'environnement.
   — Les acteurs écologistes expriment des exigences qui sont fonctionnelles au niveau d'un système politique international.
   — Les «économies de marché» ne sont pas responsables de l'échec des écologistes.
   — Le caractère fonctionnel ou dysfonctionnel des exigences écologistes est surtout démontré par le modèle économique proposé par les écologistes.
   — L'adversaire politique des écologistes est la «technocratie économiste».

Hypothèses sur les conséquences stratégiques:
   — Pour les écologistes, les alliances les plus fructueuses se font avec les groupes qui ont comme adversaire cette «technocratie économiste».
   — En revendiquant la décentralisation politique, les écologistes ne sont pas cohérents avec leur objectif de protection de l'environnement.

---

4   Conformément aux définitions de Merton, cité dans Germani, <u>Politique, société et modernisation</u>, Duculot, 1972, p.42:
   «sont *fonctions* les conséquences observables qui contribuent à l'adaptation ou à l'ajustement d'un système social»; «la *dysfonction* se définit comme les conséquences observables qui diminuent l'adaptation ou l'ajustement d'un système social».
   On doit ajouter la notion de *non-fonction* pour les conséquences non-pertinentes.

Hypothèse centrale

L'hypothèse centrale doit être discutée, car elle inclut des concepts qui permettent différentes interprétations:

— *Les écologistes participent à un conflit dont la résolution est dysfonctionnelle au niveau des systèmes politiques nationaux et fonctionnelle au niveau du système politique international.*

L'hypothèse centrale est inspirée des théories de Stein Rokkan[5]. Il affirme que les principaux conflits et clivages historiques ont été résolus par les États-nations de l'Europe et qu'en conséquence, ces États-nations ont réussi à se renforcer. Dans l'hypothèse centrale de ce livre, le caractère fonctionnel du conflit est donc dépendant du renforcement de l'État-nation.

Par contre, le concept «d'État-nation» est ambigu. En fait, la concordance entre les définitions *d'État* et de *nation* ne doit pas être assumée, et la définition individuelle de ces concepts est sujette à interprétation. Comme ce n'est nullement l'objet de ce livre de discuter des problèmes des frontières des États, nous avons décidé de retenir l'expression *système politique national*. La priorité sera accordée aux interactions entre les groupes écologistes et le *système politique national*. Ce système politique est composé d'éléments structurels, tels que le cadre constitutionnel, la distribution des pouvoirs, le processus électoral, les «systèmes» de partis et aussi certaines cultures ou traditions politiques.

L'hypothèse inclut un deuxième concept, celui de *système politique international*. Il aurait été possible d'utiliser l'expression *État mondial* que certains auteurs utilisent. Par contre, cette expression est aussi controversée que *l'État-nation*. Comme ce n'est pas l'objet de ce livre de discuter d'une structure hypothétique d'un État mondial, l'expression *système politique international* est retenue pour représenter l'ensemble des structures internationales actuelles.

Corollaires de l'hypothèse centrale

Deux corollaires à l'hypothèse centrale sont particulièrement importants.

— *L'échec des écologistes n'est pas conjoncturel, mais structurel.*

Ce corollaire est en désaccord avec plusieurs auteurs écologistes qui affirment que l'enjeu fondamental est la conscientisation de la population concernant les problèmes environnementaux. Dans cet esprit, les problèmes environnementaux seraient conjoncturels et les systèmes politiques actuels seraient capables de les solutionner lorsque le soutien public sera suffisant.

---

[5]   Cette hypothèse s'inspire particulièrement du chapitre intitulé «Nation-Building, Cleavage Formation and the Structuring of Mass Politics» dans <u>Citizens Elections, Parties</u>, D.McKay, 1970.

A l'opposé, si l'hypothèse centrale s'avère fondée, les systèmes politiques nationaux seraient incapables, dans leur forme actuelle, de solutionner ces problèmes. De plus, le fait que la résolution des problèmes environnementaux soit compatible avec le travail des institutions internationales ne serait qu'une maigre consolation, puisque ces institutions sont actuellement faibles et sans aucun pouvoir coercitif (ce qui nous mène au deuxième corollaire).

— *La résolution des principaux problèmes environnementaux est impossible sans un renforcement du système politique international.*
L'hypothèse centrale doit être appuyée par la confirmation de deux hypothèses secondaires: premièrement, les enjeux environnementaux sont surtout des enjeux internationaux; deuxièmement, certaines caractéristiques du système politique international (faible pouvoir d'arbitrage, conception actuelle de la souveraineté des États, etc) l'empêchent de solutionner les problèmes environnementaux. Ce corollaire ne signifie pas qu'un renforcement du système politique international mènera automatiquement à des solutions aux problèmes environnementaux. Il s'agit d'une **condition nécessaire, mais non suffisante.**

Hypothèses secondaires
— *Les écologistes se différencient par une approche distincte.*
— *Les écologistes se différencient par des exigences distinctes.*
Ces deux hypothèses seront discutées dans la partie A du livre. La première hypothèse est très importante, car sa confirmation permet de distinguer les écologistes du point de vue de la théorie politique, notamment en établissant que l'écologisme n'est pas une autre forme de socialisme.

— *Les écologistes forment un «mouvement social».*
Cette troisième hypothèse sera discutée au dernier chapitre de la thèse car elle pose une question fondamentale sur les caractéristiques des groupes écologistes. Elle doit être «éclairée» par les études de cas et par les théories sur les *mouvements sociaux.*

— *Les divers indicateurs écologiques confirment l'échec des écologistes.*
Pour chacune des catégories de critères (micro, méso et macro-écologiques), la confirmation de cette hypothèse devra se baser sur des tableaux statistiques pertinents, tels que la consommation d'énergie per capita, les émissions de certains polluants, la concentration globale de certains polluants, etc. Individuellement, chaque indicateur risque d'être peu concluant, puisqu'il ne s'agit que de preuves «circonstancielles». En conséquence, plusieurs types de statistiques seront néces-

saires pour établir un faisceau de preuves circonstancielles qui devraient, dans l'ensemble, être concluantes.

— *Les systèmes politiques actuels (des pays étudiés) répondent faiblement aux exigences des groupes écologistes.*

La confirmation de cette hypothèse est basée sur plusieurs études de cas, pour déterminer dans quelle mesure les groupes ont influencé le processus de décision et stimulé l'application de mesures concrètes. Voici quelques critères qui ont justifié le choix des études de cas: conflits présents dans les quatre pays, agenda des écologistes, documentation sur ces conflits et diversité des interventions.

Tableau 0.5b: Études de cas

Étude de cas	Types d'entreprises	Objectifs des groupes écologistes	Enjeux pour les gouvernements
Énergie nucléaire	Nouvelle industrie fragile et très subventionnée	Empêcher le gouvernement d'appuyer l'industrie	Des subventions moindres ou des normes plus sévères risquent de tuer l'industrie
Déchets toxiques de l'industrie chimique	**Vieilles entreprises ayant des droits acquis et des pratiques établies**	Forcer les gouvernements à agir; lois et règlements nationaux	Un contrôle des nouvelles substances, mais aussi un nettoyage de problèmes accumulés depuis 50 ans
Contrôle des précipitations acides	Lobbys puissants, mais sectoriels (ex. charbon) Nombreuses industries concernées	Forcer des actions nationales et surtout internationales Nouveau programme énergétique	L'adoption de mesures coûteuses pour réduire les impacts chez ses voisins. Changements profonds dans les institutions.

Certains contrastes méritent d'être mentionnés: dans les deux derniers cas, les groupes demandent au gouvernement d'agir, mais dans le cas du nucléaire, ils veulent l'empêcher d'agir. Sur un autre plan, les deux premiers cas constituent des enjeux sectoriels alors que le troisième (les précipitations acides) est dépendant de la politique énergétique, soit un enjeu «horizontal» qui concerne plusieurs ministères et agences (énergie, transport, habitation, fiscalité).

— *Les problèmes environnementaux les plus significatifs à long terme ne font pas l'objet de conflits politiques.*

Cette hypothèse s'inspire des théories politiques concernant le pouvoir des élites[6]. Selon ces théories, les élites sont capables de contrôler l'agenda politique pour éviter que les enjeux qui pourraient les affecter, ne deviennent des conflits politiques. Dans ce contexte, le point crucial pour les groupes ne serait pas de gagner une bataille politique quelconque, mais de modifier l'agenda politique pour y imposer leurs priorités. Si les enjeux environnementaux les plus importants ne font pas l'objet de conflits, les théories sur les élites permettent une confirmation supplémentaire de l'échec des groupes écologistes. Notons finalement que s'il est possible de démontrer qu'il y a échec selon ces trois types d'analyse (les indicateurs statistiques, les études de cas et le contrôle de l'agenda politique), il sera raisonnable de conclure à un échec.

— *L'échec des écologistes n'est pas dû à une faiblesse du soutien public à leurs exigences.*

Cette hypothèse impose une analyse détaillée des sondages sur le soutien aux mesures de protection de l'environnement. Pour que cette hypothèse soit fondée, il faut démontrer que premièrement, le soutien de la population face aux exigences écologistes est aussi élevé que face aux exigences d'autres groupes et que deuxièmement, il y a peu de lien entre le soutien de l'opinion publique et l'application concrète de mesures.

— *Le choix stratégique «Parti Vert» versus «groupes de pression» n'explique pas l'échec des écologistes.*

Plusieurs analystes du phénomène écologiste considèrent que la faiblesse des écologistes est due à leur refus de s'unir à l'intérieur d'un grand Parti Vert. S'il est possible de démontrer que l'échec est dû à une erreur stratégique (conjoncturelle) de ce type et non pas à un blocage structurel, il y aurait un doute sérieux sur la validité de l'hypothèse centrale.

— *Le conflit écologiste est différent des conflits traditionnels qui ont mené à la construction des États-nations.*

Cette hypothèse utilise le vocabulaire de Stein Rokkan[7]. Selon cet auteur, les *conflits traditionnels* incluent quatre grands conflits qui ont entretenu la construction des États-nations, soit les conflits possédants/travailleurs, urbain/rural, Église/État et centre/périphérie. Si le conflit écologiste est «aligné» sur un autre conflit historique, il est fort

---

[6]   Interprétation politique provenant surtout des écrits de Bachrach et Baratz, et de S. Lukes.
[7]   Nous aurions préféré ne pas utiliser l'expression *État-nation* qui est ambiguë et controversée.
       Il s'agit cependant d'un emprunt obligatoire au vocabulaire utilisé par Rokkan puisque l'hypothèse en question provient directement de cet auteur.

possible qu'il soit fonctionnel pour les systèmes politiques nationaux et contraire à l'hypothèse centrale.

— *La protection de l'environnement est surtout un enjeu international.*
Plusieurs brèves études de cas sont nécessaires à cette démonstration. Cela ne signifie pas que les systèmes politiques nationaux sont incapables de contribuer aux solutions; au contraire, ce sont eux qui doivent appliquer des mesures concrètes mais les problèmes les plus sérieux doivent être solutionnés dans un contexte international.

— *La conception actuelle de souveraineté des États constitue un obstacle important à la protection de l'environnement.*
La confirmation de cette hypothèse est basée sur l'analyse des conflits environnementaux transfrontaliers ou globaux et, plus particulièrement, sur l'attitude des États concernant la signature et le respect d'ententes internationales.

— *Les «économies de marché» ne sont pas responsables de l'échec des écologistes.*
Sur une base internationale, il est intéressant d'analyser des indicateurs concrets pour déterminer si les pays dits «à économies planifiées» ont une meilleure performance environnementale que les pays dits «à économies de marché»[8]. Cette comparaison devrait permettre de conclure si les lois du marché peuvent être considérées comme la cause principale de l'échec des groupes écologistes.

— *Le caractère fonctionnel ou dysfonctionnel des exigences écologistes est surtout démontré par le modèle économique proposé par les écologistes.*
Il est fructueux d'identifier quels éléments du programme écologiste constituent les revendications fondamentales par rapport aux systèmes politiques nationaux actuels. Cette hypothèse doit être appuyée par une analyse contrastée du «modèle» économique traditionnel et du «modèle» écologiste.

— *L'adversaire politique des groupes écologistes est la «technocratie économiste»*
Cette hypothèse est la conséquence politique de l'analyse économique de l'hypothèse précédente. En d'autres mots, il apparaît nécessaire de prendre le débat des idées et de lui donner des acteurs. Il s'agit d'identifier les élites qui font la promotion du modèle

---

[8] Ces expressions sont inspirées du vocalulaire anglais qui est plus explicite lorsqu'il fait la distinction entre «Market Economies» et «Non-Market Economies».

économique traditionnel et qui s'opposent au modèle économique des groupes écologistes.

— *Pour les écologistes, les alliances les plus fructueuses se font avec les groupes qui ont comme adversaire cette technocratie économiste.*
Les possibilités d'alliance représentent plusieurs risques et incertitudes pour les groupes écologistes. Cette hypothèse permet de vérifier s'il existe un critère rationel pour choisir les alliances les plus productives.

— *En revendiquant la décentralisation politique, les écologistes ne sont pas cohérents avec leur objectif de protection de l'environnement.*
Si l'environnement est d'abord un enjeu international, il est pertinent de discuter de la revendication écologiste en faveur de la décentralisation politique. Est-ce que cette décentralisation est compatible avec les exigences concernant l'environnement? Est-ce qu'elle augmente le caractère dysfonctionnel des exigences écologistes? Est-ce qu'elle pourrait servir davantage la technocratie économiste que les écologistes?

0.6 Sujets exclus de l'analyse

Pour préciser davantage les objectifs de ce livre, il semble pertinent de mentionner **certains sujets qui ne seront pas discutés dans cet essai car ils ne contribuent pas à la démonstration:**
— Les diverses conceptions de l'État-nation et ses implications politiques.
— Le comportement des systèmes politiques face aux groupes de pression non liés aux enjeux environnementaux.
— La nécessité d'un système politique international pour des enjeux autres que la protection de l'environnement.
— Les causes historiques de la faiblesse actuelle du système politique international.
— L'intérêt des autres groupes à s'allier avec les écologistes et les probabilités d'alliance.
— La structure ou les fonctions d'un futur système politique international et ses conséquences sur des enjeux comme l'équité entre les États.
— La comparaison entre un «État mondial» versus des institutions internationales ayant des pouvoirs d'arbitrage.
— Les avantages et les inconvénients de la décentralisation pour des juridictions autres que l'environnement.

— Les prédictions concernant la situation environnementale ou le succès des écologistes.

0.7 Contributions de ce livre

L'analyse de l'approche écologiste et de sa pertinence en science politique représente certainement une contribution à la théorie politique.

La deuxième contribution est liée à l'analyse comparative des principaux enjeux écologistes dans quatre pays. Plusieurs auteurs ont analysé ces enjeux, mais les analyses dépassent rarement le cadre d'un seul pays. A notre connaissance, aucun auteur n'a réalisé une analyse comparative qui inclut autant les groupes de pression que les partis verts, et qui met l'accent sur le rôle des systèmes politiques.

Une troisième contribution est liée à l'application des théories en relations internationales aux enjeux écologistes. Les études précédentes se concentraient surtout sur le cadre national, en négligeant presque totalement le contexte international.

La dernière contribution provient de l'application des théories des élites aux problèmes écologistes, notamment en ce qui concerne le contrôle de l'agenda politique. Contrairement aux autres analyses, cette thèse ne sera donc pas centrée exclusivement sur les conflits, car des enjeux environnementaux très importants ne font pas l'objet de conflits. A notre connaissance, aucun auteur n'a analysé les groupes écologistes de cette perspective.

LES CARACTÉRISTIQUES DES GROUPES ÉCOLOGISTES

Cette première partie vise à décrire l'approche, les exigences et les ressources des groupes écologistes ainsi que le contexte politique dans lequel ils oeuvrent.

CHAPITRE 1

L'approche écologiste
et sa pertinence en science politique

1.1 Les fondements de l'approche écologiste

Avant d'utiliser les leçons de l'écologie en sciences sociales, il faut identifier les différences fondamentales entre l'écologie et les autres sciences pures comme la biologie et la physique. Commencons par examiner quelques fondements de l'écologie, selon Pierre Dansereau, qui divise l'écologie en trois branches, soit l'autécologie, la synécologie et la dynécologie[9]:

> «La définition la plus simple de l'écologie, c'est *la science des rapports entre des êtres vivants avec leur milieu et entre eux*».
> «La première (étape de l'analyse écologique) consiste à guetter les *réponses des organismes* considérés un à un... C'est en examinant attentivement ces plantes, ces animaux, ces hommes, qu'on a pu relever les trois dimensions principales de leur adaptation, soit leurs *exigences,* leurs *tolérances* et leur *avidité...*
> (l'*exigence* est) ce qui est positif, ce qui répond à un besoin...
> (la *tolérance* est) ce qui est plus ou moins négatif et adverse...
> Cette capacité d'utilisation (des ressources), on l'appelle l'efficacité, la productivité, ou encore l'*avidité.*
> On réduira donc à une formule ETA (*exigence-tolérance-avidité*) la résolution de conflit entre le potentiel héréditaire d'une espèce (ou d'une race, ou d'un individu) et les occasions de l'exercer que lui offrent les milieux accessibles. Il y

[9] Écologie et Environnement, "Impact de la connaissance écologique sur l'éthique de l'environnement", Fides, Montréal, 1983, p. 12-14

a bien d'autres complexités à invoquer, mais la détection de la formule ETA est au centre des méthodes déployées dans la première étape de la science de l'environnement qu'on a appelée l'AUTÉCOLOGIE.»

«Les sociétés complexes de plantes, d'animaux, d'hommes, et les sociétés encore plus souvent mixtes forment une mosaïque dans tous les paysages de notre planète. L'étude de leur composition, de leur structure et de leurs corrélations avec le climat et le sol, c'est la SYNÉCOLOGIE.»

«dans une troisième étape, on met en question la *stabilité* de ces unités biosociologiques. On cherche... quels sont les comportements internes prévisibles qui assureront soit la stabilité, soit le changement... il n'est pas difficile d'observer des occupations d'une grande durée et d'autres évidemment en état de transition. C'est ce que fait la DYNÉCOLOGIE.»

Notons plusieurs termes directement pertinents aux sciences sociales et politiques: la résolution de conflits (autécologie), l'efficacité dans l'utilisation des ressources (avidité), l'analyse de la structure de sociétés complexes (synécologie), la recherche de comportements prévisibles (dynécologie). Ces termes illustrent la proximité intellectuelle de l'écologie et des sciences sociales. Cette proximité du vocabulaire n'existe pas pour la biologie, qui étudie la vie de la cellule, de l'individu ou de l'espèce. Les différences entre la biologie et l'écologie sont confirmées par le fait que plusieurs livres majeurs en écologie accordent peu d'importance à la biologie. Dans son livre Précis d'écologie, Dajoz[10] consacre seulement quelques paragraphes du livre aux «facteurs biologiques». Dans son dictionnaire de l'écologie, l'éditeur Larousse[11] n'inclut même pas une définition de la biologie.

Le tableau 1.1a illustre les nombreuses différences entre l'écologie, la biologie et la physique, différences qui ont une signification cruciale dans leur extension aux sciences sociales.

---

10   Roger Dajoz, Précis d'écologie, Gauthier-Villars, Paris, 1975, 549 p.
11   Dictionnaire de l'écologie et de l'environnement, Librairie Larousse, Paris, 1980, 284 p.

Tableau 1.1a: Quelques différences fondamentales entre les sciences pures[12]

	Biologie	Physique	Écologie
Sujet d'analyse	Analyse des cellules et des organismes	Analyse énergétique et atomique	Analyse des écosystèmes et des cycles biogéochimiques
Approche utilisée	Approche analytique et disciplinaire (n'intègre pas les autres disciplines)	Approche analytique et disciplinaire (n'intègre pas les autres disciplines)	Approche systémique[13] et multidisciplinaire (encadre les autres sciences)
Conception du déterminisme	Déterminisme relativement fort; les phénomènes aléatoires menacent la survie	Au 19e siècle, reconnue totalement déterministe; fin du 20e siècle, reconnue grandement déterministe	Déterminisme limité à des conditions particulières; présence de nombreux phénomènes aléatoires
Conception de la stabilité du système	Grande stabilité ou risque de mort biologique	Flux énergétiques, pas nécessairement stables	Stabilité relative à court terme, car il peut y avoir des substitutions d'espèces pour assurer la stabilité de l'écosystème
Ouverture aux changements structurels	Possibilité d'évolution par le biais de mutations, mais ce processus est très risqué (pour chaque mutation bénéfique, il y a des millions de mutations néfastes)	Possibilités d'évolution, mais cela est toujours unidirectionnel et négatif (entropie, vieillissement des étoiles)	Possibilités d'évolution, de changements à moyen et long terme, qui ne menacent pas la survie de l'écosystème (mais parfois substitution d'un écosystème par un autre)
Niveau d'autonomie du système	Très faible autonomie des organismes biologiques	Pas de système autonome	Autonomie relative des écosystèmes, mais des limites sont imposées par les cycles biosphériques
Niveau de hiérarchie observé	Hiérarchie implacable; fonctions souvent exclusives des organes	Lois qui imposent des hiérarchies théoriques	Hiérarchies «sociales» chez plusieurs espèces (primates, loups, abeilles);
Tolérance du désordre	Ordre rigoureux et très prévisible	Ordre très prévisible	Ordre statistiquement prévisible, mais avec plusieurs exceptions

Par rapport aux sciences pures qui l'ont précédée, l'écologie impose donc une modération, une souplesse dans les niveaux de hiérarchie, d'ordre, de stabilité et de déterminisme. Ces nuances sont essentielles à *l'approche écologiste*.

---

[12]   Construction du tableau par Luc Gagnon
[13]   Joël de Rosnay, Le Macroscope, Seuil, Paris, 1975, p. 108

Les principes de base de l'approche écologiste

Plusieurs auteurs ont élaboré les caractéristiques de l'approche écologiste, notamment Brice Lalonde, René Dumont et Barry Commoner. Un passage d'un livre de B. Lalonde résument quelques éléments[14]:

> «Le mot clé de l'écologie n'est pas celui de nature dont l'emploi peut dissimuler malheureusement n'importe quelle escroquerie, mais le terme plus élaboré d'écosystème.»
>
> «Toutes les parties d'un écosystème sont interdépendantes, ce qui signifie notamment qu'une perturbation limitée peut avoir d'importantes conséquences à de grandes distances et à longue échéance.
>
> La matière circule et se retrouve toujours quelque part. Aucune poubelle n'est étanche, autant l'admettre. Alors pourquoi des poubelles ?
>
> Il n'y a pas de don gratuit. Tout prélèvement opéré quelque part crée un déficit ailleurs et réclame sa contre-partie. Chaque ressource a donc son prix, ne serait-ce qu'en énergie ou en retombées polluantes.»

Il existe des controverses entre les auteurs au sujet des principes écologistes, notamment sur les questions d'équité, de spécialisation et de concurrence (qui sont discutées plus loin). Malgré cela, voici un tableau qui résume plusieurs principes qui font consensus.

Tableau 1.1b: Quelques principes fondamentaux de l'approche écologiste

— La notion de respect des limites est centrale dans l'approche écologiste; il s'agit d'une question de survie. L'écologiste cherche constamment à identifier des limites cachées.

— Les échanges énergétiques sont plus importants que les autres échanges (financiers ou sociaux), car les lois de la thermodynamique ne peuvent être surmontées (entropie).
Cela est résumé par l'expression de B. Commoner: «There is no free lunch».

— Sur les enjeux économiques, il faut un développement durable: cela implique nécessairement le recours à des ressources renouvelables et au recyclage des déchets.

— La diversité est un facteur important de stabilité.

— L'anthropocentrisme à court terme doit être rejeté.

---

[14] Brice Lalonde, Quand vous voudrez, éditions Pauvert, Paris, 1978, p. 44, 46, 47 et 60
Notons que le concept d'écosystème est central chez la plupart des auteurs, qui négligent le concept de cycles biosphériques.

Ces principes remettent en question plusieurs postulats de base des sciences sociales. Le sociologue Riley Dunlap a étudié les implications de l'approche écologiste sur ces postulats. Le tableau suivant présente un sommaire de sa critique:

Tableau 1.1c: Comparaison des principaux postulats en sciences sociales[15]

	Perception occidentale dominante	Paradigme de l'exemption de l'être humain	Nouveau paradigme écologique
Postulats concernant la nature de l'être humain	Les hommes sont fondamentalement différents des autres espèces et ils dominent ces autres espèces.	L'être humain possède un héritage culturel distinct, en plus de son héritage génétique. Il est donc fort différent des autres espèces.	Même si l'être humain possède des caractéristiques exceptionnelles, il demeure une espèce parmi les autres et toutes les espèces sont interdépendantes dans l'écosystème global.
Postulats concernant la causalité	Les hommes sont maîtres de leur destinée; ils peuvent choisir leurs objectifs et apprendre à faire tout ce qui est nécessaire pour les réaliser.	Les facteurs sociaux et culturels (incluant la technologie) sont déterminants dans les affaires humaines.	Les affaires humaines sont influencées non seulement par les facteurs sociaux et culturels, mais aussi par des liens étroits de cause, effet, rétroaction avec la nature; cela signifie que les actions de l'homme ont plusieurs conséquences imprévisibles.
Postulats concernant le contexte social	Le monde est vaste et présente des occasions illimitées aux hommes.	L'environnement social et culturel forme le contexte crucial, et l'environnement bio-physique n'est pas significatif.	L'être humain est dépendant et fait partie d'un environnement bio-physique, qui impose de puissantes contraintes physiques et biologiques aux affaires humaines.
Postulats concernant les limites du développement humain	Le progrès est le trait dominant de l'histoire de l'humanité; pour chaque problème, il y a une solution, et le progrès ne sera donc jamais arrêté.	La culture est cumulative; les progrès sociaux et technologiques peuvent donc continuer indéfiniment, car tous les problèmes sociaux trouveront ultimement une solution.	Même si la créativité de l'homme et la puissance qui en découle, semblent nous permettre de repousser les limites écologiques, les lois écologiques ne peuvent être remises en question.

Il ne s'agit pas d'affirmer que les êtres humains sont semblables aux autres animaux; l'approche écologiste reconnaît leurs caractéristiques exceptionnelles, mais pas au point d'être exemptés des contraintes écologiques. Riley Dunlap critique les sciences sociales sur ce point [16]:

«... peu importent les variantes à l'intérieur des sciences sociales, elles assument toutes que les divers mécanismes humains -institutions sociales, culture, technologie et autres mécanismes- fonctionneront pour permettre aux populations humaines de s'adapter avec succès à leur environnement biophysique. En conséquence, cela équivaut à nier la possibilité que les êtres humains pourraient faillir dans leur adaptation à des conditions environnementales changeantes, incluant les changements produits par les hommes eux-mêmes.»

---

[15] Tableau tiré de W.R. Catton et Riley E. Dunlap, American Behavioral Scientist,
     "A New Ecological Paradigm for Post-Exuberant Sociology", Sept.-Oct. 1980, p. 34 (Traduit par l'auteur)
[16] Idem

L'accent sur les limites

Cette critique des sciences sociales doit cependant être tempérée, car, même si les contraintes écologiques exercent actuellement des pressions significatives sur les systèmes sociaux, ces pressions ont été beaucoup plus faibles historiquement. Un sociologue du 19e siècle pouvait difficilement identifier ces limites écologiques. Le tableau suivant permet de réconcilier en grande partie l'approche écologiste et la sociologie. Il est basé sur une constatation assez simple: **l'écologie, c'est surtout la gestion des limites écologiques et, en conséquence, les contraintes écologiques s'exercent avec force uniquement lorsque ces limites commencent à être atteintes.**

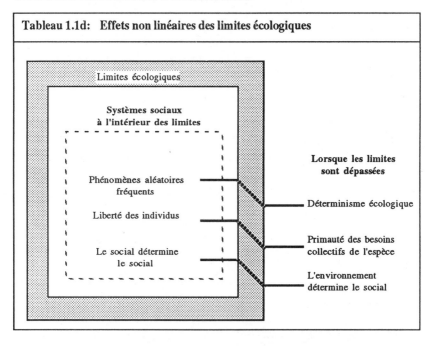

Tableau 1.1d: Effets non linéaires des limites écologiques

Un tel tableau est une simplification de la réalité. Plusieurs questions concernent ces limites: comment s'exercent-elles et comment les identifier? Premièrement, plusieurs lois écologiques ne peuvent pas être représentées par des fonctions linéaires. Par exemple, les écosystèmes n'exercent pas de contrôle de population lorsque les ressources y sont surabondantes. Dans ce cas, nous pourrions avoir l'impression qu'il n'existe pas de limite à la population. Mais lorsque dans un écosystème, il y a pénurie de ressources pour une espèce, les lois écologiques s'exercent de façon implacable pour faire diminuer la population de cette espèce. Dans la réalité humaine, la situation devient cependant plus complexe, car grâce à la technologie et aux moyens de transport, les êtres humains ne respectent pas les limites géographiques des écosystèmes. La pénurie dans un écosystème peut être compensée par une surabondance dans un autre écosystème.

On peut même se demander si les êtres humains sont capables de repousser indéfiniment les limites écologiques pour accroître leur population. Des nuances sont nécessaires pour répondre à cette question, car il existe trois types de limites écologiques.

a) Les limites *micro-écologiques*

Ce sont les limites imposées, par un écosystème donné, aux espèces qui vivent sur un territoire restreint. Ces limites dépendent des équilibres entre les espèces, de l'allocation et du recyclage local des ressources dans cet écosystème. On constate alors l'existence de mécanismes naturels de régulation s'exerçant à court terme. A titre d'exemple, la pollution organique d'un lac peut faire baisser le taux d'oxygène et tuer une espèce comme la truite qui a besoin de beaucoup d'oxygène; les limites micro-écologiques sont alors assez faciles à identifier.

Les limites micro-écologiques sont également assez faciles à surmonter par l'espèce humaine, grâce à certaines technologies. En voici quelques exemples:

— lorsque les ressources alimentaires sont insuffisantes dans un écosystème donné, les êtres humains utilisent des moyens de transport pour en faire venir d'autres écosystèmes;

— s'il y a une baisse des populations côtières de poissons, les pêcheurs changent de type de bateaux pour agrandir la zone de pêche; ils vont ainsi chercher les ressources d'écosystèmes jusqu'alors peu exploités;

— l'agriculture intensive est en soi une pratique qui vise à éliminer les limites micro-écologiques, puisqu'il s'agit de produire davantage, grâce à «l'importation» massive de ressources (engrais, pesticides, énergie motrice).

b) Les limites *méso-écologiques*

Il existe aussi des limites qui sont imposées «régionalement» aux espèces par un ensemble d'écosystèmes. Ces limites méso-écologiques sont plus difficiles à identifier à cause des nombreuses interactions entre les écosystèmes et de leurs effets sur les espèces. Il existe notamment des échanges entre les écosystèmes d'un bassin versant, échanges qui permettent que les forêts en amont protègent la vie aquatique en aval (en agissant comme d'énormes éponges qui absorbent et accumulent l'eau). Si la forêt en amont est coupée, le débit d'eau sera réduit en période d'étiage, avec des effets négatifs sur la faune aquatique. Mais dans un tel cas, quel est le niveau de protection de la forêt suffisant pour protéger la rivière en aval? Les limites méso-écologiques sont donc plus difficiles à identifier que les limites micro-écologiques.

Les limites méso-écologiques sont également plus difficiles à surmonter par les êtres humains. Pour contrer les baisses de niveau d'eau, on propose souvent de construire des barrages et des réservoirs pour accumuler l'eau en saison des pluies et la retourner dans le système fluvial pendant les périodes de sécheresse. Ces interventions peuvent permettre de repousser un peu les limites méso-écologiques, mais elles ont généralement des effets mitigés et exigent des investissements considérables[17].

L'être humain repousse également les limites méso-écologiques par la protection artificielle de certaines espèces menacées. Par exemple, la survie des oiseaux migrateurs est dépendante de nombreux écosystèmes et des interactions entre ces écosystèmes. Un changement du débit dans un bassin versant peut détruire des marécages essentiels. Une source de pollution toxique de l'eau provenant de centaines de kilomètres en amont peut empêcher la reproduction des oiseaux. Dans ces cas, les limites ne proviennent pas de l'écosystème lui-même (le marécage en question), mais d'un ensemble d'écosystèmes.

c) Les limites *macro-écologiques*

Il existe des limites macro-écologiques imposées globalement par la biosphère, plus précisément par chacun des cycles biogéochimiques[18], notamment les cycles du carbone, du soufre et le cycle d'entretien de l'ozone stratosphérique. Comme ces cycles fonctionnent à l'échelle de la planète, il est très difficile de prévoir les effets des interventions humaines sur eux. Malgré cela, les cycles biogéochimiques sont devenus des enjeux environnementaux concrets, parce que la recherche scientifique a permis de confirmer les impacts majeurs de l'activité humaine sur les cycles.

Non seulement ces limites sont difficiles à identifier, mais elles sont impossibles à surmonter par les êtres humains (à moins d'aller vivre sur une autre planète). Elles posent donc des contraintes très différentes des limites micro et méso-écologiques. De plus, les efforts des hommes pour améliorer la technologie et surmonter les limites, s'exercent fréquemment au détriment des cycles. Par exemple, le développement de nouvelles technologies a permis l'extraction des combustibles fossiles auparavant inaccessibles, notamment sous les mers et dans l'Arctique; il y a donc possibilité de perturber davantage le cycle du carbone en ayant accès à des «stocks» supplémentaires de carbone, créés il y a des millions d'années.

---

[17] The Ecologist Briefing Document, "The Social and Environmental Effects of Large Dams", The Ecologist, vol. 14, no. 4/6, 1984, 16 p.
A cause des problèmes d'évaporation et d'infiltration de l'eau, de la circulation réduite des poissons, de l'absence de transfert de la matière organique entre les bassins, les barrages ont rarement permis de préserver les écosystèmes en aval.

[18] Certains auteurs français utilisent parfois l'expression *cycle biosphérique*. qui est un synonyme de *cycle biogéochimique*.

En somme, la technologie a permis à l'homme de surmonter plusieurs limites micro et méso-écologiques, augmentant sa population et détruisant plusieurs écosystèmes. Mais plus grave, cette technologie a permis à l'homme de se «rapprocher» des limites macro-écologiques, menaçant ainsi la planète.

Le paradoxe

Cet accent sur les limites a permis aux écologistes de développer une conception originale de certains enjeux politiques. Des auteurs comme S. Moscovici et B. Lalonde affirment que le point central de l'approche écologiste, c'est le **paradoxe**[19]. Pour eux, il est impossible de choisir entre les *droits individuels* et les *droits collectifs;* les deux types de droit sont nécessaires. Brice Lalonde fait «l'éloge du paradoxe»[20] :

> «Le paradoxe me paraît être la logique que nous devons adopter. En politique, passer de la dialectique au paradoxe, c'est comprendre qu'il n'y a pas de solution pour tout problème. Il y a des antagonismes irréductibles, il faut en accepter la coexistence, emprunter à chacun des deux termes.»

Les tableaux précédents précisent la logique de ce paradoxe: l'exercice du droit individuel est conditionnel au respect de certaines limites. Cette logique est applicable au dilemme de la liberté *versus* le déterminisme. La liberté existe à l'intérieur des écosystèmes, mais selon les limites écologiques, cette liberté peut être réduite pour les besoins collectifs; le déterminisme écologique devient alors dominant. Le dilemme est résolu, sans qu'il soit nécessaire de trancher en faveur d'une des deux parties.

L'enjeu de l'équité

Michel Jurdant, écologiste québécois, présente les quatre principales leçons de l'écologie[21]: la diversité, l'autorégulation, la sagesse des écosystèmes naturels et l'équité. Sur les trois premiers thèmes, Jurdant rejoint les prises de position des autres écologistes. Sur le quatrième point, sujet négligé par les autres auteurs, il affirme que l'équité est inhérente aux écosystèmes. Cette affirmation est difficile à défendre, car une telle équité «naturelle» impliquerait plusieurs préalables:
— Premièrement, il faudrait que la nature soit pratiquement exempte de hiérarchie, puisqu'une telle structure sociale permet la domination de certains individus sur les autres; en fait, les hiérarchies sont fréquentes dans la nature (exemples des loups, des grands singes et des abeilles).

---

[19] J.P. Ribes, Pourquoi les écologistes font-ils de la politique?, Seuil, Paris, 1978, p.56
[20] Brice Lalonde, "Écologie: un avenir à soi", Dialectiques, no. 31, hiver 1981, p.84
[21] Michel Jurdant, Le défi écologiste, Boréal Express, Montréal, 1984, p.80-83

— Comme deuxième préalable, il faudrait que la compétition soit né-gligeable dans la nature, car autrement, il y aura inévitablement des per-dants. Est-ce que l'esprit de compétition est une caractéristique fonda-mentale des espèces ou de l'espèce humaine? La réponse n'est pas évi-dente. En écologie, la notion de «communauté»[22] est aussi importante que celle de compétition et les relations alternent de la compétition à la coopération.

— Un troisième facteur est celui de l'efficacité des écosystèmes. Une recherche d'efficacité arrive souvent en contradiction avec l'équité. Il faut douter de cette équité «naturelle», parce qu'elle impliquerait une grande tolérance de la nature pour les espèces inefficaces dans l'utilisa-tion des ressources. Cette situation pourrait menacer la survie des écosystèmes.

Lorsque Pierre Dansereau explique les critères de distribution des espèces, il parle d'exigence, de tolérance et **d'avidité** des espèces. On peut donc conclure que les espèces ne sont pas toutes égales. Cette remise en question ne vise pas à dénigrer l'écologisme, mais le réalisme est essentiel pour préciser les fondements de l'approche écologiste. En fait, l'erreur de Jurdant est probablement due à «l'emprunt» de plusieurs revendications à d'autres idéologies, surtout la gauche anar-chiste.

Les dilemmes précédents peuvent être clarifiées en affirmant que les écosystèmes maintiennent **un équilibre entre l'efficacité et l'équité, un équilibre entre l'organisation et la liberté.** La nature tolère l'équité, l'inefficacité, la liberté et la désorganisation seulement lorsque ces caractéristiques ne menacent pas la survie de l'écosystème. La nature impose donc des limites à ces caractéristiques.

Malgré les désaccords entre les auteurs écologistes, plusieurs principes fondamentaux font consensus, notamment l'interprétation du paradoxe, l'importance des limites écologiques et la sagesse de la na-ture. Ces fondements sont différents de ceux des autres approches en sciences sociales, suffisamment différents pour conclure que les écolo-gistes ont une approche distincte.

1.2 Critique de l'approche écologiste

Quelle est la signification de l'approche écologiste pour la science politique? Par rapport aux autres approches en science politique, elle veut surtout leur imposer un **cadre**, représenté par les diverses limites

---

[22]   John Rodman, "Political Science Paradigm Change, <u>American Behavioral Science</u>, Sept.-Oct. 1980, p.67

écologiques. Selon l'approche écologiste, le dépassement de ces limites nous mène à l'auto-destruction et il faut donc appliquer ce cadre à tous les autres «modèles», qu'ils soient sociaux, politiques ou économiques.

En conséquence, l'approche écologiste pourrait être compatible avec d'autres approches qui expliquent les situations à l'intérieur du cadre. En fait, à ce stade conceptuel, l'écologisme semble incapable de remplacer les autres modèles, puisque les lois écologiques ne régissent pas plusieurs comportements à l'intérieur des limites; les sciences sociales «traditionnelles» doivent alors prendre la relève.

Cela ne signifie aucunement que l'approche écologiste soit compatible avec toutes les autres approches en science politique; certaines approches sont plus anthropocentriques, d'autres refusent clairement l'existence de limites; il est donc intéressant de discuter de la compatibilité des autres approches avec l'approche écologiste.

Les incompatibilités avec l'approche dialectique de la «gauche»

L'approche dialectique, qui met l'accent sur les contradictions structurelles[23], est utile pour comprendre les comportements politiques dans une société. Certains auteurs affirment qu'il y a compatibilité entre l'approche dialectique et l'approche systémique. M. Grawitz affirme que la dialectique vise à intégrer la totalité du social[24]:

> «(la dialectique) part de la constatation très simple des contradictions qui nous entourent... elle est d'abord une attitude vis-à-vis l'objet: empirique et déductive, elle commande par là même une certaine façon de recueillir des données concrètes. Elle représente ensuite une tentative d'explication des faits sociaux, c'est-à-dire qu'elle est directement liée à la notion de totalité.»

Mais cela ne signifie pas qu'il y a compatibilité entre l'approche écologiste et l'approche dialectique. Une citation de l'auteur écologiste Serge Moscovici[25] montre la méfiance des écologistes face à la dialectique:

> «Nous sommes aujourd'hui en présence de trois perspectives plus ou moins explicites: la perspective *libérale*, la perspective *socialiste* et la perspective *écologique*...
> — La première relève uniquement de notre société des *erreurs*, dues à un mauvais fonctionnement des institutions et de l'économie ou à l'existence de problèmes non résolus. Elle se propose de corriger les erreurs et de résoudre les problèmes, sans changer la société en général;...
> — La seconde perspective recherche les *contradictions* du système. Pour elle tout système social donné engendre des forces d'opposition qui se développent jusqu'à la résolution finale de cette contradiction. Les solutions sont là, présentes dans le système, il s'agit d'en aider l'accouchement. Ainsi le

---

23 L'expression *approche* dialectique, au lieu de *méthode* dialectique, est utilisée à dessein parce qu'une méthode doit être beaucoup plus rigoureuse et exhaustive qu'une approche; cela permet donc d'éviter une longue démonstration sur ce qu'est la dialectique.

24 M. Grawitz, Méthodes des sciences sociales, Dalloz, Paris, 1984, p. 464

25 Entretiens de Jean-Paul Ribes avec Brice Lalonde, Serge Moscovici, René Dumont, Pourquoi les écologistes font-ils de la politique ?, Seuil, Paris, 1978, p. 56-57

développement du marché porte en lui la planification, le développement des forces productives appelle la socialisation de la propriété et le dépérissement de l'État, etc. On reconnaît la fameuse négation de Hegel que Marx avait remise sur ses pieds: je crains pour ma part qu'elle continue à marcher sur la tête...
— Les écologistes s'attacheraient plutôt à la découverte des cercles vicieux ou des *paradoxes* de la société. Les exemples ne manquent pas. Illich a montré comment, en cherchant à accélérer les déplacements au moyen de l'automobile, on les ralentit en fait...
Enfin, chacun reconnaît que l'instauration du socialisme dans tel ou tel pays, qui aurait dû conduire au dépérissement de l'État, a provoqué tout au contraire le dépérissement de la société.»

Plus fondamentalement, la dialectique postule que le social est la totalité alors que **selon l'approche écologiste, le social n'est pas la totalité, il n'est qu'un sous-système** qui subit des perturbations externes, notamment des contraintes écologiques. Il s'agit d'une incompatibilité sérieuse de la dialectique avec l'approche écologiste.

Une deuxième incompatibilité est liée au caractère irréversible de certains phénomènes sociaux. Selon l'interprétation marxiste et néomarxiste de la dialectique, l'évolution sociale est basée sur des réponses à des situations extrêmes[26]: la réponse à la centralisation sera la décentralisation, la réponse à la dictature de la bourgeoisie sera la dictature du prolétariat. Jamais ces auteurs n'admettent que la centralisation et le pouvoir de la bourgeoisie pourraient être insurmontables. Ceci est contraire aux fondements de l'approche écologiste qui affirme que lorsque certaines limites sont dépassées, **plusieurs changements deviennent irréversibles et la dialectique ne peut plus fonctionner.** La réponse au non-respect de l'environnement naturel ne sera pas le respect de l'environnement, puisque l'environnement et l'homme pourraient disparaître.

Une troisième incompatibilité concerne l'interprétation du rôle des contradictions et des conflits sociaux: selon l'approche dialectique, ces contradictions représentent des éléments négatifs du social, qu'il faut essayer de résoudre. Toute la logique marxiste et néomarxiste est basée sur cette interprétation négative des contradictions. L'approche écologiste propose une interprétation différente du rôle des contradictions: selon la logique du paradoxe, plusieurs de ces contradictions sont impossibles à résoudre et il est stérile de vouloir trancher en faveur d'une des deux parties (exemple du dilemme entre le droit individuel et le droit collectif); de plus, il est possible que les contradictions sociales soient positives pour l'ensemble du système.

L'écologie apporte également une contribution à la science politique par son analyse des interactions «sociales»; en écologie, même si

---

[26]   K. Radjavi, La dictature du prolétariat et le dépérissement de l'état de Marx à Lénine, Anthropos, Paris, 1975

le conflit est inhérent à certains types d'interaction comme la compétition ou la prédation, ces types ne représentent qu'une portion de l'ensemble des interactions. En fait, les sciences sociales auraient avantage à utiliser le vocabulaire écologique pour catégoriser les relations sociales (catégories selon R. Dajoz)[27]:

«— Le neutralisme: les deux espèces sont indépendantes...
— La compétition: chaque espèce agit défavorablement sur l'autre...
— Le mutualisme: chaque espèce ne peut survivre, croître et se reproduire qu'en présence de l'autre. Les deux espèces vivent en symbiose.
— La coopération: les deux espèces forment une association qui n'est pas indispensable, ...mais qui leur apporte à toutes les deux un avantage.
— Le commensalisme: l'association comprend dans ce cas une espèce commensale qui en tire profit et une espèce hôte qui n'en tire aucun avantage.
— L'amensalisme: dans ce type de coaction, une espèce dite amensale est inhibée dans sa croissance ou dans sa reproduction tandis que l'autre, dite inhibitrice, ne l'est pas.
— Le parasitisme: une espèce parasite, généralement la plus petite, inhibe la croissance ou la reproduction de son hôte, et en dépend directement pour son alimentation.
— La prédation: l'espèce prédatrice attaque l'espèce proie pour s'en nourrir.»

Une telle diversité d'interactions empêche l'écologiste d'accorder la primauté à un seul type de relation (comme le conflit). Il s'agit d'une incompatibilité fondamentale avec la dialectique.

Tableau 1.2a: Incompatibilités entre les approches écologiste et dialectique	
Approche dialectique selon l'interprétation marxiste	**Approche écologiste**
Les contradictions historiques doivent être résolues	Plusieurs contradictions historiques sont impossibles à résoudre (ex. droits individuels *versus* droits collectifs)
Les excès (ex. centralisation) sont réversibles et appellent leur contraire (décentralisation)	Les excès sont souvent irréversibles et doivent donc être évités
Déterminisme économique	Déterminisme écologique lorsque les limites sont atteintes
Accent sur les contradictions et les conflits	Tous les types d'interaction doivent être inclus dans l'analyse

---

[27]   R. Dajoz, Précis d'écologie, Gauthier-Villars, Paris, 1975, p.181-84

Une compatibilité partielle avec l'approche fonctionnelle

A cause de la diversité des interactions à inclure dans l'analyse, l'approche écologiste semble compatible avec l'approche fonctionnelle. Mais deux nouvelles dimensions doivent être ajoutées à l'approche fonctionnelle: d'une part, le rejet de l'anthropocentrisme à court terme permet d'ajouter plusieurs variables à l'analyse fonctionnelle, d'autre part, les limites écologiques lui ajoutent un cadre.

Les théories de Malinowski, de Merton et de Parsons ont été critiquées, parce que ces auteurs mettent l'accent sur les mécanismes sociaux d'intégration; il en résulte une conception très stable du système social, sans conflit, avec peu de possibilité de changement et encore moins de rupture sociale.

L'approche écologiste, par son analyse des multiples interactions sociales, ne répète pas cette négligence. Elle accorde au conflit une place significative parmi les autres interactions sociales, sans le négliger, mais sans lui attribuer une importance démesurée. En somme, il s'agit d'accorder autant d'importance aux phénomènes intégrateurs qu'aux phénomènes désintégrateurs, incluant ceux liés à l'environnement.

L'écologie apporte également une contribution à l'approche fonctionnelle, concernant le dilemme du *suicide fonctionnel,* c'est-à-dire lorsque des activités sont bien intégrées au système social (donc fonctionnelles) et que ces activités maintiennent le système dans une direction où il disparaîtra. Ce dilemme est pertinent, puisque selon les écologistes, plusieurs systèmes sociaux «stables» courent à leur perte par la destruction de leur environnement naturel.

Dans le cadre de l'approche écologiste, ce dilemme est facile à résoudre: le social doit être considéré comme un sous-système et **il peut y avoir des activités qui sont fonctionnelles pour le sous-système (social) et dysfonctionnelles pour le système (écologique).** A titre d'exemple, l'installation d'une usine polluante et énergivore dans une région pourrait être fonctionnelle au niveau du système social régional et dysfonctionnelle au niveau du système écologique global.

Le système global, c'est le système écologique

Mais est-il justifié de considérer les systèmes sociaux comme des sous-systèmes à l'intérieur d'un système écologique planétaire? Deux critères permettent de justifier cette prise de position: la dépendance et la persistance des systèmes.

Les écosystèmes *naturels* n'ont pas besoin des ressources produites par l'homme pour assurer leur survie; ils ont démontré cela pendant des millions d'années. Les systèmes écologiques non transformés par l'homme sont indépendants des systèmes sociaux, alors que les systèmes sociaux sont dépendants des systèmes écologiques pour leurs ressources.

Concernant la persistance respective des systèmes, la conclusion est moins évidente, parce que les systèmes sociaux peuvent persister même en détruisant plusieurs écosystèmes sur leur territoire. Les systèmes sociaux semblent alors plus persistants que les systèmes écologiques. Il s'agit cependant d'une illusion qui est entretenue par des auteurs qui oublient complètement les systèmes macro-écologiques. Sans l'existence de cycles biogéochimiques stables qui protègent l'atmosphère, aucune vie sur Terre n'est possible et aucun système social ne peut persister.

Conclusion

Tel que mentionné précédemment, l'approche écologiste ne remplace pas complètement l'analyse sociale basée sur d'autres approches; l'écologisme impose surtout un cadre aux autres approches, sans nécessairement expliquer tout ce qu'il y a dans le cadre (le social). Ce n'est pas une lacune de l'écologisme, telle que le démontre l'analogie avec les sciences «pures»: l'écologie ne fournit pas de réponse au physicien quant à la structure des particules, ni au microbiologiste quant au comportement des cellules; l'écologie fournit seulement de l'information quant au comportement des individus ou des espèces dans certaines conditions. Il ne s'agit pas d'une lacune, mais simplement d'un autre niveau d'analyse[28].

Selon les discussions précédentes, voici une synthèse des choix d'ordre méthodologique inspirés par une approche écologiste.

---

[28] L'écologie peut encadrer les autres sciences pures -biologie, microbiologie, botanique, zoologie, physique- à l'exception des sciences qui se situent à l'extérieur de la biosphère comme l'astronomie.

Tableau 1.2b   Description sommaire d'une approche écologiste en science politique

Approche systémique, avec accent sur les composantes suivantes:

— Les éléments structurels du système et des sous-systèmes.

— Le système macro-écologique est le système «global».
Ce système global est lui-même composé de systèmes méso et micro-écologiques et ensuite à un autre niveau, des systèmes sociaux, économiques et politiques. Tous les systèmes (à l'exception du système macro-écologique) sont donc considérés comme des sous-systèmes dont les frontières ne correspondent pas nécessairement.

— Accent sur les interactions entre les composantes des systèmes (inputs, outputs, sélection, rétroaction)

— La rétroaction négative ou positive peut maintenir ou perturber l'équilibre des systèmes, les faire évoluer ou les détruire.

— La persistance du système global ou des sous-systèmes n'est jamais assurée, car il existe toujours des limites qui, lorsque dépassées, menacent leur survie.

— L'analyse pluri-disciplinaire est essentielle à la compréhension des interactions dans chaque système.

— Le système global n'est pas composé uniquement d'êtres humains.

Accent sur le caractère fonctionnel ou dysfonctionnel des interactions

— Il faut toujours déterminer si une activité est fonctionnelle pour un sous-système ou pour le système global.

— Analyse exhaustive des interactions sociales; le conflit est important, mais plusieurs autres types d'interaction doivent être considérés (coopération, mutualisme, compétition, prédation, parasitisme,...).

— Chaque type d'interaction peut être intégrateur ou désintégrateur pour un système. Une interaction peut être fonctionnelle pour un sous-système et dysfonctionnelle pour le système global (et vice-versa).

Accent sur les limites écologiques:

— Lorsque les limites écologiques sont atteintes, il y a déterminisme écologique.

— Les limites micro et méso-écologiques peuvent être surmontées par l'homme, mais pas les limites macro-écologiques.

— Les contraintes écologiques ne s'exercent pas de façon linéaire.

— Il faut constamment chercher à découvrir les limites «cachées».

— Le dépassement de plusieurs limites est irréversible; il faut éviter le dépassement des limites.

CHAPITRE 2

Les systèmes politiques et leur influence sur les groupes écologistes

Le contexte politique influence plusieurs exigences des groupes écologistes. En fait, les systèmes politiques des quatre pays étudiés sont relativement différents et expliquent en grande partie les différences dans les comportements et les priorités des groupes. Il est donc pertinent de présenter les composantes de ces systèmes politiques avant de présenter les exigences des groupes, car ces exigences sont souvent adaptées aux systèmes politiques respectifs.

2.1 Les éléments pertinents des systèmes politiques

Tableau 2.1: Composantes des systèmes politiques en Occident [29]

A. L'aménagement des pouvoirs
   Constitution
   Structure des pouvoirs législatif, exécutif et judiciaire; rapports de force
   Fédéralisme ou État unitaire
B. Le système électoral, les traditions politiques et le «système» des partis
   Mode de scrutin
   Bipartisme et ouverture aux tiers partis
   Polarité et polarisation des partis et des autres forces politiques
C. Le financement des partis politiques
   Exemptions fiscales pour les partis
   Législation sur le financement par les entreprises et par les individus
   Caisses électorales plus ou moins secrètes
D. L'ouverture aux groupes de pression
   Légalisation du lobbying
   Exemptions fiscales pour les groupes de pression
E. La capacité d'agir des autorités
   Rapports de force entre le législatif, l'exécutif, le judiciaire et la bureaucratie
   Rapports de force entre les groupes de pression officiels et occultes
   Le financement électoral et son impact sur la liberté des élus
   La force et l'indépendance de la bureaucratie
F. Le pouvoir, la diversité et la concentration des médias

A. L'aménagement des pouvoirs

La structure du pouvoir dans les systèmes politiques peut affecter de plusieurs façons les comportements des groupes écologistes. En voici quelques exemples:

— Comparativement à un État unitaire, le fédéralisme crée des «ouvertures» électorales plus nombreuses et plus diversifiées qui peuvent favoriser l'émergence d'un Parti vert.

— Le nombre de *points de contact* où la pression politique peut être exercée varie selon plusieurs caractéristiques des systèmes politiques; théoriquement, on peut penser qu'il y aura davantage de *points de contact* s'il y a fédéralisme ou si le parlement comporte deux Chambres au lieu d'une.

— L'existence d'un pouvoir judiciaire fort et «accessible» constitue une caractéristique importante, qui permet à des groupes écologistes de contester la validité de certaines lois ou de certains règlements.

— La structure et le niveau d'indépendance de la bureaucratie affecte également le nombre d'ouvertures offertes aux groupes écologistes.

---

[29]   M.G. Roskin, Countries and Concepts, an Introduction to Comparative Politics, Prentice-Hall, N.J., 1982 et autres titres

B. Le système électoral, le *système des partis* et les traditions politiques

Les effets des systèmes électoraux sont étudiés depuis longtemps. Duverger[30] a élaboré trois lois sociologiques concernant les effets des modes de scrutin sur le nombre et sur la structure des partis:

> «A. Première loi: le scrutin majoritaire à un tour tend à instaurer un système bipartite (ou en tout cas bipolaire) constitué de partis à structure forte...
> B. La deuxième loi peut s'énoncer ainsi: le scrutin majoritaire à deux tours tend à engendrer un système multipartiste formé de partis à structure faible et dépendant les uns des autres...
> C. Enfin, la troisième loi établit que la représentation proportionnelle favorise un système multipartiste formé de partis à structure forte et indépendants les uns des autres.»

Théoriquement, un système électoral *uninominal à un tour* devrait défavoriser l'émergence d'un Parti vert. Un système *uninominal à deux tours* devrait permettre à un Parti vert de s'affirmer, mais seulement lors du premier tour alors que l'électeur est moins réticent à «perdre son vote». C'est cependant le système électoral *proportionnel* qui favorise le plus l'émergence d'un Parti vert, en permettant l'élection de quelques députés.

D'autre part, le *système des partis* n'est pas uniquement déterminé par le système électoral, mais aussi par les traditions politiques. Dans certains pays, la rigidité dans le *système des partis* (ou le bipartisme) est dû aux traditions. Une polarisation accentuée entre les partis peut notamment créer cette rigidité. Un système bipartiste peut également se maintenir à cause d'un débat politique qui domine l'actualité; pensons notamment au nationalisme régional qui divise parfois la politique en deux camps opposés. Mais peu importe le motif, une rigidité dans le système des partis peut représenter un obstacle insurmontable pour un Parti vert.

Le travail des groupes de pression peut également être affecté par le *système des partis* et les traditions à ce sujet: dans les pays où les *lignes de partis* sont implacables, un député ne peut pas diverger des positions officielles de son parti et dans ce cas, le lobbying auprès des députés devient souvent stérile.

C. Le financement des partis politiques

L'émergence d'un Parti vert peut être influencée par les lois régissant les contributions financières aux partis politiques. Si les grandes entreprises peuvent faire des contributions illimitées aux partis, cela

---

[30] Résumé dans Jean-Louis Quermone, Les régimes politiques occidentaux, Paris, Seuil, p.178-9

désavantage un Parti vert et favorise les partis associés au monde des affaires. Si les contributions secrètes sont permises, cet effet peut être amplifié.

D. L'ouverture aux groupes de pression

Lorsque les groupes de pression bénéficient de nombreux avantages fiscaux et financiers, il leur est possible de développer une base populaire qui contribue financièrement à leurs activités. Dans un tel cas, ceux qui contribuent à un groupe de pression perdent parfois tout intérêt à contribuer à un parti politique. Les groupes de pression peuvent devenir des substituts à un Parti vert.

L'ouverture d'un système politique aux groupes de pression est cependant plus une question de traditions que d'exemptions fiscales. Dans certains pays, les groupes de pression sont perçus comme égoïstes et antidémocratiques; on tolère alors difficilement le lobbying direct auprès des élus. Dans d'autres pays, des groupes peuvent déclarer qu'ils représentent *l'intérêt public* et conserver beaucoup de crédibilité auprès de la population. Le potentiel de développement des groupes environnementaux est donc fortement influencé par ces traditions.

E. La capacité d'agir des autorités

La capacité du pouvoir exécutif de concrétiser ses objectifs varie selon les systèmes politiques. Dans les régimes parlementaires, l'exécutif est puissant, car il contrôle le pouvoir législatif. Dans les régimes présidentiels, le pouvoir est plus fragmenté et un accord entre les divers pouvoirs est nécessaire pour faire adopter une nouvelle loi. Dans un tel système, les groupes de pression peuvent plus facilement bloquer une nouvelle législation qui serait contraire à leurs objectifs. Par contre, il pourrait être plus difficile de convaincre les divers pouvoirs d'adopter une nouvelle loi qui serait nécessaire à la protection de l'environnement.

Dans les fédérations, la centralisation des pouvoirs au niveau fédéral présente également des avantages et des inconvénients. S'il y a centralisation, les groupes environnementaux auront parfois de la difficulté à accéder au pouvoir central. Par contre, s'ils réussissent à y accéder, leur lobbying sera alors plus efficace. Dans la même logique, les groupes écologistes pourraient affirmer que le pouvoir de la bureaucratie est excessif; par contre, ces groupes pourraient aussi bénéficier d'une bureaucratie puissante capable de faire respecter des règlements antipollution.

En somme, il ne faut pas conclure hâtivement que la centralisation, la force du pouvoir exécutif et le pouvoir de la bureaucratie, sont nécessairement néfastes pour les écologistes; cela dépend de l'enjeu concerné et de la capacité des écologistes à influencer les décideurs politiques.

F. Le pouvoir, la diversité et la concentration des médias

L'équilibre entre les forces politiques dépend également de leur capacité à communiquer leurs idées ou leur programme politique. Si les médias d'information sont contrôlés par une minorité d'individus qui adhèrent à la pensée politique dominante, il sera très difficile pour les forces «marginales» de communiquer leurs idées. La diversité des médias est donc un élément déterminant de la stratégie des groupes écologistes.

2.2 Le système politique des États-Unis

A. La structure du système politique

Le système politique américain est conçu de façon à favoriser systématiquement l'action des groupes de pression, tout en posant des barrières infranchissables aux tiers partis. Léon Dion[31] présente les composantes du système politique américain qui affectent les groupes de pression:
— une relativement grande séparation entre les pouvoirs exécutif, législatif et judiciaire;
— la présence de deux Chambres;
— le fédéralisme;
— la faiblesse des organisations partisanes (et le peu de respect pour les lignes de parti).

Sur tous ces points, le système américain présente des caractéristiques favorables à l'intervention des groupes. La multiplicité des pouvoirs (et contre-pouvoirs) fournit aux groupes de **nombreux points de contact** où ils peuvent intervenir dans le processus politique.

Le Congrès

Selon la Constitution, le Congrès américain possède le pouvoir législatif et il comporte deux Chambres, le Sénat et la Chambre des Représentants.

La Chambre des Représentants est composée de 435 membres[32] (délégation proportionnelle à la population des États) et le Sénat est composé de 102 sénateurs (2 par État). A cause de leur grand nombre, les membres du Congrès sont relativement accessibles aux *lobbyists* qui travaillent à Washington. Cette situation permet un contact «personnel» entre les membres du Congrès et les groupes de pression.

---

[31] Dion, Léon, Les groupes et le pouvoir politique aux Etats-Unis, P. U. L., 1965, p. 12 et 66
[32] Bernier, Gérald, «Processus électoral», chapitre dans Le système politique des États-Unis, sous la direction de Edmond Orban, Presses de l'un. de Montréal, 1987, p.149

Pour les groupes, la caractéristique du pouvoir législatif la plus importante est la structure des commissions et des sous-commissions des deux Chambres, qui ont le mandat d'élaborer, de discuter et d'adopter les projets de lois. Avant qu'un texte ne soit présenté à la Chambre, il faut que les sous-commissions et les commissions appropriées aient d'abord approuvé le projet. Dans la plupart des cas, les discussions en Chambre ne sont qu'une «façade», car toutes les décisions importantes ont déjà été prises dans les commissions et les sous-commissions[33]. Comme il y a peu de membres dans chacune de ces commissions et sous-commissions, elles constituent un point d'influence privilégié pour les groupes de pression. Il est alors possible de concentrer tout le lobbying sur quelques représentants pour obtenir satisfaction.

Selon une étude[34] réalisée en 1978, il y avait alors en activité 385 sous-commissions permanentes et temporaires. Chaque groupe d'intérêts semblait donc assuré de trouver prise quelque part. Cette possibilité d'intervention des groupes est renforcée par la possibilité de reprendre le débat, lorsque le projet est présenté dans les commissions de l'autre Chambre[35].

Une autre caractéristique du Congrès américain est l'absence de spécialisation de chacune des Chambres, à l'exception de certains pouvoirs qui sont réservés au Sénat en matière de relations internationales et de nominations dans l'administration. Cette absence de spécialisation permet donc aux deux chambres d'introduire des législations sur n'importe quel thème. En fait, cette situation produit parfois de la confusion, car les deux Chambres peuvent discuter ou adopter, en même temps, deux projets de lois divergents sur le même thème. Par exemple, concernant le projet de réautorisation du «Superfund» (pour le nettoyage des sites de déchets toxiques), il y avait, au Congrès, au début de 1985, trois projets de lois en discussion[36]:

— Une version présentée à la Chambre des Représentants par James Florio (D-N.J.); ce projet de loi est très détaillé, avec un budget de 10$ milliards; il a été adopté par la Chambre par un vote de 323 à 33, mais rejeté au Sénat.

— Une deuxième version a été présentée au Sénat par Robert Stafford; ce projet établissait un budget de 7,5$ milliards, mais il n'a pas été adopté par le Sénat.

— Pendant ce temps, l'administration Reagan faisait la promotion d'un projet de loi semblable, mais qui laissait beaucoup plus de discrétion à l'Agence de protection de l'environnement et dont le budget était de 5,3$ milliards.

---

[33]   Dion, Léon, Ibid., p. 76
[34]   Problèmes politiques et sociaux, «les groupes de pression aux États-Unis», La documentation francaise, no. 371, 14 sept. 1979, p. 6
[35]   Dion, Léon, Ibid., p. 129, 131
[36]   Bloom, Jane L., «Superfund, The Next Five Years», Environment, May 1985, p. 5

Cette multiplicité des projets et des instances décisionnelles au Congrès **permet à un groupe de bloquer efficacement une législation, puisqu'il existe six endroits où un seul vote négatif empêche l'adoption d'un projet,** c'est-à-dire dans la sous-commission, la commission et l'assemblée de chacune des deux chambres. Par contre, la situation est très différente pour un groupe qui voudrait faire adopter une nouvelle loi, puisqu'il devra obtenir des votes en sa faveur à six reprises alors que les autres groupes en opposition à la loi interviendront à chaque fois. Dans l'évaluation de la force des groupes américains, il faudra donc faire une **distinction entre la capacité de bloquer un projet et la capacité d'en faire adopter un.**

Le pouvoir exécutif

Le pouvoir exécutif aux États-Unis est plus puissant qu'il ne devrait l'être théoriquement, selon la Constitution. Plusieurs raisons expliquent cette situation:

— le prestige de la Présidence, qui augmente son influence auprès des membres du Congrès;

— le Président fait les nominations des personnes-clés dans les diverses agences et dans les cours de juridiction fédérale (par exemple[37], après 5 ans de pouvoir, Reagan avait remplacé la moitié des 744 juges fédéraux);

— le facteur le plus important est celui du contrôle de l'administration par l'exécutif: dans un monde très complexe, un pouvoir politique qui contrôle les expertises est capable d'influencer les décisions. C'est pour cela que même si, théoriquement, le pouvoir législatif appartient au Congrès, de nombreuses lois proviennent indirectement de l'exécutif. De plus, l'exécutif utilise efficacement son expertise dans les sous-commissions pour faire adopter des projets.

Pour les groupes, cette situation rend le lobbying auprès de l'administration aussi productif[38] que celui auprès des membres du Congrès (quoique l'accessibilité de la Présidence soit moins grande). De plus, cette administration est tellement vaste qu'elle est divisée en de multiples départements et agences plus ou moins indépendants. Il en résulte une **fragmentation**[39] **des responsabilités** entre les départements, les agences, les commissions et la Maison-blanche, de sorte que les groupes sont capables de pénétrer la structure elle-même de l'administration et d'influencer l'action des technocrates.

Même si le système américain ne devait pas favoriser le pouvoir exécutif, le développement de la bureaucratie a servi avant tout la

---

[37] Mark Starr, «The Real Reagan Revolution», Newsweek, June 1985, p. 25-26
[38] Dion, Léon, Ibid., p. 92, 94
[39] Wilson, Graham K., Interest Groups in the United States, Clarendon Press, Oxford, 1981, p. 3

Présidence américaine. Il en résulte une domination de la Présidence en ce qui concerne **l'initiative** des actions (législatives et autres). Dans le système américain, l'identification du membre du Congrès qui présente un projet de loi peut donc être révélatrice. Cela permet de déterminer si le projet est l'initiative du membre lui-même, d'un groupe qu'il parraine ou si c'est l'initiative de la Maison blanche.

Soulignons finalement que le pouvoir exécutif contrôle directement les organismes «stratégiques» de protection de l'environnement. Le Département de l'intérieur (gestion des ressources naturelles) et le Département de l'énergie sont directement sous la responsabilité du Président. L'Agence de protection de l'environnement (E.P.A.) est théoriquement une agence indépendante, mais c'est le Président qui en nomme les dirigeants. Il peut donc y exercer une influence considérable.

Le pouvoir judiciaire

Le pouvoir judiciaire est très important aux États-Unis, en comparaison avec les pays dont le régime est parlementaire. Son rôle consiste à interpréter la Constitution et les lois. Comme il peut reporter l'application d'une loi pendant ses délibérations, cette décision peut permettre à un groupe d'en retarder l'application. Les groupes d'intérêts utilisent régulièrement le pouvoir judiciaire pour diverses raisons: contester l'application d'une loi ou de ses modalités, retarder son application ou faire respecter une modalité d'une loi qui n'est pas appliquée par l'administration.

Pour les groupes environnementaux, même si le pouvoir judiciaire est utile pour retarder l'action du gouvernement, il faut cependant constater que les décisions de la Cour suprême leur sont rarement favorables. En fait, la Cour suprême, en terme d'évolution politique, est généralement «en retard» par rapport aux pouvoirs exécutif et législatif[40]. Les groupes environnementaux ne peuvent donc pas compter sur la Cour pour changer les grandes tendances de la société américaine.

Les États

Les interactions entre le pouvoir fédéral et les États affectent directement l'action des groupes d'intérêts. Si le fédéral refuse d'adopter certaines mesures, les groupes peuvent tourner leur lobbying vers les États concernés. Dans les faits cependant, les États sont peu actifs en environnement et **l'action des groupes environnementaux au niveau législatif est concentrée à Washington.**

---

[40]   Orban,Edmond, La dynamique de la centralisation dans l'état fédéral, Québec/Amérique,1984,p.274

Pour terminer la discussion sur la structure du système politique américain, voici les conclusions de deux auteurs. Selon Graham Wilson[41], il n'existe pas aux États-Unis d'instance gouvernementale suffisamment forte avec laquelle les intérêts économiques pourraient négocier l'ensemble de l'action gouvernementale. Cette fragmentation du pouvoir ne permet pas à quelques groupes puissants d'empêcher la multiplication des groupes d'intérêts.

Kevin Phillips[42] présente une conclusion plus percutante. Selon lui, la logique constitutionnelle de la séparation des pouvoirs est devenue un «piège». La séparation des pouvoirs est maintenant trop grande. Les nombreux pouvoirs à Washington ressemblent à une suite de forteresses mutuellement méfiantes les unes des autres. De plus, phénomène inconnu dans les autres pays occidentaux, le pouvoir judiciaire a usurpé des fonctions propres au pouvoir législatif.

B. Un système électoral qui exclut les tiers partis

Les écologistes américains ne semblent aucunement intéressés à former un parti politique. Plusieurs facteurs expliquent ce comportement. Aux États-Unis, les scrutins sont de type uninominal à un tour, mode de scrutin qui a tendance à exclure les tiers partis et ce type de scrutin est utilisé à tous les niveaux politiques. De plus, l'élection présidentielle se fait par «collège électoral» dans chacun des États, processus qui exclut pratiquement tout candidat autre que ceux des deux grands partis.

La grande ouverture du système américain aux groupes de pression constitue en soi un obstacle à la formation de nouveaux partis; les groupes et les partis sont souvent en compétition pour les mêmes ressources humaines et financières, et le développement des groupes peut se réaliser au détriment des partis.

Un autre obstacle majeur pour les tiers partis concerne **l'absence ou la faiblesse des lois sur le financement des partis politiques.** Pour les élections au Congrès, il n'existe virtuellement aucun contrôle du financement et les candidats peuvent recevoir des dons énormes des entreprises; en conséquence, plusieurs membres du Congrès dépensent plus d'un million de dollars pour leur élection. Au niveau présidentiel, des lois existent pour limiter les contributions des entreprises, mais les «Political Action Committee» (PAC) permettent de contourner la loi; en bout de ligne, les entreprises peuvent également financer les campagnes électorales présidentielles. Pour illustrer la taille de cet obstacle, mentionnons qu'en 1984, le total des dépenses électorales aux États-Unis

---

[41] Wilson, Graham K., Interest Groups in the United States, Clarendon Press, Oxford, 1981, p.133
[42] Phillips, Kevin, The Balkanization of America, Harper's Magazine, May 1978, p. 44
[43] Bernier, Gérald, «Processus électoral», chapitre dans Le système politique des États-Unis, sous la direction de Edmond Orban, Presses de l'un. de Montréal, 1987, p.148

monde des affaires, est incapable de concurrencer les grands partis sur ce point.

C. La grande ouverture aux groupes de pression

Plusieurs auteurs[44] doutent du fait qu'un groupe puisse représenter *l'intérêt public*. Malgré cela, un auteur comme Berry[45] arrive à la conclusion suivante: pour plusieurs groupes américains, les justifications traditionnelles d'intérêts personnels (économiques ou psychologiques) ne sont pas suffisantes pour expliquer l'action des membres; pour lui, une recherche d'idéalisme (dans un intérêt public) existe réellement chez plusieurs groupes *d'intérêt public*.

Mais en termes stratégiques, cette question n'est pas vraiment pertinente; l'enjeu n'est pas de savoir si un groupe représente réellement l'intérêt public, mais **si la population pense qu'il représente l'intérêt public**. Des sondages indiquent que l'opinion publique américaine accepte majoritairement ce fait[46].

Si le lobbying n'existe pas seulement aux États-Unis, il est rare que cette pratique obtienne un statut légal comparable. Aux États-Unis, cette pratique est légalisée et acceptée depuis longtemps[47]. Cette ouverture se manifeste par une tolérance du Congrès et de l'administration concernant les déviations des groupes face aux lois sur le lobbying.

Un exemple de cette tolérance concerne l'application du règlement sur les exemptions de taxes («tax-exempt clause»). Aux États-Unis, les contributions à un groupe (à but non lucratif) ne sont pas imposables, à la condition qu'il ne fasse pas de lobbying[48]. Pour contourner cette restriction, les groupes créent alors des «fondations» qui recueillent les dons, sans faire d'action politique; ces fondations financent ensuite les recherches ou les programmes des groupes plus «politiques».

Plusieurs consensus politiques

La politique intérieure américaine n'est pas caractérisée par les débats entre la gauche et la droite, contrairement à plusieurs pays européens. Les interventions des groupes sont adaptées à ce contexte. Par exemple, un groupe dont la communication serait basée sur des principes dogmatiques de gauche serait très mal perçu. Au contraire, un groupe d'intérêts sera **perçu positivement lorsqu'il base son action sur des considérations techniques ou des objectifs de saine gestion** qui ne remettent pas en question les valeurs du capitalisme.

---

44   Wilson, Graham K., Ibid., p. 91-92
45   Wilson, Graham K., Ibid., p. 86
46   Symonds, William, «Washington in the Grip of the Green Giant», Fortune, Oct. 4, 1982, p. 140
47   Dion, Léon, Les groupes et le pouvoir politique aux Etats-Unis, P. U. L., 1965, p. 2
48   Ornstein, N. J. et S. Elder, Interest Groups, Lobbying and Policymaking, Congressionnal Quarterly Press, Washington, 1978, p. 71

Le non-respect des lignes de parti

Dans la plupart des pays, les parlementaires respectent les recommandations de leurs dirigeants et votent en bloc selon la ligne de leur parti. Les traditions américaines sont exceptionnelles sur ce point, car même si des lignes de parti existent, il est fréquent et normal que les membres du Congrès votent individuellement, sans considération pour leur parti et sans conséquence pour la stabilité du gouvernement. Cette tradition est vitale pour les groupes d'intérêts américains, car sans cette tradition, le lobbying auprès des membres du Congrès deviendrait pratiquement inutile.

L'affaiblissement des partis politiques

Divers auteurs pensent que les groupes de pression doivent compenser lorsque les partis politiques sont faibles, car ces derniers «se trouvent alors incapables de canaliser convenablement tous les intérêts des classes et des groupes.»[49]

Selon cette logique, le développement des groupes de pression aux États-Unis serait en partie la conséquence de l'affaiblissement des partis politiques. Cette hypothèse est appuyée par la majorité des auteurs qui ont constaté un déclin sévère des partis politiques américains[50].

Confiance dans les institutions et participation électorale

Cet affaiblissement des partis politiques a été accompagné d'une baisse de confiance généralisée dans les institutions, tels les gouvernements et le monde des affaires qui, auparavant, bénéficiaient de la confiance de la population[51]. Un indicateur du désintéressement des Américains face au processus politique conventionnel est la participation aux élections. Le tableau suivant indique une baisse marquée de la participation aux élections présidentielles.

Tableau 2.2a: Participation aux élections présidentielles américaines[52]	
__Années__	__% de participation__
1960	62,9
1964	61,9
1968	60,9
1972	55,5
1976	54,3
1980	52,4
1984	52,9

---

[49] Dion, Léon, Ibid., p. 27
[50] Wilson, Graham K., Interest Groups in the United States, Clarendon Press, Oxford, 1981, p. 86 et Phillips, Kevin, «The Balkanization of America, Harper's magazine, May 1978, p. 45
[51] Wilson, G. K., Interest Groups in the United States, Clarendon Press, Oxford, 1981, p. 87-88
[52] Langton, Stuart, editor, Citizen Participation in America, Lexington books, U.S., 1978; Cohen, David, «The Public Interest Movement and Citizen Participation», p. 64 Time, Nov. 19, 1984, «The Promise: You Ain't Seen Nothing Yet!», p. 21

La réalité est pire que ne l'indiquent ces statistiques:
— chez le groupe des 18-24 ans, le taux de participation est beaucoup plus faible que la moyenne;
— l'élection présidentielle étant la plus importante, les taux de participation aux autres élections sont encore plus faibles; à titre d'exemple, le taux de participation aux élections législatives fédérales de 1986, tenues à mi-mandat de la présidence, était de 37,2%.

D. Diversité ou monopole dans les médias d'information?[53]

Aux États-Unis, il y a 1 700 quotidiens, 8 600 stations de radio, 700 entreprises privées de télévision commerciale et 10 000 périodiques. Selon ces chiffres, on pourrait conclure à une grande diversité de l'information. La réalité est tout autre, car il faut tenir compte de la propriété de ces médias et de la diversité de l'information à un endroit donné.

Dans le cas des grands quotidiens américains, la plupart sont dans une situation de quasi-monopole. Il y a eu de nombreuses faillites et fermetures de journaux dans les années 70 et 80. En conséquence, aucune ville n'offre plus de trois quotidiens à ses citoyens et **98% des villes n'ont qu'un seul quotidien.** Le nombre total pour l'ensemble du pays ne veut rien dire si les citoyens, en un endroit donné, ont accès à un seul journal. Cause ou conséquence de ces monopoles, la situation actuelle révèle un faible niveau d'intérêt pour les journaux.

Tableau 2.2b: Nombre de grands quotidiens dans les métropoles	
Londres	14
Paris	14
Rome	18
Tokyo	17
New York	3
Washington	1
Nombre de copies de quotidiens vendus à chaque jour (par 1000 hab., 1982)	
Suède	572
Japon	526
Norvège	412
Suisse	402
Grande Bretagne	388
Allemagne fédérale	312
États-Unis	287

Les citoyens américains utilisent les autres médias plutôt que les journaux, surtout la télévision, pour leur information. Il s'agit cepen-

---

[53] Ben H. Bagdikian, in Arthur Berger, Media USA, Longman,N.Y., 1988, p. 484
Ben H. Bagdikian, The Media Monopoly, Beacon Press, Boston, 1987, p. 118, 120 and 203

dant du domaine où la concentration est la plus forte et la diversité la moins grande. Seulement 13 compagnies contrôlent les deux tiers de tous les auditeurs de la télévision et de la radio. Il y a également des croisements dans la propriété des médias (journaux, télévision, etc.): à titre d'exemples, le conglomérat Times-Mirror contrôle 3 grands quotidiens, 4 magazines, des stations de télévision et de câble et 50% des services de nouvelles; CBS contrôle les deux tiers de l'audience de pointe à la télévision, possède 20 magazines et plusieurs maisons d'édition.

Ajoutons à cela la domination des trois grandes chaînes de télévision et la standardisation des informations et il est facile de constater la faible diversité offerte finalement aux citoyens.

2.3 Les systèmes politiques du Canada et du Québec

A. La structure des systèmes politiques canadien et québécois

Le système politique canadien est très différent du système politique américain. Il y a pratiquement fusion des pouvoirs exécutif et législatif; le pouvoir judiciaire y est relativement faible; les pouvoirs du Sénat sont extrêmement limités et les lignes de parti sont respectées de façon presque absolue. Les points communs avec les États-Unis sont le fédéralisme et l'accroissement du pouvoir judiciaire.

Le système politique du Québec est semblable à celui du système canadien, avec «fusion» des pouvoirs exécutif et législatif. Il n'y a pas de Sénat, différence superficielle, puisque le Sénat canadien n'a presque pas de pouvoirs.

Le pouvoir législatif

Au fédéral et au provincial, le parlement détient officiellement le pouvoir législatif. Dans les faits, cette fonction du parlement est pratiquement inexistante[54], puisque ce sont les ministres qui rédigent les lois et les présentent pour «approbation» à l'Assemblée législative. Les députés votent selon les lignes de partis et le vote devient un processus de légitimation. On peut conclure que c'est le pouvoir exécutif (le Conseil des ministres) qui détient le pouvoir législatif.

En fait, le rôle d'un député «d'arrière-banc» est semblable à celui d'un *lobbyist* ayant des accès privilégiés à certaines personnes qui détiennent le pouvoir; pour les groupes de pression, il est parfois intéressant de convaincre un député de s'opposer à un projet de loi, mais ce député agira discrètement et non pas ouvertement à la Chambre. Mais

---

[54] André Bernard, La politique au Canada et au Québec, Presses de l'un. du Québec,1977,p.442-6

comme les ministres sont relativement accessibles aux groupes de pression, il est probable que ces groupes agiront directement auprès du ministre concerné ou de ses attachés politiques.

Le Sénat ne représente pas une cible pour les groupes de pression, car il possède peu de pouvoir réel. De plus, les sénateurs n'ont aucune légitimité, puisqu'ils ne sont pas élus et que leur nomination est souvent partisane. Le Sénat possède seulement le pouvoir de créer des délais dans l'adoption d'un projet de loi.

Le pouvoir exécutif

Les postes de gouverneur général, au fédéral, et de lieutenants-gouverneurs, au niveau des provinces, sont des vestiges de la royauté. Leurs fonctions sont entièrement symboliques et protocolaires.

Le pouvoir exécutif appartient au Premier ministre du pays et aux Premiers ministres des provinces. En politique intérieure, le Premier Ministre du Canada possède des pouvoirs beaucoup plus grands que ceux d'un Président aux États-Unis ou en France. Son pouvoir est très grand, parce qu'il contrôle directement les pouvoirs exécutif et législatif: il peut sélectionner et congédier ses ministres[55], sélectionner et congédier les principaux hauts-fonctionnaires (sous-ministres), réorganiser la structure du gouvernement, déterminer le contenu des projets de loi, convoquer des élections lorsqu'il le désire (à l'intérieur d'un délai de 5 ans) et contrôler la bureaucratie (par le biais des ministres et des sous-ministres).

Par contre, la tradition veut qu'il choisisse ses ministres parmi les députés élus de son parti. Sa marge de sélection du personnel est donc réduite par rapport au Président des États-Unis ou de France. Par contre, il peut nommer des personnes de confiance à des postes de sous-ministre; il peut ainsi choisir quelqu'un pour «surveiller» un ministre auquel il ne ferait pas totalement confiance. Dans l'ensemble, le Premier ministre contrôle directement tout le travail du gouvernement, autant le Conseil des ministres (ou Cabinet), le Parlement et la bureaucratie qui est directement sous la responsabilité de chacun des ministres. Sa principale contrainte étant simplement sa propre disponibilité, il doit quand même faire confiance à ses ministres.

Après le Premier ministre, ce sont les ministres qui ont un pouvoir politique important[56], quoique les hauts fonctionnaires (sous-ministres) peuvent parfois être aussi puissants que certains ministres.

Ces commentaires sont applicables autant au Premier ministre du Canada qu'à celui du Québec.

---

[55]   André Bernard, Ibid., p.331
[56]   André Bernard, Ibid., p.425

Pour les groupes de pression, on peut facilement établir une liste de priorité du lobbying:
1. Le Premier ministre.
2. Le ministre concerné ou les attachés politiques du Premier ministre.
3. Les attachés politiques du ministre concerné ou les haut-fonctionnaires concernés (sous-ministres).
4. Et loin derrière, les députés.

Cette liste de priorité est extrêmement simple, en comparaison avec le système américain où les points de contact sont beaucoup plus nombreux, mais moins efficaces. Il ne faut cependant pas juger un système politique en fonction du nombre de points de contact; par exemple, aux États-Unis, ces nombreux points de contact peuvent permettre de bloquer un projet, mais deviennent un obstacle presque infranchissable pour faire adopter une nouvelle loi. Au Canada, il peut être difficile d'entrer en contact avec un ministre, mais si on réussit à le convaincre de la nécessité d'une intervention ou d'une nouvelle loi, des résultats peuvent en découler rapidement.

Au Canada, les groupes de pression doivent intervenir *avant* le dépôt des projets de loi. Lorsqu'un projet est présenté par un ministre, il est le résultat de nombreuses discussions internes entre politiciens et bureaucrates. A cause des lignes de parti et du contrôle de l'exécutif sur le Parlement (si le gouvernement est majoritaire), il est presque impossible pour un groupe de bloquer un projet de loi à ce stade. Contrairement au système américain, le système politique canadien n'est pas structuré de façon à permettre le blocage des lois. Cette conclusion est également valable pour le Québec.

Le pouvoir judiciaire

Historiquement, le pouvoir judiciaire a été relativement faible au Canada (certainement si on le compare au système américain). Par contre, depuis le rapatriement de la Constitution et l'adoption de la Charte des droits et des libertés, les années 80 ont connu une croissance marquée des interventions de la Cour suprême du Canada.

Mais une contestation de la constitutionnalité d'une loi a rarement l'impact qu'elle peut avoir aux États-Unis, car au Canada, les lois sont généralement appliquées pendant le processus judiciaire. Cela signifie qu'un groupe de pression ne peut pas retarder l'application d'une loi pendant plusieurs années par le biais d'une contestation en cour.

Le fédéralisme

Au Canada, le fédéralisme semble représenter un obstacle supplémentaire pour les groupes environnementaux qui veulent faire des pressions sur le gouvernement fédéral. A cause du problème des deux langues, il est difficile de former des coalitions écologistes nationales.

La province de Québec, deuxième en importance, est bien représentée dans les grands partis politiques, mais généralement sous-représentée dans les autres sphères du gouvernement fédéral (bureaucratie, centres de recherches). Le travail des groupes québécois est handicapé par cette situation. De plus, à l'intérieur des groupes environnementaux «nationaux», la présence du Québec est souvent symbolique ou même inexistante. Il en résulte un affaiblissement des groupes nationaux et une sous-représentation des écologistes québécois à Ottawa.

B. Le système électoral, le système des partis et l'ouverture aux tiers partis au Canada

Le mode de scrutin et le financement des partis politiques

Partout au Canada, le scrutin est de type majoritaire, uninominal à un tour. Ce type de scrutin représente un obstacle significatif à l'émergence d'un Parti vert.

Au niveau fédéral, les lois sur le financement des partis politiques permettent encore des contributions directes et illimitées des entreprises. Ce mode de financement favorise l'influence des milieux d'affaires; il représente un obstacle politique majeur pour un Parti vert qui ne peut pas concurrencer les grands partis en termes de financement. Il faut cependant noter que les dépenses électorales au Canada sont beaucoup moins grandes qu'aux États-Unis et qu'en conséquence, cet obstacle est moins grand pour un tiers parti au Canada qu'aux États-Unis. A titre d'ordre de grandeur, à l'élection fédérale de 1988, les dépenses électorales de chacun des trois grands partis canadiens (donc tous les candidats d'un parti) variaient entre 3$ et 6$ millions alors que Jesse Helms, sénateur républicain ultra-conservateur, a dépensé à lui seul 8$ millions lors de sa campagne de 1986 (dans un seul État).

Au Québec, la loi sur le financement des partis politiques interdit, depuis 1977, les contributions directes des entreprises et limite le financement individuel à $3000 par personne par année. Un des obstacles à l'émergence d'un Parti vert est donc sérieusement réduit au Québec, quoique le scrutin uninominal à un tour semble encore un obstacle insurmontable.

Divisions politiques persistantes

La division linguistique canadienne et les débats sur le statut du Québec représentent un obstacle pour les écologistes. Dans un système bipartite, il est difficile d'introduire de nouveaux enjeux à l'agenda politique lorsqu'il y a polarisation accentuée sur un seul enjeu dominant. Si le débat nationaliste persiste au Québec, il s'agit possiblement d'un obstacle très important au développement des groupes écologistes.

C. L'ouverture aux groupes de pression au Canada et au Québec

Au Canada, il n'y a pas de statut légal ni d'enregistrement des *lobbyists* comme à Washington[57] et les groupes sont moins puissants qu'aux États-Unis. Malgré cela, les groupes de pression sont acceptés par la population canadienne et, comme aux États-Unis, cette acceptation est conditionnelle au respect des traditions du système politique. Les groupes doivent notamment être formés «officiellement», avoir un membership régulier, respecter les droits individuels, adhérer à certaines conventions pour retenir l'attention des médias, etc. En somme, même si au Canada les règles régissant les groupes de pression ne sont pas écrites comme aux États-Unis, ces règles existent malgré tout. De plus, contrairement à ce qui se passe en France, les groupes de pression peuvent affirmer, sans perdre leur crédibilité, que leur action est dans l'intérêt du public. Les traditions sont donc semblables à celles des États-Unis.

De nombreux *lobbyists* travaillent en permanence à Ottawa et dans les capitales provinciales. Leur action n'est peut-être pas aussi ouverte qu'aux États-Unis, mais cela n'empêche pas leur omniprésence[58]. Une recherche de R. Presthus a démontré qu'environ 75% des députés avaient des contacts fréquents ou occasionnels avec des groupes d'intérêt. Cette étude démontre aussi une grande ouverture du système politique canadien aux hommes d'affaires[59].

Il existe, dans le système canadien, quelques points d'accès pour le lobbying: députés, ministres, attachés politiques, bureaucratie relativement accessible (plus qu'en France). Par contre, comme le pouvoir de décision est concentré au niveau du Premier ministre et des ministres, les possibilités d'action efficace sont assez limitées.

Les groupes de pression peuvent également intervenir dans le contexte formel des commissions parlementaires. Par contre, les consultations en commission parlementaire ont souvent lieu après le dépôt d'un projet de loi à la Chambre; la consultation est alors réalisée après que toutes les décisions importantes aient été prises.

Pour les problèmes environnementaux, il existe également des mécanismes d'audiences publiques auxquels les écologistes peuvent participer (au Québec, le Bureau des audiences publiques sur l'environnement). Mais ces consultations portent généralement sur des projets précis, alors que les grandes décisions sont déjà prises par les gouvernements.

---

[57]   R.J.Jackson, D.Jackson, N.Baxter-Moore, <u>Politics in Canada</u>, Prentice-Hall, Canada,1986, p.543
[58]   R.J.Jackson, D.Jackson, N.Baxter-Moore, Ibid., p.542
[59]   André Bernard, Ibid., p.275

Le respect des lignes de parti

L'influence des *lobbyists* est réduite par la rigidité des lignes de partis. Une fois qu'un projet de loi est présenté, le lobbying auprès des députés est peu efficace, puisque seul le ministre acceptera des changements. Ce contexte explique également pourquoi les groupes bien organisés (ex. du monde des affaires) ont tendance à maintenir des contacts réguliers avec les ministres pour éviter les projets de loi qui pourraient les affecter négativement. Pour les groupes écologistes qui ont peu de moyens financiers, il n'est pas toujours possible de maintenir ces contacts réguliers.

Participation aux élections

Même si les Canadiens sont méfiants et cyniques[60] face au contrôle exercé sur le gouvernement par de puissants intérêts privés, environ 74% des citoyens éligibles votent régulièrement aux élections fédérales et provinciales[61], un indicateur que les électeurs ont l'impression que leur vote «compte». Il s'agit d'un taux élevé en comparaison avec les élections présidentielles américaines (environ 50%) et un peu plus faible que celui de la France.

D. La concentration accrue des médias au Canada

Depuis quelques années, il y a eu croissance importante de quelques «empires» qui absorbent les petites entreprises de médias. Deux groupes, Thomson et Southam dominent le marché des quotidiens[62], avec plus de la moitié du tirage au Canada. Le groupe Southam indique d'ailleurs clairement ses préférences politiques en contribuant directement aux caisses électorales des partis libéraux et conservateurs, mais non à celle du NPD[63].

Dans le cas de la télévision, la situation est différente à cause de la présence de «chaînes» publiques, Radio-Canada et Radio-Québec. Malgré cela, l'information est relativement peu diversifiée, parce que les chaînes publiques considèrent qu'elles sont en concurrence avec les chaînes privées et que «l'attraction» des auditeurs est un objectif plus important que l'éducation ou l'information.

Dans l'ensemble, le rôle politique des médias demeure très important: par le biais des éditorialistes, des chroniqueurs économiques, les grands journaux se prononcent sur presque tous les enjeux et ils influencent l'opinion publique. Dans cette optique, la concentration de la propriété des médias est certainement une menace, non seulement pour les

---

[60]   R.J.Jackson, D.Jackson, N.Baxter-Moore, Ibid., p.94
[61]   R.J.Jackson, D.Jackson, N.Baxter-Moore, Ibid., p.94-5
[62]   R.J.Jackson, D.Jackson, N.Baxter-Moore, Ibid., p.163
[63]   R.J.Jackson, D.Jackson, N.Baxter-Moore, Ibid., p.166

écologistes, mais pour tous les groupes qui n'adhèrent pas aux valeurs des hommes d'affaires.

2.4 Le système politique de la France

A. La structure du système politique

Le système politique français est, selon l'expression de Duverger, un système «semi-présidentiel», avec une séparation relative des pouvoirs exécutif et législatif. Malgré cette séparation des pouvoirs, il est très différent du système américain:

— le pouvoir judiciaire y est très faible en comparaison avec les États-Unis;

— le pouvoir législatif est divisé en deux Chambres, mais le Sénat possède des fonctions très restreintes;

— la France est un État unitaire, les départements ne constituant que des divisions administratives;

— les grands partis demeurent puissants et polarisés;

— les membres de l'Assemblée nationale respectent rigoureusement les lignes de partis.

De plus, le système français présente des caractéristiques peu favorables à l'intervention des groupes de pression, mais assez favorables à un Parti vert.

Le pouvoir législatif: le Parlement

L'Assemblée nationale[64] est composée de 491 députés, avec réélection de toute la Chambre à tous les cinq ans. La dissolution de l'assemblée est possible avant l'expiration de ce délai. L'Assemblée nationale est dotée de Commissions permanentes et temporaires pour l'étude des projets de loi, mais leur influence est limitée, car selon Duverger[65]:

> «désormais, le débat parlementaire s'ouvre sur le texte initial du projet de loi gouvernemental, non sur le texte modifié par la commission, ce qui supprime de graves abus antérieurs;»

Le Sénat est composé de 320 sénateurs, mais possède en fait peu de pouvoirs, car la Constitution lui accorde des prérogatives restreintes: il ne peut renverser le gouvernement, ni s'opposer aux lois votées par l'Assemblée nationale. Le Sénat est également affaibli par le fait qu'il n'est pas élu au suffrage universel, étant élu par les députés, les conseillers généraux et les conseillers municipaux.

---

[64] Maurice Duverger, Le système politique français, collection Thémis, P.U.F.,Paris, 1986, p.207-15
[65] Maurice Duverger, Ibid., p.348

La Présidence

Le Président est élu pour 7 ans et son mandat est renouvelable. Selon la Constitution, il n'y a pas de primauté du pouvoir exécutif sur le pouvoir législatif, car le Président et les membres de l'Assemblée nationale sont élus directement par le peuple. Mais depuis 30 ans, le système français a connu un renforcement des pouvoirs de l'exécutif, par rapport à ceux du Parlement. Concrètement, la plupart des projets de loi sont élaborés par le pouvoir exécutif[66]. La France suit donc les tendances occidentales à ce chapitre.

Le Président bénéficie également du contrôle d'une puissante bureaucratie, avec une capacité d'action dans toutes les régions de la France. Ce pouvoir est plus grand dans un pays unitaire comme la France; n'oublions pas que dans les fédérations, une forte proportion de la bureaucratie est sous contrôle des paliers de gouvernements inférieurs.

Le Premier ministre

Théoriquement, le gouvernement est composé du Premier ministre, de ses ministres et secrétaires d'État. Mais concrètement, le pouvoir exécutif est partagé entre le Premier ministre et le Président, avec prépondérance du Président[67]. Le Premier ministre possède le pouvoir réglementaire et le pouvoir de direction générale du gouvernement; il nomme les ministres, avec approbation du Président. Les ministres ne sont pas des députés ou des sénateurs, la loi interdisant le cumul de ces deux fonctions. Habituellement, les projets de loi sont élaborés par un ministre et son département; le ministre doit donc aller présenter et soutenir ses projets à l'Assemblée nationale. En fait, les projets de lois du gouvernement sont discutés et approuvés au Conseil des ministres avant leur présentation en Chambre[68].

Le Président nomme le Premier ministre, mais il ne peut le révoquer par la suite. Par contre, à quelques reprises dans l'histoire récente, le Président a demandé et obtenu la démission du Premier ministre[69]. Mais plus important, le Président a le droit de dissoudre l'Assemblée nationale.

La politique extérieure fait partie des pouvoirs partagés entre le Président et le Premier ministre, mais l'influence présidentielle est prédominante. Les décrets réglementaires sont de la compétence du Premier ministre, mais dans plusieurs cas, le Président possède un droit de veto. Selon la perception d'un politicologue américain (qui a tendance à comparer les pouvoirs respectifs du Président de la France et du

---

[66] Michael G. Roskin, Countries and Concepts, Prentice-Hall, New Jersey, 1982, p.92 and 332
[67] Maurice Duverger, Ibid., p.289-90
[68] Maurice Duverger, Ibid., p.248
[69] Maurice Duverger, Ibid., p.294

Président des États-Unis), on peut constater la force du Président de la France[70]:

> «Les ministres français, incluant le Premier Ministre, ont été réduits au rôle de messager du Président. Concrètement, la principale fonction du Premier Ministre au Parlement est de faire la promotion des programmes du Président.»

Il faut cependant noter une exception à ces tendances historiques: pendant les périodes récentes de «cohabitation» (président socialiste et Premier ministre de droite nouvellement élu), le Premier ministre a réussi à imposer son programme législatif.

Le pouvoir «juridictionnel» (ou judiciaire)

Duverger[71] utilise le terme «juridictionnel» pour ne pas créer de confusion avec les tribunaux judiciaires qui, en France, ont des responsabilités spécifiques. Ce pouvoir juridictionnel, exercé par un Conseil constitutionnel de 9 membres, est essentiellement la même chose que le pouvoir judiciaire aux États-Unis: «Le pouvoir juridictionnel consiste à interpréter les règles juridiques et à tirer les conséquences de cette interprétation.». **Mais son pouvoir est beaucoup plus limité**[72] que celui de la Cour Suprême des États-Unis.

En fait, les lois sont référées au Conseil constitutionnel sur une base régulière et le Conseil doit rendre une décision dans **un délai d'un mois**[73]. Pour les groupes de pression, le contexte est totalement différent de celui des États-Unis, où les contestations de la constitutionnalité d'une loi peut en retarder l'application pendant des années.

L'absence de fédéralisme

Selon Duverger[74], le fédéralisme est contraire aux traditions politiques françaises. Cette opinion radicale est appuyée par Edmond Orban:

> «Cette attitude doctrinale est révélatrice d'un trait culturel fondamental: il s'agit de la méfiance manifestée à l'égard de l'intrusion de la politique dans l'administration locale. Les rivalités, les conflits, les oppositions enlèvent toute la respectabilité aux institutions locales et rendent illusoires les garanties que l'on peut en attendre.»

Cette caractéristique est importante pour les groupes de protection de l'environnement: elle signifie que comparativement au Canada ou aux États-Unis, les groupes ne peuvent adresser leurs exigences qu'à un petit nombre d'autorités politiques. Par contre, si on réussit à communi-

---

[70] Michael G. Roskin, <u>Countries and Concepts,</u> Prentice-Hall, New Jersey, 1982, p.93
[71] Maurice Duverger, Ibid., p.421
[72] Maurice Duverger, Ibid., p.439
[73] Maurice Duverger, Ibid., p.448
[74] Maurice Duverger, Ibid., p.198

quer avec le pouvoir central, les pressions politiques peuvent produire rapidement des résultats à la grandeur du pays.

B. Le système électoral et l'ouverture à un «Parti vert»

L'Assemblée nationale

A l'exception du scrutin de 1986[75], le scrutin est majoritaire uninominal à deux tours. Le scrutin majoritaire uninominal est défavorable à l'émergence de tiers partis. Par contre, l'existence de deux tours de scrutin permet à un parti écologiste de récolter un vote plus important au premier tour de scrutin, plusieurs électeurs sachant qu'ils pourront reprendre leur vote déterminant au deuxième tour. Il y a souvent deuxième tour, car pour gagner au premier tour, il faut la moitié plus un des suffrages exprimés et au moins le quart des électeurs inscrits; pour gagner au second tour, il suffit d'obtenir le plus de voix.

Pour pouvoir se présenter au second tour, un candidat doit avoir obtenu 12,5 % des électeurs inscrits au premier tour; cette modalité a jusqu'à maintenant empêché les écologistes de participer au deuxième tour. Par contre, les écologistes peuvent utiliser leur force acquise au premier tour pour négocier des alliances.

En somme, il s'agit d'un système électoral qui favorise la stabilité du Parlement, sans toutefois imposer un bipartisme aussi rigide que celui des États-Unis. Le système encourage les alliances et favorise le plus modéré des partis dans une alliance. Pour parler plus clairement, le système est implacable pour les partis de même tendance qui refusent de faire des alliances.

La Présidence

Le Président est également élu lors d'un scrutin majoritaire à deux tours. Au premier tour[76], il faut obtenir la moitié des suffrages *exprimés* plus un; le second tour est limité à deux candidats. Pour favoriser les alliances, il existe un délai où un candidat peut retirer sa candidature, permettant théoriquement à un candidat ayant terminé troisième au premier tour de participer au second tour.

En terme de visibilité médiatique, il y a des avantages énormes à devenir candidat à une élection présidentielle. Une certaine crédibilité est cependant nécessaire pour devenir candidat[77]:

---

[75] En 1986, il y eu élection à la proportionnelle avec un retour au scrutin uninominal après l'élection; la proportionnelle n'a pas aidé les écologistes parce que la majorité socialiste avait établi un seuil de 5%, en dessous duquel les partis ne participaient pas à la répartition des sièges.

[76] Maurice Duverger, Ibid., p.232

[77] Maurice Duverger, Ibid., p.229

«depuis (le 18 juin 1976), chaque candidat doit être patronné par 500 personnes au moins, lesquelles doivent être membres du Parlement, des conseils généraux, du Conseil de Paris, des assemblées territoriales des territoires d'outremer ou maires.»

Mais une fois cette barrière surmontée, un candidat écologiste à la Présidence bénéficie d'une visibilité extraordinaire[78], à cause de la réglementation de la campagne électorale qui s'appuie sur deux principes[79]:

«Le premier concerne l'égalité de tous les candidats quant aux facilités de propagande que l'État peut fournir pour la campagne électorale. ... Chaque candidat dispose ainsi du même nombre d'heures d'émission télévisée et d'émission radiodiffusée.»
Le second principe concerne le remboursement par l'État des dépenses de propagande. Il est appliqué de façon assez restrictive. L'État assure d'abord le coût du papier, l'impression et la mise en place des déclarations envoyées par chaque candidat à tous les électeurs, et de deux affiches, l'une exposant ses déclarations, l'autre annonçant la tenue de ses réunions électorales et de ses émissions à la radiotélévision nationale. En second lieu, l'État rembourse forfaitairement 250 000 F à chaque candidat ayant obtenu au moins 5% des suffrages exprimés.»

Les candidats écologistes n'ont cependant pas encore bénéficié de cette dernière modalité, n'ayant jamais obtenu 5% des voix.

Élections locales

Depuis 1982, les écologistes ont de meilleures chances de se faire élire dans les communes de plus de 3500 habitants, parce que le système électoral assure une représentation à tout parti ayant reçu plus de 5% des suffrages exprimés[80]:

Élections européennes

Une autre occasion électorale pour les écologistes est l'élection à l'Assemblée européenne, où le scrutin est proportionnel. Tout parti a droit à des sièges s'il dépasse le seuil de 5% des suffrages nationaux. Plusieurs écologistes (provenant de pays autres que la France) ont été élus grâce à ce scrutin proportionnel.

Le système des partis

Pour évaluer les possibilités d'un Parti vert, il faut tenir compte du système électoral, mais aussi du «système des partis», structuré par les traditions politiques. La France est caractérisée par un système bi-

---

[78] F. Goguel et A. Grosser, La politique en France, Armand Colin, Paris, 1984, p.86
[79] Maurice Duverger, Ibid., p.230
[80] F. Goguel et A. Grosser, Ibid., p.49

polaire de quatre partis: à droite, le Rassemblement pour la République (RPR) et l'Union pour la Démocratie française (UDF); à gauche, le Parti socialiste (PS) et le Parti communiste français (PCF). Selon Duverger, les quatre grands partis pratiquent maintenant une «rigoureuse discipline de vote». Cette discipline est une des causes du maintien de la bipolarisation.

On ne peut conclure à un bipartisme rigide avec la présence de quatre grands partis, mais la bipolarité du système de partis produit des effets semblables à ceux du bipartisme: difficulté pour un tiers parti de se positionner dans une élection et blocage de l'émergence de partis ayant des idées différentes, notamment les écologistes. En somme, les traditions du débat gauche/droite persistent en France. Les écologistes ont des problèmes, parce qu'ils refusent le positionnement «gauche/droite».

Le financement des partis politiques

Malgré ces difficultés, il faut admettre que le système français permet la présentation de candidatures marginales, à cause des moyens de communication mis à leur disposition. En France, il n'est pas nécessaire de disposer de ressources financières énormes comme aux États-Unis. Il existe des modalités de remboursement des dépenses électorales pour les candidats qui ont obtenu au moins 5% des suffrages exprimés à l'un des deux tours[81]:

> «les frais de campagne électorale sont remboursés aux candidats, d'une part, et il est interdit d'autre part de poser des affiches en dehors des panneaux spéciaux réservés à cet effet et d'envoyer aux électeurs d'autres circulaires que celles distribuées gratuitement par le PTT. La combinaison de ces deux dispositions a pour but de limiter l'influence de l'argent dans l'élection.»

En conclusion, le système français permet l'existence de tiers partis, sans aider leur développement. En comparaison, le système américain ne permet même pas leur existence.

C. L'ouverture aux groupes de pression en France

Globalement, le système politique français n'est pas ouvert aux groupes de pression; ce constat est applicable autant aux syndicats qu'aux autres groupes d'intérêt, parce que le concept même de *groupe d'intérêt* est perçu négativement. Dans la théorie politique française, les groupes d'intérêt ne sont pas considérés légitimes, parce que leurs préoccupations sont considérées égoïstes et contraires à l'intérêt public. Il en résulte une méfiance profonde par rapport aux groupes qui prétentent

---

[81] Maurice Duverger, Ibid., p.225

représenter l'intérêt général (même les groupes écologistes). Malgré cela, il y a eu développement de quelques groupes environnementaux nationaux; leurs ressources sont cependant assez limitées et leur action est plus éducative que politique.

D. La concentration des médias en France

Au niveau des grands journaux, il y a eu concentration récente de la propriété aux mains de quelques hommes d'affaires. Ce problème est accentué sur une base régionale. Selon A. Grosser[82]

> «La concentration peut s'exprimer en quelques chiffres. En province, 175 titres en 1939, ... 76 en 1983. A Paris, 31 titres en 1939, ... 11 en 1983. Mais la concentration de la presse est beaucoup plus forte que le tableau ne le laisse supposer. ...*La concentration a créé de véritables situations de monopole* dans de larges zones du territoire français.»

Malgré cela, Grosser juge que cette concentration est moins grande qu'aux États-Unis[83]:

> «Pour Paris, la tendance à la concentration apparaît faible, si l'on compare avec les autres grandes villes du monde: par rapport à New York et Londres, la presse parisienne connaît encore un véritable foisonnement pluraliste!»

Historiquement, les journaux ont eu un caractère partisan mais cette tendance s'estompe. Par exemple, l'Humanité, journal du Parti communiste, avait au début des années 80, une diffusion journalière de seulement 140 000 exemplaires (pour plus de quatre millions de voteurs communistes).

En ce qui concerne la télévision et la radiodiffusion, il y a eu un monopole de l'État, depuis la fin de la deuxième guerre[84] jusqu'aux années 80. Depuis quelques années, il y eu libéralisation de la télévision avec une tendance rapide vers «l'américanisation».

Malgré des tendances semblables à celles des États-Unis, il faut mentionner quelques différences majeures dans les traditions françaises:

— le président français exige un respect absolu de la part des journalistes; il n'est jamais maltraité par les médias, contrairement à un président américain;
— les conférences de presse données par le président français sont très rares et la période de question est très «contrôlée»;
— les journalistes français acceptent un rôle plus passif.

---

[82] F.Goguel, A.Grosser, Ibid., p.153
[83] F.Goguel, A.Grosser, Ibid., p.154
[84] F.Goguel, A.Grosser, Ibid., p.147

En conséquence, les journalistes français ont beaucoup moins d'impact sur la politique que leurs collègues américains.

E. La contradiction du système politique français

Il est difficile de conclure que les Français sont satisfaits de leur système politique. Les Français semblent satisfaits lorsqu'il s'agit d'assurer l'indépendance et la force de la France sur le plan international; dans ce cas, ils veulent un État fort. Par contre, en ce qui concerne la relation de la bureaucratie avec le citoyen, les citoyens français expriment une grande insatisfaction et ils voudraient affaiblir l'État.

Cette contradiction semble omniprésente lorsqu'on analyse certains débats politiques en France: le nationalisme y est très fort, le programme nucléaire militaire y est peu contesté, le programme de centrales nucléaires est justifié par l'indépendance énergétique de la France. Par rapport aux autres pays occidentaux, c'est en France que l'énergie nucléaire est la plus développée et c'est le pays où la contestation du nucléaire a été la moindre[85].

Considérant qu'Électricité de France (EDF), promoteur du nucléaire, est une grande entreprise d'État et que le nucléaire dépend de la confiance de la population dans une technocratie nucléaire, ce développement accéléré semble indiquer une grande confiance en la technocratie. Pourtant, dans les sondages, les Français expriment un faible niveau de confiance en l'État et sa technocratie. Cette contradiction est soulignée par A. Grosser[86]:

«Le premier de ces traits concerne l'attitude envers l'État: elle a longtemps été caractérisée -elle l'est encore en bien des cas- par une sorte d'inaptitude à prendre conscience de la nécessité des interventions d'un pouvoir politique dans la vie des citoyens, donc par une méfiance profonde envers l'État, et par une volonté délibérée d'affaiblir celui-ci.»

Les écologistes français s'inscrivent dans cette ligne de pensée en étant, parmi les mouvements écologistes occidentaux, ceux qui réclament le plus ardemment la décentralisation.

2.5 Le système politique de la République fédérale d'Allemagne

A. La structure du système politique en R.F.A.

Au niveau fédéral, le système politique de la R.F.A. présente les caractéristiques suivantes:

---

85   Michael G. Roskin, Ibid., p.134
86   F. Goguel, A. Grosser, Ibid., p.17

— il y a séparation théorique des pouvoirs exécutif, législatif et judiciaire;

— le pouvoir législatif est exercé par deux Chambres, dont une qui représente directement les Länder;

— le pouvoir exécutif appartient au Chancelier (et non pas au Président);

— le pouvoir judiciaire est plus grand qu'en France, mais moins qu'aux États-Unis;

— le fédéralisme est relativement centralisé, mais probablement moins que dans d'autres pays européens;

— il y a maintien de la force des partis et des lignes de parti;

— un système de partis qui s'était stabilisé depuis longtemps à trois partis est maintenant perturbé par l'arrivée du Parti vert.

Le pouvoir législatif
(Contexte avant la fusion des deux Allemagnes)

Le Parlement est composé de deux chambres: le Bundestag, composé de députés élus directement au suffrage universel (22 députés de Berlin Ouest et 496 députés provenant du reste du pays[87]) et le Bundesrat, composé de délégués des Länder. Le Bundestag est le principal organe législatif. Ses pouvoirs sont nombreux et diversifiés[88]:

«le Bundestag possède des pouvoirs substantiels. Non seulement il vote la loi et contrôle l'action du gouvernement, mais il dispose encore du droit de désigner et de remplacer le chancelier.»

Ce pouvoir sur le Chancelier est cependant plus théorique que réel, pour deux motifs: l'élection peut avoir conféré une légitimité au Chancelier et il est alors difficile de le démettre de ses fonctions; le Bundestag ne peut renverser le Chancelier que s'il réussit à élire en même temps un successeur à la majorité absolue des voix.

La deuxième chambre, le Bundesrat, possède moins de pouvoirs que le Bundestag[89]:

«Les pouvoirs du Bundesrat varient selon la nature des lois. Il dispose d'un veto absolu pour les lois dites fédératives et d'un veto suspensif pour les autres lois, ce dernier veto pouvant être renversé par un vote du Bundestag (à la majorité de ses membres si le rejet a été prononcé par une majorité du Bundesrat).

---

[87] A. Grosser, H. Ménudier, La vie politique en Allemagne fédérale, Armand Colin, Paris, 1978, p.147

[88] Constance Grewe, Le système politique ouest-allemand, P.U.F., Paris, 1986, p.70

[89] Edmond Orban, La dynamique de la centralisation dans l'état fédéral, Québec-Amérique,1984,p.346

Tableau 2.5: Composition du Bundesrat[90]

Länd	Sièges	Population (en millions)
Rhénanie Nord-Westphalie	5	17,0
Bavière	5	10,8
Bade-Wurtemberg	5	9,1
Basse-Saxe	5	7,2
Hesse	4	5,5
Rhénanie Palatinat	4	3,6
Schleswig-Holstein	4	2,6
Hambourg	3	1,6
Sarre	3	1,1
Brême	3	0,7

Le Bundesrat est en réalité une extension du pouvoir exécutif des Länder[91]:

> «Contrairement au modèle sénatorial, (le Bundesrat) ne se compose ni de parlementaires, ni de membres élus au suffrage populaire, mais de représentants des Exécutifs fédérés. Il apparaît même comme un véritable porte-parole des gouvernements des Länder, puisque ses membres ne sont pas libres de leur vote. Recevant des instructions de leur gouvernement, ils sont investis d'un mandat impératif.

Il n'y a donc aucune comparaison possible avec les États-Unis où les sénateurs sont élus directement au suffrage universel et n'ont même pas à respecter la ligne de leur parti.

Le pouvoir exécutif

En R.F.A., les fonctions du Président sont plutôt symboliques et protocolaires[92]. C'est le Chancelier qui détient le pouvoir exécutif; il a la responsabilité de former le gouvernement et de nommer les ministres qui sont responsables devant lui. Son pouvoir politique est acquis au moment des élections fédérales; le candidat de chaque parti étant connu d'avance, l'élection parlementaire est aussi l'élection du Chancelier[93]:

> «Dans la réalité politique, le chancelier tient son autorité non pas d'une seule, mais d'une triple investiture: celle de son élection par le Bundestag, de sa désignation partisane en tant que candidat à la chancellerie et celle du suffrage universel.»

En somme, il y a trois composantes importantes: un Chancelier fort, le Bundestag théoriquement indépendant et le Bundesrat qui représente

---

90 Edmond Orban, La dynamique de la centralisation dans l'état fédéral, Québec-Amérique, 1984,p.344
91 Constance Grewe, Le système politique ouest-allemand, P.U.F., Paris, 1986, p.50
92 Constance Grewe, Ibid., p.82
93 Constance Grewe, Ibid., p.85

directement les régions du pays. Devant un tel système, on pourrait penser qu'il y a des conflits incessants entre l'exécutif et les deux chambres. La réalité est tout autre, car plusieurs pratiques permettent d'éviter les désaccords:

— premièrement, les ministres occupent des fonctions autant exécutives que législatives, et assurent une certaine continuité entre les deux pouvoirs;

— le chef du gouvernement, le Chancelier, est aussi chef du parti qui a normalement le pouvoir au Bundestag;

— comme les députés sont élus en même temps que le Chancelier, sur la base du même programme électoral, les désaccords sont réduits.

Malgré la division théorique des pouvoirs, on observe, en R.F.A., un haut niveau de coopération entre les pouvoirs législatif et exécutif, et aussi entre le fédéral et les Länder.

Le pouvoir judiciaire

Contrairement à la France, le pouvoir judiciaire a été traditionnellement assez fort et il s'est maintenu dans le système politique actuel[94]:

> «Le statut de la Cour de Karlsruhe confère à cet organe une position nettement plus privilégiée dans l'ordre juridique que ne l'est celle du Conseil constitutionnel français. En effet, tous les juges allemands forment encore aujourd'hui un véritable pouvoir judiciaire.»
>
> «(la Cour) se prononce sur tous les problèmes de constitutionnalité quel que soit l'acte attaqué: une loi, un traité international, un règlement administratif ou même un jugement.»

Il faut retenir plusieurs différences majeures avec la Cour Suprême des États-Unis:

— Le mandat de 12 ans des juges est non renouvelable alors qu'aux États-Unis, les juges restent en fonction jusqu'à leur retraite; les juges de la Cour Suprême des États-Unis sont donc plus âgés.

— La saisie des recours et les décisions se font plus rapidement qu'aux États-Unis; de plus, les contestations judiciaires n'arrêtent pas nécessairement l'application d'une loi[95]. Pour les groupes de pression, il est donc plus difficile d'utiliser le pouvoir judiciaire pour retarder l'application des lois ou des projets.

Malgré cela, le pouvoir judiciaire est important en RFA. Les recours sont nombreux et la Cour s'est prononcée sur la plupart des grands enjeux politiques qui touchent les droits de la personne[96] (objection de conscience, cogestion, avortement, libertés publiques, etc.).

---

[94] Constance Grewe, Ibid., p.30-32
[95] Constance Grewe, Ibid., p.32-34
[96] Constance Grewe, Ibid., p.38

Le fédéralisme

Théoriquement, le système politique ouest-allemand est basé sur le fédéralisme[97]. Par contre, à cause du niveau élevé de consensus en matière économique et politique, la plupart des décisions importantes sont prises par le gouvernement fédéral. Cette position est résumée par Edmond Orban[98]:

> «En conclusion, à première vue la Chambre haute de la R.F.A. semble particulièrement bien armée pour défendre l'autonomie des Länder, mais (...) il ne semble pas que celle-ci soit au centre de ses préoccupations. Pour qu'elle le soit, il faudrait d'abord que les Länder fassent de celle-ci leur cheval de bataille. Or ce ne peut être le cas dans un système où ils n'ont quasi plus de pouvoirs propres, ayant perdu ceux-ci au profit d'un fédéralisme coopératif désamorçant ou diluant toute tentative un peu poussée en faveur d'une autonomie réelle.»

Malgré cela, les Länder possèdent des pouvoirs réels en matière de protection de l'environnement. Comme au Canada et aux États-Unis, il s'agit d'un secteur de juridiction partagée entre le gouvernement central et celui des États. Les secteurs qui ont des incidences directes sur l'environnement (énergie, forêts, agriculture, transports, etc) sont également des juridictions partagées.

B. Le système électoral et l'ouverture aux tiers-partis

L'élection au Bundestag

Le scrutin fédéral inclut des modalités de scrutin majoritaire et de scrutin proportionnel[99]. Sur les 496 députés (excluant Berlin), la moitié d'entre eux (248) sont élus au scrutin uninominal majoritaire à un tour (pour chacune des 248 circonscriptions). L'autre moitié des députés est désignée à la proportionnelle, selon des listes établies par les partis politiques. Il faut cependant retenir que le scrutin majoritaire permet uniquement d'élire individuellement certains députés, **sans augmenter le nombre total de sièges qu'un parti recevra à la proportionnelle**[100].

> «chaque électeur dispose de deux voix. Par la première, il élit un candidat au scrutin majoritaire à un tour. Par la seconde, il vote pour une liste établie au plan fédéré selon un scrutin proportionnel à la plus forte moyenne. Dans chaque circonscription, sont ainsi élus deux députés.
>
> L'attribution des sièges s'effectue d'abord compte tenu des secondes voix qui sont exprimées en faveur des partis politiques. La répartition globale des forces au sein du Bundestag résulte donc d'un calcul proportionnel selon la méthode d'Hondt à partir des seules secondes voix.

---

[97] Constance Grewe, Ibid., p.47
[98] Edmond Orban, Ibid., p.250 et 348
[99] A.Grosser, H.Ménudier, La vie politique en Allemagne fédérale, A.Colin, Paris, 1978, p.148-9
[100] Constance Grewe, Ibid., p.58

C'est uniquement par la suite que sont prises en considération les premières voix qui se sont portées sur le nom d'un candidat. Ces mandats directs obtenus par la voie majoritaire sont alors déduits du nombre total de sièges auquel chaque parti a droit. Les sièges restants sont pourvus par les listes.

«La clause du «barrage» exclut d'une représentation au Bundestag les partis qui n'ont pas obtenu, à l'échelon fédéral, 5% des voix ou trois mandats directs.»

Si on se fie au nombre total de sièges qu'un parti doit obtenir, le système électoral est donc directement proportionnel. Par rapport aux autres pays étudiés, un tel mode de scrutin favorise un tiers parti capable d'obtenir au moins 5% des suffrages nationaux. Sur ce point, le système politique ouest-allemand est presque l'antithèse du système américain.

Les Parlements des Länder

Avec certaines variations (il y a notamment une seule Chambre[101]), les scrutins dans les Länder se font également à la proportionnelle. Les ouvertures électorales pour un Parti vert en R.F.A. sont donc plus nombreuses et plus diversifiées que dans les autres pays.

Les élections européennes

Les écologistes allemands, comme les Français, peuvent bénéficier de l'élection européenne à la proportionnelle. Il s'agit d'une autre plate-forme pour un Parti vert.

Le système des partis

Avant l'arrivée des Verts, il y avait, en R.F.A., un système tripartite[102] où le troisième parti a parfois un rôle très important à jouer. Par exemple, aux élections fédérales de 1976 et 1980, ce sont des alliances avec les libéraux qui permettent à des chanceliers sociaux-démocrates d'être élus. Ce type d'alliance est possible, parce que les députés du Bundestag respectent les lignes de leur parti.

Le financement des partis politiques

Les règles du financement en R.F.A. favorisent les petits partis et le gouvernement ouest-allemand rembourse directement les dépenses électorales des partis politiques. Le seuil d'éligibilité est très bas, puisqu'il suffit d'obtenir 0,5% des voix pour recevoir de l'aide[103].

Par contre, certaines règles de financement favorisent les grands partis associés au monde des affaires pour deux motifs: les partis ne sont pas tenus de déclarer publiquement l'origine des contributions[104] et

---

[101] Edmond Orban, Ibid., p. 339
[102] Constance Grewe, Ibid., p.61
[103] Constance Grewe, Ibid., p.18
[104] Constance Grewe, Ibid., p.19

(comme dans les autres pays), les entreprises peuvent obtenir des dé-
ductions fiscales sur leurs dons aux partis politiques.

Comme en France, le système politique ouest-allemand tolère les
tiers partis, mais ne leur donne pas nécessairement la possibilité de lutter contre les partis établis.

Participation électorale et confiance dans les institutions

Les citoyens de la R.F.A. semblent satisfaits de leur système politique. Le taux de participation aux élections est élevé, soit de 86 à 91%
depuis 1961 (du même ordre que celui des autres pays européens). De
tels taux de participation sont très élevés en comparaison avec ceux des
États-Unis.

C. L'ouverture aux groupes environnementaux en R.F.A.

Sans être officiellement ouvertes aux groupes de pression, les traditions politiques en R.F.A. permettent leur développement, car les citoyens considèrent qu'il est normal d'intervenir dans le jeu politique.
L'histoire du nazisme semble avoir influencé la montée des verts allemands, car ces derniers pensent qu'ils ont le devoir de contester l'État
lorsqu'il abuse de ses pouvoirs. Par exemple, un jeune citoyen qui con-
testait l'énergie nucléaire par une occupation illégale justifait ainsi son
action[105]:

> «A cause de notre âge, nous avons eu une éducation qui nous disait ceci: il y a
> eu une génération qui était trop obéissante; il faut résister dès le début, pour évi-
> ter que cela ne se reproduise.»

Le consensus politique favorise les écologistes

Comparativement aux autres pays étudiés, la R.F.A. présente un
contexte favorable à l'émergence des débats sur l'environnement, car
comparativement aux autres pays, il y a moins de conflits structurels qui
pourraient accaparer l'agenda politique[106]:

> «En République fédérale d'Allemagne, l'opposition Nord-Sud et protestant-
> catholique a eu tendance à s'estomper considérablement depuis plusieurs dé-
> cennies, tandis qu'en même temps les disparités économiques se réduisaient de
> plus en plus.»

Les débats sur le pacifisme

Nous verrons dans les prochains chapitres que les groupes pacifistes sont des alliés «naturels» des écologistes. Cette alliance sera plus significative en R.F.A. que dans les autres pays, parce que les débats sur

---

[105] Saral Sarkar, «The Green Movement in West Germany, Alternatives, England, April 1986, p.233
[106] Edmond Orban, Ibid., p.154

la militarisation ont été fréquents, notamment au sujet de l'installation de missiles américains et de la présence de bases militaires étrangères.

D. Des médias d'information entièrement privés

Contrairement à la France, une intervention directe de l'État dans les médias est impossible[107], car la Cour constitutionnelle fédérale l'a interdit en 1961.

Comme dans les autres pays, il y a eu concentration récente de la propriété des médias. L'accès aux médias par les groupes «marginaux» est donc aussi difficile en R.F.A. qu'ailleurs. Par contre, grâce au scrutin proportionnel, les écologistes ont été présents au Parlement de 1981 à 1990 et ils ont alors reçu une couverture de presse respectable.

---

[107] F.Goguel, A.Grosser, La politique en France, Armand Colin, Paris, 1984, p.147

CHAPITRE 3

Les acteurs écologistes

Ce chapitre présente les caractéristiques «techniques» des partis verts et des groupes de protection de l'environnement, notamment leur performance électorale, leurs ressources financières et le profil social des membres.

3.1 Critères d'identification des groupes écologistes

Il serait possible de faire une thèse sur les critères qui permettent de définir qui est «vraiment» écologiste. Voici quelques groupes qui pourraient théoriquement être exclus de l'analyse comme n'étant pas *écologistes* :

— La formation temporaire d'un groupe par des citoyens dont la seule préoccupation est d'éviter une nuisance dans leur région et qui, autrement, ne se préoccupent aucunement de protection de l'environnement (syndrome *pas dans ma cour*). Pouvons-nous, par exemple, considérer comme *écologiste* un groupe qui s'oppose à l'implantation d'une centrale nucléaire dans sa région, mais qui est d'accord avec son implantation ailleurs?

— Les groupes qui ont à la fois une vocation de protection des consommateurs et de protection de l'environnement peuvent-ils être considérés comme *écologistes*? La protection des consommateurs exige normalement de **favoriser** la consommation alors que la protection de l'environnement exige normalement de la **défavoriser**. Ce dilemme est fréquent aux États-Unis. A titre d'exemple, mentionnons le groupe américain *Rocky Mountain Institute* de Amory Lovins qui s'oppose à l'énergie nucléaire autant à cause de ses coûts élevés que de ses risques environnementaux.

Tel que mentionné dans l'introduction, il est pratiquement impossible de trancher ces dilemmes. Du point de vue méthodologique, on peut éviter ces dilemmes en examinant la situation écologique sur le terrain. Cela permettra de conclure sur l'efficacité «écologique» des groupes, peu importe leur pureté idéologique.

Dans ce chapitre, les critères de sélection des groupes inclus dans l'analyse sont simples: sont inclus dans l'analyse tout parti politique dont l'étiquette est *écologiste* ou *verte* et tout groupe non-gouvernemental dont le principal but avoué est la protection de l'environnement.

3.2 Les groupes environnementaux aux États-Unis

Diversité et ressources actuelles des groupes

Le tableau 3.2a présente les principaux groupes nationaux de protection de l'environnement aux États-Unis, ainsi que leur nombre de membres et leurs budgets. En 1982, ce membership total dépasse 5 millions de membres[108]. Les organisations environnementales se classent deuxième dans l'ensemble des groupes américains, derrière le National Right-to-Life Committee (10 millions de membres) et devant le National Rifle Association (2,4 millions de membres).

---

[108] William Symonds, «Washington in the Grip of the Green Giant», Fortune, Oct. 4, 1982, p. 138

Tableau 3.2a: Principaux groupes nationaux de protection de l'environnement[109]				
Nom	Année de fondation	Budget 1982 (millions)	Nombre de membres	Caractéristiques
Organisations de masse:				
National Wildlife Federation	1936	$37,1	4 200 000	Plusieurs chasseurs et pêcheurs. Attitude généralement conservatrice.
National Audubon Society	1905	$22,0	470 000	Surveille les questions de plein air
Sierra Club	1892	$13,0	311 000	Revendications locales et nationales Membres surtout de l'ouest, de tendance libérale et démocrate.
Contentieux:				
Natural Resources Defense Council	1970	$4,5	40 000	Fondé par des avocats. Lobbying et contestations juridiques.
Environmental Defense Fund	1967	$2,8	50 000	Etudes scientifiques et économiques pour contestations et lobbying
Généralistes:				
Friends of the Earth	1969	$1,3	30 000	Un rejeton du Sierra Club. Fortement anti-nucléaire.
Environmental Policy Center	1972	$1,1	—	Plus de lobbyist (19) que tout autre groupe environnemental
Spécialistes:				
The Wilderness Society	1935	$3,6	68 000	Accent sur les terres publiques.
Defenders of Wildlife	1925	$2,3	56 000	Protection des espèces menacées.
Solar Lobby	1978	$1,0	53 000	Promotion des énergies renouvelables
The Izaak Walton League	1922	$1,3	50 000	Pêcheurs; accent sur les questions de l'eau et des terres publiques.
National Parks & Conservation Association	1919	$1,3	35 000	Organisation de groupes locaux pour la protection des parcs nationaux.
Environmental Action	1970	$0,7	25 000	Publication des entreprises les plus polluantes.
Politique partisane:				
League of Conservation Voters	1970	$0,9	30 000	Political Action Committee du lobby vert.

* Les statistiques de plusieurs groupes incluent les abonnements à leur périodique.
** Plusieurs groupes ne sont pas inclus dans la liste.

109 Symonds, W., Ibid., p. 139

En 1982, les budgets des groupes dépassaient $92 millions, quoique ce total inclut les coûts de plusieurs publications qui accaparent une forte proportion des budgets. Par contre, ces données n'incluent pas plusieurs types d'associations[110]:

— des groupes à vocation internationale comme Greenpeace;

— les groupes très spécialisés qui font exclusivement de la recherche tels que le Conservation Foundation;

— des groupes préoccupés exclusivement par certains animaux comme le Whale Center ou Ducks Unlimited;

— de nombreuses associations locales;

— des groupes dont l'objectif est temporaire (pour un enjeu, par exemple, à Three Miles Island);

— des associations de type «professionnel», notamment la Ecological Society of America[111], un organisme non-partisan de 6500 membres dont presque les 2/3 des membres ont des diplômes de doctorat.

Un sociologue américain, Bill Devall[112] a tenté de faire une typologie des différents courants écologistes aux États-Unis; il est intéressant de présenter cette typologie qui illustre la très grande diversité des «mouvements» de revendication. Devall identifie d'abord deux grandes catégories, *l'environnementalisme réformiste* et *l'écologisme fondamental*.

Tableau 3.2b:	Les composantes de l'environnementalisme réformiste aux États-Unis (selon Devall)

1. Le mouvement pour établir des parcs urbains ou des parcs nationaux.
2. Le mouvement pour réduire les risques de la technologie sur la santé.
3. Le mouvement en faveur d'une meilleure planification de l'utilisation du sol, notamment pour améliorer l'apparence des villes.
4. Le mouvement pour la conservation des ressources.
5. Le mouvement de «retour à la terre» des années 60 et 70.
6. Les inquiétudes concernant la croissance exponentielle de la population (par exemple, le groupe Zero Population Growth).
7. Les mouvements de protection des espèces animales.
8. Le mouvement de «limite à la croissance» qui insiste sur la nécessité d'un état stable ou d'une société de conservation.

L'écologisme fondamental, contrairement au premier courant, ne viserait pas des objectifs pragmatiques, à court terme. Son objectif serait plutôt la transformation de l'organisation sociale et des valeurs de la société. La question n'est pas ici de porter un jugement sur ces deux courants, mais plutôt d'introduire des classifications qui permettent de situer les groupes écologistes américains.

---

[110] William Symonds, Ibid., p. 139

[111] Norse, Elliot A., «The Ecological Society of America», Environment, March 1985, p. 4-5

[112] Devall, Bill, «The Deep Ecology Movement», Natural Resources Journal, April 1980, p. 302

Age des groupes et évolution des ressources

Avec l'arrivée de Reagan, est-ce que les groupes américains de protection de l'environnement ont été affaiblis? Le tableau suivant présente des données comparatives du «membership» et des budgets des groupes américains, sous les présidences de Carter et de Reagan.

Tableau 3.2c: **Évolution des budgets de quelques groupes nationaux de protection de l'environnement**

Nom de l'organisation	1977[113] Membres	1977[113] Budgets (millions)	1982[114] Membres	1982[114] Budgets (millions)
Organisations de masse:				
National Wildlife Federation	3 500 000	$24	4 200 000	$37,1
National Audubon Society	375 000		470 000	
Sierra Club	180 000	$5	311 000	$13,0
Contentieux:				
Environmental Defense Fund	45 000	$1+	50 000	$2,8
Généralistes:				
Friends of the Earth	25 000		30 000	
Environmental Policy Center	—	$0,23	—	$1,1
Spécialistes:				
The Wilderness Society	75 000	$1	68 000	$3,6
National Parks & Conservation Association	50 000		35 000	
Environmental Action	15 000		25 000	

De 1982 à 1987, la croissance se maintient. A titre d'exemple, le budget du Sierra Club passe, de 1982 à 1987, de $13 millions à $28 millions[115].

---

[113] Ornstein, N. J. et S. Elder, Interest Groups, Lobbying and Policymaking, Congressionnal Quarterly Press, Washington, 1978, p. 45

[114] Symonds, William, «Washington in the Grip of the Green Giant», Fortune, Oct. 4, 1982, p. 139

[115] Sierra Club Financial Report, Fiscal year 1987, Sierra, March-April 1988, p. 78

Dans un article de la revue Fortune (revue dont le biais en faveur des entreprises est connu), le renforcement des groupes environnementaux est confirmé par la perception des hommes d'affaires[116]. Selon ces derniers, les environnementalistes sont de plus en plus menaçants et leur influence politique constitue un frein à plusieurs activités industrielles.

Cette croissance n'est pas exclusive aux groupes environnementaux et certains facteurs de développement ne sont pas spécifiques aux questions environnementales. Le tableau suivant présente, selon les dates de fondation, le nombre de groupes d'intérêt public .

Tableau 3.2d: Groupes nationaux d'intérêt public, selon leur date de fondation [117]						
Catégorie	1968-72	60-67	0-59	0-39	avant 1920	Incertain
Environnementaux	7	4	4	4	2	
Politique générale	2	2	5	2	0	
Consommateurs	11	0	0	1	1	
Eglises	1	0	3	1	0	4
Droits civiques/Pauvreté	3	2	0	0	0	
Pacifistes	8	5	2	0	1	
Divers	7	0	0	0	1	
Total	39	13	14	8	5	

Les groupes se sont multipliés au début des années 70, surtout les groupes qui touchent la consommation, le pacifisme, les droits civiques et, à un niveau moindre, l'environnement. Aux États-Unis, l'émergence des groupes de protection de l'environnement est une des plus anciennes. Ceci représente un contraste frappant avec les trois autres pays étudiés où les groupes écologistes ont été fondés à des dates beaucoup plus récentes.

Il faut cependant faire une distinction entre l'âge des groupes et leur militantisme. Avant les années 1970, les groupes environnementaux américains se concentraient presqu'uniquement sur la protection des parcs nationaux et l'éducation faunique. Leur implication politique était relativement faible.

Depuis le début des annés 70 et la crise du pétrole, le comportement des groupes (nouveaux et anciens) s'est transformé à plusieurs points de vue:

— Les interventions «politiques» se multiplient et les groupes sont devenus plus militants. Par exemple, le groupe Friends of the Earth a été

---

[116] William Symonds, Ibid., p. 138
[117] Berry, Jeffrey M., Lobbying for the people, Princeton University Press, 1977, p. 34

formé par des membres du Sierra Club, parce qu'ils considéraient que le Sierra Club n'était pas assez revendicateur.
— Certains groupes «anciens» sont devenus plus militants. Audubon, qui était historiquement conservateur et peu militant, s'est engagé à la défense active de l'environnement en 1981 après avoir déclaré[118] qu'il «entrait dans la bataille contre le gouvernement fédéral pour empêcher la destruction irrévocable d'une grande portion de l'héritage naturel américain.»
— Les statistiques sur le nombre de *lobbyists* à Washington confirment le militantisme croissant des groupes: vers la fin des années 60, il y avait seulement deux ou trois *lobbyists* [119] des questions environnementales, enregistrés à Washington; en 1982, ils sont plus de 80.
— La spécialisation des groupes, de façon à accroître leur efficacité, est également un phénomène récent. La création, au début des années 70, de plusieurs groupes spécialisés dans les contestations juridiques confirme cette tendance.
— De plus, les groupes possèdent maintenant des ressources humaines de plus en plus compétentes et spécialisées. Quatre groupes (Natural Defense Council, Environmental Defense Fund, National Wildlife Federation, Sierra Club) emploient, en permanence, un total de 50 avocats.
— A la fin des années 80, il y a création de groupes environnementaux radicaux comme «Earth First».

En somme, il semble que les organisations environnementales ont continué à développer leur force et leur militantisme, même pendant la présidence de Reagan.

Profil social des environnementalistes

Des sociologues ont étudié le profil social des militants écologistes aux États-Unis. Ces études incluent généralement **tous** les membres des groupes et non pas seulement les plus militants. Les résultats sont donc «tempérés» par les réponses de personnes qui ne se définissent pas nécessairement comme des écologistes[120].

Les études de Van Liere[121] démontrent une corrélation entre l'âge et les préoccupations environnementales, les jeunes étant beaucoup plus préoccupés par cette question que les gens âgés. Ces études démontrent également une corrélation assez forte entre les préoccupations environ-

---

[118] William Symonds, «Washington in the Grip of the Green Giant», Fortune, Oct. 4, 1982, p. 138
[119] William Symonds, Ibid., p. 138
[120] Van Liere, Kent D. et Riley E. Dunlap, «The Social Bases of Environmental Concern: A review of hypotheses, explanations and empirical evidence», The Public Opinion Quarterly, summer 1980, p.181-197
«Class Politics or Democratic Reform: Environmentalism and American Political Institutions», Natural Resources Journal, April 1980, p. 222-241
[121] Van Liere, Kent D. et R.E. Dunlap, Ibid., p.189

nementales et le niveau d'éducation[122]. Cette conclusion était prévisible à cause de la dimension technique des enjeux. Il faut cependant être prudent avant de conclure que l'écologisme est élitiste et de classe sociale privilégiée. Les gens les plus instruits ont généralement des revenus supérieurs. Sont-ils plus soucieux de l'environnement, parce qu'ils sont plus riches ou parce qu'ils sont plus instruits? Concernant l'appartenance à une classe sociale, plusieurs études arrivent à des résultats différents. Van Liere résume ainsi cette question[123]:

> «En général, les indicateurs concernant la classe sociale, -c'est-à-dire les trois dimensions de l'éducation, des revenus et du prestige de l'emploi-, ne fournissent qu'un très faible appui à la corrélation entre la classe sociale et les préoccupations environnementales. Le principal appui est celui de la corrélation entre l'éducation et l'environnementalisme. Les évidences associées au prestige de l'emploi sont extrêmement faibles, et les évidences globales deviennent très ambiguës.»

William Tucker est en désaccord avec ces conclusions et il critique le mouvement écologiste américain[124], parce qu'il est surtout «jeune, bien éduqué, et relativement riche». Il utilise l'expression *relatively affluent* qui fait référence aux classes moyennes et non pas exclusivement aux classes riches et il se base largement sur la corrélation avec le niveau d'éducation, corrélation clairement établie. La critique de Tucker est cependant exagérée, parce qu'il «oublie» qu'un niveau supérieur d'éducation engendre généralement des revenus supérieurs et que la corrélation avec le revenu devient alors inévitable. Il faudrait donc pousser l'analyse pour découvrir si les préoccupations environnementales sont d'abord liées à l'éducation ou aux revenus.

Tucker va même plus loin dans sa critique lorsqu'il affirme que l'origine sociale du mouvement écologiste exclut complètement les intérêts des pauvres et des travailleurs[125]. De nombreux sociologues et écologistes rejettent cette affirmation pour plusieurs raisons:

— Tucker base ses conclusions seulement sur quelques événements de 1970 et accorde une importance exagérée aux questions d'esthétisme du mouvement écologique.

— Il est normal qu'un groupe de pression soit dirigé par des gens d'un certain niveau socio-économique, parce que cela est inhérent aux exigences de l'emploi.

— **De plus, le profil social des groupes de défense des droits civiques et de défense des minorités est similaire à celui des groupes environnementaux**[126]. (Une question pertinente serait de savoir qui défend les pauvres?).

---

[122] Van Liere, Kent D. et R.E. Dunlap, Ibid., p.190
[123] Van Liere, Kent D. et R.E. Dunlap, Ibid., p. 190 (notre traduction)
[124] "Class Politics or Democratic Reform», Natural Resources Journal, April 1980, p. 222
[125] Natural Resources Journal, April 1980, p. 222
[126] Natural Resources Journal, April 1980, p. 223

Une citation de la revue Fortune confirme que les groupes environnementaux américains ne servent pas uniquement les intérêts de la classe riche[127]:

> «Une enquête sur les membres du Sierra Club a démontré que le revenu moyen est de $38000 et que presque 40% ont un diplôme universitaire de deuxième cycle. Par contre, les plus de 1 million de 'membres associés' du National Wildlife Federation sont «définitivement du type cols bleus» selon la Fédération. Même si les groupes de faible revenu et les minorités sont sous-représentés, le mouvement couvre un large éventail de la société américaine.»

Selon une autre hypothèse, les résidents urbains seraient plus susceptibles d'être préoccupés par l'environnement que les résidents du milieu rural. Cette hypothèse est confirmée par les données[128], mais il existe certaines ambiguïtés dans les résultats.

Les analyses des comportements n'ont pas décelé de corrélation significative entre le sexe et les préoccupations environnementales. (L'ensemble de ces tendances est confirmée par des études qui portaient spécifiquement sur les groupes anti-nucléaires[129]).

Le profil politique et culturel

Selon une autre hypothèse[130], aux États-Unis, les Démocrates et les libéraux seraient davantage préoccupés par la qualité de l'environnement que les Républicains et les conservateurs. La cause première de cette situation serait simplement la faveur accordée aux grandes entreprises par les Républicains et les conservateurs. Plusieurs études appuient cette hypothèse quoique, selon Van Liere (en 1978), la différence entre les deux groupes ne soit pas très grande[131].

La différence entre Démocrates et Républicains semble cependant s'être accrue pendant la présidence de Reagan. Cette situation est confirmée par la lutte du League of Conservation Voters[132] qui constitue le «Political Action Committee» des groupes environnementaux. En 1984, des leaders de la ligue affirment que la défaite de Reagan est leur première priorité.

Une étude réalisée par R. C. Mitchell auprès des membres des groupes environnementaux permet d'éclairer leur tendance idéologique. Mitchell a demandé aux membres leur «auto-identification» idéologique, c'est-à-dire s'ils se définissent comme des libéraux ou des conservateurs. Les résultats de ce sondage démontrent clairement **la tendance libérale des environnementalistes américains.**

---

[127] W. Symonds, «Washington in the Grip of the Green Giant», Fortune, Oct.4, 1982, p.138 (notre traduction)
[128] Van Liere, Kent D. et R.E. Dunlap, Ibid., p.191
[129] Cook, C. E., Nuclear Power and Legal Advocacy, Lexington books, Mass., 1980, p. 12
[130] Van Liere, Kent D. et R.E. Dunlap, Ibid., p.185
[131] Van Liere, Kent D. et R.E. Dunlap, Ibid., p.191
[132] "The League of Conservation Voters», The Environmental Forum, Aug. 1984, p. 19-21

Alors que seulement 19% de la population se définit comme libérale, cette catégorie atteint 55% chez les environnementalistes.

Le problème, avec de tels résultats, est de savoir ce que les membres ont compris par les expressions «conservateur» ou «libéral». Il faudrait peut-être faire une distinction entre les enjeux politiques et les enjeux culturels. Un individu peut être conservateur pour certains enjeux politiques (par exemple, contre l'autogestion dans les entreprises) et libéral pour certains enjeux sociaux ou culturels (par exemple, pour la contraception). Il faut donc être prudent dans l'interprétation des résultats précédents.

Les sondages présentés ici s'appliquaient à des échantillonnages aussi larges que possible de la définition d'un *écologiste* . Les prises de position et les tendances chez les écologistes les plus militants pourraient être assez différentes et plus extrémistes.

Pour résumer le portrait des environnementalistes américains, voici un tableau qui synthétise les analyses de corrélation discutées précédemment:

Tableau 3.2e:	Variables sociales et préoccupations environnementales aux États-Unis	
Variable	**Degré de corrélation avec la préoccupation environnementale**	**Type de corrélation**
Age	Significative	Les gens âgés sont moins préoccupés par les questions environnementales.
Éducation	Forte	Les gens les plus éduqués sont plus préoccupés.
Sexe	Non concluant	Pas de corrélation identifiée
Revenu	Non concluant	Résultats contradictoires selon les études
Occupation	Non concluant	Pas de corrélation identifiée
Milieu urbain/rural	Significative	Les résidents des milieux urbains sont plus préoccupés que ceux des milieux ruraux.
Allégeance politique	Forte	Aux États-Unis, les gens se définissant comme «libéraux» favorisent davantage la protection de l'environnement que ceux qui se définissent comme «conservateurs».

Les alliances

Les groupes environnementaux américains établissent fréquemment des alliances avec les autres groupes d'intérêt public. Dans un sondage réalisé en 1978 auprès des groupes américains de protection de l'environnement[133], plus de 80% des écologistes se disaient sympathiques ou très sympathiques aux mouvements de droits civiques et aux mouvements pacifistes, féministes et de protection des consommateurs.

De plus, de nombreux écologistes affirmaient participer **activement** à ces autres groupes dans les proportions suivantes:
— un écologiste sur quatre participe aussi au mouvement pacifiste;
— un sur cinq participe aussi au mouvement des droits civiques;
— un sur six participe aussi au mouvement féministe;
— un sur six participe aussi au mouvement anti-nucléaire.

Pour les environnementalistes américains, ces alliances sont spontanées. A plusieurs reprises, notamment pour la démonstration à la centrale nucléaire de Seabrook en 1977[134], l'organisation des événements est réalisée conjointement avec les groupes pacifistes et de droits civiques. Un autre groupe d'intérêt public dont les revendications sont fréquemment alignées sur celles des groupes environnementaux est le «Union of Concerned Scientists». Les prises de position de ce groupe influent ont aidé les environnementalistes, notamment sur les thèmes des déchets toxiques et de la sécurité des centrales nucléaires. La «Clean Air Coalition» incluait des groupes de femmes et de droits civiques (League of Women Voters, National Urban League). En général, les groupes de femmes ont été réceptifs aux appels des environnementalistes[135].

Les alliances sont également fréquentes avec les groupes de protection des consommateurs, par le biais de certaines «ailes» de ces groupes qui s'occupent d'environnement et d'énergie. Par exemple, le «conglomérat» de Nader (15 groupes d'intérêt public et 75 employés à temps plein) inclut un sous-groupe appelé «Critical Mass» dont la mission est de surveiller les activités de l'industrie nucléaire[136]; un deuxième sous-groupe appelé «Public Citizen Litigation Group»[137] se spécialise dans les poursuites juridiques sur des sujets tels que l'énergie, la santé et l'environnement. La contestation anti-nucléaire provient donc autant des groupes de protection des consommateurs que des groupes environnementaux.

Parmi les autres groupes d'intérêt public, il y a eu des revendications communes avec des groupes à vocation politique comme

---

[133] Mitchell, Robert Cameron, Ibid., p. 354
[134] Cook, C. E., Nuclear Power and Legal Advocacy, Lexington books, Mass., 1980, p. 14
[135] Cook, C. E., Ibid., p. 11
[136] Cook, C. E., Ibid., p. 11
[137] Ornstein, N. J. et S. Elder, Interest Groups, Lobbying and Policymaking, Congressionnal Quarterly Press, Washington, 1978, p. 47

Common Cause, dont les objectifs se situent au niveau des institutions politiques.

En ce qui concerne les groupes religieux, les alliances sont très rares, même si quelques alliances temporaires se sont concrétisées. Par exemple, dans le cas du réacteur nucléaire de Clinch River (de type surrégénérateur), des groupes religieux ont exprimé clairement leur opposition au projet et ont contribué à le bloquer[138].

Aux États-Unis, les alliances entre les groupes environnementaux et les organisations syndicales ne sont pas constantes. Dans certains cas, ces alliances ont été fructueuses, mais très instables. Dans plusieurs cas, les syndicats se sont opposés aux écologistes. La «National Clean Air Coalition», en faveur de normes plus sévères, incluait les syndicats suivants[139]: la United Steelworkers of America, la Oil, Chemical and Atomic Workers Union et la United Mine Workers. Par contre, comme le «Clean Air Act» concernait les émanations des automobiles, le syndicat des travailleurs unis de l'automobile et l'AFL-CIO se sont alignés sur les positions patronales contre le «Clean-Air Act»[140].

Pour ce qui est du débat sur le bombardier B-1 (sous l'administration Carter), les groupes pacifistes, environnementalistes et de protection des consommateurs ont formé une coalition contre le projet, alors que les travailleurs des industries des armements ont appuyé le lobby en faveur du bombardier[141]. **En somme, il n'existe pas de tendance nette et il est impossible de considérer les syndicats comme des alliés des groupes environnementaux.**

Les forces organisationnelles des groupes environnementaux

Les groupes de protection de l'environnement ont établi une sorte de «division du travail» aux États-Unis. Ils se sont spécialisés dans certains types d'intervention, comme la recherche, la production de périodiques, le lobbying ou les poursuites juridiques. Cette division du travail est probablement due à plusieurs facteurs:

— La politique américaine et l'accès aux médias exigent des ressources financières importantes et la spécialisation des groupes permet à l'ensemble du mouvement d'élargir sa base de financement populaire; par exemple, la National Wildlife Federation recrute des chasseurs et des pêcheurs parmi des travailleurs «conservateurs», alors que le Sierra Club est reconnu comme étant plus «libéral».

— La spécialisation des groupes permet d'attirer une diversité des intérêts, par exemple, les chasseurs et pêcheurs sont prêts à financer un

---

[138] William Symonds, Ibid., p. 138
[139] Wilson, Graham K., Interest Groups in the United States, Clarendon Press, Oxford, 1981, p. 92
      Ornstein, N. J. and S. Elder, Interest Groups, Lobbying and Policymaking,
      Congressionnal Quarterly Press, Washington, 1978, p. 159
[140] Ornstein, N. J. and S. Elder, Ibid., p. 158
[141] Ornstein, N. J. and S. Elder, Ibid., p. 121

périodique de chasse et pêche, alors que les membres du groupe Audubon, (qui, à l'opposé, veulent protéger les oiseaux) sont prêts à financer un périodique sur les oiseaux.

— La spécialisation du travail permet aussi à plusieurs groupes de conserver leur statut «d'exemption de taxes»[142], parce qu'ils ne font pas de lobbying (en fait, ces groupes peuvent faire du lobbying avec modération). Ils peuvent donc accroître leurs ressources financières, parce que cela réduit les impôts des donateurs.

— Cette spécialisation accroît leur efficacité à court terme dans la connaissance des dossiers techniques et la capacité d'intenter des poursuites judiciaires dans le contexte approprié.

Une conséquence importante de cette spécialisation et de cette recherche de ressources financières, c'est que relativement aux groupes d'autres pays, **les groupes environnementaux américains sont modérés**[143]. Cette modération est partiellement due à l'intégration des groupes de pression au système américain[144], leur permettant de gagner de la crédibilité et l'appui de la population en général. Par contre, cette spécialisation et cette modération empêchent (jusqu'à un certain point) les groupes environnementaux américains de faire une remise en question plus fondamentale du système politique américain, remise en question qui serait nécessaire pour l'atteinte de leurs objectifs à long terme.

Démocratie interne et communications avec les membres

Certains auteurs[145] affirment que la démocratie interne est déficiente dans les groupes d'intérêt public aux États-Unis. Cette affirmation est basée sur le fait que la communication fonctionne surtout dans un seul sens[146], c'est-à-dire des leaders du groupe vers les membres. Selon ces auteurs, les membres ont rarement l'occasion d'exprimer leur opinion face aux décisions des leaders.

Malgré cela, une accusation d'absence de démocratie interne serait excessive. N'oublions pas que dans un groupe où les membres doivent faire une contribution volontaire chaque année, le renouvellement de la carte de membre constitue un «vote de confiance» annuel aux leaders du groupes. (Les politiciens ne reçoivent pas un tel vote de confiance à chaque année).

Le leadership

Selon MacFarland, le leadership des groupes d'intérêt public aux États-Unis possède deux caractéristiques principales: il est très compé-

---

[142] Ornstein, N. J. et S. Elder, Ibid., p. 97, 100
[143] G. K. Wilson, Interest groups in the United States, Clarendon Press, 1981, p. 97
[144] T. N. Gladwin, «Patterns of Environmental Conflict over Industrial Facilities in the U. S. 1970-78», Natural Resources Journal, April 1980, p. 261-62
[145] M. T. Hays, «Interest Groups: Pluralism or Mass Society», Interest Group Politics, Congressionnal Quarterly Press, 1983
[146] J. M. Berry, Lobbying for the People, Princeton University Press, 1977, p. 210

tent et provient des classes moyennes[147]. Ces conclusions sont appuyées par plusieurs auteurs[148] et Cook, dans son analyse du débat sur l'énergie nucléaire, affirme que le principal avantage des groupes anti-nucléaires était la qualité de leurs leaders. Il explique ce potentiel ainsi[149]:

> «Heureusement pour la plupart des groupes d'intérêt public, leurs employés sont généralement «engagés» personnellement dans la cause défendue et ces employés sont prêts à travailler pour un salaire moindre qu'ils pourraient gagner ailleurs.
> Les fonds qui sont disponibles aux groupes anti-nucléaires sont souvent utilisés à leur plein potentiel, grâce au dévouement de la plupart des leaders environnementaux. En fait, le leadership effectif constitue la ressource organisationnelle la plus significative de ces groupes. Les leaders du mouvement environnemental ont été particulièrement efficaces dans l'utilisation des diverses stratégies politiques, autant traditionnelles que non-traditionnelles ... Leurs tactiques ont inclus des protestations, des démonstrations, de la désobéissance civile et des «événements-médias» peu coûteux qui compensent pour le manque de fonds.»

La motivation des militants

Selon Jeffrey Berry[150], un facteur important de minimisation des dépenses des groupes d'intérêt public est le dévouement des membres militants. Les employés sont prêts à travailler de longues heures pour des salaires modestes (comme dans les cas des leaders) et les groupes peuvent utiliser un grand nombre de bénévoles. De plus, ces bénévoles ont parfois des compétences exceptionnelles, comme dans le cas où des firmes d'avocats acceptent de plaider certaines causes sans être payées[151].

Selon les théories traditionnelles sur les groupes de pression, les motifs de la participation à un groupe sont de trois ordres[152]:
— les incitations matérielles (de l'argent, des emplois, des exemptions de taxes ...),
— les incitations de solidarité (appartenance à un groupe, socialisation, amitié, ...),
— les satisfactions idéologiques.

À partir de cette structure d'analyse, certains auteurs semblaient douter (il y a quelques années) de la persistence de groupes d'intérêt public qui n'accordent aucun avantage matériel à leurs membres et qui offrent une solidarité diffuse. En fait, ces auteurs ont sous-estimé les

---

[147] A. S. MacFarland, «Public Interest Lobbies versus Minority Faction», Interest Group Politics, Congressionnal Quarterly Press, 1983, p. 345
[148] N. J. Ornstein, S. Elder, Interest Groups, Lobbying and Policymaking, Congressionnal Quarterly Press, 1978, p. 72
[149] C. E. Cook, Nuclear Power and Legal Advocacy, Lexington books, 1980, p.24,13 (notre traduction)
[150] J. M. Berry, Lobbying for the People, Princeton University Press, 1977, p. 63-64
[151] J. M. Berry, Ibid., p. 70
[152] N. J. Ornstein, S. Elder, Interest Groups, Lobbying and Policymaking, Congressionnal Quarterly Press, 1978, p. 11-19

satisfactions «idéologiques» et les convictions des membres semblent être suffisantes pour assurer la permanence des groupes d'intérêt public. Graham Wilson arrive à la conclusion suivante[153]:

> «Comme dans les autres groupes de pression, la plupart des membres des groupes d'intérêt public sont inactifs. Par contre, la proportion des membres actifs est exceptionnellement élevée... En conséquence, les caractéristiques des membres des groupes d'intérêt public leur permettent de produire des effets beaucoup plus grands que leur nombre pourrait l'indiquer.»

3.3 Les groupes écologistes et les partis verts au Canada et au Québec

La protection de l'environnement au Canada est affectée par un contexte particulier:

— Le gouvernement fédéral et les provinces se partagent les responsabilités de protection de l'environnement (comme aux États-Unis et en R.F.A.). Par contre, l'exploitation des ressources naturelles étant une juridiction provinciale, les provinces ont des responsabilités plus grandes que celles des États américains ou des Länder[154]. En comparaison avec les États-Unis, il est donc moins avantageux pour les écologistes de concentrer leurs efforts dans la capitale nationale.

— A cause de la grandeur du pays par rapport à sa population, il est plus difficile de former des organisations vraiment «nationales» lorsque les budgets sont limités; ceci constitue un obstacle majeur dans le développement d'un Parti vert fédéral et de groupes environnementaux représentatifs de tout le Canada.

— Cet obstacle est accrû par la division linguistique du pays, la deuxième province en population étant francophone.

En conséquence, les groupes québécois sont faiblement intégrés au réseau national et les groupes qui se disent «nationaux» sont composés en grande majorité de militants de l'Ontario. En somme, les groupes «nationaux» à Ottawa ne peuvent pas avoir la même capacité d'action que les groupes américains à Washington.

Les partis verts au Canada

Au Canada, il existe des partis verts au niveau fédéral (fondé en 1983[155]) et dans plusieurs provinces. Au Québec, le Parti vert a présenté de nombreux candidats aux trois dernières élections provinciales.

---

[153] G. K. Wilson, Interest groups in the United States, Clarendon Press, 1981, p. 94
[154] Aux États-Unis, la Constitution considère que c'est un pouvoir résiduaire des États; mais d'autres pratiques et des décisions de la Cour Suprême, ont réduit considérablement la portée des dits pouvoirs résiduaires. Pour la loi fondamentale de la R.F.A. (article 74 sur la législation concurrente), il s'agit d'un pouvoir partagé avec les Länder mais où le gouvernement central a le dernier mot.
[155] F. Capra et C. Spretnak, Green Politics. The Global Promise, Dutton, New York, 1984, p. 175

En général, la visibilité politique des candidats verts est extrêmement limitée, même en période électorale. A tel point qu'à plusieurs reprises, des militants de groupes écologistes ont suggéré la formation d'un Parti vert, ne sachant pas qu'il en existait un[156]. Ce fait est facilement explicable par les traditions du système politique canadien, où les tiers partis ne reçoivent aucune attention des médias.

En conséquence, les ressources financières des partis verts au Canada sont extrêmement limitées et jamais ils n'ont réussi à présenter des candidats dans toutes les circonscriptions. Aucun candidat n'a dépassé le seuil du 3% des voix dans sa circonscription.

Diversité des groupes environnementaux

Le Ministère de l'environnement du Canada représente une cible prioritaire de demande de subvention par les groupes nationaux. A partir des demandes de subventions, il est donc possible de tracer un portrait sommaire des groupes. (Quelques groupes se fient à d'autres ministères pour leurs subventions de fonctionnement.) En fait, les difficultés financières des groupes sont faciles à comprendre lorsqu'on sait que le Ministère fédéral de l'environnement n'a remis que $150 000 en subventions de fonctionnement pour l'année 88 (à distribuer entre 180 groupes, soit une moyenne d'environ $800 par groupe).

Tableau 3.3a:	Groupes ayant demandé une subvention[157] de fonctionnement à Environnement Canada, 1988					
Région	**Profil des groupes** **Nature**	**Environnement**	**Agriculture biologique**	**Récupération recyclage**	**Autres**	**Total**
Pacifique	16	13	2	2	1	34
Ouest	21	8	1	1	5	36
Ontario	8	21	6	1	5	41
Québec	17	29	4	1	2	53
Maritimes	22	7	3	0	0	32
National	2	5	1	0	3	11
Total	86	83	17	5	16	207

Ce tableau ne tient pas compte de la multiplication de très petits groupes écologistes. En fait, l'Ontario bénéficie de la présence de groupes qui se disent «nationaux» comme Pollution Probe, Energy

---

[156] Remarque provenant de l'expérience de l'auteur, lors de coalitions d'écologistes.
[157] Tableau construit par l'auteur à partir de documents officiels d'Environnement Canada

Probe, Canadian Nature Federation, Friends of the Earth, Canadian Wildlife Federation. Les prises de position de ces groupes sont souvent adaptées aux enjeux dominants en Ontario. Par exemple, le principal travail de Energy Probe est la surveillance du nucléaire et seul l'Ontario est vraiment concerné par l'énergie nucléaire (avec le Nouveau Brunswick à un niveau moindre).

La domination de l'Ontario est accrue par le fait que le Québec, la seule province pouvant faire contrepoids à l'Ontario, est francophone. Sa participation aux groupes «nationaux» anglophones est donc limitée. Les autres provinces anglophones sont beaucoup plus petites que l'Ontario et très éloignées de la capitale nationale; elles sont donc incapables d'établir un équilibre.

A cause surtout de ces facteurs, les groupes environnementaux de l'Ontario ont des ressources financières beaucoup plus grandes que celles des groupes dans les autres provinces.

Au Canada, la grande dispersion de la population est un facteur de multiplication des petits groupes régionaux. Pour des écologistes en région, il est plus facile de lancer un nouveau groupe que d'essayer de joindre un autre groupe dans une ville éloignée. Le cas du Québec le démontre. En 1985, au Québec, le Ministère de l'environnement[158] a dénombré environ 300 groupes qui ont une étiquette vraiment écologiste.

Une classification des groupes québécois a été réalisée par Jean-Guy Vaillancourt en 1981[159]:

---

[158] Marcel Harnois, Les groupes environnementaux au Québec, rapport de maîtrise en sciences de l'environnement, janvier 1986
[159] Jean-Guy Vaillancourt, «Évolution, diversité et spécificité des associations écologiques québécoises», Sociologie et Sociétés, avril 1981, p.82-93

Tableau 3.3b: Classification des groupes écologistes québécois

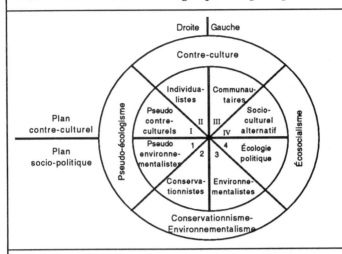

Principaux groupes québécois en 1981:

Sur le plan sociopolitique:
1. Pseudo-environnementalistes ou pseudo-conservationnistes réactionnaires:
   Exxon et autres entreprises du genre
2. Conservationnistes:
   Les groupes de protection des espaces verts
   Fédération des associations pour la protection de l'environnement
   des lacs (550 associations)
   Le groupe de recherche GAMMA
3. Les associations environnementalistes «qui essaient de protéger la nature
   par des suggestions de réformes au plan individuel et collectif»:
   Society to Overcome Pollution; (STOP)
   Conseil québécois de l'environnement
   Regroupement pour la surveillance du nucléaire
4. Courant de l'écologie politique:
   Les Ami(e)s de la terre
   Les écoféministes
   Le Front commun pour un débat public sur l'énergie
   La Société pour vaincre la pollution (SVP)

Sur le plan contre-culturel:
I. Les pseudo-contre-culturels réactionnaires:
   certains naturistes ou cultes ésotériques
II. Les contre-culturels individualistes:
   la Vie douce
III. Les contre-culturels communautaristes:
   le Rézo et les revues Mainmise (à la fin) et Le Noyau
IV. Le courant socio-culturel alternatif:
   les revues Biosphère, Le temps fou
   le Monde à bicyclette
   le mouvement d'agriculture biologique

Vaillancourt apporte les mises au point suivantes à sa classification:

> «Comme de raison, ce ne sont pas là huit types purs auxquels on peut identifier définitivement tous les membres d'une association, mais plutôt huit idéal-types obtenus par le croisement d'un axe contre-culturel-sociopolitique avec un axe droite-gauche. Les types II-III-IV, et 2-3-4 peuvent être compris comme faisant partie du mouvement écologiste québécois, bien que, à proprement parler, seuls IV et 4 devraient probablement être considérés comme étant des positions écosocialistes.»

Cette «image» des groupes québécois s'est modifiée sérieusement dans les années 80. Quelques groupes des années 70 se maintiennent, notamment SVP et STOP. Par contre, de très nombreuses initiatives «contre-culturelles» disparaissent. Ce déclin est confirmé par la disparition du périodique Idées et pratiques alternatives. De plus, le Mouvement pour l'agriculture biologique gagne beaucoup de crédibilité dans les milieux de l'agriculture industrielle. On ne peut plus le catégoriser de «contre-culturel».

Au niveau des groupes dits «environnementalistes», deux groupes se développent rapidement: en 1988, l'Union québécoise pour la conservation de la nature compte 80 groupes affiliés et l'Association québécoise de lutte aux pluies acides a des bureaux dans six régions du Québec.

En 1987, la Fondation québécoise en environnement est créée; elle est liée étroitement au monde des affaires et représente une nouvelle dimension dans la croissance des groupes environnementaux au Québec.

En se basant sur le répertoire de 1985 , voici un tableau qui présente le rythme de création des groupes au Québec[160]:

Tableau 3.3c:	Création de groupes «écologistes» au Québec

Période	Nombre de groupes créés (pendant la période)
1963-65	9
1966-68	18
1969-71	26
1972-74	46
1975-77	75
1978-80	112
1981-83	100

(Ce tableau n'inclut pas les groupes qui ont abandonné leurs activités avant 1984).

Les publications écologiques constituent aussi un révélateur de la montée des groupes: dans le Répertoire de 1985, il y a une liste de 97 publications régulières des groupes[161]. Les plus importants sont Franc-

---

[160] Marcel Harnois, Ibid.
[161] Jean-Guy Vaillancourt, «Le mouvement vert québécois: entre l'écologie et l'écologisme», Possibles, vol.9 no.3, printemps 1985, p. 35-47

Nord (maintenant Franc-Vert), Humus (qui deviendra Écologie) et Contretemps. De plus, une revue comme Forêt Conservation (de l'Association forestière) traite régulièrement des problèmes écologiques.

Pour revenir au portrait de l'ensemble du Canada, la spécialisation des groupes est plus difficile à réaliser au Canada qu'aux États-Unis. Lorsqu'un groupe a un budget annuel de $30 000, il ne peut se permettre des billets d'avions à $1000 pour aller examiner les problèmes d'une province lointaine. Il a donc tendance à **s'occuper de ses problèmes régionaux, aussi diversifiés soient-ils.** Alors que les groupes américains s'occupent souvent d'un seul problème dans tous les États-Unis, les groupes canadiens se divisent le travail, mais généralement à l'intérieur d'une province ou d'une région, et non pas dans l'ensemble du pays. En conséquence, ils doivent se préoccuper de plusieurs enjeux, malgré leurs maigres ressources financières.

Profil social des écologistes canadiens

Aucune étude ne permet de dresser un profil des **militants** écologistes au Canada. Par contre, à partir de sondages, il est possible d'analyser la distribution des préoccupations écologiques dans l'ensemble de la population.

Un sondage réalisé au Québec en 1985[162] présente les tendances suivantes: les préoccupations environnementales sont réparties dans toutes les catégories de salaires et ne sont pas exclusives à un petit groupe conscientisé. Une corrélation significative concerne l'âge: comme dans les autres pays, les gens âgés (55 ans et plus) accordent moins d'importance aux enjeux environnementaux que les moins âgés (25-54 ans); mais fait étonnant (en contradiction avec les études américaines), les 18-24 ans n'accordent pas autant d'importance aux problèmes environnementaux que les 25-54 ans.

Les alliances

Les alliances des groupes environnementaux s'établissent parfois avec les autres groupes d'intérêt public. Pendant plusieurs années, les groupes environnementaux du Québec ont demandé au gouvernement un débat public sur l'énergie et plusieurs autres groupes d'intérêt public se sont joints aux écologistes pour faire cette demande.

En 1987, le gouvernement fédéral a organisé un processus de consultation intitulé «Confluence énergétique» qui devait traiter des enjeux reliés à l'énergie et l'environnement». Le Réseau canadien des groupes

---

[162] Consultation Nadeau Inc, Étude sur l'environnement (Opinions, perceptions et attentes des Québécois), octobre 1985, 350p.

écologistes a participé à ce processus de consultation, processus relativement fermé, puisque le nombre de sièges aux ateliers était déterminé d'avance. Le Réseau a alors accepté de céder quelques-unes de ses rares places à des groupes de protection des consommateurs.

Comme dans les autres pays, les syndicats canadiens et québécois participent aux débats sur la protection de l'environnement, mais sans prendre vraiment parti pour les groupes ou pour la protection de l'environnement.

Les forces organisationnelles des groupes environnementaux

Les groupes écologistes canadiens ont établi une «division du travail» différente de celle des États-Unis. Il y a d'abord division du territoire en régions. Ensuite, il y a spécialisation du travail dans les grands centres urbains de chaque province; certains s'occupent de faune, d'autres d'énergie, d'autres de déchets toxiques, etc.

De plus, à cause des ressources financières plus limitées et des différences dans le système politique, les stratégies des groupes sont plus modestes qu'aux États-Unis; par exemple, les poursuites juridiques sont virtuellement absentes du portrait écologique canadien.

La légitimité des groupes écologistes

La force politique d'un groupe ne dépend pas du fait qu'il représente **réellement** l'intérêt public, mais du fait que la population **pense** que ce groupe représente l'intérêt public. C'est la population qui accorde la légitimité. Dans un sondage de 1985, 64% des répondants jugent que les groupes environnementaux sont très utiles[163]; cela confirme que les groupes ont acquis une légitimité auprès de la population. De plus, 60% des répondants considèrent que les ressources des groupes sont insuffisantes pour faire valoir leur point de vue.

La progression dans les milieux politiques

A quel point les préoccupations environnementales ont-elles pénétré les milieux politiques au Canada? Dans ce domaine, il n'y a pas de tendance nette. Certains événements indiquent cependant une pénétration de l'écologie dans les milieux politiques: le développement des groupes environnementaux faisant du lobbying; la présence, en 1985, d'une candidature écologiste dans la course au leadership du Parti Québécois[164] et la création de partis verts.

Par contre, le Canada est touché directement par la vague «néolibérale» américaine. Le gouvernement fédéral conservateur, avec ses priorités au libre-échange nord-américain, à la réduction du rôle de

---

[163] Consultation Nadeau Inc, Ibid.
[164] Pour plus de détails, se référer au titre suivant: Luc Gagnon,
L'écologie, le chaînon manquant de la politique, éditions de l'Alternative, Montréal, 1985

l'État, à la déréglementation, ne peut certainement pas être considéré comme un gouvernement engagé dans la protection de l'environnement.

3.4 Les groupes écologistes et les partis verts en France

En comparaison avec le Canada et les États-Unis, les débats politiques en France se font davantage entre les partis et impliquent moins les groupes de pression. En conséquence, même si les groupes de protection de l'environnement sont nombreux en France, ils ont peu de visibilité politique et les médias portent leur attention aux candidats écologistes, surtout en période électorale.

Tableau 3.4a: Évolution de la performance électorale[165] des écologistes français

Date	Type d'élection	% des voix obtenu	Commentaires
1988	Présidentielles (1er tour) Antoine Waechter	3,8%	% des suffrages exprimés
1986	Législatives (proportionnelle)	2,7%	% calculé pour les 30 candidats
1986	Régionales[166]	3,5%	% calculé pour les 48 candidats
juin 1984	Européenne (liste Anger)	3,4%	% des suffrages exprimés
juin 1981	Législative(1er tour)	1,1%	% des suffrages exprimés
avril 1981	Présidentielle (1er tour) Brice Lalonde	3,9%	% des suffrages exprimés
juin 1979	Européenne (liste Fernex)	4,4%	% des suffrages exprimés
mars 1978	Législatives (1er tour)	2,2%	% des suffrages exprimés
1977	Municipales	7,0%	% calculé sur les candidats
mai 1974	Présidentielle (1er tour) René Dumont	1,3%	% des suffrages exprimés

Ces chiffres cachent cependant des variations régionales énormes:
— En 1977, dans les municipalités en plein débat sur l'énergie nucléaire, les écologistes ont une performance électorale remarquable. Dans quelques petits villages près de Fessenheim (site d'un projet), les groupes écologistes ont récolté les 2/3 des voix. A Betz, près du site d'Erdeven, les candidats écologistes ont obtenu 14 des 21 sièges du conseil municipal.
— En 1974, dans les quartiers étudiants de Paris, René Dumont recueille 13% des voix[167].

---

[165] F. Goguel, A. Grosser, La politique en France, Armand Colin, Paris, 1984, p.258-260
[166] Guillaume Sainteny, «Le vote écologiste aux élections régionales», Revue politique et parlementaire, France, jan-fév. 1987, p.38-46
[167] Dorothy Nelkin, Michael Pollak, The Atom Besieged, M.I.T. Press, 1981, p.81

— Dans certains quartiers de classe moyenne, les candidats écologistes récoltent parfois plus de 20% des voix.

Mais comparativement aux Verts allemands qui se querellent à l'intérieur d'un grand parti, les Verts français sont divisés en de nombreuses organisations. Leur performance électorale en est certainement affectée. En 1986, les Verts français ont présenté 32 listes distinctes aux élections législatives et 49 listes aux élections régionales[168]. Fréquemment, des candidats écologistes s'affrontent dans la même circonscription.

Cette division des forces est parfois très coûteuse, notamment aux élections régionales de 1986 où les écologistes pouvaient faire élire plusieurs candidats s'ils dépassaient le seuil de 5% des suffrages exprimés (dans certains départements, ce seuil était légèrement plus élevé). A Paris, le seuil était de 5% et les écologistes ont dépassé ce pourcentage, mais deux listes écologistes ont partagé le vote[169]. A cette élection, les deux vedettes écologistes René Dumont et Brice Lalonde (candidats aux présidentielles de 1974 et 1981) ont dû lutter contre d'autres candidats écologistes dans leur circonscription. En conséquence, seulement trois candidats écologistes ont été élus dans toute la France. De ces trois candidats élus, Antoine Waechter obtient le meilleur résultat avec 6,7%. Il est ensuite candidat aux élections présidentielles de 1988.

En France, les divisions internes se manifestent également entre les divers groupes politiques «marginaux», empêchant les Verts de rassembler les divers citoyens insatisfaits, comme cela se produit en R.F.A. En 1978, par exemple, les anarchistes (journal *La Gueule ouverte*) exigent l'abstentionnisme.

Les groupes de protection de l'environnement

Plusieurs Français sont en désaccord avec la tradition politique française qui affirme que les groupes d'intérêt ne sont pas légitimes, car ils ne représentent pas l'intérêt public. En fait, les petits groupes de citoyens sont très nombreux en France, peut-être plus de 300 000 associations de toutes sortes en 1976[170]. Parmi ces groupes, il y avait 250 groupes nationaux et 879 groupes régionaux enregistrés comme groupes écologistes auprès du ministère de l'environnement.

En 1987, il y avait 1250 associations (agréées par le Ministère de l'environnement de la France) dont la vocation était la protection de la nature ou du cadre de vie, incluant 82 organisations nationales. Selon le Ministère de l'environnement[171], 47% des Français participent à une as-

[168] Guillaume Sainteny, Ibid., p.38
[169] Guillaume Sainteny, Ibid., p.43 et 45
[170] Dorothy Nelkin, Michael Pollak, Ibid., p.119
[171] État de l'environnement, 1982, Ministère de l'environnement de la France, 1983, p.166 et 202

sociation quelconque dans le domaine des loisirs et du cadre de vie. Ces chiffres ne contredisent pas nécessairement les théories politiques à l'effet que les groupes ne sont pas légitimes, parce que les groupes français s'impliquent peu en politique. De plus, le taux de participation aux groupes environnementaux plus «politiques» est beaucoup plus faible: seulement 3,1% des citoyens participent aux associations de défense de la nature.

L'émergence des associations d'environnement et du cadre de vie débute dans les années 1965-70. En 1969, plusieurs associations locales se regroupent pour former la Fédération française des sociétés de protection de la nature (FFSPN), avec 80 groupes affiliés et 100 000 membres[172]. Depuis ce départ tardif (en comparaison avec les États-Unis), quelques groupes nationaux se sont développés:
— Les Amis de la Terre, assez radical, nationalement le plus actif dans la contestation anti-nucléaire; en 1974, il était composé de 150 groupes affiliés et de 10 000 membres.
— S.O.S. Environnement, moins actif politiquement, met l'accent sur les questions de démocratie et d'accès à l'information.

Les groupes régionaux de citoyens ont également un rôle important, ayant notamment pris le leadership des contestations anti-nucléaires: mentionnons la Société pour l'étude, la protection et l'aménagement de la nature dans le Sud-Ouest (SEPANSO), qui a recueilli une pétition de 26 000 signatures[173] contre un site de déchets nucléaires. En Alsace, c'est le Comité de Sauvegarde de Fessenheim et de la Plaine du Rhin (CSFR), qui a organisé des événements pour s'opposer à la construction d'une centrale près de Fessenheim. La Fédération Rhône-Alpes de protection de la nature (FRAPNA), de 60 000 membres, a été très active dans la contestation de l'énergie nucléaire.

---

[172] Dorothy Nelkin, Michael Pollak, The Atom Besieged, M.I.T. Press, 1981, p.125
[173] Dorothy Nelkin, Michael Pollak, Ibid., p.69

Les publications écologiques constituent aussi un révélateur de la vigueur des groupes (le tableau 3.4b n'inclut pas les nombreuses publications locales ou régionales).

Tableau 3.4b: Publications des groupes écologistes français[174]

Publication	Association
Aménagement et nature	Association pour les espaces naturels
La Baleine	Les Amis de la terre
Combat Nature	Les associations écologiques et de défense de l'environnement
Le courrier de la nature	Société nationale de protection de la nature
Écologie	Espaces écologie
Espaces pour demain	Espaces pour demain
La Hulotte	Maison des clubs de connaissance et de protection de la nature
Naturellement	Mouvement national de lutte pour l'environnement
L'oiseau magazine	Ligue française pour la protection des oiseaux
Pronatura	Fédération des jeunes pour la nature
Revue juridique de l'environnement	Société française pour le droit de l'environnement
Truite omble saumon	Association nationale de protection des salmonidés

Pendant la contestation anti-nucléaire des années 70, le périodique *Le Sauvage* a été important, atteignant un tirage de 25 000.

Profil social des écologistes français

Daniel Boy[175] a réalisé un sondage auprès de l'électorat ayant voté écologiste au premier tour des élections législatives de 1978. A partir de ce sondage, il affirme que l'électorat écologiste provient des classes moyennes et qu'il possède un capital scolaire largement supérieur à la moyenne.

---

[174] État de l'environnement. 1986, Ministère de l'environnement de la France, 1987, p.195
[175] Daniel Boy «Le vote écologiste en 1978», Revue française de science politique, vol. 31, no.2 avril 1981, p. 394-416

Il a également analysé les prises de position politiques et culturelles des écologistes français. Voici les questions du volet **politique** du sondage:

Tableau 3.4c: Position politique de l'électorat écologiste français

«Etes-vous en accord pour»:
— «Supprimer les avantages d'un bon nombre de Français pour réduire les inégalités sociales».
— «Elargir et développer le secteur nationalisé même si ça entraîne une limitation des initiatives des entreprises privées»
— «Interdire tout licenciement tant qu'un nouvel emploi n'est pas garanti».
— «En voyant ce qui se passe autour de vous, avez-vous l'impression que nous vivons dans une société caractérisée par ce que l'on appelle la lutte des classes».

Choix au premier tour de scrutin	Réduire les inégalités sociales (tout à fait favorable)	Elargir le secteur nationalisé (tout à fait favorable)	Garantir l'emploi (tout à fait favorable)	Société caractérisée par la lutte des classes (tout à fait d'accord)
— P.C., extrême gauche	57%	39%	69%	45%
— P. S., rad. de gauche	49%	16%	56%	28%
— **Ecologistes**	**38%**	**8%**	**40%**	**22%**
— Droite	27%	3%	26%	16%
— Abstentions et S.R.	36%	10%	35%	21%

Les résultats à ces questions démontrent une **position politique centriste** de l'électorat écologiste français.

En ce qui concerne les valeurs culturelles, nous pouvons cependant constater des positions très différentes. Voici les questions et les résultats concernant les valeurs culturelles.

Tableau 3.4d: Position culturelle de l'électorat écologiste français

— «Une fille doit pouvoir prendre la pilule avant 18 ans».
— «L'école devrait donner avant tout le sens de la discipline et de l'effort, ou l'école devrait former avant tout des gens à l'esprit éveillé et critique.»
— «Je suis plutôt fier d'être Français ou si j'avais une autre nationalité, je m'en trouverais aussi bien».
— Pensez-vous que, de nos jours, les tribunaux sont, envers les jeunes délinquants, trop sévères ou pas assez sévères ?»

	Contraception (tout à fait d'accord)	Ecole= éveil	Refus nationalisme	Tribunaux trop sévères(oui)
— P.C., extrême gauche	45%	53%	27%	23%
— P. S., rad. de gauche	31%	41%	19%	13%
— **Ecologistes**	**51%**	**58%**	**42%**	**23%**
— Droite	20%	23%	8%	5%
— Abstentions et S.R.	28%	31%	20%	11%

Daniel Boy résume clairement les résultats du sondage[176]:

> «A partir de cet ensemble d'observations, l'électorat écologiste pourrait être schématiquement défini **comme politiquement centriste et culturellement ou moralement extrémiste.»**

Les alliances

En France, comme les groupes d'intérêt public sont politiquement moins actifs (relativement aux autres pays étudiés), les alliances entre écologistes et autres groupes sont rares. Une alliance occasionnelle a été réalisée avec la Fédération française des consommateurs (FFC), dans la publication d'un «guide» sur l'énergie nucléaire[177], mais ce type d'alliance est exceptionnelle, surtout si on compare la France avec les États-Unis.

L'étude de cas sur l'énergie nucléaire démontrera de plus que les syndicats ne sont pas des alliés des groupes écologistes français. Ceci est notamment dû à leur affiliation étroite avec les partis socialistes et communistes.

---

[176] Daniel Boy, Ibid., p. 400
[177] Dorothy Nelkin, Michael Pollak, Ibid., p.79

En conclusion, il est difficile d'évaluer le niveau de «progrès» des écologistes en France. Selon le taux de participation aux groupes de protection de l'environnement et la visibilité croissante des écologistes en politique partisane, on pourrait conclure à un grand progrès. Par contre, si on se fie à la performance électorale, les résultats sont décevants. Duverger confirme cette perception «mitigée» de la montée écologiste[178]:

> «Leur combativité (des mouvements écologistes) est sélective: par exemple, elle vise les centrales nucléaires plus que les centrales thermiques, lesquelles sont cependant plus polluantes. En France, les groupements écologistes sont beaucoup plus faibles que dans d'autres pays d'Europe. Ils ont trouvé des leaders sympathiques tels René Dumont et Brice Lalonde, mais n'ont pas réussi à faire une percée importante aux élections. Leur sommet a été atteint aux européennes de 1979, avec 4,4% des suffrages. En 1984, ils n'y ont obtenu que 3,3%. Et les élections européennes n'ont guère de signification politique, puisqu'elles concernent une institution sans influence réelle sur la vie politique. On est loin du développement des *Verts* en Allemagne, où ils remettent en cause la bipolarisation.»

3.5 Le Parti Vert et les groupes écologistes en R.F.A.

Relativement aux autres pays étudiés, l'analyse des acteurs écologistes ouest-allemands doit tenir compte de trois différences fondamentales:
— Les écologistes et les **pacifistes** sont réunis à l'intérieur du Parti Vert[179] et il est difficile d'identifier laquelle de ces forces politiques est responsable des succès ou échecs du parti.
— La R.F.A. a subi l'implantation des missiles nucléaires américains sur son territoire et cela a certainement accru la force des Verts, ayant été le seul parti à s'opposer à cette intervention.
— Finalement, en comparaison avec les autres pays où le rôle des marxistes est extrêmement limité, ces derniers ont un rôle significatif dans le Parti Vert allemand.

Mais selon Capra et Spretnak[180], la gauche ne représente pas la tendance dominante à l'intérieur du parti. Selon eux, le parti est divisé en quatre tendances idéologiques:
— Les Verts «visionnaires» qui préconisent une vision globale de la société et qui insistent sur une nouvelle façon de penser, de concevoir les relations des êtres humains à la nature.
— Les Verts «écologistes» dont les efforts portent sur la préservation de la nature et la réduction des pollutions.
— Les Verts «pacifistes».

---

178 Maurice Duverger, Le système politique français, collection Thémis, P.U.F.,Paris, 1986, p.482
179 Wilhem P. Bürklin, «The German Greens, The Post-Industrial Non-Established and the Party System», International Political Science Review, Oct. 1985, p. 464
180 F. Capra et C. Spretnak, Green Politics. The Global Promise, Dutton, New York, 1984, p. xvi and p. 4-6

— Les Verts «marxistes», provenant de divers mouvements radicaux de gauche.

Un autre auteur, H. Mewes a identifié les cinq factions suivantes: les écosocialistes et marxistes; les sociaux-démocrates (souvent d'anciens membres du SPD); les fondamentalistes (écologistes «purs» opposés à toute alliance); les environnementalistes libéraux (moins radicaux politiquement); finalement les anarchistes[181].

Contrairement à ce qu'on observe en France, le travail des écologistes allemands n'est pas handicapé par la multiplicité des partis, et cela même si les Verts allemands participent à des élections au niveau de chaque Länd. En R.F.A., les Verts sont plutôt handicapés par les différentes «factions» à l'intérieur du parti, factions qui luttent constamment les unes contre les autres pour établir des priorités. Les désaccords internes sont également très fréquents sur les questions de stratégie électorale, surtout en ce qui concerne les alliances possibles avec le SPD.

La performance électorale du Parti Vert

Tableau 3.5a: Quelques performances électorales des Verts en R.F.A.[182]

Élection	date	Étiquette	% des voix	Sièges
Fédérale (Bundestag)	oct 80	Les Verts	1,5%	0
	mars 83	Les Verts	5,6	27
	nov. 90	Les Verts	4,6	0
Parlement européen	juin 79	SPV, Les Verts	3,2	0
	juin 84	Les Verts	8,2	7
Bade-Würtemberg	mars 80	Les Verts	5,3	6
	mars 84	Les Verts	8,0	9
Bavière	oct. 78	AUD, Les Verts	1,8	0
	oct. 82	Les Verts	4,6	0
		OeDP	0,4	0
	oct. 86	Les Verts	7,5	
Basse-Saxe	juin 78	GLU	3,9	0
	mars 82	Les Verts	6,5	11
	juin 86	Les Verts	7,1	?
Berlin	mars 79	Liste alternative	3,7	0
	mai 81	Liste alternative	7,2	9
	mars 85	Liste alternative	10,6	15
Rhénanie N-Westphalie	mai 80	Les Verts	3,0	0
	mai 85	Les Verts	4,6	0
Hambourg	déc. 82	Les Verts	6,8	?
	nov. 86	Les Verts	10,4	?

---

[181] Horst Mewes, «The Green Party Comes of Age», Environment, June 1985, p.13 et 33
[182] Gerd Langguth, Ibid., p. 29-30
et Henri Ménudier, Système politique et élections en R.F.A., éd. Peter Lang, France, 1986, p.76

Il est difficile de juger de la force du Parti Vert uniquement par sa performance électorale. Par exemple, à l'automne 1983, au sommet de la contestation contre les missiles américains, les groupes pacifistes (et le Parti Vert) avaient mobilisé trois millions de personnes et recevaient l'appui tacite (dans les sondages) d'environ 3/4 de la population[183]. Par contre, le Parti Vert avait obtenu, quelques mois auparavant, seulement 5,6% des voix à l'élection fédérale du 6 mars 83, soit 2,2 millions de voix[184]. Il est également difficile d'expliquer la baisse de la performance électorale aux élections fédérales de 1990 (après l'union avec l'Allemagne de l'Est).

Diversité des groupes de protection de l'environnement

En 1977, une enquête estimait à 50 000 le nombre «d'initiatives de citoyens» dans le domaine de l'environnement, avec un membership d'environ 2 millions de citoyens[185]. «L'Association fédérale des groupes de citoyens pour la protection de l'environnement» (Bund Natur und Umweltschutz Deutchland: BBU)[186] rassemblait, à elle seule, 1000 groupes de citoyens et 300 000 membres. Ce groupe très politisé, a été actif sur la question de l'énergie nucléaire.

En 1980, le bureau fédéral de protection de l'environnement estimait que le mouvement écologiste regroupait **5 millions de citoyens**, partagés entre 11 328 organisations régionales et 130 organisations multi-régionales.

Ces chiffres spectaculaires sont certainement «gonflés» par des groupes anti-nucléaires dont l'action est temporaire. Fréquemment, les groupes de protection de l'environnement étaient passifs devant un projet spécifique alors que des initiatives locales se développaient rapidement contre ce projet. (Est-ce une confirmation du syndrome *Pas dans ma cour*?). Nelkin et Pollack[187] affirment que de nombreuses initiatives locales ont formé des associations contre le nucléaire, associations qui étaient abandonnées lorsque leur objectif précis avait été atteint. Il ne faut donc pas en conclure que ces statistiques représentent des militants écologistes en permanence.

---

[183] Saral Sarkar, «The Green Movement in West Germany, Alternatives, England, April 1986, p.244
[184] Gerd Langguth, The Green Factor in German Politics, Westview Press, 1984, p. 28
[185] Dorothy Nelkin, Michael Pollak, Ibid., p.122
[186] Gerd Langguth, Ibid., p. 7
[187] Dorothy Nelkin, Michael Pollak, Ibid., p.126

Évolution de la situation:
de groupes de citoyens au Parti Vert

Tableau 3.5b: Dates «clés» du développement des groupes écologistes en RFA[188]
1973   Formation de groupes de citoyens («citizens initiatives»), surtout motivés par l'énergie nucléaire 1977   Consolidation politique dans certains Länder, avec formation d'organisations partisanes 1979   Regroupement national des forces alternatives des Länder pour l'élection européenne de 1979 Janvier 1980   Fondation du Parti Vert et participation aux élections fédérales d'octobre 1980 6 mars 1983   Entrée au parlement

Les groupes écologistes allemands se sont développés rapidement dans les années 70 à la suite de contestations de divers projets[189] par des groupes de citoyens:
— au début des années 70, une pétition recueille plusieurs milliers de signatures contre l'autoroute Singen/Konstanz;
— en 1975, des centaines de manifestants occupent le site d'une centrale nucléaire;
— le 23 février 1975, une manifestation contre l'énergie nucléaire regroupe 25000 personnes;
— en 1979, 35 groupes locaux totalisant 150 000 membres, s'opposent à la construction d'une autoroute de Bonn à Emdem.

Dans cette première phase de développement, les objectifs étaient précis et on cherchait des résultats à court terme. La stratégie des groupes incluait des actions légales (informations, pétitions, démonstrations) et non légales (mais sans violence). Dans la contestation des nouvelles centrales nucléaires, la stratégie consistait généralement à essayer d'occuper les lieux du projet. De 1975 jusqu'à l'émergence du Parti Vert, la principale activité des groupes de citoyens à été l'opposition à l'énergie nucléaire.

Dans la deuxième phase (1978 à 1981), les initiatives des groupes de citoyens s'accentuent et la critique s'adresse de plus en plus aux institutions politiques, en mettant l'accent sur les problèmes de centralisation, de secret et de dépendance causée par le recours à des technologies de grande échelle.

Selon Sarkar, 1981 représente le début d'un déclin des groupes de citoyens se disant écologistes et la montée des contestations à caractère pacifiste, notamment à cause du déploiement potentiel de missiles

---

[188] Gerd Langguth, Ibid., p. 7-21
[189] Saral Sarkar, «The Green Movement in West Germany, Alternatives, England, April 1986, p.230 and 233

américains en sol allemand. Les militants «anti-énergie-nucléaire» se déplacent vers les groupes pacifistes et le Parti Vert. Il s'agit donc d'un changement de priorité plutôt que d'une baisse des contestations.

La phase suivante est celle de la consolidation politique qui mènera à la formation du parti national. Il y a alors de nombreuses dissensions, à toutes les étapes de formation du Parti Vert, dues à la présence de membres radicaux de gauche. Dans quelques Länder, plusieurs groupes écologistes sont en compétition aux élections de 1977. Dans le pire des cas, à Hambourg, il y avait trois partis verts en concurrence[190], mais dans les périodes subséquentes, les dissensions sont atténuées et il y a regroupement dans un seul parti.

Jusqu'à ce jour, les dissensions internes demeurent omniprésentes, particulièrement quant aux enjeux de stratégie électorale: mentionnons par exemple, l'enjeu de l'alliance possible avec le SPD et la rotation des représentants au parlement (rotation concrétisée pour la première fois en mars 1983).

Profil social des écologistes allemands

Le profil de l'électorat vert en R.F.A. est très similaire à celui des autres pays[191].

Tableau 3.5c: Popularité des partis chez les jeunes en R.F.A.		
Élections fédérales (% de l'électorat du parti ayant moins de 35 ans)		
	1980	1983
CDU	22%	
SPD	32%	
FDP	34%	
Verts	71%	69%

A l'élection fédérale de 1983, 13,9% des voteurs de 18 à 24 ans ont voté pour le Parti Vert (relativement à une performance nationale de 5,6%). Les jeunes étant encore aux études accordent un appui encore plus grand au Parti Vert: 36% des électeurs verts appartiennent à cette catégorie même si elle ne constitue que 9% de la population totale. Dans les élections des Länder et les élections locales de 1984, les Verts sont le deuxième parti chez le groupe 18-35 ans (SPD: 38,1%; les Verts: 29,8%; le CDU: 23,6%)[192].

En concordance avec leur électorat, les candidats du Parti Vert sont également plus jeunes que les autres candidats. A l'élection de 1980, les candidats du Parti Vert étaient en moyenne plus jeunes de 10 ans que ceux

---

[190] Dorothy Nelkin, Michael Pollak, Ibid., p.82
[191] Wilhem P. Bürklin, Ibid., p. 465
    Gerd Langguth, The Green Factor in German Politics, Westview Press, 1984, p. 27 to 31
[192] Horst Mewes, «The Green Party Comes of Age», Environment, June 1985, p.16

des autres partis[193]. Malgré ces tendances, le développement du Parti Vert ne représente pas une nouvelle forme de clivage basé sur l'âge ou la discrimination envers les jeunes. Dans son positionnement stratégique, le Parti Vert est clairement «idéaliste» en comparaison avec les partis traditionnels. Considérant que les jeunes sont normalement plus idéalistes, nous assistons probablement à un maintien de cette tendance.

Comme dans les autres pays, le critère du niveau d'éducation est fortement corrélé avec l'appui au Parti Vert[194]: en 1980, 51% de l'électorat vert et en 1984, 43% avait au moins un diplôme supérieur au niveau secondaire pour un taux de 16% dans la population en général. 22% des députés verts étaient des professeurs d'université ou de collèges, des chercheurs scientifiques, contre 8% chez les autres partis.

Tableau 3.5d: Distribution, selon le sexe, des voix accordées au Parti Vert

	1983	1984
Hommes	52%	56%
Femmes	48%	44%

Les électeurs du Parti Vert sont, par rapport aux autres électeurs ouest-allemands, ceux qui participent le moins aux activités religieuses. 77% de l'électorat vert affirme ne «jamais» aller à l'église, 19% «rarement» et seulement 4% «fréquemment».

42% de l'électorat du Parti Vert réside dans des grandes villes, relativement à 29% de la population. Il est intéressant de constater que les Verts ont récolté environ 20% des voix dans certains quartiers urbains de type «cols blanc» qui n'ont pas été touchés par des projets de centrales nucléaires. La performance était la plus élevée dans les quartiers universitaires dont le territoire n'avait pas fait l'objet de conflits environnementaux[195].

Il n'y a pas de tendance marquée en terme de classes sociales: 71% de l'électorat vert appartient aux classes moyennes et supérieures alors que ces classes représentent 64% de la population totale[196].

---

[193] Wilhem P. Bürklin, Ibid., p. 466 et 477
[194] Gerd Langguth, Ibid., p. 30-31
[195] Wilhem P. Bürklin, «The German Greens, The Post-Industrial Non-Established and the Party System», International Political Science Review, Oct 1985, p.463-481, p. 465
[196] Gerd Langguth, Ibid., p. 31

Le profil politique de l'électorat vert

Dans un sondage réalisé en 1984, on a demandé à l'électorat des divers partis de se situer eux-mêmes par rapport à une échelle gauche/droite (1 étant l'extrême-gauche et 10 l'extrême-droite)[197]. L'électorat des Verts s'était situé à 3,4, celui du SPD à 4,3 et celui des Démocrates chrétiens à 8,7. On peut constater que les écologistes se situent plus à gauche que la gauche conventionnelle. Ceci est en contradiction avec le profil centriste de l'électorat écologiste français et aussi en contradiction avec le slogan des Verts «Ni à gauche, ni à droite, mais en avant».

Les alliances

En RFA, l'alliance entre les écologistes et les pacifistes est tellement étroite qu'il est difficile de distinguer les deux groupes. Du point de vue idéologique, il n'y a pas de désaccords fondamentaux entre ces deux mouvements[198] et les dissensions internes ne peuvent pas être attribuées à la coexistence de ces deux forces. Un sondage sur la motivation de l'électorat à voter «vert» permet d'éclairer l'ordre de priorité des enjeux.

Tableau 3.5e:	Premier motif de vote chez l'électorat du Parti Vert[199] (élection fédérale de 1983)	
Motif		**% des répondants**
Protection de l'environnement		42
Insatisfaction des autres partis		23
Cherche un changement fondamental de société		22
Appui au mouvement pacifiste		12

Dans un autre sondage, les trois priorités suivantes ont été identifiées par l'électorat vert (dans cet ordre)[200]: la réduction de la pollution, les efforts pour la paix et la sécurité d'emploi. Chez les trois autres partis, la sécurité d'emploi est la première priorité.

En R.F.A., il est impossible de considérer les syndicats comme des alliés des écologistes. En 1976, alors que les groupes de citoyens se mobilisaient contre l'énergie nucléaire, les syndicats allemands organisaient une démonstration de 1000 travailleurs en faveur de l'énergie nucléaire[201]. Quelques mois plus tard, en pleine période de contestation, les syndicats lançaient une campagne de publicité en faveur du nucléaire.

---

[197] Horst Mewes, Ibid., p.15
[198] Saral Sarkar, Ibid., p.243
[199] Gerd Langguth, The Green Factor in German Politics, Westview Press, 1984, p. 35
[200] Gerd Langguth, Ibid., p. 42
[201] Saral Sarkar, Ibid., p.233

Les possibilités d'alliance parlementaire avec les sociaux démocrates (SPD) ont créé de nombreuses dissensions internes. Pour des raisons stratégiques en chambre, une telle alliance pourrait être utile, mais le SPD, depuis son retour dans l'opposition en 1982, a pu retrouver une portion de son idéalisme, tout en intégrant dans son programme des considérations écologistes et pacifistes. Dans certaines élections dans les Länder de 1984, les sociaux démocrates ont repris une partie de leur vote aux dépens du Parti vert, empêchant ainsi les Verts de dépasser le seuil critique des 5% pour être représenté au Parlement.

Les chiffres suivants indiquent que le SPD est une menace réelle pour les Verts. Chaque citoyen vote à deux reprises lors d'une élection fédérale, une fois pour un candidat local et une fois pour un parti. Chez l'électorat vert en 1983[202], 40% des électeurs accordent leur première voix à un candidat social-démocrate (4,3% au CDU et 1,2% au FDP). Il existe donc des affinités électorales très grandes entre les Verts et le SPD. Cet enjeu est déchirant pour les Verts qui sont souvent dans la situation où leur succès électoral signifie l'élection d'un gouvernement démocrate-chrétien au lieu de social-démocrate. Ce fut le cas à quelques reprises.

La légitimité du Parti Vert

Le système politique ouest-allemand favorise un tiers parti comme les Verts: de 1980 à 1984, les Verts (au niveau fédéral) ont reçu du gouvernement au moins 40,5 millions DM alors qu'ils n'ont récolté que 15,3 millions DM en contributions des membres et autres donateurs[203]. Cette situation est possible, parce que le montant accordé par le gouvernement ne dépend pas des dépenses électorales encourues, mais des votes reçus. Par exemple, les Verts ont reçu, pour l'élection européenne de 84, 18 millions DM du gouvernement alors que leurs dépenses électorales s'élevaient à 1 million.

Alors que les Verts ont fait de la participation politique la base de leurs exigences démocratiques, leur nombre de membres et le contrôle du parti par une minorité entrent en contradiction flagrante avec ce principe.

---

[202] Gerd Langguth, Ibid., p. 99
[203] Gerd Langguth, Ibid., p. 45

Tableau 3.5f:	Nombre de membres du Parti Vert[204]		
Année	**Nombre de membres**		
1980	10 000		
1982	18 000		
1983	25 000		
1984	33 000		

Ratio d'électeurs par rapport aux membres
(élection fédérale de 1983)

Parti	Votes reçus	Membres	Ratio
Verts	2 167 431	25 000	87:1
SPD	14 865 807	950 000	16:1
CDU	14 857 680	734 000	20:1
CSU	4 140 865	182 665	23:1
FDP	2 706 942	78 763	34:1

Par contre, la quantité de travail effectuée par le parti au Bundestag est impressionnante considérant leur faible nombre:

Tableau 3.5g:	Comparaison du travail des partis d'opposition[205] (session de 1984)	
Tâche	**Parti Vert**	**SPD**
Présentation de projets de loi	22	24
Soumissions de dossiers majeurs	29	11
Soumissions de dossiers mineurs	241	42
Questions	730	4171

La performance des Verts en R.F.A., quel critère doit-on utiliser?

En conclusion, si la performance électorale des Verts allemands est en progression, il est possible d'évaluer la situation selon d'autres critères: en ce qui concerne la protection de l'environnement, certains observateurs dont H. Mewes concluent à un échec global des Verts[206]. Il suffit de mentionner qu'en 1985, le gouvernement fédéral n'avait toujours pas établi de ministère de l'environnement, laissant surtout les initiatives aux Länder (même s'il s'agit d'un domaine de législation concurrente ayant de grandes implications économiques).

---

[204] Gerd Langguth, Ibid., p. 47
[205] Gerd Langguth, Ibid., p. 52
[206] Horst Mewes, «The Green Party Comes of Age», Environment, June 1985, p.14 and 39

CHAPITRE 4

Les exigences des groupes écologistes

L'objectif de ce chapitre est de présenter l'ensemble des exigences des groupes écologistes. La section 4.1 présente d'abord les origines «intellectuelles» de plusieurs auteurs écologistes, car ces origines expliquent en grande partie les divergences et permettent de mieux les comprendre. Les sections suivantes présentent les exigences qui recueillent le soutien de la majorité des groupes, de même que celles qui sont sujettes à des désaccords profonds.

4.1 Les origines diversifiées des militants écologistes

Les auteurs et militants écologistes travaillaient dans des domaines très diversifiés avant de «devenir écologiste».

Tableau 4.1: Origines du militantisme écologiste[207]	
Catégories principales	**Sous-catégories**
Origines liées à la conservation	Protection de sites naturels Protection d'espèces Stratégie de conservation
Origines «scientifiques»	Analyse écologique et biologique Analyse technologique Analyse énergétique Analyse démographique
Origines de l'alternative politique	Le socialisme Le courant auto-gestionnaire Le courant anarchiste Le tiers-mondisme
Origines contre-culturelles	Retour à la terre Modes de vie alternatifs (ex. communes, autochtones)

Aucune de ces origines ne débouche majoritairement sur l'écologisme. Seulement une minorité des «scientifiques» ou partisans de la conservation ou socialistes, ... deviennent des écologistes. Il s'agit plutôt du cheminement de certains individus qui, devant les problèmes de pollution ou de gaspillage des ressources, se sentent insatisfaits des cadres d'analyse existants. Ces individus cherchent alors une alternative scientifique, politique ou culturelle et ils en arrivent finalement à l'écologisme.

Les origines de la «conservation»

De nombreux individus, amants de la nature, sont devenus militants écologistes pour protéger certains sites naturels exceptionnels. Le concept de «conservation» implique alors la protection d'un élément de patrimoine pour les générations futures.

La tendance *écologiste* la plus ancienne est celle de la préservation de parcs, lacs ou rivières. Dès le début du XXe siècle, des citoyens luttaient pour l'établissement de parcs nationaux aux États-Unis[208]. Certains partisans de la conservation comme John Muir ou Gifford

---

[207] Construction du tableau par Luc Gagnon
[208] Wilderness U.S.A., National Geographic Society, 1973, p. 9-25

Pinchot ont alors permis la création des grands parcs nationaux américains. Encore aujourd'hui, cet objectif est prioritaire pour de nombreux
écologistes.

Plus récemment, une deuxième tendance s'est développée: celle de
la protection des espèces. Il s'agit d'un changement profond, car la protection de sites naturels est souvent réalisée pour des fins de loisirs, de
chasse ou de pêche. A l'opposé, la protection d'une espèce signifie que
des territoires ou des ressources ne doivent plus être utilisés prioritaire-
ment par l'homme. Cette deuxième tendance à la conservation s'oppose
parfois à la première sur la question de l'utilisation de zones naturelles
par les êtres humains.

Une troisième tendance, plus récente et plus rigoureuse, concerne
une approche globale de la conservation, La stratégie mondiale de la
conservation, rédigée en 1980 et revisée en 1990 par l'Union internationale pour la conservation de la nature (avec le soutien du Programme
des Nations-Unies pour l'environnement). A partir de cette époque, le
terme «conservation» prend, pour les initiés, une signification beaucoup
plus large que la protection de sites ou d'espèces. Voici les trois
principes de base de la Stratégie mondiale de la conservation[209]:

> «a. maintenir les processus écologiques essentiels et les systèmes entretenant
> la vie;
> b. préserver la diversité génétique;
> c. veiller à l'utilisation durable des espèces et des écosystèmes».

La Stratégie de 1980 a été développée par des spécialistes de l'écologie
de plus de 100 pays aux systèmes politiques différents. De nombreux
militants écologistes ont été inspirés par ce document qui est devenu
leur «bible». La Stratégie est cependant un document assez complexe, à
caractère technocratique et les adeptes sont généralement des initiés
de l'écologie (en tant que science pure). Plusieurs écologistes de gauche
ne considèrent pas cette tendance comme «radicale», mais chaque
courant de pensée peut utiliser un critère différent pour déterminer qui
est le plus «radical».

Les origines «scientifiques» de l'écologisme

Faisant face aux problèmes de protection de l'environnement,
plusieurs spécialistes de la biologie, de la chimie, de l'agronomie... ont
réalisé que les cadres d'analyse conventionnels étaient devenus insuffisants; ils ont alors fait appel à l'écologie pour améliorer leur compréhension de ces problèmes. Cette prise de conscience a mené
quelques «scientifiques» à l'écologisme.

---

[209] Stratégie mondiale de la conservation, Union internationale pour la conservation de la nature et de ses
ressources, 1980, p.VI

Plusieurs **biologistes** sont devenus militants écologistes à partir de leurs études sur des espèces. (Notons que la Stratégie mondiale de la conservation a été fortement influencée par les biologistes; il y a donc recoupement dans les origines). Dès 1962, les effets du DDT sur la reproduction des oiseaux obligent des ornitologues à intervenir auprès de l'opinion publique[210].

En Europe, des auteurs tels que Jean Dorst et Joël de Rosnay sonnent l'alarme grâce à leur crédibilité dans leur domaine scientifique[211]. Dès 1965, le Français Jean Dorst[212], qui étudie «la destruction des milieux terrestres et aquatiques,» conclut ainsi:

> «l'homme et la nature seront sauvés ensemble dans une heureuse harmonie, ou notre espèce disparaîtra avec les derniers restes d'un équilibre qui n'a pas été créé pour contrecarrer le développement de l'humanité, mais pour lui servir de cadre».

En 1972, René Dubos et Barbara Ward publient un rapport historique sur l'état de la planète[213].

Au Québec, le premier «universitaire» à se préoccuper des questions d'écologie est Pierre Dansereau[214]. L'expérience professionnelle de ce précurseur touchait d'abord la botanique et l'agronomie.

D'autres précurseurs sont venus à l'écologisme par l'analyse des **problèmes technologiques.** Ces auteurs ont conclu que les choix technologiques traditionnels menaient la société dans une impasse. Parmi ces précurseurs, il y a Barry Commoner qui, dès 1969, affirmait[215] que «l'expansion de la science et de la technique jointe à une forte poussée démographique est à l'origine de la plupart de nos problèmes de pollution». En 1972, dans un deuxième livre intitulé L'encerclement, il revient sur ce thème[216] et insiste sur les impacts des technologies «dures». Sa contribution est d'avoir démontré que l'accroissement de la pollution n'est pas la conséquence d'une faillite technologique, mais au contraire, de son succès à créer des nouveaux composés stables et persistants (ex. insecticides). Selon lui, les progrès technologiques ne solutionneront pas les problèmes environnementaux.

---

[210] L'enjeu des pesticides a notamment justifié la rédaction du célèbre livre de Rachel Carson, Silent Spring, (Houghton Mifflin, Boston, 1962)

[211] Jean Dorst, La nature dénaturée,, Delachaux et Niestlé, Paris, 1965
Joël de Rosnay, Le macroscope, Seuil, 1975

[212] Jean Dorst, cité dans Claude Journès, «Les idées politiques du mouvement écologique» Revue française de science politique, vol.29 no.2 avril 1979, p.233

[213] René Dubos et Barbara Ward, Nous n'avons qu'une seule terre, Report on the human environment, Denoël, Paris, 1972

[214] Dansereau, Pierre, Biogeography, An Ecological Perspective, Ronald Press, 1957

[215] Barry Commoner, Quelle terre laisserons-nous à nos enfants, Seuil, 1969, p. 41 cité dans Claude Journès, «Les idées politiques du mouvement écologique», Revue française de science politique, vol.29 no.2 avril 1979, p.233

[216] Barry Commoner, L'encerclement: problèmes de survie en milieu terrestre, Seuil, 1972, p.189

Dans ce courant, il faut mentionner E. F. Schumacher[217] même s'il ne se considère pas comme un écologiste. Dans son livre Small is Beautiful, Schumacher met davantage l'accent sur les enjeux économiques que sur les enjeux écologiques, mais il rejoint l'analyse des écologistes sur la question de la technologie. Il soutient que la formation d'organisations géantes et la spécialisation poussée ont engendré une grande inefficacité économique et des problèmes de pollution. Il propose l'utilisation de technologies «appropriées» (de moindre taille) pour solutionner la crise.

Un autre auteur important qui ne se considère pas écologiste est Ivan Illich[218]. Il analyse l'impact des progrès technologiques sur la structure de la société. Ses livres ont influencé les écologistes sur plusieurs questions. Il a étudié les phénomènes de contre-productivité, dus notamment à la surconsommation des individus ou à la trop grande taille des entreprises. Dans son livre Énergie et équité, il démontre que certains biens de consommation sont utiles uniquement lorsqu'ils sont rares. Dans le cas de l'automobile, il démontre qu'en incluant les heures de travail requises pour payer et entretenir une automobile, de même que les heures perdues dans la congestion, une automobile ne se déplace pas plus vite qu'un piéton en milieu urbain.

Le cheminement de plusieurs écologistes est également influencé par l'analyse énergétique. A partir de 1975, Barry Commoner concentre la plupart de ses efforts sur l'analyse des problèmes énergétiques. Dans son troisième livre[219], La pauvreté du pouvoir, il analyse les interrelations entre les choix énergétiques, la pollution et le déclin économique. Il démontre qu'une forte proportion de nos problèmes économiques sont dus à l'utilisation d'énergies non-renouvelables. A la suite de cette publication, il fera la promotion d'un scénario énergétique basé sur les énergies douces et il luttera contre le programme énergétique du président Carter[220] (basé sur le développement du charbon).

Un cheminement semblable est celui d'Amory Lovins[221] qui deviendra un leader dans la contestation de l'énergie nucléaire et la promotion des énergies «douces» aux États-Unis. Sa contribution est économique et sociale. Il développe le concept de «qualité de l'énergie» et démontre que l'énergie nucléaire constitue un gaspillage spectaculaire, puisqu'elle génère une température de plusieurs milliers de degrés pour remplir des besoins de température ambiante de $20\,^{\circ}$C. Il démontre ensuite l'efficacité économique de l'énergie solaire qui produit directe-

---

[217] E. F. Schumacher, Small is Beautiful, Abacus, London, 1973
[218] Ivan Illich, Libérer l'avenir, Seuil, 1971 Energie et équité, Seuil, 1973
Le chômage créateur, Seuil, 1977 Le travail fantôme, Seuil, 1981
[219] Barry Commoner, The Poverty of Power, Bantam books, 1977
[220] Barry Commoner, The Politics of Energy, Knopf, 1979
[221] Amory B. Lovins and John Price, Non-Nuclear Futures, Ballinger, 1975
Amory B. Lovins, Soft Energy Paths, Harper Colophon, 1977

ment la température désirée. Sur le plan social, il illustre le type de société technocratique et centralisée que le développement de l'énergie nucléaire entraînera. De nombreux citoyens préoccupés par l'énergie nucléaire en sont venus à l'écologisme par un cheminement semblable. L'ampleur de la contestation anti-nucléaire en Occident confirme l'importance de cet enjeu qui a stimulé le développement des groupes.

Au Canada, le débat sur la question énergétique a eu lieu quelques années plus tard (en comparaison avec les États-Unis). Parmi les principaux acteurs écologistes dans ce débat, mentionnons David Brooks[222], alors président de «Friends of the Earth Canada». Au Québec, les revendications du «Front commun pour un débat public sur l'énergie» ont également stimulé le militantisme écologiste[223].

Certains auteurs sont venus à l'écologisme par l'analyse des **problèmes démographiques** et accordent prépondérance à cette question. L'auteur le plus important de ce courant est Paul Ehrlich[224]. Voici un résumé de sa thèse[225]:

> «La planète est actuellement très surpeuplée;... le taux de croissance de la population est un obstacle majeur à la résolution des problèmes actuels; l'homme a presque atteint les limites de sa capacité de production de nourriture au moyen de procédés classiques... (de 10 à 20 millions de personnes meurent de faim chaque année) ...
>
> Les solutions aux nombreux problèmes entourant la crise population-alimentation-environnement ne résident dans aucune panacée technologique, même si une application adéquate de la technologie peut beaucoup aider. Les solutions doivent comporter des changements d'attitudes radicaux et rapides chez l'homme, notamment à l'égard du comportement reproducteur, de la croissance économique, de la technologie, de l'environnement et du réglement des conflits.»

Cette analyse est typique des écologistes américains, qui examinent de nombreux facteurs explicatifs de la crise écologique, pour essayer d'en dégager les plus importants, (mais sans accorder de priorité à la variable politique). Une analyse de ce type, Halte à la croissance, a été commanditée par le Club de Rome (organisme international) et réalisée par des chercheurs du M.I.T. aux États-Unis. Cette étude[226] présentait un modèle mathématique très élaboré d'après lequel «cinq paramètres fondamentaux ... population, production alimentaire, industrialisation, pollution et utilisation des ressources naturelles non renouvelables, évoluent selon une progression géométrique». Cette évolution de «l'écosystème

---

[222] David Brooks, Robert Bott et John Robinson,
Life after Oil. A Renewable Energy Policy for Canada, Friends of the Earth, 1983
[223] Jean-Guy Vaillancourt, Essais d'écosociologie, Saint-Martin, p. 113
[224] Paul R. Ehrlich, The Population Bomb, Ballantine Books, N. Y., 1968
Paul R. Ehrlich et Anne H. Ehrlich, Population, Resources, Environment, W. H. Freeman, 1972
[225] Reg Lang et Audrey Armour, Livre-ressource de la planification de l'environnement, Env.-Canada, 1980, p. 7
[226] Dennis H. Meadows et Al., Halte à la croissance , 1972 cité dans Claude Journès, «Les idées politiques du mouvement écologique» Revue française de science politique, vol.29 no.2 avril 1979, p.234

mondial rend prévisible un effondrement démographique et économique et justifie par conséquent l'orientation vers un état de non-croissance ou d'équilibre».

Les origines de l'alternative politique

Plusieurs militants des groupes écologistes, notamment en Europe, proviennent de **la gauche politique.** Ces individus ont été déçus par les idéologies socialistes traditionnelles. Il s'agit, par exemple, d'anciens militants de partis socialistes, insatisfaits de l'action de leur parti ou, parfois, de marxistes déçus par les expériences concrètes du communisme. Cette déception est souvent justifiée par la centralisation extrême des régimes de gauche (d'où la priorité à la décentralisation).

Les écologistes de ces origines n'abandonnent pas la plupart de leurs revendications sociales: priorité à l'égalité entre les êtres humains; promotion de l'autogestion, mais sans passer par la dictature du prolétariat et surtout, le système capitaliste est considéré comme responsable de la plupart des problèmes, donc de la crise écologique.

Il est possible d'identifier différents courants de pensée parmi ces «ex-socialistes». **Le courant autogestionnaire** est assez important en Europe. En France, il existe un parti autogestionnaire qui n'est pas nécessairement aligné sur les mêmes revendications que les partis écologistes. Malgré cela, plusieurs auteurs écologistes sont autant autogestionnaires qu'écologistes. P. Saint-Marc est un des premiers auteurs à avoir développé cette double allégeance[227]. Il «critique le système économique mû par la recherche du profit qui détruit la nature, et la propriété privée qui en est une mauvaise gardienne ».

Un autre auteur appartenant à ce courant est André Gorz: c'est un ancien marxiste devenu autogestionnaire et écologiste. Cette double personnalité est illustrée par le fait qu'il signe ses écrits socialistes par son vrai nom et qu'il utilise le pseudonyme Michel Bosquet pour signer ses écrits d'écologiste[228]. Ses écrits démontrent cette ambivalence, puisqu'il ne se gêne pas pour écrire que la survie de l'être humain ne vaut pas la peine sans socialisme[229] :

> «la lutte écologique n'est pas une fin en soi, c'est une étape.»
> «C'est pourquoi, il faut d'emblée poser la question franchement: que voulons-nous ? Un capitalisme qui s'accomode des contraintes écologiques ou une révolution économique, sociale et culturelle qui abolit les contraintes du capitalisme et, par là même, instaure un nouveau rapport des hommes à la collectivité, à leur environnement et à la nature ?

[227] P. Saint-Marc, Socialisation de la nature, Stock, 1971 cité dans Claude Journès, «Les idées politiques du mouvement écologique», Revue française de science politique, vol.29 no.2 avril 1979, p.234
[228] André Gorz, Adieu au prolétariat: au-delà du socialisme, Galilée, 1980
Michel Bosquet, Ecologie et liberté, Galilée, 1977 Ecologie et politique, Seuil, 1978
[229] Michel Bosquet, Ecologie et politique, p.9-10

> Ne répondez surtout pas que cette question est secondaire et que l'important, c'est de ne pas saloper la planète au point qu'elle devienne inhabitable. Car la survie non plus n'est pas une fin en soi ...»

Ces affirmations ne sont pas conformes à l'approche écologiste, puisqu'elles accordent la priorité au sous-système social, au détriment du système écologique global. Malgré cela, Gorz a stimulé le travail et la pensée des écologistes français. Une contribution de ce courant de pensée est d'avoir mis en évidence les risques d'une société «écofasciste» dans laquelle le respect des principes écologiques serait absolu, mais imposé par un état totalitaire.

Certains auteurs comme J. Beaucarne, D. Cohn-Bendit et M. Bookchin appartiennent au **courant néo-anarchiste**[230]. Luc Racine résume la pensée néo-anarchiste sur les questions de l'économie et de la technologie[231] :

> «Murray Bookchin ... tient à peu près le raisonnement suivant:
> 1) Le capitalisme a seul permis un développement technique qui, s'il était bien orienté, rendrait possible la sortie imminente de l'humanité du règne de la rareté, du travail pénible et répétitif ...
> 2) Pour mettre ainsi la technologie moderne au service de l'homme, il faut l'utiliser de manière décentralisée et la remettre aux mains de petites communautés autonomes.
> 3) Ainsi présenté, le projet néo-anarchiste rejoint les leçons de l'écologie moderne: un milieu a d'autant plus de chances de connaître un équilibre dynamique que les espèces qui y vivent sont diversifiées ...»

Cette citation ne met pas en évidence le caractère utopique du projet anarchiste. Bookchin (un ancien socialiste et syndicaliste) explique le caractère utopique de son projet[232] :

> «Ce que nous devons créer à la place de la société bourgeoise, ce n'est pas seulement la société sans classes du projet socialiste, mais l'utopie non répressive du projet anarchiste.»

Les anarchistes ont influencé plusieurs écologistes dans l'élaboration d'un projet de société utopique, notamment le Québécois Michel Jurdant.

Les problèmes du Tiers monde représentent un autre motivateur pour de nombreux écologistes, notamment le plus célèbre, René Dumont (premier candidat écologiste aux élections présidentielles françaises). Dans ses nombreux livres, il dénonce notre société de

---

[230] Murray Bookchin, Pour une société écologique, Bourgeois, Paris, 1976
[231] Luc Racine, «Crise écologique et symbolique de l'apocalypse», Sociologie et Sociétés, avril 1981, p.104
[232] Murray Bookchin, Pour une société écologique, Paris, Bourgeois, 1976 p. 26 cité dans Claude Journès, «Les idées politiques du mouvement écologique», Revue française de science politique, vol.29 no.2 avril 1979, p.248

gaspillage, fondée sur la domination du Tiers monde. Voici une citation qui résume sa pensée et ses origines en tant qu'écologiste[233]:

> «Tous les pays industriels aujourd'hui, quel que soit leur système social, participent au pillage du tiers-monde. La gauche, dans sa grande majorité, refuse de le reconnaître; elle se condamne donc à son tour d'y participer. Je suis venu à l'écologie par le tiers-monde; j'ai depuis des années tenté de démontrer que la famine grandissante du tiers-monde vient surtout du modèle de développement et de société que nous y avons introduit, et de la surconsommation des pays industriels.»
>
> «Rostow incite les pays sous-développés à suivre notre modèle de croissance, à faire comme nous, mais qui le tiers-monde réussira-t-il à piller pour assurer son take-off, comme nous avons assuré le nôtre?»

Le cas de René Dumont illustre bien la difficulté des écologistes à concilier leur socialisme avec l'écologie. Dans une entrevue de mars 1977, il affirme[234]:

> «Je suis un vieux militant socialiste. Tellement socialiste que j'ai rarement adhéré, sauf pendant un temps au P. S. U. Je suis un sans-parti et gêné de l'être, mais ce qui me sépare, par exemple, du P. S., c'est l'écologie et le problème du désarmement.»

L'influence de René Dumont sur la pensée écologiste ne se limite pas aux questions du Tiers monde. Ses efforts ont touché presque tous les domaines de revendication et son implication politique a fait connaître les idées des écologistes.

Les origines contre-culturelles

Voici quelques courants culturels qui, selon B. Dewall[235], ont influencé l'écologisme aux États-Unis:
— «l'importation» des traditions spirituelles orientales en Occident;
— la réévaluation des mérites du mode de vie traditionnel des autochtones en Amérique;
— le développement de nombreuses minorités religieuses en Occident avec des modes de vie très différents;
— la mode du retour à la terre des années 1960 et 1970.

Même si les revendications des courants précédents ont également des fondements contre-culturels, ce quatrième courant de pensée est différent, parce qu'il n'exprime pas des revendications politiques, mais recherche plutôt un mode de vie alternatif. La tendance contre-culturelle représente un phénomène de rejet exercé par des citoyens qui

---

[233] Entretiens de Jean-Paul Ribes avec Brice Lalonde, Serge Moscovici, René Dumont, Pourquoi les écologistes font-ils de la politique ?, Seuil, Paris, 1978, p. 161
[234] Vadrot, Claude-Marie, L'écologie, histoire d'une subversion, éditions Syros, Paris, 1978, p.113
[235] Bill Devall, «The Deep Ecology Movement», Natural Resources Journal, April 1980, p. 304-306

ont décidé de vivre en marge du système. Comme l'exprime Luc Racine[236], plusieurs citoyens ont pris la décision suivante:

> «Plutôt que de combattre le Système ou essayer de le réformer, on va s'en retirer le plus possible et vivre le présent utopique.»

Par définition, les gens de cette tendance ont peu d'effets sur le militantisme écologiste, puisqu'ils ne sont pas portés vers l'action politique. Par contre, ces partisans de la «contre-culture» ont une influence diffuse sur la société et ils constituent une réserve de sympathisants pour les groupes écologistes. Cette tendance existe toujours sous diverses formes: communes, villages communautaires, pratique de l'agriculture biologique, recours aux aliments naturels, etc.

Différences d'origines en Europe et en Amérique

Aux États-Unis, le leadership des groupes écologistes provient en grande partie des deux premières origines, **la conservation et les origines «scientifiques». A l'opposé, le leadership européen est inspiré davantage par les considérations politiques et sociales.** Ces tendances sont probablement normales, puisque les débats idéologiques sont plus fréquents en Europe qu'aux États-Unis.

De plus, il existe aux États-Unis un plus grand consensus sur les valeurs du capitalisme et ce contexte a certainement influencé les écologistes américains. Cette attitude modérée (par rapport aux critères du socialisme) a été critiquée par des écologistes européens. Ces derniers reprochent aux écologistes américains la faiblesse de leurs analyses sociale et politique. Cette critique n'est que partiellement justifiée, car les implications sociales de la croissance économique et des choix technologiques sont analysées par quelques auteurs américains cités précédemment.

Aux États-Unis, la majorité des revendications ne sont pas canalisées par des partis politiques, mais plutôt par des groupes de pression à faible vocation idéologique (selon le critère gauche/droite). Le succès de ces groupes dépend souvent de la qualité de leurs analyses techniques pour appuyer leurs revendications au Congrès; il est donc important pour les écologistes américains de fournir un appui technique à leur «lobby». Cela constitue pour eux une activité politique qui n'est pas vue comme telle par les Européens.

Le cas du Canada est assez particulier à cause des deux langues officielles. Les écologistes canadiens-anglais ont tendance à vouloir copier le travail des groupes américains (même si le contexte politique est fort différent) et à analyser les problèmes environnementaux selon des critères techniques. Par contre, les groupes québécois francophones

---

[236] Luc Racine, Ibid., p.110

reçoivent une influence autant des Français que des Américains. En conséquence, leur analyse est parfois plus diversifiée.

4.2 Les essais de classification des groupes écologistes

Plusieurs auteurs ont essayé de classifier les groupes selon divers critères. Deux classifications très intéressantes ont été réalisées par des Québécois. Voici celle de Jean-Guy Vaillancourt[237] (présentée au chapitre précédent):

Tableau 4.2: Classification des groupes selon Vaillancourt

Sur le plan sociopolitique:
1. Pseudo-environnementalistes ou pseudo conservationnistes réactionnaires
2. Conservationnistes
3. Les associations environnementalistes
4. Courant de l'écologie politique

Sur le plan contre-culturel:
I. Les pseudo-contre-culturels réactionnaires
II. Les contre-culturels individualistes
III. Les contre-culturels communautaristes
IV. Le courant socio-culturel alternatif

Une autre classification a été élaborée par Michel Jurdant quelques années plus tard. Elle cherche à identifier les grandes tendances dans la pensée écologiste[238] plutôt que parmi les groupes:

«Les contre-culturels. ... On retrouve dans ce groupe les amoureux de la nature, les adeptes d'une nourriture plus saine, d'une médecine naturelle, d'une agriculture biologique»

«Les environnementalistes. Ce mouvement a pris naissance autour des problèmes de pollution et de dégradation de la qualité de la vie dans les pays industrialisés... La protection de l'environnement est vue sous l'angle étroit de la protection de l'air, de l'eau et du sol. Le sacro-saint développement économique n'est pas mis en cause, pas plus que la société de consommation.»

«Les éco-progressistes. Ces écologistes, à la suite d'Amory Lovins, axent leur action sur la proposition de technologies et d'énergies alternatives dites douces, avec la conviction que l'on pourra ainsi à la fois maintenir notre niveau de vie et préserver les équilibres naturels.»

«Le mouvement social. Pour ces écologistes, le débat et l'action doivent être centrés non pas sur les technologies alternatives, mais sur les sociétés alternatives (les premières étant une condition nécessaire, mais non suffisante à l'édification des secondes).»

---

[237] Jean-Guy Vaillancourt, «Évolution, diversité et spécificité des associations écologiques québécoises», Sociologie et Sociétés, avril 1981, p.88-93
[238] Michel Jurdant, Le défi écologiste, Boréal Express, 1984

Dans cette classification, on peut voir les convictions anarchistes de Jurdant, qui valorise l'option d'un autre type de société.

En fait, les classifications sont fortement influencées par le contexte politique. Bill Devall présente une classification américaine qui ignore la dimension «gauche/droite». Selon lui, il y a *l'environnementalisme réformiste* et *l'écologisme fondamental* («deep ecology movement»)[239]. Dans la première catégorie, les groupes cherchent à améliorer la qualité de la vie, mais sans chercher à changer les prémisses du paradigme social existant. *L'écologisme fondamental,* au contraire, n'est pas un mouvement pragmatique, avec des objectifs à court terme (comme l'arrêt du nucléaire). Cet écologisme essaie d'abord de remettre en question le mode de pensée occidental, et de proposer des alternatives. L'effort porte donc sur les valeurs et l'organisation sociale. De plus, les solutions proposées par le courant réformiste sont souvent perçues comme nuisibles.

Il inclut dans le courant réformiste presque tous les groupes de pression organisés à Washington. Dans l'article en question, cet auteur élabore les quinze principales revendications de *l'écologisme fondamental* et, en aucun endroit, il ne mentionne les revendications traditionnelles de la gauche (telle la justice sociale):

1. Une nouvelle métaphysique «écologique/cosmique» doit insister sur les relations entre les humains et les non-humains.
2. Une approche plus objective de la nature est nécessaire.
3. Une nouvelle branche de la psychologie est nécessaire pour intégrer cette métaphysique dans l'esprit de la société post-industrielle.
4. Il existe une base objective de l'écologisme, mais cette base est différente de la conception analytique de la «méthode scientifique» traditionnelle.
5. Il y a une sagesse dans la stabilité des processus naturels.
6. La qualité de la vie et le bien-être des êtres humains ne doivent pas être mesurés par la quantité de produits utilisés.
7. Une capacité optimale d'occupation humaine doit être déterminée pour la planète et ses principales régions.
8. Le traitement des symptômes du conflit «homme/nature», tels que la pol lution de l'eau et de l'air, ne constituent que des diversions qui empêchent les hommes de s'attaquer aux «vrais» problèmes.
9. La nouvelle philosophie/anthropologie devra s'inspirer des sociétés primi tives pour développer les principes d'une société viable écologiquement.
10. De façon inhérente, la diversité est désirable.
11. Il est nécessaire d'évoluer rapidement vers les technologies appropriées, les énergies douces et une «société de conservation».
12. L'éducation doit se concentrer sur le développement spirituel et sur l'iden tité des hommes en tant que membres d'une communauté (et non pas seulement sur la formation pour le travail).
13. Plus de loisirs culturels et contemplatifs sont nécessaires.
14. L'autonomie locale et la décentralisation doivent primer sur le contrôle politique centralisé.
15. De vastes régions de la planète devraient être exemptes de développement industriel.

---

[239] Bill Devall, «The Deep Ecology Movement», Natural Resources Journal, April 1980, p. 302-3 and 310-3

Cette liste ne semble pas influencée par les débats entre la gauche et la droite, mais plutôt par les débats philosophiques, culturels et religieux. Les analystes du mouvement écologiste en Allemagne fédérale ont également adapté leur classification au contexte politique[240]. Tel que discuté au chapitre trois, les Verts de la R.F.A. sont identifiés par quatre étiquettes: *visionnaire, écologiste, pacifiste et marxiste*. Il s'agit des diverses factions en opposition à l'intérieur du Parti Vert.

En conclusion, il ne semble pas y avoir de classification universelle des écologistes qui pourrait faciliter la comparaison entre les pays. Il faut tenir compte du contexte politique avant de comparer et de conclure.

4.3 Portrait général des exigences

Pour commencer la discussion sur les programmes des groupes écologistes, il est utile d'avoir une vision globale de ces programmes. Voici donc le résumé de la première plate-forme électorale des écologistes:

Tableau 4.3a: Programme électoral de René Dumont à l'élection présidentielle française de 1974[241]
«Pour une autre civilisation» Par René Dumont CONTRE: — le gaspillage des ressources naturelles, — l'exploitation du Tiers monde et des travailleurs, — la concentration du pouvoir aux mains des technocrates, — le cancer de l'automobile, — la course aux armements, — la démographie galopante, — la surconsommation des pays riches aux dépens des pays exploités, — la folie nucléaire: bombes et centrales. POUR: — une limitation de la croissance économique aveugle, — une société décentralisée et autogérée, — la liberté de la contraception et de l'avortement, — la limitation des naissances, — une redistribution égalitaire des richesses, — une diminution radicale du temps de travail évitant le chômage, — la protection de la nature et de la campagne, — les transports en commun, — un urbanisme à l'échelle de l'homme, — le respect des libertés des minorités culturelles, — un moratoire sur l'industrie nucléaire, — des techniques décentralisées, non polluantes, fondées sur des ressources renouvelables.

---

[240] F. Capra et C. Spretnak, <u>Green Politics, The Global Promise</u>, Dutton, New York, 1984, p. 4-6
[241] René Dumont et les membres de son comité de soutien,
     <u>La campagne de René Dumont et du mouvement écologique</u>, éditions Pauvert, 1974, p.34

Les deux tableaux suivants présentent schématiquement le programme du Parti Vert de R.F.A. et celui d'une coalition de dix importants groupes américains qui, en 1985, a rédigé un agenda des interventions nécessaires à court et à long termes.

Tableau 4.3b: Structure du programme du Parti Vert en R.F.A.

I.   Préambule (principes)   Écologique
                               Social
                               Démocratie de base
                               Non violence
II.   Économie et travail
      1. Crise du système économique actuel
      2. Objectifs d'une politique économique verte
      3. Une économie orientée sur l'écologie et le social
      4. Travail et technologie
      5. Taxation et finances
      6. Énergie
      7. Agriculture, foresterie et pêches
      8. Planification urbaine et transport
      9. Partenariat avec le Tiers monde
III. Politique étrangère et paix
      1. Politique globale
      2. Politique pacifiste européenne
      3. Partenariat avec le Tiers monde
IV.   Environnement et nature
      1. Protection de l'environnement
      2. Protection des sites naturels
      3. Eau
      4. Air
      5. Bruit
      6. Protection des espèces
      7. Droits des animaux
V.   L'individu et la société
      1. Démocratie et droit
      2. Les femmes
      3. Les enfants et les jeunes
      4. Les gens âgés
      5. Les groupes marginalisés
      6. Éducation et recherche
      7. Culture
      8. Medias
      9. Environnement et santé

Programme of the German Green Party, LongRiverBooks, London, 1983

Tableau 4.3c: Agenda environnemental réalisé par dix groupes américains

1. Fondements et vue générale
   Problèmes du futur
   Les liens économie/environnement
   Les bénéfices de la règlementation

2. Enjeux des armes nucléaires

3. Croissance de la population humaine
   Au-delà des limites biologiques
   Impacts sur les États-Unis
   Progrès globaux

4. Stratégies énergétiques
   Efficacité énergétique
   Substitution par les énergies renouvelables

5. Les ressources en eau

6. Contrôle de la pollution et des produits toxiques

7. Espèces à l'état sauvage

8. Territoires privés et agriculture

9. Territoires protégés

10. Terres publiques

11. Environnement urbain

12. Responsabilités internationales

An Environmental Agenda for the Future, Island Press, U.S. 1985

Le programme des groupes américains est axé essentiellement sur la protection de l'environnement. Il n'y a rien sur la décentralisation et peu de liens avec le Tiers monde. Des quatre principes fondamentaux du Parti Vert, (écologie, responsabilité sociale, démocratie de base et non violence), seul celui de l'écologie semble adopté par les groupes américains.

En se fiant à des critères politiques, on pourrait conclure que les Européens sont plus radicaux que les Américains. Par contre, les groupes américains expriment clairement le besoin de contrôler les naissances alors que, étonnamment, il n'y a rien dans le programme du Parti Vert à ce sujet. En se limitant à la démographie, on pourrait conclure que les groupes américains sont plus radicaux.

Reprenons maintenant une à une les principales exigences des écologistes pour illustrer les similitudes et les différences.

4.4 Les exigences quant au type de développement

Le développement durable

Le principe du développement *durable* (ou *soutenable* selon les auteurs) fait l'unanimité parmi les écologistes des quatre pays. La principale recommandation de la Commission mondiale sur l'Environnement et le Développement (Commission Brundtland[242]) porte d'ailleurs sur le développement *soutenable* qu'elle définit comme un développement capable de répondre aux besoins des générations actuelles sans compromettre les possibilités des générations futures de satisfaire leurs besoins. Par contre, les modalités du développement durable ne font pas l'unanimité. Il existe des désaccords sérieux quant aux priorités.

La protection de l'environnement, des sites naturels et de la santé

Même si certains écologistes condamnent les groupes qui s'occupent exclusivement de la protection de la nature, ce thème est présent dans tous les programmes écologistes[243]. La protection de la santé justifie souvent la lutte contre la pollution.

Cette revendication est étroitement liée à des considération plus larges de protection des ressources naturelles. Les «Amis de la Terre» de France[244] (1978) énoncent des «mesures d'urgence». La première vise à préserver les ressources naturelles, en évitant les gaspillages, en protégeant la faune et la flore, en encourageant la récupération des matériaux de construction, en contrôlant l'industrie... »

Le contrôle de la démographie

Le problème démographique est certainement un des plus controversés à l'intérieur des groupes écologistes. Selon des auteurs comme P. Ehrlich[245], B. Ward ou R. Dubos[246], la surpopulation constitue un des problèmes les plus importants pour l'humanité et il est essentiel de s'attaquer au problème immédiatement. Depuis très longtemps, René Dumont affirme que la planification des naissances est essentielle[247].

Plusieurs écologistes sont en désaccord avec ces positions. Barry Commoner affirmait au début des années 70 que le problème démographique est une cause de la crise écologique, mais certainement pas la

---

[242] Commission mondiale sur l'Environnement et le Développement,
Notre avenir à tous, éditions du Fleuve, Montréal, 1987, p.10
[243] Voir à ce sujet, «Les mouvements écologistes dans le monde», Problèmes politiques et sociaux,
La Documentation française, «Le programme des écologistes», p. 29-32
et Jean-Guy Vaillancourt, Essais d'écosociologie, Saint-Martin, 1982
«Manifeste écologique du Regroupement écologique québécois» 1983, p. 164-173
[244] Claude Journès, «Idées économiques et sociales des écologistes», Projet, no.182, fév. 1984, p.219
[245] P. R. Ehrlich et A. H. Ehrlich, Population, Ressources, Environment, 1972 cité dans R. Lang et
A. Armour, Livre-ressource de la planification de l'environnement, Env-Canada, 1980, p. 7
[246] Claude Journès, «Les idées politiques du mouvement écologique»,
Revue française de science politique, avril 1979, p. 235
[247] Jean-Paul Ribes, Pourquoi les écologistes font-ils de la politique ?, Seuil, 1978, p. 164-167

plus importante[248]. Son opinion a évolué et il est maintenant d'avis que la population n'est pas un enjeu écologique. Michel Jurdant affirme que la surpopulation n'est en rien responsable de la crise écologique, car selon lui, la crise est due à la surconsommation des pays industrialisés. Il affirme aussi qu'il n'existe pas vraiment de problème d'approvisionnement en nourriture comme le démontre le cas de la Chine qui «aujourd'hui nourrit un milliard de personnes avec seulement 7% des terres agricoles du monde»[249]. Sur ce point, Jurdant est en désaccord avec le «spécialiste» du Tiers monde, René Dumont.

Le débat de la démographie se situe à deux niveaux:

— Premièrement, il y a la question des causes de la crise écologique; est-ce que la surpopulation est grandement, faiblement ou pas du tout responsable de la crise écologique? La réponse à cette question se situe dans le passé.

— Deuxièmement, il faudra envisager des solutions à long terme pour arriver à un développement durable, respectueux de la planète. Dans ce cas, est-il possible d'accroître significativement la population mondiale? La réponse à cette question se situe dans l'avenir.

Selon les prises de position précédentes, il semble que les auteurs répondent simultanément à ces deux questions différentes et il en résulte beaucoup de confusion. En séparant le passé de l'avenir, il est possible de clarifier la situation: l'unanimité est loin d'être acquise chez les écologistes sur la question de la responsabilité, mais il serait possible de dégager un consensus sur la deuxième question. Il faudra inévitablement limiter la croissance démographique.

Mentionnons finalement deux faits importants sur cette question: très peu d'écologistes semblent prêts à utiliser des mesures coercitives pour contrôler les naissances et très peu de groupes ont fait de la surpopulation une priorité stratégique. En conséquence, les interventions publiques sur cette question ont été très rares.

Le rejet du *productivisme*

Pour les écologistes, le *productivisme* inclut la grande taille des entreprises, la parcellisation du travail et surtout l'objectif de croissance économique[250]. Jurdant condamne la société productiviste[251] qu'il définit comme «une société dont le progrès se mesure par la quantité de biens et services produits ..., indépendamment de leur valeur d'usage.» Le *productivisme* est rejeté par tous les auteurs écologistes, de même que la nécessité et les bienfaits absolus de la croissance économique.

---

[248] Barry Commoner, L'encerclement, cité dans Reg Lang et A. Armour,
       Livre-ressource de la planification de l'environnement, Environnement Canada, 1980, p. 6
       et Barry Commoner, A Reporter at Large», New Yorker, June 15, 1987
[249] Michel Jurdant, Le défi écologiste, Boréal Express, p. 46
[250] Claude Journès, «Idées économiques et sociales des écologistes», Projet, fév. 1984, p.217
[251] Michel Jurdant, Le défi écologiste, Boréal Express, p. 383

En fait, même les plus «conservateurs» des écologistes sont d'accord pour critiquer la croissance économique aveugle. Le rapport <u>Halte à la croissance</u> est considéré, par la plupart des écologistes, comme très «conservateur», car insensible au contexte politique. Malgré cela, ses auteurs énoncent clairement la nécessité d'atteindre un état de «non-croissance» ou «d'équilibre»[252]. Parmi les éco-socialistes, Michel Bosquet conteste également les prétendus bienfaits de la croissance économique[253]. Pour plusieurs auteurs, la question est aussi de savoir comment cette pseudo-croissance est atteinte, et si la croissance annoncée est réelle. Ce thème est abordé par Brice Lalonde[254]:

> «On comprend dès lors avec Michel Bosquet comment l'économie a produit si aisément des surplus. Après l'exploitation forcenée des ouvriers et des colonies, celle de la nature! Le capitalisme n'a pas de mal à dégager des profits, tout en accordant des salaires plus élevés qu'au siècle dernier, puisqu'il n'a pas à payer la reproduction du capital-nature.»

La croissance ne doit donc pas être réalisée par le pillage des ressources naturelles. Cette prise de position enlève toute signification au Produit national brut (PNB) comme indice de progrès ou de croissance, puisque cet indice ne tient pas compte de la valeur inhérente des ressources naturelles consommées par l'homme. La société productiviste ne fait que nous donner des illusions de progrès. Pour justifier cela, les écologistes utilisent l'enjeu de la contre-productivité, de façon à illustrer que la société productiviste génère des excès qui annulent tous les bienfaits potentiels de la croissance. Ce thème a surtout été développé par Ivan Illich et repris par Brice Lalonde[255]:

> «Il y a contreproductivité ... relativement à la valeur d'usage: l'industrie dévalorise elle-même les biens qu'elle produit, parce que ces biens sont tels que leur massification en supprime largement l'utilité, ainsi la voiture est devenue un obstacle à la circulation et à la communication; ou, parce que de nouveaux produits introduisent une dévalorisation symbolique des 'anciens modèles' ».
> Je pense par exemple au progrès paradoxal des transports: les transports rapides éloignent au lieu de rapprocher, puisque les gens habitent de plus en plus loin de leur lieu de travail.»

La propriété des moyens de production

Les écologistes américains et canadiens-anglais ne s'expriment presque jamais sur la question de la propriété des moyens de production. Les écologistes français et allemands sont en faveur de **l'autogestion** comme *ultime* mode de propriété des moyens de production, mais il existe des divergences sérieuses sur plusieurs modalités:

---

[252] Claude Journès, «Les idées politiques du mouvement écologique», <u>Revue française de science politique</u>, avril 1979, p. 234
[253] Michel Bosquet, <u>Écologie et politique,</u> Seuil, p. 41
[254] Brice Lalonde et Dominique Simonnet, <u>Quand vous voudrez,</u> Pauvert, 1978, p. 77
[255] Brice Lalonde, «Écologie, un avenir à soi», <u>Dialectiques,</u> 1981, «La pensée écologie», p. 74-75

— sur le mode de gestion «intermédiaire» (l'État ou le secteur privé);
— sur les bienfaits potentiels de l'autogestion;
— sur la façon d'atteindre l'autogestion.

La première divergence porte sur la «nationalisation» des entreprises. Des auteurs affirment que l'entreprise d'État possède une plus grande capacité à «internaliser»[256] les coûts cachés que les entreprises privées. Cette opinion a été avancée par des écologistes de gauche qui rendent le système capitaliste responsable de la crise de l'environnement. Les prises de position plus récentes sont différentes et Brice Lalonde exprime sa méfiance à l'égard des entreprises nationalisées[257]:

> «Il n'y a aucune différence pour moi entre un État au service des multinationales et des multinationales au service de l'État. Dans les deux cas, nous retrouvons la coagulation État-production, dans les deux cas on assiste à une perte d'autonomie et de liberté. Il faudrait quand même poser la question «pour de bon»: qu'est ce qu'une nationalisation change dans la réalité de l'entreprise, dans la réalité de l'économie, dans la réalité de la société? Pourquoi l'État serait-il nécessairement moins exploiteur que certaines sociétés ou certains individus? »

La méfiance des écologistes à l'égard des entreprises d'État est confirmée par le sondage de 1978 (cité précédemment) auprès de l'électorat français[258]. A la question «Elargir et développer le secteur nationalisé même si ça entraîne une limitation des initiatives des entreprises privées», seulement 8% des électeurs écologistes étaient «tout-à-fait favorables», contre 15% pour l'ensemble de l'échantillon et 39% pour l'électorat du Parti communiste. Par ce rejet des nationalisations, de nombreux écologistes affirment clairement leurs différences avec la gauche classique. Ces différences sont dues à la contestation du productivisme et aussi à la méfiance des organismes de grande taille.

De plus, l'autogestion ne fait pas l'unanimité chez les écologistes concernant ses bienfaits inhérents. Certains considèrent l'autogestion comme porteuse de toutes les solutions à la crise écologique. D'autres auteurs considèrent que l'autogestion est nécessaire, mais pas suffisante pour solutionner la crise. Il faudrait également des changements de mentalités pour assurer la protection de la nature. En d'autres mots, qu'est-ce qui assure que l'aluminerie autogérée serait moins polluante que l'aluminerie capitaliste?

En réalité, ce volet de l'écologisme est plutôt fragile, car il n'est pas évident que l'autogestion changerait sérieusement le comportement des entreprises sur les questions écologiques. Prenons par exemple le cas d'une entreprise autogérée dont on découvrirait des impacts majeurs sur

---

[256] Le terme *internaliser* est utilisé dans le sens économique: forcer le producteur à assumer les coûts de la pollution subis par quelqu'un d'autre que le pollueur.

[257] Jean-Paul Ribes, Pourquoi les écologistes font-ils de la politique ?, Seuil, 1978, p. 40

[258] Daniel Boy, «Le vote écologiste en 1978», Revue française de science politique, avril 1981, p.399

l'environnement; comme en régime capitaliste, il n'existe aucune raison de croire que les travailleurs de cette entreprise accepteraient de perdre leur emploi pour protéger l'environnement.

Le rôle du marché

Les écologistes de «gauche» affirment fréquemment que ce sont les «lois du marché» du système capitaliste qui sont responsables des problèmes environnementaux. Bookchin (anarchiste), par exemple, affirme que les véritables causes de la crise sont «le système de marchandises et la bourgeoisie»[259]. Des écologistes européens de tendance marxiste ou anarchiste n'hésitent pas à affirmer qu'il faut abolir le marché, (mais sans préciser par quel mécanisme l'allocation des biens se ferait). Ces positions sont incohérentes pour plusieurs motifs:

— Il n'existe que deux méthodes de distribution des biens, le marché ou la planification. Ceux qui rejettent le marché adoptent (plus ou moins consciemment) la planification comme mode de gestion. La question est alors de savoir si une telle planification est possible sans un pouvoir central puissant. La réponse est non. Par exemple, si deux régions d'un même pays «planifient», pour un bien donné, d'approvisionner tout le pays, il faudra que quelqu'un tranche pour s'assurer que la production ne soit pas deux fois trop élevée. Seul un pouvoir central puissant serait capable de trancher ce conflit régional et la planification de la production doit se faire de façon centralisée. Les écologistes anarchistes qui veulent simultanément l'abolition du marché et la quasi-disparition de l'État sont incohérents.

— L'alternative à la planification de la production, c'est le marché. Cela ne signifie pas qu'il faut laisser le marché à lui-même, sans intervention aucune. Au contraire, il est possible de manipuler le marché par des taxes, pour introduire des considérations sociales et environnementales, mais cela ne signifie pas qu'il faut l'abolir.

— Le recours aux lois du marché est essentiel pour atteindre un minimum de décentralisation. Dans les pays de l'Est, de plus en plus, l'État a recours aux lois du marché, parce qu'il est incapable de tout planifier et gérer.

— Depuis longtemps, des auteurs de gauche critiquent le capitalisme en insistant sur le fait qu'on doit gérer en fonction de la valeur d'usage des biens et non pas en fonction de leur valeur marchande. Mais du point de vue de l'écologie, cette approche ne remet pas en question le productivisme et elle pourrait accorder trop de valeur à certains biens de consommation. **Actuellement, dans les pays industrialisés, si nous avions à déterminer, de façon démocratique, la valeur d'usage d'une automobile, les citoyens y accorderaient une grande valeur.**

---

[259] Murray Bookchin, Pour une société écologique, p. 220, cité dans Hélène Gignac, Idéologies et pratiques écologistes: le cas Québécois, 1982, p. 68

Un gouvernement qui base ses politiques sur la valeur d'usage devrait accorder priorité à la production du bien le plus destructeur de l'environnement!

Malgré ces débats, la majorité des écologistes se méfient des lois du marché[260], sans vouloir leur abolition. Sur cette question, les groupes américains sont plus cohérents que les groupes européens, en insistant sur l'arrêt de toute subvention aux entreprises énergivores ou polluantes. Pour eux, ce n'est pas le marché en soi qui incite à la destruction de l'environnement, mais une manipulation erronée du marché par les gouvernements.

L'emploi et le partage du travail

Un corollaire aux revendications de «produire mieux» et «consommer mieux» est la revendication de «travailler moins et mieux»[261]. Mais dans l'ensemble, cette revendication est rarement prioritaire chez les écologistes.

Tableau 4.4:	Les rares écologistes ayant adopté le partage du travail comme priorité		
Candidats	**Pays**	**Année**	**Contexte**
A. Weachter	France	1988	Candidat écologiste aux élections présidentielles
Luc Gagnon	Québec	1985	Candidat écologiste à la chefferie du Parti Québécois
Parti Vert	R.F.A.	1984	Revendication importante, mais non prioritaire[262]
Brice Lalonde	France	1981	Candidat écologiste aux élections présidentielles
R. Paehlke	Canada	1981	Rédacteur de la revue *Alternatives*

Les groupes écologistes américains et canadiens-anglais n'ont jamais adopté le partage du travail dans leur programme permanent. Cet «oubli» est assez étonnant, puisque dans les pays riches, si on insiste pour que tous les citoyens soient très productifs, il est pratiquement impossible de diminuer la consommation globale. Lorsque les nouvelles technologies augmentent la productivité individuelle, le plein-emploi signi-

---

[260] S. Cotgrove and A. Duff, «Environmentalism, Middle-Class Radicalism and Politics», Sociological Review, May 1980, p. 342
Brice Lalonde, Dialectiques, hiver 1981, «Écologie, un avenir à soi», p. 77
[261] "Les mouvements écologistes dans le monde», Problèmes politiques et sociaux, La Documentation française, 3 juillet 1981, p. 31
[262] F. Capra and C. Spretnak, Green Politics. The Global Promise, Dutton, New York, 1984, p. 90

fie nécessairement une augmentation majeure de la production et de la consommation des biens. Le partage du travail devient alors le seul moyen de réduire le chômage sans augmenter la production. Il s'agit d'une revendication fondamentale pour éviter la croissance économique à tout prix.

Les rares écologistes faisant la promotion du partage du travail concluent que cela impliquera une baisse des revenus de certains travailleurs. Cette position est plus réaliste que celle des organisations syndicales qui favorisent une réduction des heures de travail, mais sans baisse de salaire.

D'abord contre le nucléaire et ensuite pour les énergies «douces»

L'opposition farouche à l'énergie nucléaire et le développement des énergies solaire et éolienne, voilà des thèmes qui font l'unanimité chez les écologistes. Mais la deuxième revendication est la conséquence de la première, car les écologistes se devaient de trouver des alternatives à l'énergie nucléaire.

Selon un sociologue américain[263], les énergies douces ne sont pas vraiment une priorité chez les groupes américains. Cette opinion semble confirmée par l'expérience: depuis que les commandes de nouvelles centrales nucléaires sont rares (1976), la promotion des énergies douces s'est atténuée. En France, les écologistes sont également plus farouches dans leur opposition à l'énergie nucléaire que dans la promotion des alternatives.

Malgré cela, la revendication sur les énergies «douces» est présente dans tous les programmes des écologistes. Contrairement à d'autres auteurs, les écologistes considèrent que les obstacles au développement des énergies douces ne sont pas techniques ou économiques[264], mais plutôt politiques. Ils affirment que les énergies fossiles apparaissent plus rentables uniquement parce qu'on ne comptabilise pas les impacts de l'extraction et de la pollution provenant de ces énergies. Une comptabilité plus réaliste démontrerait un avantage marqué des énergies douces.

L'accent sur les ressources renouvelables et le recyclage

Le recyclage faisant partie des leçons des écosystèmes, il faudrait que ce principe soit respecté en économie. C'est le processus linéaire «extraction/ consommation/ dépotoir» qui est remis en cause par l'ap-

---

[263]   Robert Cameron Mitchell, «How soft, deep or left», Natural resources Journal, April 1980, p. 348
[264]   Brice Lalonde et Dominique Simonnet, Ibid., p. 87

proche écologiste. L'utilisation d'une ressource renouvelable est également conforme à l'approche écologiste, puisque par définition, elle n'affecte pas notre «actif» de ressources naturelles. Ces revendications font l'unanimité chez les écologistes.

Une société rurale ou urbaine?

Une majorité d'écologistes favorisent le développement d'une société «rurale» au détriment de la société urbaine. Cette position s'appuie sur des motifs divers et pas toujours cohérents:

a) Certains auteurs anarchistes ou contre-culturels expriment une nette préférence pour la société rurale et «villageoise». Ce courant est probablement influencé par le mouvement du «retour à la terre». Pour les partisans de la société rurale, il faut développer une société axée non seulement sur la production agricole, mais sur le développement des services dans les villages et non pas dans les grandes villes. Jurdant affirme que la taille des villes modernes constitue un problème en soi[265]. Un titre de chapitre de son livre exprime clairement sa position: «Tant vaut le village, tant vaut le pays». Il fait même la promotion de la migration de la ville vers les campagnes.

b) Un autre courant écologiste, d'abord préoccupé par le Tiers monde, favorise la société rurale pour des motifs tout-à-fait différents. René Dumont, par exemple, insiste sur la nécessité de développer les villages pour permettre, dans les pays pauvres, une certaine autosuffisance alimentaire des régions[267]. Son expérience et son analyse s'adressent surtout aux problèmes du Tiers monde, dont le développement urbain est totalement anarchique. Dans ces pays, les métropoles et leurs bidonvilles se développent aux dépens de la capacité agricole. Cette vision est adaptée au Tiers monde, mais il faut se demander si elle est adaptée aux pays industrialisés.

c) Finalement, plusieurs écologistes ont rejeté la ville à cause du bruit, de la criminalité et de la concentration locale de la pollution.

Les arguments de chacun de ces courants peuvent être contestés:

a) Le «retour à la terre» massif n'a plus de sens dans les sociétés industrielles où moins de 5% de la main-d'oeuvre est agricole. Même avec des réformes pour rendre la production agricole plus artisanale et diversifiée, ce pourcentage ne dépasserait pas 20%. Pourquoi alors envoyer l'autre 80% en milieu rural?

b) Dans le Tiers monde, il faut garder des populations de paysans en milieu rural pour assurer la production alimentaire; cette logique ne

---

[265] Michel Jurdant, Le défi écologiste, Boréal Express, p. 231, 245 et 248
[266] Jean-Paul Ribes, Pourquoi les écologistes font-ils de la politique ?, Seuil, 1978, p. 176

tient pas en Occident, puisque la production agricole y est très mécanisée et qu'elle dépasse largement les besoins alimentaires.

c) Le bruit et la criminalité urbaine ne détruisent pas l'environnement naturel, seulement le confort des êtres humains. Quant à la pollution, les campagnes des pays riches, avec leurs pesticides et leurs engrais, sont souvent plus polluées que les villes.

Mais plus fondamental, il faut faire une distinction entre **réduire** la pollution et **fuir** la pollution, distinction que plusieurs écologistes ne font pas. Lorsqu'un individu quitte la ville pour s'installer en milieu rural, il peut multiplier sa consommation énergétique par un facteur de cinq ou dix (cette question est discutée en détail au chapitre 9). Du point de vue de l'utilisation des ressources, une grande ville, par sa concentration des activités et sa densité résidentielle, est infiniment plus efficace énergétiquement qu'une multitude de petits villages. (Si certaines banlieues modernes sont peu efficaces, c'est justement que les activités y sont dispersées et que la densité résidentielle est faible, caractéristiques spécifiques au milieu rural).

De plus, dans les grandes villes, il est possible de mettre en commun de nombreux équipements et services dont les coûts énergétiques seraient prohibitifs en milieu rural. En fait, le mode de vie convivial préconisé par les écologistes n'est pas incompatible avec la ville, puisqu'un tel mode de vie existait déjà dans les quartiers urbains **avant l'avènement de l'automobile.**

Quelques groupes écologistes ont d'ailleurs remis en question le «retour à la terre» et ont adapté leur lutte aux villes modernes. Les priorités de ces groupes concernent le développement de la vie de quartier et l'amélioration du transport en commun.

Le transport et la critique de l'automobile

Les critiques adressées à l'automobile sont nombreuses:

— elle est responsable d'une multitude de pollutions (air et bruit);

— elle est dévoreuse d'énergie, de ressources naturelles et d'espace;

— la difficulté à rentabiliser le transport public est due à l'omniprésence de l'automobile;

— la congestion et les accidents constituent des formes de contre-productivité très coûteuses;

— l'automobile favorise l'étalement urbain de faible densité;

— elle engendre la ségrégation sociale par la fuite des plus riches vers des banlieues homogènes;

— elle entretient un mode de vie basé sur la consommation.

Les groupes environnementaux américains ont été les premiers à lutter contre la pollution des automobiles. Par contre, leur critique a très rarement remis en question l'automobile elle-même et visait plutôt à réduire sa pollution en forçant les manufacturiers à installer des appareils anti-pollution.

En Europe, suite aux dommages aux forêts par les pluies acides, les groupes suivent cette tendance en insistant sur la nécessité d'instaurer des normes de pollution pour les automobiles. Dans les années 70, il y a eu plusieurs contestations de projets autoroutiers, autant en France qu'en R.F.A. Ces projets prévoyaient le passage d'autoroutes en milieu urbain bâti et nécessitaient la démolition de nombreux logements. Des milliers de citoyens se sont alors opposés au projet. S'agissait-il d'une contestation réelle du mode de vie basé sur l'automobile? On peut en douter, puisque seulement les autoroutes qui avaient des impacts **locaux** importants ont été contestées.

En fait, la remise en question du symbole de la prospérité capitaliste est impopulaire. En conséquence, très peu de groupes écologistes ont fait de la lutte contre l'automobile une priorité. Il s'agit d'une erreur stratégique à cause des effets multiplicateurs de l'automobile sur l'environnement et de son effet «structurant» sur l'aménagement urbain (sujets discutés en détail au chapitre 9); une ville conçue pour l'automobile sera très différente d'une ville aménagée en fonction du transport en commun[267].

Du côté plus positif, les écologistes de tous les pays appuient activement l'amélioration du transport public et en font un élément «visible» de leur programme. Par contre, ils ne remettent pas en question une structure urbaine de trop faible densité qui empêche de rentabiliser le transport en commun.

4.5 Les exigences concernant les régimes politiques

Le rejet des régimes totalitaires

La forte centralisation des pouvoirs de l'État est en opposition théorique avec les principes de diversité et d'auto-régulation dans les écosystèmes. Cette position est commentée par un sociologue américain, John Rodman[268]:

> «Le mouvement écologique, étant donné qu'une de ses inquiétudes majeures est l'extinction de la diversité écologique, est essentiellement un mouvement de résistance contre l'impérialisme de la monoculture humaine, de façon analogue aux mouvements précédents de lutte contre certains régimes totalitaires.»

Les écologistes ont élargi la notion de régime totalitaire: il ne s'agit plus uniquement de domination de l'homme par l'homme, mais aussi de domination des hommes sur la nature.

---

[267] Brice Lalonde et Dominique Simonnet, Quand vous voudrez, Pauvert, 1978, p.79
[268] John Rodman, «Political Science Paradigm Change: An Ecological Perspective», American Behavioral Scientist, Sept.-Oct. 1980, p. 68

Mais plusieurs écologistes sont aussi conscients que la défense de la nature, en tant qu'objectif exclusif, peut produire un État totalitaire. Bernard Charbonneau exprime cette inquiétude[269]:

> «La valorisation de la nature sans le contrepoids de la liberté mène tôt ou tard à un déterminisme biologique dont la conclusion est un 'écofascisme'...»
>
> «En dépit des apparences, l'écofascisme a l'avenir pour lui, et il pourrait être aussi bien le fait d'un régime totalitaire de gauche que de droite sous la pression de la nécessité. En effet, les gouvernements seront de plus en plus contraints d'agir pour gérer les ressources et un espace qui se raréfient. Une comptabilité exhaustive enregistrera, avec tous les coûts, les biens autrefois gratuits qu'utilise l'industrie industrielle et touristique. La mer, le paysage et le silence deviendront des produits réglementés et fabriqués, payés comme tels. Et la répartition de ces biens essentiels sera réglée selon les cas par la loi du marché ou le rationnement que tempérera l'inévitable marché noir. La préservation du taux d'oxygène nécessaire à la vie ne pourra être assuré qu'en sacrifiant cet autre fluide vital: la liberté.»

Décentralisation

Le Parti Vert de la R.F.A. a établi les quatres principes fondamentaux de son action: écologie, responsabilité sociale, démocratie de base, non violence. La «gauche» à l'intérieur du parti considère qu'il aurait fallu en ajouter un cinquième, la décentralisation[270].

Même chez les écologistes qui ne sont pas de «gauche», la décentralisation est une priorité. Par exemple, Brice Lalonde parle des méfaits des «concentrations urbaines, concentrations du pouvoir, de l'information, du capital, de la production, de l'énergie, de l'action politique»[271], et conclut ainsi:

> «La déconcentration et la décentralisation s'appliquent donc autant à la technologie et à l'économie qu'à l'administration et à la politique pour favoriser une reprise en main de la société par la population.»

Ce type de prise de position fait l'unanimité chez les écologistes français et ouest-allemands, car ils concluent que les régimes occidentaux sont trop centralisés (mais est-ce plutôt le régime de leur pays respectif qui est trop centralisé?). La concentration du pouvoir est d'ailleurs un des principaux motifs de leur opposition à l'énergie nucléaire.

Il faut mentionner que la question de la décentralisation est ignorée par les groupes américains. Est-ce dû à leur système politique fragmenté? Les groupes canadiens-anglais ignorent également ce thème alors que les groupes canadiens-français demandent parfois la décentralisation. Est-ce dû respectivement aux influences américaines et européennes? (L'enjeu de la décentralisation est discuté en détail au chapitre 15).

---

[269] Bernard Charbonneau, Le feu vert, auto-critique du mouvement écologique, Karthala, Paris, 1980, p. 91-93
[270] F. Capra and C. Spretnak, Green Politics, The Global Promise, Dutton, New York, 1984, p. 47 et 56
[271] Brice Lalonde et Dominique Simonnet, Quand vous voudrez, Pauvert, 1978, p. 95 et 102

Autonomie relative des communautés

Les écologistes français affirment que le développement d'une communauté (locale, régionale ou nationale) doit être basé sur ses propres ressources. En conséquence, les communautés devraient atteindre une certaine autonomie économique. Cette question de l'autonomie touche les enjeux de politique internationale et de décentralisation politique. Le fait de viser une autonomie relative des communautés arrive en opposition avec les tendances mondiales[272]:

> «Quand les écologistes se déclarent partisans d'une certaine autarcie, ils vont à l'encontre de la tendance à l'internationalisation des échanges et, de fait, proposent une rupture par rapport au marché mondial.»
>
> «Enfin, on peut se demander si la réalisation d'une autarcie au moins partielle n'imposerait pas des mesures protectionnistes au niveau national, donc une intervention gouvernementale accrue, alors que les écologistes prétendent refuser tout protectionnisme et limiter l'influence de l'Etat.»

Une plus grande autonomie des communautés locales est conforme à la leçon des écosystèmes relativement autonomes, mais il est difficile de concilier autonomie locale et «ouverture sur le monde». Il ne faut cependant pas croire que tous les écologistes sont dogmatiques sur la question de l'autarcie, tel que le démontre une citation de Brice Lalonde[273]:

> «Les écologistes sont soucieux de réduire le poids du commerce extérieur et de fonder l'indépendance des peuples sur une large autosuffisance régionale. Mais il serait illusoire de prétendre revenir en arrière ou de trouver seul son salut. L'économie est désormais mondiale et une relative division internationale du travail est inéluctable.»

Les anarchistes veulent l'abolition de l'État

Les écologistes anarchistes sont plus dogmatiques que Brice Lalonde. Murray Bookchin affirme que la société écologiste implique non seulement l'abolition de l'Etat, mais aussi l'abolition de toute hiérarchie. Plusieurs auteurs, notamment Bosquet et Jurdant, entretiennent ces excès[274]. Cette «tendance anarchisante» est fortement critiquée par l'écologiste Bernard Charbonneau[275]:

> «La gauche écologique se débarrasse des contradictions de la nature et de la société avec la liberté en supposant une nature et un homme dotés de toutes les vertus, de sorte qu'il suffirait de laisser les individus s'associer librement avec leurs semblables pour rétablir, avec l'harmonie sociale, celle de l'homme et du cosmos. Optimisme théorique qui se transforme en pessimisme sous le choc de l'expérience.»

---

[272] Claude Journès, «Idées économiques et sociales des écologistes», Projet, fév. 1984, p.221
[273] Brice Lalonde et Dominique Simonnet, Ibid., p. 51
[274] Michel Jurdant, Le défi écologiste, Boréal Express, p. 263-272 et 396
     Claude Journès, «Idées économiques et sociales des écologistes», Projet, fév. 1984, p.216
[275] Bernard Charbonneau, Ibid., p. 98

> «La liberté et l'ordre ne sont contradictoires que si l'un ou l'autre prétend à l'absolu. Le plus sûr moyen de ne pas introduire une liberté relative dans la réalité sociale est de refuser au nom de l'autogestion tout sacrifice au travail, à la loi et à l'institution communes ...»

L'anarchie n'est pas une assurance de liberté, de justice sociale ou de protection de l'environnement.

Une société égalitaire

Les groupes américains et canadiens-anglais revendiquent rarement une redistribution des revenus. Par contre, dans leurs propositions de réforme, ils sont prudents pour ne pas affecter les pauvres. Pour eux, il ne s'agit donc pas d'ignorer cet enjeu, mais simplement de considérer la protection de l'environnement plus importante. Ce constat est appuyé par des sondages réalisés aux États-Unis[276]: selon Mitchell, plus les militants écologistes américains accordent un attachement profond à leur groupe, moins ils sont susceptibles de considérer comme prioritaire la lutte pour une société égalitaire.

Les candidats écologistes et partis verts européens s'expriment fréquemment en faveur d'une société plus égalitaire (de même que des groupes québécois influencés par l'expérience européenne). Mais puisque tout le monde est vertueux en parole, la question est de savoir si cet objectif d'égalité est prioritaire et de quel type d'égalité il s'agit. Pour les écologistes, le chemin vers la société égalitaire est différent du chemin préconisé par la gauche, puisqu'ils refusent d'utiliser le productivisme pour atteindre cet objectif. En affirmant que l'abondance n'est pas une garantie de société égalitaire, les écologistes se différencient également des positions traditionnelles de droite. Un manifeste adopté par un regroupement d'écologistes québécois en 1978[277] démontre que leur conception de «l'égalité» est liée autant à des types de consommation qu'à des types de production:

> «Quant à savoir ce qui devra être produit, la société écologique insistera d'abord pour que soit garantie une sécurité économique à tous ses membres. Cela veut dire qu'une planification de la production verra en premier lieu à ce que chacun soit assuré de manger à sa faim une nourriture saine et pleinement nutritive, que chacun soit vêtu, logé, soigné et éduqué adéquatement, et à ce que chacun ait accès aux autres biens et services qui, sur le plan social, sont jugés essentiels à la valorisation humaine.»

L'égalité *écologiste* est basée sur des biens «essentiels» et non pas sur une prospérité globale (comme le promettent les marxistes). En termes politiques, cette prise de position est ambigüe, car la définition de «bien essentiel» est très variable et il faudrait savoir qui décidera ce qui est essentiel ou non (surtout s'il n'y a pas d'État, comme le veulent les anarchistes).

---

[276] Robert Cameron Mitchell, «How soft, deep or left», Natural Resources Journal, April 1980, p. 355
[277] Jean-Guy Vaillancourt, Essais d'écosociologie, Ed. Saint-Martin, 1982, p. 158 et 168

Est-ce que les écologistes accordent priorité à cette revendication? Le sondage de Daniel Boy y répond partiellement. Voici les résultats obtenus à la question «Supprimer les avantages d'un bon nombre de Français pour réduire les inégalités sociales»[278]:

Tableau 4.5: Électorat français s'opposant aux inégalités sociales	
	Tout à fait favorable
PC + extrême-gauche	57%
PS + radicaux	49%
Écologistes	38%
Droite	27%

Deux faiblesses des exigences politiques des écologistes

Il y a d'abord un manque de cohérence concernant le rôle de l'État. Les enjeux de la décentralisation sont discutés en détail à la fin de cette thèse, parce que les positions des écologistes à ce sujet sont imprécises et incohérentes. Il faudra alors répondre aux questions suivantes:

— Si la protection de l'environnement est un enjeu international, le pouvoir des institutions internationales doit-il être renforcé davantage que celui des régions de chaque pays?

— Est-ce que les États nationaux vont accepter de s'affaiblir en déléguant des pouvoirs vers leurs régions et d'autres pouvoirs vers les institutions internationales (simultanément)?

— Si les entreprises multinationales sont des acteurs importants dans la destruction de l'environnement, comment est-il possible de les contrôler en décentralisant le pouvoir politique au profit des régions d'un pays?

— Est-il cohérent de demander à l'État d'intervenir dans une multitude de domaines pour protéger l'environnement, tout en voulant l'affaiblir?

Deuxièmement, **les écologistes exagèrent les impacts du choix de régime politique,** accordant tous les maux à un «mauvais» choix et tous les bénéfices à un «bon» choix (selon leurs critères). Les principaux auteurs acceptent que la démocratie participative est une condition **suffisante** pour protéger l'environnement. Ils oublient que les générations actuelles, de façon tout-à-fait démocratique, pourraient décider d'exploiter toutes les ressources de la planète pour leur bienfait immédiat (peu importe si le pouvoir est national ou local).

La position des écologistes de gauche est également excessive. Selon eux, si les êtres humains n'étaient pas «corrompus» par le capitalisme, ils accepteraient massivement de réduire leur niveau de vie et de faire des sacrifices pour s'assurer que les générations futures aient autant de ressources que les générations actuelles. Cette position est actuellement sans fondement.

---

[278] Daniel Boy, «Le vote écologiste en 1978», Revue française de science politique, avril 1981, p.399

En fait, la protection de l'environnement doit s'appuyer sur des **considérations éthiques,** c'est-à-dire la protection des générations futures qui ont droit à des ressources naturelles. C'est l'objectif implicite du *développement durable.* La protection des générations futures peut être influencée par les régimes politiques actuels, mais jusqu'à maintenant, personne n'a étudié cette question sérieusement. On ne peut donc pas conclure à la supériorité d'un régime sur un autre.

Il est même impossible de conclure à la supériorité de la démocratie participative. Si c'est la participation et le vote des citoyens qui déterminent les décisions, comment donner une chance aux générations futures de défendre leurs droits? Concrètement, si la protection des générations futures exige des sacrifices importants de la génération actuelle, l'État a-t-il le droit d'imposer ces sacrifices et d'aller à l'encontre de la démocratie? A-t-il le droit, par exemple, d'imposer de façon autoritaire la limitation des naissances?

4.6 Les exigences concernant les principes de droit

Liberté individuelle *versus* bien-être collectif

Est-ce que l'État a le droit de réduire les libertés individuelles pour assurer le bien-être collectif? Un cas typique de ce dilemme est celui de la Chine, où l'État impose une limitation autoritaire des naissances. Face aux problèmes aigüs de surpopulation, cette mesure semble justifiée et conforme aux objectifs des écologistes. Par contre, plusieurs écologistes ne sont pas d'accord avec des mesures aussi radicales.

En fait, il existe de nombreux désaccords chez les écologistes concernant la primauté du droit individuel sur le droit collectif (ou vice versa). L'ambiguïté est accrue par le fait que certains veulent que l'État intervienne davantage alors que d'autres veulent qu'il intervienne moins. On peut identifier plusieurs tendances:

1- Certains écologistes perçoivent la protection de l'environnement comme une affirmation du droit **individuel** à la qualité de l'environnement (un citoyen doit avoir le droit de poursuivre un pollueur devant un tribunal). Pour eux, le travail de l'État est généralement **nuisible.** De façon concrète, ils se fient beaucoup aux poursuites judiciaires, ils demandent à l'État de ne plus subventionner les entreprises, mais sans lui demander de taxer les activités polluantes. Plusieurs écologistes américains et canadiens-anglais, inspirés par les traditions constitutionnelles américaines, sont d'accord avec ces positions.

2- D'autres perçoivent la protection de l'environnement comme une affirmation du droit **collectif** à la qualité de l'environnement, dans le sens qu'un gouvernement doit avoir des pouvoirs pour contrôler la pollution. Pour eux, les interventions de l'État ne sont pas toujours appropriées, mais pour protéger l'environnement à l'avenir, les interventions de l'État seront **essentielles.** De façon concrète, ils demandent à l'État de subventionner les activités bénéfiques pour l'environnement (comme la récupération) et de taxer les activités polluantes. Un petit nombre d'écologistes des quatre pays sont d'accord avec ces positions.

3- Un troisième groupe d'écologistes perçoit la destruction de l'environnement comme un abus de pouvoir d'une petite **minorité privilégiée.** Il faut donc remettre en question les droits de cette minorité. Pour eux, les entreprises capitalistes sont l'ennemi à abattre et le travail de l'État est **nuisible,** car il est contrôlé par cette minorité. De façon concrète, ils demandent à l'État d'en faire le moins possible. Les écologistes de gauche sont d'accord avec ces positions.

Si cette diversité des positions existe, c'est parce que les écologistes négligent les principes mêmes de l'approche écologiste. Selon ces principes (décrits au chapitre 1), il est futile d'exiger la primauté des droits individuels ou vice-versa. La seule «solution» est un équilibre entre les droits individuels et les droits collectifs.

Quelques écologistes respectent cet équilibre en insistant sur **l'importance des responsabilités individuelles,** comme contrepoids à la liberté individuelle. Cette caractéristique de la pensée écologiste lui permet de se distinguer de la gauche classique, car chaque personne est responsable de son environnement et il n'est pas question de tout laisser à un «État providence». Plusieurs écologistes refusent également de rendre le système capitaliste responsable de la crise écologique[279].

Liberté culturelle

La discussion précédente traite en fait de la liberté économique et politique. Il est aussi possible de discuter de la liberté selon des critères culturels. Le sondage auprès de l'électorat français indique que les écologistes ont des tendances «libertaires»[280]. Les questions sur la contraception, le rôle de l'école ou des tribunaux confirment cette tendance. Boy conclut ainsi son analyse:

> «A partir de cet ensemble d'observations, l'électorat écologiste pourrait être schématiquement défini comme politiquement centriste et culturellement ou moralement extrémiste.»

À la question «Une fille doit pouvoir prendre la pilule avant sa majorité, c'est-à-dire avant 18 ans», seulement 29% de la population était «tout-à-fait d'accord» alors que ce pourcentage était de 51% chez les écologistes. Ce type de prise de position est généralisé chez les écologistes de tous les pays.

---

[279] Alain Touraine et al., La prophétie anti-nucléaire, Seuil, 1980, p. 80
[280] Daniel Boy, Ibid., p. 400

Parmi les membres des groupes environnementaux américains[281], 55% se déclarent être des «libéraux» alors que ce pourcentage est seulement de 19% dans l'ensemble de la population. Malheureusement, ce sondage ne fait pas de distinction entre les critères politiques et culturels. Malgré cela, la différence de pourcentage est tellement grande qu'il est possible de conclure que les écologistes américains sont culturellement plus «libéraux» que leurs compatriotes. Journès arrive à des conclusions similaires[282].

Les droits des femmes

Tous les politiciens affirment leur engagement pour le respect des droits des femmes, mais sur ce point, les partis écologistes européens sont plus avancés que tout autre parti. En voici une indication: lors de l'établissement des listes de candidats aux élections européennes, il y a obligatoirement alternance de sexe à chaque position de la liste. Si le gagnant de la première nomination est un homme, la deuxième nomination est une femme, la troisième, un homme, etc. (comme le scrutin est directement proportionnel, il n'y a pas de circonscription).

4.7 La stratégie politique des écologistes

Pour les groupes écologistes, les enjeux de la stratégie politique sont nombreux:

— Si le «mouvement» reste très décentralisé, cela accroit la participation locale, mais réduit l'efficacité de l'action qui est alors moins bien coordonnée. A l'opposé, une centralisation améliorerait l'efficacité à court terme, mais risque de couper les «dirigeants» de la base.

— L'implication des écologistes dans les partis traditionnels est risquée, car elle peut faciliter une récupération superficielle des idées écologistes par les grands partis.

— L'intervention pragmatique et politique (par exemple les alliances avec d'autres partis) risque de décourager certains militants qui veulent une action plus radicale.

— Certains groupes comme le Parti Vert de R.F.A. veulent éviter le vedettariat des candidats, pour assurer une participation plus large aux responsabilités (pensons notamment à la rotation des délégués au Bundestag). Cela est cependant nuisible à la communication, car les medias accordent plus d'attention aux «vedettes» politiques.

Sur ces points, l'unanimité est loin d'être acquise. Bookchin s'oppose à l'implication électorale et favorise une écologie radicale. Même

---

[281] Robert Cameron Mitchell, «How soft, deep or left», Natural Resources Journal, April 1980, p. 354
[282] Claude Journès, «Les idées politiques du mouvement écologique»,
      Revue française de science politique, avril 1979, p. 241

parmi les écologistes «modérés», il existe des divisions sur ce point (Claude Journès[283]):

> «Un apolitisme d'inspiration libertaire se manifeste au moins dans les premiers numéros de La Gueule ouverte. Un éditorial met ainsi en garde contre une récupération du mouvement écologique par sa politisation. P. Lebreton, dont B. Lalonde écrira qu'il «n'aime pas la politique», voit alors dans le refus de toute politique, «l'un des critères du véritable écologiste». Cet apolitisme ne signifie pas une méconnaissance des conflits sociaux et politiques, une neutralité...»

A cette tendance s'oppose celle de R. Dumont dont l'ambition lors de sa campagne présidentielle est «d'écologiser les partis politiques... de politiser les écologistes». Comme Dumont, Moscovici insiste sur la nécessité d'une organisation politique minimale et il considère même que la récupération par les grands partis peut constituer un avantage[284]:

> «Nous avons tendance à refuser toute forme de groupement, de peur qu'elle ne dégénère en un système de pouvoirs contraignants. C'est une erreur.» ... «A la longue, cette opération de récupération (par les partis) peut devenir un atout si nous savons l'utiliser.»

Une citation de Bernard Charbonneau résume le dilemme stratégique des écologistes[285]:

> «l'organisation en parti et l'écologie sont-elles compatibles? Si on prend toutes les précautions pour rendre celui-là le moins centralisé, hiérarchisé et discipliné possible, comme ce fut jusqu'ici le cas dans le mouvement écologique, ne va-t-on pas le rendre inefficace ?»

Cette opposition est irréductible. Une dose d'organisation et de hiérachie est essentielle pour assurer un minimum d'efficacité. Mais une dose de décentralisation et de liberté est essentielle pour assurer la participation. Ceux qui appuient la décentralisation à outrance adoptent une approche dialectique qui n'est pas conforme à l'approche écologiste. Encore ici, le paradoxe de l'approche écologiste devrait s'appliquer, c'est-à-dire essayer de maintenir un équilibre entre l'organisation et la liberté.

La lutte anti-technocratique

La contestation de l'énergie nucléaire était justifiée autant par la lutte anti-technocratique que par la crainte de la pollution nucléaire. L'idéologie technocratique postule «sans aucune preuve, que tous les problèmes importants seront bientôt résolus si l'on fait confiance à la

---

[283] Claude Journès, «Les idées politiques du mouvement écologique», Revue française de science politique, avril 1979, p. 242

[284] Jean-Paul Ribes, Pourquoi les écologistes font-ils de la politique ?, Seuil, 1978, p.127 et 131

[285] Bernard Charbonneau, Ibid., p. 146

science et à ses prêtres (les experts)»[286]. Les écologistes rejettent cette perception et, pour eux, le progrès scientifique représente davantage la cause du problème que la solution.

Alain Touraine affirme que la lutte anti-technocratique possède une fonction vitale, car elle permet de déplacer les luttes idéologiques sur le terrain du social[287]:

> «Comment se constituer en acteur historique face à l'adversaire technocratique? Le mouvement anti-nucléaire doit d'abord accepter l'idée même d'un conflit social, et non purement idéologique et culturel, ce qui lui impose de ne pas se situer sur le seul terrain des valeurs.»

Touraine postule que, pour devenir un mouvement social historique, les groupes écologistes doivent faire de la lutte anti-technocratique leur premier objectif, et non pas seulement un volet de la contestation anti-nucléaire. Il existe des désaccords entre les écologistes quant à la priorité de cette lutte. Malgré cela, un grand nombre d'écologistes s'accordent à identifier la technocratie comme le principal adversaire (mais selon les écologistes de gauche, les principaux adversaires sont les capitalistes).

Révolution culturelle et utopie

Plusieurs auteurs parlent d'une «révolution» écologiste. Quelle est la nature de cette «révolution»? Bernard Charbonneau affirme[288] que «L'action écologique est le type d'une action révolutionnaire, si l'on entend par là aller à rebours de l'État et du devenir social.» Mais les écologistes ne parlent jamais de révolution armée. Il s'agit plutôt d'une révolution culturelle, parce que l'implantation d'une société écologiste exige un changement des valeurs de la société.

La révolution des écologistes n'a rien à voir avec celle des marxistes. Il n'est pas question d'atteindre l'autogestion par le biais de la révolution armée et de la propriété de l'État. Une révolution armée exige une structure organisationnelle rigide et formelle qui engendre une concentration du pouvoir. Pour les écologistes, il est absurde de viser une société décentralisée et autogestionnaire en passant par une telle centralisation.

La stratégie des écologistes est aussi révolutionnaire, parce qu'elle propose **un projet de société utopique.** Mais ce projet est influencé par plusieurs courants de pensée qui ont proposé des modèles différents de société[289]: anarchistes, naturalistes, socialistes utopiques. Certains auteurs de la gauche écologiste présentent leur version de projet utopique.

---

[286]   Luc Racine, Ibid., p. 101
[287]   Alain Touraine et al., La prophétie anti-nucléaire, Seuil, 1980, p.74
[288]   Bernard Charbonneau, Ibid., p. 152
[289]   Luc Racine, Ibid., p. 103-111

Par exemple, Michel Bosquet présente quelques caractéristiques de la société «écologiste»[290]: semaine de travail de 20 heures; production hors marché; décentralisation très poussée et pas de bureaucratie. Cette façon de «vendre» l'écologisme est rejetée par plusieurs écologistes, notamment par les groupes américains qui sont plus réalistes.

Claude Journès décrit les origines de l'utopie écologiste[291]:

> «Le type idéal de l'utopie écologique, une société de petites communautés autogérées intégrées à l'écosystème et favorisant l'épanouissement individuel, a des caractéristiques qui sont celles de l'utopie traditionnelle. Relevons d'abord certains thèmes anciens: le retour à un état d'équilibre, la volonté d'autarcie, la réduction des échanges marchands, la nécessité d'alterner les tâches (qui se trouve déjà chez Thomas More), la critique de la séparation agriculture/industrie (chez Owen), le partage des travaux désagréables qui apparaît dans l'oeuvre de William Morris et qui est proposé à nouveau dans les années trente, sans oublier le fédéralisme proche de celui de Proudhon. Ensuite, l'utopie écologique est structurée comme l'utopie classique: critique d'un système social puis projet idéal comportant des dispositions précises. Enfin, en partie, elle procède également selon une logique d'inversion en proposant en quelque sorte l'envers de la société productiviste et technocratique sans nier pour autant toutes les potentialités de la technique. En effet, l'utopie écologiste se réfère à une nature jugée meilleure que la civilisation actuelle et retient par ailleurs les lois scientifiques qui régissent l'ordre naturel.

Deux remarques s'imposent: l'utopie écologiste présente surtout des ressemblances avec celle des socialistes utopiques et la «logique de l'inversion» appartient davantage à l'approche dialectique qu'à l'approche écologiste. Il est donc possible de conclure que la dimension utopique du projet écologiste est fortement inspirée de la gauche.

En fait, l'écologie impose des contraintes au développement des êtres humains en leur faisant comprendre qu'il existe des limites implacables. De ce point de vue, **l'écologisme n'a rien d'utopique et est plutôt tristement réaliste.**

La gauche écologiste cause possiblement du tort aux groupes écologistes en leur donnant cette image d'irréalisme. Elle entretient des illusions à l'effet qu'il suffit de laisser les hommes s'associer librement pour qu'une harmonie sociale en résulte. Selon Claude Journès, ce thème de l'harmonie (illusoire) est repris concernant les relations entre les communautés[292]:

> (les écologistes) «évacuent la question essentielle de la régulation entre les petites unités économiques, dont ils souhaitent l'existence, comme s'il devait régner entre elles une harmonie spontanée à l'image de celle qu'envisageait l'économie politique classique. De même, les écologistes semblent minimiser le rôle protecteur de l'Etat...»

---

[290] Michel Bosquet, Ecologie et politique, Seuil, 1978, p. 38
[291] Claude Journès, «Les idées politiques du mouvement écologique»,
        Revue française de science politique, avril 1979, p. 247-248
[292] Claude Journès, «Les idées économiques et sociales des écologistes», Projet, fév. 1984, p.221

Voici une critique de l'écologiste Bernard Charbonneau qui démontre à quel point le projet utopique ne fait pas l'unanimité chez les écologistes[293]:

> «Le ton du mouvement écologique est surtout donné par une gauche libertaire à laquelle on peut reprocher cette fois d'esquiver les problèmes que la liberté pose à la nature et à la société. ... Tout en protestant contre le pillage de la nature, des ressources, des paysages et des cultures locales existantes, elle réclame la suppression de toute contrainte exercée par la société sur ses membres, mêmes mineurs, délinquants ou fous. Elle a tendance à confondre la répression relative telle qu'elle se pratique dans les sociétés occidentales avec celle, absolue, de certains régimes totalitaires ou celle, totale sinon totalitaire et de plus intériorisée, que pourrait bien nous valoir le progrès technologique et génétique. En ceci le gauchisme écologique commet un contre-sens lourd de conséquences;»

4.8 Les exigences en politique internationale

Une orientation favorable au Tiers monde

Peu d'individus ont adhéré aux groupes écologistes par souci du Tiers monde. Malgré cela, presque tous les écrits et programmes des écologistes demandent un accroissement dramatique de l'aide au Tiers monde. Les auteurs écologistes sont d'accord avec les thèses de René Dumont qui affirme que la pauvreté du Tiers monde est largement due à notre exploitation de leurs ressources naturelles. Parmi les trois mesures prioritaires revendiquées par les «Amis de la Terre» de France[294]:
il faut «réduire les inégalités entre les pays riches et les pays pauvres», en particulier en donnant une base équitable aux échanges internationaux.

Même les écologistes les plus «modérés» proposent constamment des mesures d'aide au Tiers monde, notamment en ce qui concerne la désertification, les forêts et l'agriculture. Les grands groupes américains proposent depuis plusieurs années d'échanger les dettes des pays pauvres contre un engagement à protéger leurs forêts tropicales.

Il y a cependant des différences entre les quatre pays sur cette question: les environnementalistes américains font rarement des propositions qui visent à aider le Tiers monde[295] d'un point de vue **social**. Leur aide serait plutôt orientée sur des programmes mondiaux de protection de l'environnement. De plus, ils ne remettent pas nécessairement en question l'ordre international actuel. A l'opposé, les Verts français et ouest-allemands font des propositions de changements structurels dans les relations Nord-Sud.

---

[293] Bernard Charbonneau, Ibid., p. 95
[294] Claude Journès, «Idées économiques et sociales des écologistes», Projet, fév. 1984, p.219
[295] F. Capra and C. Spretnak, Ibid., p. 63

Les écologistes n'ont cependant pas abordé certaines contradictions possibles entre la protection des ressources et l'aide au Tiers monde. Par exemple, si l'économie d'un pays du Tiers monde est fortement dépendante de la pêche maritime et que ce pays exploite abusivement ces ressources, quelle attitude faudrait-il adopter? Accepter ce pillage pour le bienfait du pays pauvre ou lutter contre ce comportement pour assurer la stabilité des écosystèmes marins? Les écologistes ne répondent qu'indirectement à cette question en affirmant que le développement du Tiers monde doit être basé sur ses ressources locales. La question des ressources mondiales ou marines reste entière et l'accent sur les ressources locales ne résout en rien cette question.

Pour des raisons d'équité, on pourrait accepter que les ressources marines soient exploitées par le Tiers monde. Mais dans ce cas, quel organisme international assurera un contrôle des ressources marines au profit du Tiers monde et comment réussira-t-il à faire les arbitrages entre les pays? Ce problème relance le débat de la centralisation/décentralisation et démontre que les écologistes négligent sérieusement le rôle des institutions internationales dans leurs revendications.

Malgré ces réserves, la défense du Tiers monde est cohérente avec la protection de l'environnement d'un **point de vue éthique.** La défense des droits du Tiers monde est semblable à la défense des droits des générations futures. Dans les deux cas, les écologistes se demandent pourquoi les générations actuelles du monde occidental auraient le droit de consommer autant de ressources au détriment des autres citoyens (du futur ou du Tiers monde).

Un nationalisme à repenser

Il existe une relation entre la défense du Tiers monde et une autre revendication des écologistes, la remise en question du nationalisme traditionnel. Selon plusieurs auteurs écologistes, le nationalisme constitue en fait un obstacle majeur à la protection de l'environnement[296]:

> «A chaque instant l'écologie rencontre le nationalisme sur sa route, soit qu'il détruise la nature locale au nom de l'intérêt de la nation, soit qu'il refuse les lois européennes ou mondiales de protection de la planète au nom de la souveraineté ...»

Cette opinion est répandue chez les écologistes français comme le démontre le sondage de Boy[297]. Il demande aux Français de choisir entre les affirmations suivantes: «Je suis plutôt fier d'être Français» ou «si j'avais une autre nationalité, je m'en trouverais aussi bien.» Alors que seulement 17% de l'échantillon choisit la deuxième option, 42% de ceux qui ont voté écologiste se disent entièrement en accord avec cette

---

[296] Bernard Charbonneau, Ibid., p. 120
     Brice Lalonde et Dominique Simonnet, Ibid., p. 51
[297] Daniel Boy,» Le vote écologiste en 1978», Revue française de science politique, avril 1981, p.400

deuxième option. Considérant le caractère extrême de la question et le niveau élevé de nationalisme des Français[298], on peut conclure qu'il s'agit d'une remise en question du nationalisme traditionnel. En R.F.A., cette remise en question se traduit par des exigences pacifistes qui contestent les traditions.

Par ce refus du nationalisme, les écologistes adoptent une position de principe: un pays ne doit plus se réfugier derrière sa souveraineté pour justifier une exploitation abusive des ressources ou une pollution transfrontalière. Mais encore ici, les écologistes appuient un principe qui semble inapplicable sans la présence d'institutions internationales puissantes. Leur position n'élimine pas les abus à l'échelle mondiale. Qui aura la responsabilité de rappeler à l'ordre un pays au comportement égoïste? De plus, les écologistes revendiquent la souveraineté des communautés locales, en contradiction avec ce principe.

Un pacifisme différent

Plusieurs militants des groupes écologistes travaillent également dans les groupes pacifistes. En Europe, ce rapprochement est grandement dû à la contestation anti-nucléaire qui inclut autant les armes nucléaires que les centrales nucléaires. Mais pour de nombreux écologistes, le pacifisme n'est pas une priorité en soi, car la course aux armements n'est pas perçue comme une cause des guerres; le problème fondamental, c'est la société productiviste qui engendre la course aux armements et les guerres[299]. Pour les écologistes, une autre cause de violence, ce sont les énormes disparités de richesse. Certains auteurs comme René Dumont perçoivent même la révolte des pays pauvres comme inévitable et bénéfique[300]; il ne suffit donc pas uniquement de condamner la violence, mais de travailler sur les causes profondes des guerres. Jurdant présente ce pacifisme des écologistes[301]:

> «Le pacifisme politique est une lutte anti-productiviste qui rejoint celle des écologistes. Pour le pacifisme politique, il est tout-à-fait illusoire de croire que nous pouvons en même temps être pacifiste et maintenir notre niveau de vie et notre mode de vie. Pour le pacifiste politique, le simple fait de désirer politiquement le maintien de notre niveau de vie est un acte de violence au même titre que la course aux armements. C'est bien ce que Jacques Attali exprime quand il dit que «la course aux armements et le fait de changer de voiture tous les deux ans, c'est la même chose». »

La politique internationale écologiste, lacunes et originalité

En politique internationale, une imprécision sérieuse persiste dans le programme des écologistes: elle concerne le rôle des organismes

---

[298] Selon plusieurs sociologues français, la faiblesse du mouvement pacifiste en France serait expliquée par ce facteur.
[299] Michel Jurdant, Ibid., p. 279
[300] René Dumont, L'utopie ou la mort, Seuil, 1973, p. 81-101
[301] Michel Jurdant, Ibid., p. 280

mondiaux. Comme discuté précédemment, il est difficile de concilier une forte décentralisation avec un renforcement des pouvoirs des organismes internationaux. René Dumont illustre le caractère irréductible de cette contradiction[302]:

> «Des contradictions surgissent sous nos pieds, à chaque pas : entre la nécessité, non point d'un gouvernement mondial, qui centraliserait trop, mais d'organismes supranationaux, assurant le contrôle de l'économie de chaque groupement constituant le monde, d'une part. Et la nécessité de décentralisation accrue du maximum possible de décisions, pour que chacun puisse y participer, d'autre part. Les néo-phalanstères que l'on peut imaginer ne pourront pas, plus que les nations, être seuls maîtres à bord de leur territoire, car ils devront respecter les nécessités mondiales de survie.

Malgré cette faiblesse du projet écologiste, la défense du Tiers monde leur sert de ralliement pour se différencier des autres idéologies, autant de gauche que de droite. René Dumont[303]:

> — «Tous les pays industriels aujourd'hui, quel que soit leur système social, participent au pillage du tiers-monde. La gauche, dans sa grande majorité, refuse de le reconnaître; elle se condamne donc à son tour à y participer. ... j'ai depuis des années tenté de démontrer que la famine grandissante du tiers-monde vient surtout du modèle de développement et de société que nous y avons introduit, et de la surconsommation des pays industriels.»

Ce thème sera repris par plusieurs auteurs écologistes qui s'en serviront pour justifier la non-pertinence du débat «gauche/ droite». Journès confirme cette différenciation avec la gauche, dans son analyse des idées politiques des groupes écologistes[304]:

> «La gauche est particulièrement critiquée à cause de son productivisme et de son indifférence au pillage du Tiers monde»

4.9 Synthèse des exigences écologistes

Positionnement des exigences sur une échelle «gauche/droite»

Les désaccords persistent selon les auteurs et les pays, à l'effet que les groupes écologistes sont à gauche ou au centre. D'autres écologistes rejettent simplement ce type de classification, notamment Brice Lalonde[305]: «En écologie, ces notions de droite ou de gauche ne sont pas pertinentes; elles renvoient à une autre expérience, à une période historique, à des structurations qui ne correspondent plus à notre engagement.»

Si plusieurs écologistes refusent de se situer sur une échelle «gauche/droite», c'est que leur **positionnement est variable dépen-**

---

[302] René Dumont, Ibid., p. 164
[303] Jean-Paul Ribes, Pourquoi les écologistes font-ils de la politique?, Seuil, 1978, p. 161
[304] Claude Journès, «Les idées politiques du mouvement écologique»,
       Revue française de science politique, avril 1979, p. 240
[305] Jean-Paul Ribes, Ibid., p. 28

damment si les enjeux sont politiques, économiques ou culturels. Leur positionnement est également variable selon les pays. Une conclusion générale est donc impossible. Sur plusieurs enjeux, il est même impossible de situer les écologistes sur l'axe «gauche/droite».

Tableau 4.9a : Positions relatives des écologistes, selon l'axe gauche/droite[306]

		«Étiquette» normalement attribuée à la revendication	Demandé par la majorité des écologistes français	Demandé par la majorité des écologistes américains
Politique:	Pour l'autogestion	Gauche	Oui	Rarement
	Pour la décentralisation	Gauche/droite	Oui	Jamais
	Pour l'autonomie des communautés	Gauche/droite	Oui	Rarement
	Pour les petites entreprises	Droite	Oui	Oui
	Contre les nationalisations	Droite	Oui	Oui
Économie:	Contre les lois du marché	Gauche	Oui	Non
	Priorité aux villages	Gauche	Oui	Oui
Social et culturel:	Pour les droits collectifs	Gauche	Oui	Non
	Pour les responsabilités individuelles	Droite	Oui	Oui
	Pour l'égalité entre les individus	Gauche	Oui	Rarement
	Contre toute hiérarchie	Gauche	Oui	Rarement
	Pour l'avortement	Gauche	Oui	Oui

Positions impossibles à catégoriser selon un axe gauche/droite		Demandé par la majorité des écologistes français	Demandé par la majorité des écologistes américains
Politique:	Pour la protection de la nature	Oui	Oui
	Contre la technocratie	Oui	Oui
	Contre la révolution armée	Oui	Oui
	Pour l'aide aux Tiers monde	Oui	Oui
	Contre le nationalisme	Oui	Non
Économie:	Contre le productivisme	Oui	Oui
	Contre la croissance aveugle	Oui	Oui
	Pour les technologies douces	Oui	Oui
	Pour les ressources renouvelables	Oui	Oui
	Pour le partage du travail	Oui	Non
Social et culturel:	Pour la limitation des naissances	Oui	Oui

---

[306] Construction du tableau par Luc Gagnon

Une idéologie globale, orientée vers le long terme

Malgré plusieurs contradictions, l'écologisme présente un modèle «global» dont le contenu essaie de toucher tous les enjeux sociaux et politiques. Les écologistes recherchent des solutions à long terme. Ils insistent notamment sur la nécessité d'arrêter la croissance économique et démographique. Cette vision à long terme est positive, mais elle comporte une conséquence stratégique: les revendications des écologistes sont souvent peu élaborées concernant la solution à court terme des problèmes urgents.

Les principales revendications des écologistes français telles que l'autogestion, la décentralisation, l'autonomie des communautés, l'opposition aux lois du marché, ne contribuent pas, à court terme, à solutionner un problème urgent comme celui des pluies acides. Au contraire, il serait plus facile de solutionner un tel problème si les gouvernements étaient assez puissants pour résister aux pressions politiques de certains intérêts locaux (ex. industrie du charbon, producteurs d'électricité). Certains écologistes semblent donc, à court terme, s'orienter dans la mauvaise direction.

Certaines revendications à long terme pourraient cependant solutionner les problèmes de pollution transfrontalière, notamment les refus du nationalisme et du productivisme. Mais ces changements de mentalités ne pourront se faire que sur quelques décennies.

Cette dichotomie entre les objectifs à long terme et à court terme est également responsable de plusieurs batailles internes au mouvement écologique. Les groupes américains de protection de l'environnement sont souvent critiqués (par les écologistes de gauche), parce qu'ils participent au processus politique et qu'ils ne sont pas «radicaux». Cette situation est facile à expliquer: le système politique américain favorise l'intervention des groupes de pression et oriente les débats sur des objectifs concrets à court terme. Les écologistes américains se sont adaptés à leur contexte politique.

Malgré cela, quelques écologistes européens n'hésitent pas à affirmer que plusieurs groupes américains ne sont pas vraiment «écologistes». Cette critique est injuste, car aux États-Unis, un groupe trop radical perdrait toute crédibilité auprès des médias et serait incapable de s'autofinancer.

La cause première des incohérences, les «emprunts» à la gauche

La critique des écologistes de gauche à l'égard des autres écologistes est d'autant plus injustifiée que la plupart des incohérences du projet de société écologiste sont dues aux «emprunts» à la gauche. Bernard Charbonneau confirme ce constat[307]:

---

[307] Bernard Charbonneau, Le feu vert, Karthala, 1980, p. 116

«En matière économique, les écologistes se contentent trop souvent de reprendre une critique de gauche du capitalisme qui a donné maintes preuves de son
irréalisme ou même de sa nocivité.»

Ces «emprunts» sont dus à l'adoption spontanée, par les écologistes, de
l'approche dialectique. Face aux excès de la société industrielle, la réaction est de préconiser l'inverse de la situation actuelle. C'est la logique
de la gauche et les groupes écologistes ne réussissent pas à y échapper.

Cette tendance vers la dialectique est démontrée (probablement
malgré lui) par un sociologue, S. Cotgrove, qui essaie de présenter les
revendications des écologistes en terme de réaction à la société
actuelle[308]. Le tableau suivant présente les deux paradigmes
sociaux qui, selon lui, sont en compétition:

Tableau 4.9b: Perception dialectique (et non pas écologiste) des paradigmes sociaux en compétition

	Paradigme social dominant	Paradigme social alternatif
Valeurs de base:	Matérielles	Non-matérielles
	Nature = ressources	Nature valorisée pour elle-même
	Domination de la nature	Harmonie avec la nature
Économie:	Forces du marché	Intérêt public
	Risques et récompenses	Sécurité
	Revenus selon réalisations	Revenus selon les besoins
	Inégalités	Égalité
	Individualisme	Collectif
Politiques:	Structures autoritaires	Structures participatives
	Hiérarchique	Sans hiérarchie
	Respect des lois et de l'ordre	Liberté
Société:	Centralisée	Décentralisée
	Grande échelle	Petite échelle
	Associative	Communautaire
	Ordonnée	Flexible
Nature:	Réserves abondantes	Ressources limitées
	Contrôle de l'environnement	Équilibres naturels fragiles
Connaissances:	Confiance en la science	Perception des limites de la science

---

[308] S. Cotgrove and A. Duff, «Environmentalism, middle-class radicalism and politics»,
Sociological Review, May 1980, p. 341

Ce paradigme alternatif n'est que l'inverse de la société industrielle. Cette analyse démontre une faible connaissance de l'approche écologiste et elle est inspirée de l'approche dialectique. En fait, plusieurs points de l'opposition exprimée par Cotgrove ne correspondent pas du tout à l'approche écologiste. Selon la logique du paradoxe de l'approche écologiste, il est impossible de «trancher» sur plusieurs des oppositions exprimées dans le tableau:

— liberté *versus* respect des lois;
— hiérachie *versus* absence de hiérachie;
— ordre *versus* flexibilité (ou désordre);
— centralisation *versus* décentralisation;
— individualisme *versus* collectivisme;
— forces du marché *versus* intérêt public.

Le principe de *développement durable* de la Stratégie mondiale de la conservation et du rapport Brundtland essaie d'ailleurs de concilier certaines oppositions, notamment en ce qui concerne l'utilisation des ressources (si la capacité de regénération des écosystèmes est respectée). Un grand nombre d'écologistes appuient activement ces rapports.

De plus, concernant la recherche de l'égalité, les écologistes seraient en accord avec cette revendication, mais pas avec la même ferveur que la gauche classique. En fait, il y a seulement six points du tableau sur lesquels la majorité des écologistes seraient d'accord: l'harmonie avec la nature; l'importance de la sécurité; les structures participatives; la petite échelle; les ressources limitées et les équilibres naturels fragiles.

En conclusion, les écologistes devraient **résister aux influences de la gauche** et s'en remettre davantage aux leçons de l'écologie. En utilisant systématiquement leur propre approche dans l'analyse de la société, ils pourraient alors élaborer un programme plus cohérent que celui préconisé jusqu'à maintenant.

LA CONFIRMATION DE L'ÉCHEC DES GROUPES ÉCOLOGISTES

Cadre théorique de la démonstration

*S*elon les diverses théories politiques, des indicateurs différents sont requis pour «juger» de la performance des écologistes. Le livre de Robert Dahl, <u>Qui gouverne?</u>[309] a notamment été l'objet d'un débat sur la validité des indicateurs politiques. Dans ce livre, l'auteur observe plusieurs conflits dans la société américaine et en conclut que la société américaine est pluraliste, c'est-à-dire que de nombreux intervenants participent aux conflits politiques, que le pouvoir politique est dispersé et que ceux qui détiennent les ressources politiques sont en concurrence.

D'autres auteurs ne sont pas d'accord avec une telle interprétation[310], car le pluralisme peut être contesté pour diverses raisons: première- ment, les conflits que l'on peut observer ne sont pas nécessairement si- gnificatifs, car ils traitent souvent d'enjeux secondaires qui ne menacent pas les pouvoirs économiques des élites; deuxièmement, le pouvoir est souvent exercé par des pressions discrètes qu'il est impossible d'obser- ver[311].

Il faut donc être prudent dans le choix des études de cas, car certains conflits environnementaux ne sont probablement pas significatifs. En fait, selon la théorie des élites, il faudrait identifier les enjeux environ- nementaux les plus menaçants pour les élites et examiner si ces enjeux sont l'objet de conflits.

Pour éviter que les conclusions de ce livre puissent être contestées selon l'allégeance pluraliste ou élitiste, l'évaluation de l'échec des éco- logistes essaie de respecter les mises en garde de ces deux théories poli- tiques. L'évaluation est donc basée sur trois méthodes:

1.   L'analyse des indicateurs écologiques: L'analyse de données fac- tuelles au chapitre 5 devrait permettre de conclure si la situation envi- ronnementale s'est améliorée. Il faudra inclure des indicateurs qui résu- ment les situations micro-écologique, méso-écologique et macro-écologique.

2.   Les conflits en tant que révélateurs du comportement des ac- teurs: Les chapitres 6,7 et 8 cherchent à définir les caractéristiques des enjeux environnementaux qui ont fait l'objet de conflits. Trois études de cas ont été choisies de façon à inclure des enjeux nationaux et interna- tionaux, notamment des enjeux où le rôle de l'État est crucial pour les industries. Voici le tableau (présenté précédemment) qui justifie les choix de conflits:

---

309   Robert Dahl, Qui gouverne?, A.Colin, Paris, 1961
310   Notamment Bachrach et Baratz
311   Cette interprétation est conforme à diverses théories sur les élites, notamment celle de C. Wright Mills, dans L'élite du pouvoir, Maspero, Paris, 1969

Tableau 5.0: Études de cas choisies

Étude de cas	Types d'entreprises	Objectifs des groupes écologistes	Enjeux pour les gouvernements
L'énergie nucléaire	Nouvelle industrie fragile et très subventionnée	Empêcher le gouvernement d'appuyer l'industrie	Des subventions moindres ou des normes plus sévères risquent de tuer l'industrie
Déchets toxiques de l'industrie chimique	Vieilles entreprises ayant des droits acquis et des pratiques établies	Forcer les gouvernements à agir; lois et règlements nationaux	Un contrôle des nouvelles substances, mais aussi un nettoyage de problèmes accumulés depuis 50 ans
Contrôle des précipitations acides	Lobby puissants mais sectoriels (ex. charbon) Nombreuses industries concernées	Forcer des actions nationales et surtout internationales Nouveau programme énergétique	L'adoption de mesures coûteuses pour réduire les impacts chez ses voisins. Changements profonds dans les institutions.

Ces enjeux ont été pendant longtemps à l'agenda politique des quatre pays étudiés, même si l'intensité des conflits a été variable. Ces chapitres ont également pour but de présenter les stratégies adoptées par les écologistes.

Voici quelques questions auxquelles les études de cas devraient permettre de répondre:

— Est-ce que les écologistes sont capables de mobiliser la population sur des enjeux environnementaux? —Est-ce que cela est possible uniquement lorsqu'un projet touche une population locale?

— Est-ce que les succès des écologistes concernent seulement des décisions secondaires?

— Les conflits risquent-ils d'affecter le pouvoir de l'État ou sa souveraineté?

3. L'analyse de l'agenda politique en fonction de la gravité des problèmes

En dernier lieu, il faudra analyser l'agenda politique pour vérifier si les écologistes ont réussi à l'influencer et à y apporter des enjeux qui menacent les élites. Le chapitre 9 identifie donc les enjeux les plus importants du point de vue de la destruction de l'environnement.

Il restera cependant un problème non résolu, celui des pressions occultes; mais ce problème affecte uniquement l'explication de l'échec sans remettre en cause la confirmation de l'échec. (Si l'échec est dû à des pressions occultes, cela ne change pas le fait qu'il y a échec).

CHAPITRE 5

Les indicateurs d'échec «sur le terrain»

5.1 Le difficile choix des indicateurs écologiques

Quels sont les indicateurs appropriés pour conclure à un succès ou à un échec des écologistes «sur le terrain»? Cette tâche est compliquée par le fait que les écologistes eux-mêmes ont des priorités très différentes. Essayons donc d'utiliser une variété d'indicateurs qui permettra de présenter la situation dans son ensemble. Voici un résumé des discussions du chapitre 1 sur les types de limites:

a) Les limites *micro-écologiques*: Ce sont les limites imposées par un écosystème donné aux espèces qui vivent sur un territoire restreint. Ces limites dépendent de l'allocation des ressources dans cet écosystème. Par exemple, la pollution organique d'un lac peut faire baisser le taux d'oxygène et tuer une espèce comme la truite qui a besoin de beaucoup d'oxygène.

b) Les limites *méso-écologiques*: Un ensemble d'écosystèmes peut imposer «régionalement» des limites aux espèces. Une source de pollution toxique de l'eau provenant de centaines de kilomètres en amont peut empêcher la reproduction des oiseaux. Dans ces cas, les limites ne proviennent pas de l'écosystème lui-même, mais d'un ensemble d'écosystèmes.

c) Les limites *macro-écologiques*: Des limites macro-écologiques sont imposées globalement par la biosphère, plus précisément par chacun des cycles biogéochimiques, notamment les cycles du carbone, du soufre et de l'azote.

A partir de ces limites, il est possible d'identifier des indicateurs appartenant à chacune des catégories.

Tableau 5.1: Catégories d'indicateurs écologiques	
Indicateurs micro-écologiques	**Écosystème concerné**
Taux de pollution organique à un endroit donné	Par exemple, un lac
Concentration des polluants de l'air en milieu urbain	Arbres, êtres humains à proximité
Niveau de protection d'un habitat naturel donné	Écosystème (forêt, marécage)
Indicateurs méso-écologiques	**Écosystèmes concernés**
Rejets de substances toxiques dans une rivière	Ensemble du bassin versant touché
Barrages affectant un groupe d'écosystèmes	Ensemble du bassin versant touché
Concentration de la population humaine	Écosystèmes détruits par les villes
Indicateurs macro-écologiques	**Cycles concernés**
Quantité totale de précipitations acides	Soufre, azote, cycle hydrologique
Quantité totale d'énergie utilisée	Carbone, soufre, azote
Quantité totale de forêts détruites	Carbone, azote, cycle hydrologique
Quantité totale d'émissions de CFC	Cycle d'entretien de l'ozone stratosphérique
Production totale de déchets nucléaires	Cycles géologiques des minerais radioactifs
Population totale	Tous les cycles

Il faut retenir les trois catégories d'indicateurs, parce qu'il s'agit de structures d'analyses complémentaires qui, ensemble, imposent une perception globale. De plus, des interventions micro et méso-écologiques déplacent simplement le problème au niveau macro-écologique. En examinant uniquement les critères micro et méso, nous pourrions avoir une «illusion» de succès.

Voici quelques efforts de protection de l'environnement qui ont simplement déplacé les problèmes d'un niveau à l'autre:

— Au Québec, un programme d'épuration des égoûts domestiques est en place depuis plusieurs années, sans se préoccuper de valoriser les boues produites par ces usines d'épuration. Ce programme permet d'améliorer la qualité des eaux de plusieurs lacs et rivières, mais le Québec est confronté à la gestion de milliers de tonnes de boues. Deux solutions sont envisagées à ce sujet: l'incinération ou l'enfouissement des boues. Dans le cas de l'incinération, il s'agit de retourner très rapidement à l'atmosphère des tonnes de CO_2 et autres polluants qui affecteront les cycles biosphériques; un problème méso-écologique est «solutionné» en augmentant des problèmes macro-écologiques. Dans le cas de l'enfouissement, l'addition à l'effet de serre est encore pire, puisque les boues produiront alors du méthane, dont le potentiel de réchauffement du climat est 11 fois plus grand que celui du CO_2.

— Dans les années 50, on avait observé le dépérissement des écosystèmes à proximité des fonderies; pour atténuer les impacts locaux des fonderies, des cheminées plus élevées ont été construites, causant ainsi un problème macro-écologique, celui des pluies acides.

— L'inverse est également possible. Lorsqu'un appareil anti-pollution est installé sur une centrale thermique au charbon, il permet de récupérer des milliers de tonnes de soufre et autres résidus qui auraient autrement généré des pluies acides. Mais nous ne savons pas quoi faire de la majorité de ces milliers de tonnes de résidus; il s'agit donc d'une transformation d'un problème macro-écologique (précipitations acides) en un problème micro-écologique (gestion des résidus).

Concrètement, ces exemples démontrent que plusieurs des «solutions» adoptées jusqu'à maintenant ne constituent pas nécessairement des améliorations, car elles ne font que déplacer les problèmes. Pour juger de la performance des écologistes, il faut donc examiner les trois niveaux pour s'assurer que les problèmes n'ont pas simplement été déplacés.

Les indicateurs politiques sont-ils valables?

Comme discuté précédemment, il serait injuste de comparer les performances nationales des écologistes en fonction de critères comme le pourcentage des voix obtenues par un parti vert. Certains systèmes politiques excluent cette alternative et les partis verts ne sont qu'une des formes d'expression de l'écologisme.

Par contre, il existe d'autres indicateurs politiques qui pourraient permettre une analyse comparative des quatre pays. En voici quelques exemples, avec leurs lacunes respectives:

— Des droits écologiques sont-ils inscrits dans les Constitutions des pays? La pertinence de cet indicateur n'a pas besoin d'être discutée, puisqu'aucun pays n'a concrétisé une telle mesure.

— Certains pays ont-ils accepté une responsabilité écologique envers les pays voisins? Malgré quelques ententes bilatérales sur des sujets particuliers, aucun pays n'accepte le droit de recours devant une cour internationale de justice.

— Est-ce que le budget d'un ministère de l'environnement pourrait être un indicateur? Non, car il n'indique en rien la marge de manoeuvre réelle. Par exemple, le Ministère de l'environnement du Québec reçoit environ 1% du budget provincial mais les 3/4 vont au programme d'immobilisation des usines d'épuration.

— Est-ce que la force politique du «Ministre de l'environnement» serait un bon indicateur de succès? Pas vraiment, puisque la protection de l'environnement est directement dépendante de nombreux ministères, notamment ceux des ressources naturelles, de l'énergie, des transport, etc. Par exemple, la R.F.A. n'a pas encore de ministère de l'environnement, mais cette fonction est remplie par plusieurs autres ministres dont celui de l'Intérieur (ressources naturelles). Il est impossible de conclure que cette structure est moins bonne que les autres.

— Est-il possible de se fier aux textes législatifs? Pour cela, il faudrait connaître les traditions de chaque pays qui ne rédigent pas les lois avec le même niveau de détails. Le Congrès américain, souvent méfiant de l'exécutif, adopte des lois détaillées. Malgré cela, plusieurs lois ne sont pas appliquées si l'exécutif ne le désire pas. Dans un système parlementaire comme celui du Canada, le gouvernement peut adopter une loi très générale et l'appliquer ensuite sévèrement par le biais d'un règlement. Le texte de loi est donc un mauvais indicateur pour comparer les pays[312].

— Est-ce qu'une comparaison de la sévérité de l'application des règlements serait utile (ex. montant des amendes)? Une telle comparaison pourrait être trompeuse, parce qu'il y a plusieurs méthodes pour réduire la pollution. Une taxe sur la pollution peut remplacer adéquatement une norme qui est contrôlée sévèrement.

En somme, on s'aperçoit que, sur des critères politiques, les analyses comparatives sont difficiles et «risquées». C'est pour cela que la démonstration s'appuie sur des indicateurs comme la pollution. Cela ne signifie pas que les indicateurs politiques sont exclus: par exemple, l'opinion publique révélée par les sondages semble un indicateur politique comparable d'un pays à l'autre. Un chapitre est consacré à cet indicateur.

---

[312] Plusieurs écologistes pensent que les États-Unis sont à l'avant-garde parce qu'ils ont adopté telle ou telle loi, ne sachant pas que la loi n'a jamais été appliquée ou respectée. Nous discuterons au chapitre 9 des modalités du «Clean Air Act» qui n'ont jamais été respectées.

5.2 Bilan des indicateurs micro-écologiques

La protection des écosystèmes

Les groupes écologistes, dans leurs revendications, ont fréquemment accordé la priorité à la protection de sites naturels.

Tableau 5.2a: Superficie totale des zones naturelles protégées[313] (1970=100%)

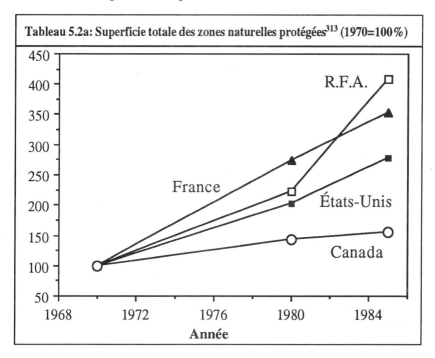

A première vue, le bilan semble très positif. Il doit être nuancé par la définition variable de «zone protégée». Aux États-Unis, l'administration Reagan a permis l'exploitation de plusieurs de ces zones, tout en conservant leur statut de zone protégée. Au Canada, il y a exploitation forestière sur plusieurs territoires considérés comme «parcs». Malgré cela, le bilan général est assez positif, puisque l'accroissement des superficies des zones est significatif.

La concentration locale de la pollution atmosphérique

La pollution de l'air en milieu urbain a fait l'objet de nombreux débats politiques, particulièrement aux États-Unis. Ce sujet est complexe et implique une multitude de polluants. Le tableau suivant présente un seul type de polluant, les particules, mais les tendances sont similaires pour les oxydes de soufre et le monoxyde de carbone. Pour les oxydes

---

[313] Construction du graphique à partir de <u>Données O.C.D.E. sur l'environnement, compendium 1987,</u> O.C.D.E., Paris, p.93

d'azote et l'ozone (qui est un polluant en basse altitude, contrairement à la couche d'ozone stratosphérique), les tendances sont différentes (ces cas sont discutés dans les prochaines sections et chapitres).

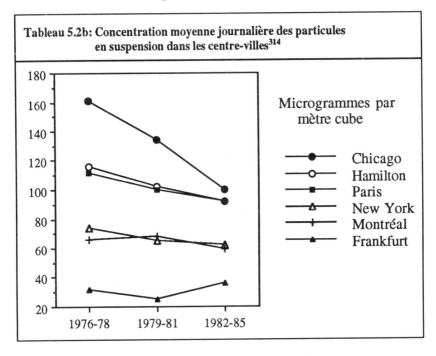

Tableau 5.2b: Concentration moyenne journalière des particules en suspension dans les centre-villes[314]

Les spécialistes s'entendent pour affirmer qu'il y a eu des progrès significatifs en Amérique, mais que la situation est stable en Europe. Par contre, la situation de la France ou de la R.F.A. était originalement moins grave que celle aux États-Unis.

La pollution organique des lacs de villégiature

Dans les quatre pays étudiés, la villégiature a connu un essor très important pendant les dernières décennies. On aurait pu prévoir une dégradation très importante de la qualité des eaux des lacs de villégiature. Par contre, sous les pressions des écologistes et propriétaires concernés, les gouvernements sont intervenus pour protéger les lacs. En Amérique du nord, on peut même conclure que la situation s'est améliorée dans les lacs petits et moyens. Par contre, la situation est encore très mauvaise lorsque les lacs sont touchés par des activités industrielles. (ex. des lacs Ontario et Erié, lac Cayuga dans l'état de New York).

---

[314] Construction du graphique à partir de World Resources Institute, World Resources 1988-89, Basic Books, p. 340-2

En France et en R.F.A., plusieurs lacs de villégiature sont en voie d'eutrophisation depuis très longtemps. Avec les efforts des gouvernements, la situation s'est stabilisée (ex. Bodensee en Allemagne).

Dans l'ensemble, on peut conclure que, même s'il reste beaucoup à faire, le travail des écologistes a donné des résultats au niveau micro-écologique. Il ne faut cependant pas oublier que les lacs sont maintenant touchés par des problèmes macro-écologiques, les pluies acides.

5.3 Bilan des indicateurs méso-écologiques

La situation des bassins versants

Les grandes rivières sont menacées par deux grands problèmes: la pollution domestique et la pollution industrielle. Pour le premier, la situation s'est grandement améliorée dans les quatre pays.

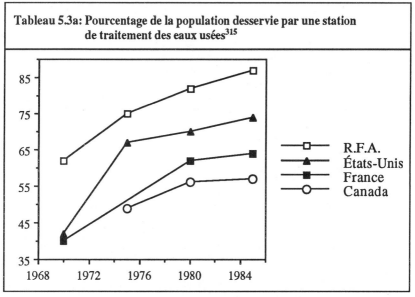

Tableau 5.3a: Pourcentage de la population desservie par une station de traitement des eaux usées[315]

Mentionnons cependant que la plupart des usines d'épuration réduisent la matière organique de l'ordre de seulement 80% et n'éliminent pas les polluants tels que les métaux toxiques ou les produits chimiques de synthèse. C'est d'ailleurs sur ces deux derniers points que la situation est catastrophique à cause des rejets industriels. Les grands lacs et le fleuve St-Laurent sont contaminés par une dizaine de métaux toxiques et par plus de 1000 produits chimiques de synthèse[316]. La situation du

[315] Construction du graphique à partir de Données O.C.D.E. sur l'environnement, compendium 1987, p.53
[316] E. Somers, «Transboundary Pollution», Environment, June 1987, p.9

Mississipi est semblable, de même que celles des grandes rivières européennes. Le Rhin a été touché en 1986 par un déversement énorme de
produits toxiques qui a pratiquement tué tous les poissons (à cause d'un
incendie dans un entrepôt de la compagnie Sandoz).

Fréquemment, la toxicité des substances chimiques qui polluent les
grands bassins hydrographiques n'a jamais été étudiée. Voici quelques
conclusions du U.S. National Research Council[317]:

— sur les 48 500 substances chimiques en répertoire, les effets toxiques de 79% de ces substances n'ont jamais été étudiés;

— moins de 20% des substances ont été testées pour leurs effets aigüs;

— moins de 10% des substances ont été testées pour leurs effets chroniques (cancer, effets mutagènes).

Face à un tel bilan, on ne peut que conclure à un échec des groupes
écologistes qui ont pourtant accordé la priorité au contrôle de la pollution par les industries.

Une autre source majeure de pollution des grandes rivières est
l'agriculture. Sa pollution, diffuse et difficile à contrôler, est due aux engrais et aux pesticides.

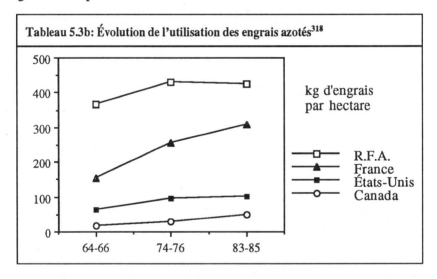

Tableau 5.3b: Évolution de l'utilisation des engrais azotés[318]

Globalement, on peut donc conclure que la situation était très mauvaise avant la montée des groupes écologistes et qu'elle est toujours très
mauvaise.

[317] Worldwatch Institute, State of the World. 1988, W.W.Norton, New York, 1988, p.120
[318] Construction du graphique à partir de World Resources 1988-89, Basic Books, p. 274

5.4 Bilan des indicateurs macro-écologiques

La population totale

Il est impossible de consommer des ressources forestières, du pétrole, du charbon, des métaux, sans affecter les cycles biosphériques (par exemple le cycle du carbone). De ce point de vue, la consommation totale de ressources est nécessairement un enjeu macro-écologique. En conséquence, la population totale d'un pays devient aussi un indicateur macro-écologique, parce que chaque citoyen doit consommer des ressources. Mais tous les citoyens n'exigent pas la même quantité de ressources naturelles. Par exemple, la Commission Brundtland a calculé qu'un occidental moyen consomme 80 fois plus d'énergie qu'un noir de l'Afrique sub-saharienne. Dans les quatre pays analysés, la population est un enjeu important, car les niveaux de consommation *per capita* sont parmi les plus élevés au monde. Le croissance de la population dans ces pays risque d'augmenter dramatiquement la consommation de ressources.

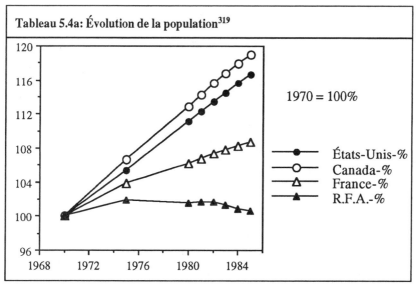

Tableau 5.4a: Évolution de la population[319]

1970 = 100%

- États-Unis-%
- Canada-%
- France-%
- R.F.A.-%

A part la R.F.A., il y a croissance significative de la population. Dans les prochains tableaux, l'évolution de la pollution est souvent exprimée sur une base *per capita* pour comparer la performance des quatre pays. Les hausses de pollution des États-Unis, du Canada et de la France sont alors sous-évaluées, puisqu'il y a augmentation de la population dans ces trois pays.

---

[319] Graphique construit à partir des Données O.C.D.E. sur l'environnement, compendium 1987, p.313

Les précipitations acides

Les précurseurs des précipitations acides sont les oxydes de soufre et les oxydes d'azote. Les tableaux 5.4b et 5.4c présentent le bilan des émissions de ces deux polluants. (Pour plus de détails sur les polluants de l'air, voir chapitre 8).

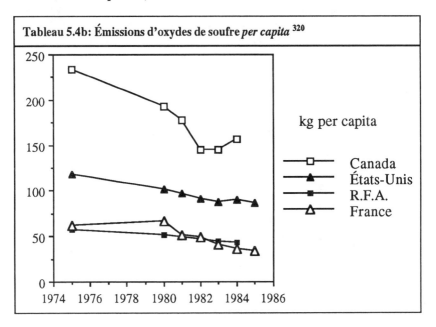

Tableau 5.4b: Émissions d'oxydes de soufre *per capita* [320]

kg per capita

☐ Canada
▲ États-Unis
■ R.F.A.
△ France

Cette amélioration mérite plusieurs commentaires, car la réduction de la pollution est grandement due à des motifs autres que la protection de l'environnement:

— La modernisation (inévitable) de très vieilles centrales au charbon a permis la réduction des émissions, notamment aux États-Unis.

— **La baisse des émissions au début des années 80 est due à la récession; au Canada et aux États-Unis, les émissions augmentent après la récession.**

— Si la France a réduit dramatiquement ses émissions d'oxydes de soufre, cette performance n'est pas le résultat de mesures de protection de l'environnement, mais du développement massif de l'énergie nucléaire qui a remplacé des centrales au charbon et au pétrole.

Malgré cela, on peut conclure que les groupes écologistes ont obtenu des résultats positifs dans le dossier des oxydes de soufre. Pour ce qui est de l'ensemble des précipitations acides, le constat doit également ment tenir compte de la **hausse relative des oxydes d'azote,** la deuxième composante des précipitations acides.

---

[320]   Graphique construit à partir des <u>Données O.C.D.E. sur l'environnement, compendium 1987</u>, p.23

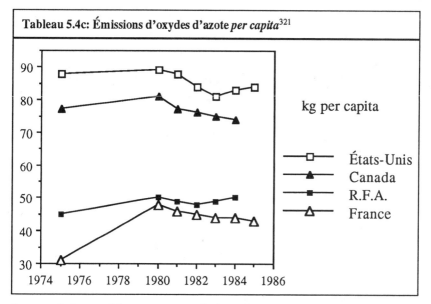

Tableau 5.4c: Émissions d'oxydes d'azote *per capita*[321]

kg per capita

États-Unis
Canada
R.F.A.
France

Les statistiques démontrent une baisse des oxydes de soufre relativement plus grande que l'accroissement des oxydes d'azote. On pourrait donc conclure à un succès modeste des groupes écologistes. Il faut cependant nuancer cette conclusion pour les motifs suivants:

— La récession semble un facteur de réduction des émissions d'oxydes d'azote qui **augmentent après la récession.**

— Les données présentées sont *per capita* , alors qu'il y a augmentation de la population.

— Malgré une pollution *per capita* extrêmement élevée, les Américains et les Canadiens n'ont pu réduire significativement leurs émissions de NOx.

— Les autres indicateurs *sur le terrain* n'indiquent aucune amélioration, notamment en ce qui concerne le dépérissement des forêts. En fait, les précipitations acides se maintiennent si on se fie au meilleur indicateur, le pH des précipitations elles-mêmes[322].

Les déchets nucléaires

Les déchets nucléaires peuvent être considérés comme un enjeu macro-écologique, parce que les centrales nucléaires créent de nouvelles substances comme le plutonium qui se dégrade sur des millions d'années (demi-vie de 24000 ans). De plus, il n'existe actuellement aucune méthode pour l'éliminer; le recyclage n'est pas encore possible et aucune technique d'enfouissement n'a été considérée sécuritaire jusqu'à maintenant.

---

[321] Graphique construit à partir des <u>Données O.C.D.E. sur l'environnement, compendium 1987</u>, p.21
[322] <u>Données O.C.D.E. sur l'environnement, compendium 1987</u>, p.39

Des données comparatives sur la quantité de plutonium en stock ne sont pas disponibles notamment à cause de la production militaire de plutonium qui est un secret d'État. Malgré cela, il est possible d'estimer sa production par le niveau de production des centrales nucléaires; toutes les centrales nucléaires produisent du plutonium quoique les réacteurs canadiens de type CANDU en produisent davantage.

Tableau 5.4d: Puissance installée des centrales nucléaires[323]

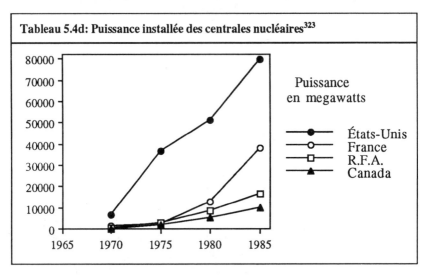

La consommation énergétique totale

Un excellent indicateur de l'intensité des problèmes macro-écologiques est la consommation totale d'énergie, car toute production d'énergie a des incidences sur l'environnement (la consommation de pétrole, gaz naturel et charbon étant directement responsable de *l'effet de serre*).

Comme la substitution d'une source d'énergie par une autre permet souvent d'améliorer une statistique au détriment d'une autre, il est préférable d'analyser le bilan de la consommation totale. Cela permet d'éviter les distorsions statistiques causées par un «déplacement» des problèmes.

---

[323]   Graphique construit à partir des <u>Données O.C.D.E. sur l'environnement, compendium 1987</u>, p.191

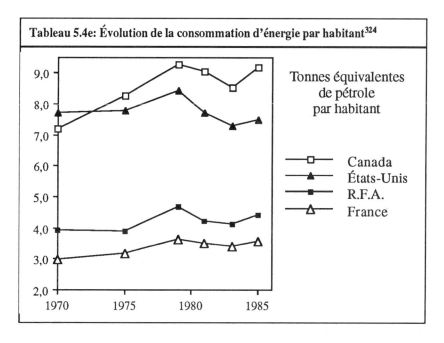

Tableau 5.4e: Évolution de la consommation d'énergie par habitant[324]

En tenant compte de la croissance de la population, il y a accroissement significatif de la consommation d'énergie. La seule période de décroissance semble encore la récession du début des années 80, la croissance reprenant par la suite.

La consommation *per capita* des Américains semble se stabiliser, mais il n'en est rien; il s'agit d'une distorsion statistique qui est commentée à la prochaine section (les produits énergivores sont maintenant importés, au lieu d'être produits nationalement).

De plus, les Occidentaux consomment, *per capita*, 10 fois plus d'énergie que les citoyens du Tiers monde[325]. Alors que la Commission Brundtland demande à l'Occident de réduire sa consommation d'environ 40% d'ici 2025, l'Occident continue sa croissance. Du point de vue écologique, l'Occident va dans la mauvaise direction et les groupes écologistes ont connu un échec complet sur cet enjeu crucial.

Les meilleurs indicateurs, les cycles biosphériques

Une autre façon de confirmer l'échec macro-écologique des groupes est d'examiner la situation des cycles biosphériques eux-mêmes.

Comme les cycles sont mondiaux, il s'agit cependant d'une évaluation de la performance **internationale** de protection de l'environnement et, à première vue, on ne peut rendre les groupes de quatre pays respon-

---

[324] Graphique construit à partir des <u>Données O.C.D.E. sur l'environnement, compendium 1987</u>, p.211
[325] Commission mondiale sur l'environnement et le développement, <u>Notre avenir à tous</u>, éditions du Fleuve, Montréal, 1988, p. 204-6

sables de la situation mondiale. Il était donc nécessaire, par les tableaux précédents, de démontrer que les quatre pays analysés ne font pas leur part dans la protection des cycles biosphériques. Au contraire, si on se fie à des statistiques *per capita*, **les quatre pays sont parmi les plus grands perturbateurs des cycles,** le Canada et les États-Unis étant les plus grands consommateurs d'énergie *per capita*.

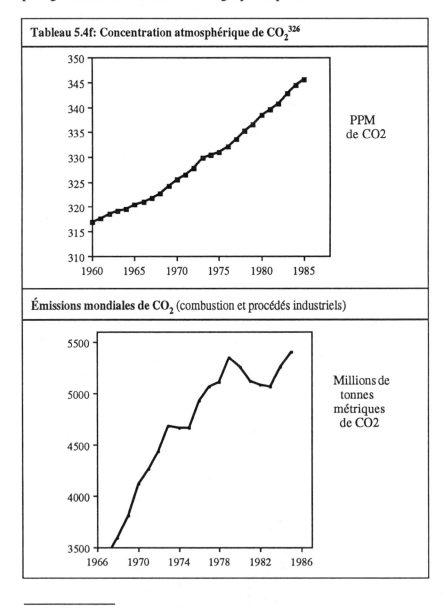

Tableau 5.4f: Concentration atmosphérique de CO_2[326]

PPM de CO2

Émissions mondiales de CO_2 (combustion et procédés industriels)

Millions de tonnes métriques de CO2

---

[326] Graphique construit à partir de <u>World Resources 1988-89</u>, Basic Books, p. 335

Le meilleur ami de la protection de l'environnement semble encore la récession du début des années 80. **En fonction du cycle du carbone, on doit conclure à un échec complet des groupes écologistes.**

Tableau 5.4g: Émission de carbone provenant de la combustion et des industries (tonnes de carbone *per capita*) [327]		
	1965	**1985**
États-Unis	4.8	5.0
Canada	3.5	4.2
R.F.A.	2.9	3.0
France	1.9	1.9

Les émissions n'ont pas baissé malgré le développement de l'énergie nucléaire dans les quatre pays. C'est donc dire que tous les «avantages» de la substitution du pétrole par le nucléaire (pour la production d'électricité) ont été annulés par une augmentation de la consommation de combustibles fossiles dans d'autres secteurs.

Le méthane

Un deuxième gaz qui contribue à l'effet de serre est le méthane. Les émissions de méthane proviennent de l'élevage, des rizières, des sites d'enfouissement, de l'extraction du charbon et de l'utilisation du gaz naturel. Les quatres pays analysés ont une grande responsabilité dans ces émissions (à l'exception des rizières). La concentration atmosphérique de méthane est beaucoup moindre que celle du CO_2 mais, selon des études récentes, molécule pour molécule, le méthane est 11 fois plus «efficace» que le CO_2 dans le réchauffement du climat[328]. En somme, les émissions de méthane sont un enjeu macro-écologique très important.

---

[327] Graphique construit à partir de <u>World Resources 1988-89</u>, Basic Books, p. 336
[328] Intergovernmental Panel on Climate Change, 1992, (calcul basé sur 100 ans)

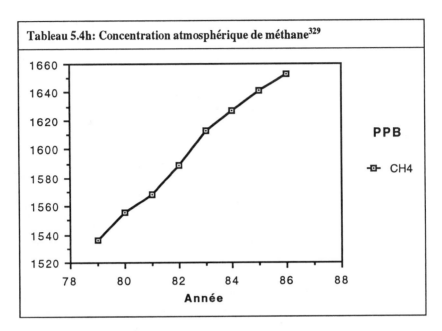

Tableau 5.4h: Concentration atmosphérique de méthane[329]

L'ozone stratosphérique

Un troisième cycle qui a fait l'objet d'inquiétudes est le cycle d'entretien de l'ozone stratosphérique. Les chlorofluorocarbones (CFC) menacent la couche d'ozone stratosphérique, qui protège la surface de la planète du rayonnement UV-B. Ce rayonnement est capable d'empêcher la reproduction du plancton et de causer des cancers. De plus, les CFC sont de puissants gaz à effet de serre. Il est donc doublement important de réduire leurs émissions.

---

[329]   Graphique construit à partir de World Resources 1988-89, Basic Books, p. 335

Tableau 5.4i: Concentration atmosphérique des divers chrolofluorocarbones (CFC)[330]

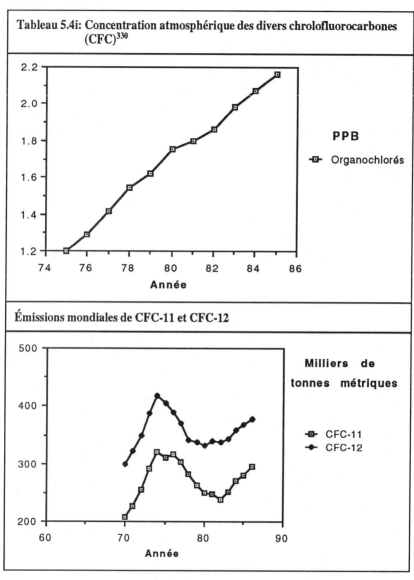

Émissions mondiales de CFC-11 et CFC-12

En 1987, une trentaine de pays signent le Protocole de Montréal, s'engageant à réduire leur production de CFC de 50%. En 1990, une deuxième entente vise leur élimination dans les pays signataires et établit un fonds d'aide au Tiers monde pour les aider dans cette tâche. A l'échelle mondiale, il s'agit d'un grand succès, même si quelques pays importants ont refusé de signer cette entente.

---

[330] Graphique construit à partir de World Resources 1988-89, Basic Books, p. 335

Pour les groupes écologistes des quatre pays analysés, il faut conclure à un succès relatif dans le cas des CFC, car les quatre pays ont signé le protocole. Sans vouloir minimiser ce succès, il faut cependant remarquer que le problème des CFC est très facile à solutionner en comparaison avec les autres enjeux macro-écologiques. En Europe et en Amérique, les CFC ne sont produits que par une dizaine d'entreprises et leur contrôle n'implique aucune remise en question des modes de consommation occidentaux. Il en va tout autrement pour la protection du cycle du carbone.

5.5 Les statistiques énergétiques, des indicateurs qui induisent en erreur

L'énergie cachée dans les importations et exportations

Les tableaux précédents sur la consommation énergétique et les émissions de CO_2 sont basés sur les statistiques officielles qui ne tiennent pas compte de l'énergie «cachée» dans les produits importés ou exportés. La consommation des quatre pays est sous-estimée, car ces pays sont de grands importateurs de produits «intensifs» en énergie.

Par le biais de ses importations massives d'automobiles et de matières premières, les États-Unis consomment une grande quantité d'énergie qui n'apparaît pas dans ses propres statistiques. Sa consommation officielle est donc sous-estimée. A l'inverse, le bilan énergétique de pays comme le Japon est surestimé, car il exporte beaucoup de produits dont la fabrication est intensive en énergie (autos). Il en est de même pour la plupart des pays du Tiers monde dont les économies sont basées sur l'extraction de ressources naturelles.

Selon les bilans officiels, ce sont les Canadiens qui consomment le plus, suivis de près par les Américains. Par contre, comme une grande proportion de l'énergie canadienne est utilisée pour extraire des ressources naturelles qui sont ensuite consommées aux États-Unis, on peut conclure que c'est plutôt l'Américain moyen qui est le plus grand consommateur d'énergie. Une portion significative de la consommation officielle du Canada et du Japon devrait être attribuée aux États-Unis. Le Worldwarch Institute (1989) conclut que 48% de l'amélioration de l'efficacité énergétique marginale aux États-Unis est simplement due à l'abandon de secteurs industriels énergivores comme la sidérurgie.

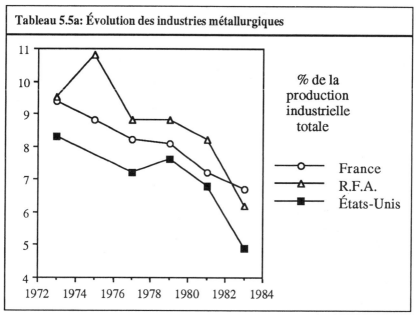

Tableau 5.5a: Évolution des industries métallurgiques

% de la production industrielle totale

France
R.F.A.
États-Unis

   Si les Américains produisent moins de métaux, cela ne veut pas dire qu'ils en consomment moins. Au contraire, le chapitre 9 démontrera un accroissement significatif de biens de consommation comme l'automobile.

La consommation indirecte d'énergie, le cas de l'automobile

   Le cas de l'automobile mérite d'être discuté ici, car il démontre l'importance des coûts énergétiques «cachés» dont les statistiques ne tiennent pas compte. Selon les bilans officiels, les automobiles privées consomment environ 20% de l'énergie en Occident. Ce chiffre cache la vérité, car il s'agit uniquement du carburant qui est pompé directement dans les réservoirs des véhicules. Il ne tient aucunement compte des activités servant à la fabrication et à l'entretien des véhicules, telles que l'extraction du minerai de fer, les fonderies, les usines d'assemblage, les usines de pièces, la distribution des pièces, la livraison des automobiles neuves, etc. Ce chiffre n'inclut pas l'énergie requise pour la construction et l'entretien des routes, des stationnements et des stations d'essences, ni l'énergie consommée par le raffinage, l'exploration pétrolière et la distribution de l'essence, etc. Ces activités sont énergivores et très polluantes.

   Fréquemment, le pays qui subit ces impacts environnementaux n'est pas celui qui consomme les automobiles. Pensons simplement à l'exploration du pétrole et à son transport dont les impacts sont internationaux. C'est pourquoi **la consommation d'automobiles peut être considérée (en soi) comme un excellent indicateur macro-**

écologique de destruction de l'environnement par un pays. (Ce sujet est discuté en détail au chapitre 9).

Les excuses faciles de certains pays

Certains pays se sont trouvé des excuses pour justifier leur énorme consommation d'énergie, notamment le Canada. Examinons quelques-unes de ces excuses:

— *Le Canada possède un climat rigoureux.* Cette excuse ne peut justifier une consommation deux fois supérieure à celle de la R.F.A. Le chauffage ne représente qu'environ 15% de l'énergie utilisée au Canada et de toute façon, la R.F.A. a également un climat rigoureux.

— *Le Canada est un grand pays.* Cette excuse ne résiste pas à la réalité: 95% des activités économiques ont lieu dans un corridor géographique étroit. En fait, des quatre pays analysés, ce sont ceux qui ont la main-d'oeuvre agricole la plus abondante qui consomment le moins.

Tableau 5.5b: Pourcentage de la main-d'oeuvre agricole, 1981[331]	
États-Unis	3.3%
Canada	5.5%
R.F.A.	6.2%
France	9.0%

— *Une grande consommation d'énergie est essentielle à la qualité de vie.* La qualité de vie des Français ou des Allemands est aussi élevée que celle des Américains. Pourtant ces pays consomment beaucoup moins d'énergie. En fait, **la consommation énergétique moyenne de l'Européen de 1985 est moins élevée que celle des Américains de 1960.**

Bilan des indicateurs micro, méso et macro-écologiques

A partir de ces indicateurs, nous pouvons porter les conclusions suivantes:

— Les citoyens des États-Unis et du Canada sont responsables d'impacts macro-écologiques beaucoup plus grands que ceux de la France et de la R.F.A. Par contre, **on ne peut conclure que cet avantage européen est dû aux groupes écologiques, puisque les mêmes différences relatives (entre les pays) existaient avant la montée des groupes écologistes.**

---

[331] L'état du monde, 1982

— Dans l'ensemble, on peut conclure à des succès modestes des éco-logistes dans certains dossiers micro-écologiques et dans un dossier macro-écologique, celui des CFC. Par contre, **l'échec est total selon les indicateurs meso-écologiques et les principaux indicateurs macro-écologiques.**

— Les meilleurs amis de l'environnement semblent être les récessions des années 79 et 81. Pendant cette période, il y a baisse de la plupart des impacts environnementaux, avec une augmentation rapide des impacts après 81. Cette croissance rapide des impacts dans les années 80 repré-sente une confirmation de l'échec des groupes, puisque pendant cette période, ils sont très actifs, très visibles et la protection de l'environne-ment est supposée être devenue une priorité de la population. (L'opinion publique est analysée en détail au chapitre 11).

CHAPITRE 6

Le cas de l'énergie nucléaire

L'analyse comparative de la contestation contre les centrales nucléaires permet d'éclairer des enjeux écologiques pour les raisons suivantes:

— Les quatre gouvernements nationaux étudiés se sont engagés à intervenir activement en faveur du nucléaire, notamment pour trouver des sites appropriés.

— Les quatre pays étant très développés au plan technologique, le potentiel de développement du nucléaire était originellement comparable.

— Objectivement, les «menaces» de l'énergie nucléaire sont semblables d'un pays à l'autre.

— Selon une étude de Kitschelt[332], il semble que la perception des citoyens et des différents groupes de pression à ce sujet, a été fort semblable dans les pays occidentaux.

En somme il s'agit d'une étude de cas qui, à cause des similitudes précitées, permet de discerner les réactions spécifiques de chaque système politique face aux contestations des citoyens.

Pour mettre en évidence l'ordre de grandeur du développement de l'énergie nucléaire dans les quatre pays, voici un tableau qui présente l'évolution des programmes dans les quatre pays:

---

[332] Herbert P. Kitschelt, «Political Opportunity Structures and Political Protest: Anti-Nuclear Movements in Four Democracies», British Journal of Political Science, vol. 16, 1985, p. 61

Tableau 6.0: Nombre de réacteurs en construction, en opération et mis à la retraite[333]				
	États-Unis	Canada	France	R.F.A.
1974	87	7	10	15
1977	136	9	30	18
1980	140	11	44	19
1984	125	19	54	21
1991		25		
Nombre de réacteurs par million de citoyens: 1984	0.53	0.76	0.98	0.34

6.1 L'énergie nucléaire aux États-Unis

Dans les années 60 et au début des années 70, le développement de l'énergie nucléaire aux États-Unis est constant; mais de 1978 à 1983, 81 commandes de centrales ont été annulées et il n'y a eu aucune nouvelle commande de centrale[334]. L'accident de Three Mile Island en 1979 a été nuisible pour l'industrie, mais plusieurs autres facteurs ont affecté son développement. Selon C. E. Cook[335], qui a étudié ce débat de 1974 à 1978, les groupes environnementaux sont grandement responsables de cet arrêt de la croissance du nucléaire.

En 1984, 82 centrales nucléaires commerciales étaient en opération aux États-Unis. L'industrie bénéficie d'ailleurs d'un préjugé favorable du gouvernement, puisque les subventions à l'énergie nucléaire de 1950 à 1979, en dollars constants de 1979, se sont élevées à $37 milliards[336] (soit près de dix fois les subventions consacrées aux économies d'énergie).

Les lobbys en présence sont très diversifiés[337]. L'association la plus représentative du lobby nucléaire est le Atomic Industrial Forum, fondé en 1953. Ses membres incluent les principaux distributeurs d'électricité (environ 37 *Utilities*) qui possèdent des centrales nucléaires. Cette association inclut également les manufacturiers de centrales, les compagnies privées de génie et de conception nucléaire, les compagnies minières d'exploitation de l'uranium. Il existe également d'autres lobbys pro-nucléaires, notamment la Edison Electric Institute qui regroupe certains distributeurs d'électricité et l'American Nuclear Society qui représente environ 12 000 membres, employés d'universités, d'agences, de compagnies, etc.

---

[333] Herbert P. Kitschelt, Ibid., p. 78
Ronald Babin, L'option nucléaire, Boréal Express, Montréal, 1984, p. 61
[334] J. Lash, K. Killman, D. Sheridan, A Season of Spoils, Pantheon Books, 1984, p. 309
[335] Constance Ewing Cook, Nuclear Power and Legal Advocacy, Lexington Books, 1980, p. xii
[336] J. Lash, K. Killman, D. Sheridan, Ibid., p.315
[337] C. E. Cook, Ibid., p. 16

Le lobby anti-nucléaire est surtout représenté par les groupes environnementaux, mais aussi par certains groupes d'intérêt public, tels les groupes de protection des consommateurs[338]. Les principaux groupes environnementaux à s'impliquer ont été les suivants: Critical Mass, Environmental Action Incorporated, Environmental Policy Center, Friends of the Earth, National Parks and Conservation Association, Natural Resources Defense Council, Public-Interest Research Group, Sierra Club, Union of Concerned Scientists.

Avant d'aborder les dimensions stratégiques du débat, il est pertinent de présenter très brièvement les cas de certaines centrales nucléaires dont la construction a été contestée.

Midland, Michigan

Ce projet a été lancé en 1969, mais il a subi un retard sur l'échéancier de 9 ans; en 1984, le projet est uniquement complété à 85%. Le coût prévu était de $267 millions alors que le coût réel s'élèvera à $4,4 milliards. Ce cas est important, car il a été retardé par de nombreuses poursuites judiciaires. La demande de permis de la centrale de Midland a été contestée jusqu'en Cour Suprême[339]; mais la Cour a clairement approuvé l'émission du permis de la centrale et les procédures utilisées par la Nuclear Regulatory Commission (NRC). En somme, les groupes ont perdu leurs poursuites, mais les délais occasionnés ont causé de sérieux problèmes aux promoteurs du projet[340].

Washington Public Power Supply System (WPPSS)

La compagnie Bonneville Power Administration a lancé, pendant les années 70, un projet de construction de 5 centrales nucléaires pour le nord-ouest des États-Unis[341]. Le projet lui-même était financé par un consortium des *Utilities* de la région, appelé Washington Public Power Supply System ou WPPSS (le projet a ensuite été ironiquement baptisé «Whoops»). Ce projet était basé sur des estimés de croissance de la demande de 6 à 7% par année. Ces projections avaient été contestées par le Natural Resources Defense Council.

En mai 1981, les coûts réels dépassent les budgets par une marge de $6,7 milliards. La construction des centrales 4 et 5 est alors arrêtée définitivement. En avril 1982, la construction des centrales 1 et 3 est arrêtée même si elles sont complétées à 67% et 76%. En juillet 1983, la compagnie confirme un défaut de paiement de $2,25 milliards sur les obligations des centrales 4 et 5[342] (la plus grosse faillite américaine

[338] John E. Chubb, Interest Groups and the Bureaucracy, Stanford Un. Press, 1983, p. 14
[339] C. E. Cook, Ibid., p. 97 and 107
[340] Time, Feb. 13, 1984, P. Stoler, «Pulling the Nuclear Plug», p. 36
[341] J. Lash, K. Killman, D. Sheridan, Ibid., p. 299-301
[342] Time, Feb. 13, 1984, P. Stoler, «Pulling the Nuclear Plug», p. 34

d'obligations). La centrale no. 2 sera complétée même si l'électricité produite ne sera pas réellement requise. Ce fiasco s'est produit alors que Donald Paul Hodel était l'administrateur de la compagnie Bonneville. Hodel a ensuite été nommé Secrétaire du Département de l'Énergie (DOE) par Reagan en 1983.

Concernant les augmentations des coûts, ces centrales ne constituent pas des exceptions, mais bien la tendance générale de l'industrie nucléaire américaine. Une étude réalisée en janvier 1984[343] par le Département de l'Énergie (pro-nucléaire sous Reagan), arrive aux conclusions suivantes:

— 36 des 47 centrales analysées ont coûté au moins deux fois plus cher que prévu;

— 13 des 47 centrales ont coûté au moins quatre fois plus cher que prévu.

La centrale de Byron, de Commonwealth Edison

En janvier 1984, la NRC refuse d'accorder le permis d'opération pour la centrale de Byron, même si elle est complétée à 100%. La NRC est inquiète du faible contrôle de la qualité exercé pendant la construction de cette centrale[344].

Le surrégénérateur de Clinch River

Une centrale nucléaire de type surrégénérateur possède certaines caractéristiques particulières, notamment la production de plus de combustible qu'elle n'en consomme, une technologie beaucoup plus complexe que les centrales conventionnelles et surtout, des risques d'accident considérablement accrus. Les projets de surrégénérateurs ont relancé les débats au sujet de l'énergie nucléaire. Le projet de Clinch River, Tennessee, était en conception depuis les années 70 (budgets de recherche du gouvernement de plus de $10 milliards sur ce projet[345]). Avec l'arrivée de Reagan, le projet reprend de la vigueur au Département de l'Énergie et l'Administration Reagan, avec le appui du sénateur Howard Baker, essaie de faire adopter une loi pour lancer la construction de la centrale. Le Sénat défie l'Administration et rejette le projet de loi.

Les enjeux et le débat

Voici les principaux motifs de l'opposition des groupes à l'énergie nucléaire[346]:

---

[343] Time, P. Stoler, Ibid., p. 39
[344] Time, P. Stoler, Ibid., p. 34
[345] J. Lash, K. Killman, D. Sheridan, Ibid., p. 316-17
[346] C. E. Cook, Ibid., p. 10

— les enjeux concernant la sécurité des centrales (pas seulement les risques de bris, mais aussi les risques de sabotage et de vol de matériaux pouvant servir à fabriquer des bombes atomiques);
— une réticence face à l'expansion industrielle;
— la préférence pour les énergies renouvelables;
— les dangers de la centralisation économique.

Pour les groupes environnementaux américains, le débat est axé sur des «choix de société». Pour eux, il ne s'agit pas seulement d'un enjeu technique. Les stratégies adoptées par les groupes reflètent d'ailleurs cette perception du problème, puisque les organisateurs cherchent constamment à rejoindre la population en général et à réunir des masses de citoyens pour les démonstrations. La stratégie des groupes américains incluait également la présentation d'études techniques qui visaient à démontrer les dangers du nucléaire ou l'inutilité de son développement.

De son côté, l'industrie cherche à maintenir le débat uniquement sur des questions techniques. Il n'est jamais question d'entrer dans la dimension sociale du débat et l'industrie concentre son argumentation sur la sécurité des installations. En conséquence, l'industrie n'a pas étendu son réseau d'appui dans la population, mais plutôt auprès de certains spécialistes. Ses moyens de pression sur le gouvernement restent assez conventionnels, avec un lobbying direct auprès des agences et membres du Congrès. Malgré cette stratégie conventionnelle, le lobby pro-nucléaire est capable de communiquer intensément avec la population lorsque cela est nécessaire. Par exemple[347], dans le cas du référendum de 1976 (dans un État) qui visait à restreindre le développement de l'énergie nucléaire, l'industrie a dépensé $11,8 millions pour empêcher la tenue du référendum, en comparaison avec $1,9 millions dépensés par les groupes environnementaux.

Le rôle déterminant de la Nuclear Regulatory Commission (NRC)
(connue avant 1973 sous le nom de Atomic Energy Commission)

La Nuclear Regulatory Commission est l'agence responsable de l'approbation des permis des centrales et de l'application des normes de sécurité. Cette agence possède un rôle relativement plus important que d'autres agences pour diverses raisons:
— La poursuite judiciaire «Calvert Cliffs vs AEC»[348] a établi certains précédents importants, notamment que le National Environmental Policy Act (1971) s'appliquait à l'industrie nucléaire. En conséquence, les études d'impact deviennent nécessaires pour respecter la loi. De plus, des audiences publiques, avant la construction d'une centrale, sont obligatoires.

---

[347] C. E. Cook, Ibid., p. 21
[348] C. E. Cook, Ibid., p. 27 et 41-42

— Il est pratiquement impossible de faire des exceptions aux procédures, compte tenu du faible nombre des installations et de leur taille (contrairement au cas des produits toxiques où l'EPA doit contrôler des milliers de nouveaux produits chaque année).

— Compte tenu de l'ampleur de chacun des projets de centrales et des oppositions fréquentes des citoyens locaux, les décisions de la NRC attirent l'attention des médias et de la population.

Les décisions des tribunaux

Une méthode d'intervention fréquente des groupes environnementaux américains est celle des poursuites judiciaires[349], autant pour essayer de bloquer l'émission de nouveaux permis que pour forcer la NRC à appliquer des normes plus sévères.

Les décisions des tribunaux ont généralement favorisé l'industrie nucléaire, incluant les décisions de la Cour Suprême. Rappelons cependant que l'impact des **délais engendrés par les procédures judiciaires** est aussi déterminant que l'impact des jugements eux-mêmes[350]. Cette conclusion est confirmée par une étude de l'organisme Consumers Power qui, en 1976, partage la responsabilité de l'augmentation des coûts selon les pourcentages suivants[351]:

Tableau 6.1a: Facteurs d'augmentation des coûts des centrales	
1. Augmentation liée au temps du projet	27%
2. Changements de réglementation ou de codes	16%
3. Évolution du projet, changements de plans, manque d'expérience	36%
4. Délais dus au permis ou à la suspension des travaux (par la NRC)	20%

On peut constater que près de la moitié de l'augmentation est due au temps et les poursuites des groupes sont largement responsables de ces délais.

Remarques sur les acteurs

À cause de la présence de la NRC qui était la cible principale des poursuites judiciaires et du lobbying direct des entreprises, le Congrès n'a pas eu un rôle aussi important dans le dossier nucléaire que dans d'autres dossiers (ex. des déchets toxiques). De plus, il est permis de penser que l'opposition locale des citoyens, face à l'implantation d'une centrale dans leur région, a été un facteur de modération pour les membres du Congrès dans ce débat. Malgré cela, le Congrès peut être globa-

---

[349] C. E. Cook, Ibid., p. 97
[350] C. E. Cook, Ibid., p. 108
[351] C. E. Cook, Ibid., p. 104

lement qualifié de «pro-nucléaire», car les budgets énormes de recherche et de développement du nucléaire ont été adoptés par le Congrès. Plusieurs membres de la NRC étaient «proches» de l'industrie, autant par leur formation académique que par leur implication précédente dans le secteur. Cela constituait pour l'industrie un avantage, mais aussi un inconvénient stratégique. L'industrie se devait d'exercer des pressions sur la Commission mais de façon très discrète et surtout sans antagoniser ses membres (pour ne pas risquer de retarder l'émission des permis). C'est d'ailleurs pour cette raison que l'industrie n'a pas riposté aux poursuites judiciaires des groupes par d'autres poursuites contre la NRC[352]. Il était difficile de poursuivre ses collègues.

Les syndicats, à l'exception des «Travailleurs Unis de l'Automobile», ont généralement appuyé l'industrie nucléaire[353]. En février 1977, le Conseil exécutif de la AFL-CIO a déclaré que «Tous les efforts devront être faits pour accélérer le développement de l'énergie provenant du charbon et de l'énergie nucléaire».

L'impact des groupes de protection de l'environnement

Il est intéressant de constater que même si les groupes «nationaux» de protection de l'environnement se sont impliqués, une forte proportion des groupes qui se sont mobilisés étaient d'origine locale[354], car de très nombreux groupes se sont formés spécifiquement pour s'opposer à une installation dans leur région. Les groupes nationaux ont commencé à s'impliquer dans ce dossier vers 1973, parmi les plus importants il y avait le Sierra Club et Critical Mass (du groupe Nader).

La principale activité des groupes a été celle de la communication, non seulement avec leurs membres, mais aussi avec la population. En conséquence, les liens entre les groupes et leurs supporteurs sont nombreux et diffus (alors que les liens de l'industrie nucléaire avec ses supporteurs sont peu nombreux, mais plus tangibles). Grâce à ce réseau de communication, les groupes environnementaux sont capables de faire des coalitions et d'organiser quelques démonstrations, non seulement sur les sites de construction, mais aussi à Washington[355].

Une autre activité des groupes est celle de la recherche. Dans le cas du WPPSS, le Natural Resources Defense Council a publié une étude technique qui démontrait que la croissance des besoins de la région pouvait être comblée par des programmes d'économie d'énergie et des petites installations hydroélectriques[356]. Les groupes environnementaux

---

[352] C. E. Cook, Ibid., p. 27
[353] C. E. Cook, Ibid., p. 22
[354] C. E. Cook, Ibid., p. 11-12
[355] Time, Feb. 13, 1984, P. Stoler, «Pulling the Nuclear Plug», p. 35
[356] J. Lash, K. Killman, D. Sheridan, Ibid., p.301

ont également financé et contribué à la publication de livres, dans le but d'informer la population sur ces enjeux.

Même si ces activités sont importantes pour les groupes, dans le cas de l'énergie nucléaire, les poursuites judiciaires semblent avoir été l'élément déterminant [357]. Ces poursuites ont permis d'exercer une pression constante sur les membres de la NRC ou sur les membres du Congrès.

En ce qui concerne le lobbying auprès du NRC[358], les groupes n'ont pas de ressources comparables à celles de l'industrie et on peut conclure que la stratégie du lobbying direct n'a pas été déterminante. Finalement, les manifestations de grande envergure ont été rares aux États-Unis[359], comparativement à la France et à la R.F.A. La principale exception à cette tendance a été une courte période suivant l'accident de Three Mile Island.

Succès ou échec des groupes environnementaux

Une citation dans un article du Time[360] fait le point sur la situation en 1984:

> «Les nouvelles mesures de sécurité ont ajouté des millions aux coûts des réacteurs existants ou en construction. Les changements dans la procédure d'émission des permis et l'opposition des environnementalistes ont accru le temps nécessaire pour l'obtention des permis et la construction des réacteurs. Ce temps qui était de 7 ans au début des années 60, peut maintenant atteindre 14 ans.

Dans le dossier de l'énergie nucléaire, on peut conclure que les groupes environnementaux ont enregistré des succès aux États-Unis. Certes, d'autres facteurs ont contribué au déclin de l'industrie nucléaire, mais les groupes ont eu un rôle important.

Avant de conclure trop vite que les groupes environnementaux américains constituent une grande force politique, il faut se rappeler que le cas de l'énergie nucléaire présente des caractéristiques très différentes des autres enjeux environnementaux. Contrairement aux autres enjeux, les groupes n'avaient pas à faire des efforts pour attirer l'attention des médias. Par sa taille, un projet de centrale nucléaire ne peut faire autrement que d'attirer l'attention des médias et, en conséquence, de la population. De plus, dans le cas du nucléaire, les groupes environnementaux n'avaient pas à faire adopter une loi (tâche très difficile dans le système politique américain), mais bien à bloquer l'émission des permis. Les rôles habituels des groupes environnementaux et de l'industrie étaient ici inversés. **Dans la plupart des cas, ce sont les industries qui**

---

[357] John E. Chubb, Ibid., p. 111
[358] John E. Chubb, Ibid., p. 111
[359] Herbert P. Kitschelt, «Political Opportunity Structures and Political Protest: Anti-Nuclear Movements in Four Democracies», British Journal of Political Science, vol. 16, 1985, p. 72
[360] Time, Feb. 13, 1984, P. Stoler, «Pulling the Nuclear Plug», p. 36

essaient de bloquer le fonctionnement des agences alors que les groupes environnementaux font des pressions pour faire adopter ou appliquer une loi.

Le succès des groupes environnementaux dans le cas de l'industrie nucléaire, est dû à la nature du système politique américain: la fragmentation des pouvoirs permet de bloquer facilement l'action publique alors qu'il est très difficile de forcer le gouvernement à agir. Il ne s'agissait pas ici de proposer et de faire adopter une réforme, mais bien d'utiliser les multiples pouvoirs, surtout le pouvoir judiciaire, pour ralentir les actions d'une agence (la NRC).

6.2 L'énergie nucléaire au Canada

Comme aux États-Unis, les promoteurs de l'énergie nucléaire au Canada justifient son développement dans les années 60 par des prévisions d'accroissement de la demande énergétique de l'ordre de 7% par année (dans les années 70, la croissance se situera plutôt entre 2 et 3%). Les gouvernements se précipitent alors dans la construction d'équipements de production d'énergie. Mais l'énergie est d'abord de juridiction provinciale et la plupart des provinces possèdent d'autres options énergétiques que celle du nucléaire. Finalement, seul l'Ontario adoptera résolument le nucléaire.

Tableau 6.2a: Puissance des centrales nucléaires au Canada[361]

	1981	1991
Ontario	5250	13810
Québec	250	630
Nouveau-Brunswick	0	635
Canada	5500	15335

Construction des centrales au Québec[362]

	Date d'approbation	Date de mise en service	Puissance (MW)
Gentilly I	1966	1972 (à 1987)	250
Gentilly II	1973	1983	630

Construction des centrales en Ontario[363]

	Date de mise en service	Puissance (MW)
NPD	1966	22
Douglas Point	1973	208
Pickering A	1971-73	2060
Bruce A	1977-79	2960
Pickering B	1981-83	2060
Bruce B	1983-87	3000
Darlington	1987-91	3500

---

[361] Ronald Babin, L'option nucléaire, Boréal Express, Montréal, 1984, p. 58
[362] Jean-Guy Vaillancourt, Essais d'écosociologie, éd. St-Martin, Montréal, 1982, p.23
[363] Ronald Babin, Ibid., p. 61

Les enjeux et le débat

Au Canada, le comportement des groupes environnementaux est influencé par les groupes américains et français. Comme aux États-Unis, le débat a porté beaucoup sur les détails techniques des centrales, leurs risques et leurs coûts. De plus, comme en France, les arguments de centralisation et «d'État policier» ont été utilisés par les groupes.

La question de la prolifération des armes nucléaires a été plus importante au Canada que dans les autres pays: ceci est dû à l'explosion en Inde, en 1974, d'une bombe atomique fabriquée de plutonium obtenu d'une centrale que le Canada y avait implantée[364]. Pour un pays sans armes nucléaires comme le Canada, il s'agissait d'une perte de crédibilité majeure.

Les groupes anti-nucléaires ont également soulevé la question du pouvoir des citoyens qui doivent avoir un mot à dire dans la politique énergétique. La demande d'un débat public sur l'énergie a été constante pendant de nombreuses années.

Mais, dans l'ensemble, il faut retenir que le développement du nucléaire au Canada a été affecté davantage par le caractère fédéral du système politique que par l'opposition des écologistes. Le tableau suivant résume les positions des diverses provinces sur le nucléaire et permet de conclure à un rejet du nucléaire par la majorité des provinces.

Tableau 6.2b: Différences entre les provinces canadiennes concernant le nucléaire [365]		
	Position sur le nucléaire	**Motif?**
Terre-Neuve	Aucune centrale	Gisements de pétrole; hydro
Nouvelle-Écosse	Aucune centrale, mais usine d'eau lourde	Gisements de charbon et gaz naturel
Ile du Prince Édouard	Politique anti-nucléaire	Position de principe
Nouveau-Brunswick	Une centrale en opération, en prévoit une deuxième	Les subventions fédérales sont trop intéressantes
Québec	Deux centrales, moratoire «permanent» sur le nucléaire	Énorme potentiel hydro, moins coûteux que le nucléaire
Ontario	22 réacteurs, très pro-nucléaire	Politique nucléaire fédérale faite «sur mesure» pour l'Ontario
Manitoba	Position anti-nucléaire, mais centre de recherche sur le nucléaire	Position de principe (N.P.D.), hydro-électricité
Saskatchewan	Position anti-nucléaire mais mines d'uranium	Position de principe, accès à l'énergie abondante de l'Alberta
Alberta	Nucléaire inutile	Gisements de pétrole, gaz naturel et sables bitumineux
Colombie-Britannique	Hésitations, car mines d'uranium	Hydro-électricité, gisements de charbon

---

[364] Ronald Babin, Ibid., p. 111
[365] Ronald Babin, Ibid., p. 71 (Tableau réalisé par Luc Gagnon)

La prise de contrôle du fédéral sur les ressources minières liées au nucléaire a d'ailleurs créé des tensions avec les provinces qui normalement ont juridiction sur les ressources naturelles. Par contre, par les subventions massives et la répartition des diverses activités à travers le Canada, le gouvernement fédéral et Énergie atomique du Canada ont été très habiles dans la promotion du nucléaire auprès des provinces.

Le cas du Québec permet d'illustrer l'évolution du nucléaire au Canada, d'un lancement euphorique à une remise en question. Le gouvernement du Québec exprime en 1969 un appui de principe au nucléaire et lance le projet de Gentilly I. En 1973, Hydro-Québec décide de construire Gentilly II (sans qu'il y ait de débat politique à ce sujet). En 1976, elle annonce un programme qui, de 1976 à l'an 2000, prévoit la construction de dizaines de centrales le long du fleuve (30 000 MW)[366]. Mais avec l'arrivée du Parti Québécois au pouvoir, ce programme est remis en question. Le gouvernement annonce, à partir de 1978, une série de moratoires sur le développement du nucléaire. Il ne s'agit pas d'abandonner le programme nucléaire, mais simplement de le remettre à plus tard. La construction de la centrale de Gentilly II continuera. La centrale de Gentilly III, prévue dès 1974, a été l'objet de débats lorsque le P.Q. est arrivé au pouvoir. Elle n'a jamais été construite, une indication d'un succès relatif des groupes anti-nucléaires québécois.

Plusieurs «horreurs» administratives ont contribué à discréditer le nucléaire au Québec[367]: la centrale de Gentilly I a subi tellement de pannes qu'elle a fonctionné pendant seulement 200 jours en 10 ans. L'usine d'eau lourde de LaPrade a coûté $650 millions, avant que le projet ne soit abandonné pour surplus d'inventaire d'eau lourde. La centrale de Gentilly II qui devait coûter $300 millions, aura finalement coûté plus d'un milliard. (L'Ontario a aussi connu des problèmes semblables, les délais de construction dus à des générateurs défectueux ont coûté $1 milliard à Hydro-Ontario).

Remarques sur les acteurs

L'entreprise publique Énergie atomique du Canada limitée (EACL) est certainement un des acteurs les plus importants; depuis 1960, elle a étendu son mandat original de recherche, dans la production et la promotion du nucléaire. C'est l'EACL qui a incité les politiciens à adopter, en 1974, une politique de subventions à la construction de centrales[368]. Par contre, en terme de promotion et de lobbying, c'est l'Association nucléaire canadienne (ANC), représentant 150 entreprises liées à l'énergie nucléaire, qui est la plus active. Les présidents de l'EACL et

---

[366] Ronald Babin, L'option nucléaire, Boréal Express, Montréal, 1984, p. 63
[367] Jean-Guy Vaillancourt, Essais d'écosociologie, éd. St-Martin, Montréal, 1982, p.196
[368] Ronald Babin, Ibid., p. 49

de Hydro-Ontario siégeant au Conseil d'Administration de l'ANC, il est difficile d'évaluer l'importance relative de ces acteurs.

Malgré l'abondance des ressources énergétiques canadiennes, un sondage réalisé en 1976 indiquait que 91% des citoyens considéraient l'indépendance énergétique[369] comme «cruciale». Comme dans les autres pays, les promoteurs du nucléaire n'ont pas hésité à utiliser cet argument pour vendre leur produit.

La Commission canadienne de l'Énergie atomique[370] a comme mandat de surveiller le développement du nucléaire. Mais contrairement aux États-Unis, cet organisme de contrôle n'a pas établi de normes strictes à respecter. Elle traite plutôt des problèmes et projets, cas par cas, et n'a pas été très ouverte aux contestations.

Les partis politiques ont accordé beaucoup d'attention à l'énergie nucléaire. Mais comme dans les trois autres pays étudiés, ce sont surtout les partis d'opposition qui en débattent sérieusement. Les partis au pouvoir ont plutôt tendance à remettre ce sujet controversé entre les mains de commissions indépendantes. En 1978 après de longues études, la Commission Porter recommande un réduction du programme nucléaire ontarien, mais le gouvernement ignore ses conclusions.

Comme dans les trois autres pays étudiés, les syndicats ont été soit neutres, soit pro-nucléaires. En Ontario (1980), à la suite d'une manifestation anti-nucléaire, des travailleurs de la construction ont même organisé une manifestion pro-nucléaire pour réclamer la construction de la centrale de Darlington[371].

L'impact des groupes de protection de l'environnement

Voici un tableau des principaux acteurs anti-nucléaires[372]:

Tableau 6.2c: Acteurs anti-nucléaires au Canada		
Ontario:	**Premières interventions** Pollution Probe	début 70
	Energy Probe	
	CANTDU	1974
	Ontario Non-Nuclear Network (ONNN)	
Québec	Société pour Vaincre la Pollution (SVP)	début 70
	Society to Overcome Pollution (STOP)	début 70
	Alliance Tournesol	1978
Canada	Regroupement canadien pour la Surveillance du Nucléaire (coalition de 45 groupes en 1975, 200 groupes en 1977)	1975

---

[369] Ronald Babin, Ibid., p.153
[370] Ronald Babin, Ibid., p. 140
[371] Ronald Babin, Ibid., p.176
[372] Ronald Babin, Ibid., p.135-158

Généralement, les groupes environnementaux canadiens ont accepté de participer aux événements prévus tels que les audiences des commissions indépendantes. Ils ont utilisé la majorité des moyens disponibles: lobbying, conférences de presse et publications, des stratégies adaptées au contexte politique canadien. Par contre, les manifestations de masse ont été assez rares et modestes en comparaison avec celles en R.F.A. et aux États-Unis. Relativement aux contestations européennes, on peut aussi conclure qu'il y a eu très peu d'actes de désobéissance civile contre le nucléaire. Une exception notable, le groupe ONNN a organisé une vigile de 80 jours aux bureaux de la CCEA.

Selon J.-G. Vaillancourt[373], les deux dates les plus importantes pour le mouvement anti-nucléaire québécois sont le 22 octobre 1977 où la plus grande manifestation anti-nucléaire a eu lieu à Gentilly (800 personnes) et le 12 février 1978, date de la fondation de l'Alliance Tournesol, coalition contre le nucléaire entièrement québécoise. En 1979, la SVP organise le «Front commun pour un débat public sur l'énergie», représentant 80 groupes québécois de profil diversifié (pas uniquement des écologistes). Le gouvernement évitera finalement d'encadrer un tel débat en changeant de ministre de l'énergie.

Succès ou échec des groupes écologistes

En Ontario, le développement du nucléaire a été un des plus rapides au monde. Il est donc impossible de conclure à un succès des écologistes dans cette province. L'opposition au nucléaire a pourtant été bien organisée. Il y a eu certains succès médiatiques lorsque des événements d'actualité ont mis le nucléaire sur la sellette. Dans le cas de la ville de Port Hope, où les déchets miniers radioactifs ont menacé la santé des citoyens, les médias se sont déplacés massivement. Cela a ensuite suscité plusieurs autres reportages sur le nucléaire.

Les groupes ont aussi exploité avec succès les problèmes internationaux, notamment l'explosion de la bombe atomique en Inde qui a créé plusieurs débats politiques et Three Mile Island qui a relancé les discussions. Autre indice de succès modeste, des partis politiques importants ont pris position contre le nucléaire au Canada (contrairement aux États-Unis). Il faut cependant examiner le tableau des positions provinciales pour conclure que les motifs de cette opposition ont rarement été écologiques. Au niveau fédéral, quelques chefs de parti ont appuyé les demandes des groupes concernant un débat public, mais **uniquement lorsque ces chefs de parti étaient dans l'opposition.**

De plus, il n'y a eu aucun mouvement anti-nucléaire dans les provinces et régions où il n'y a pas eu construction de centrale nucléaire. Est-ce une indication que l'opposition anti-nucléaire relève du syndro-

---

[373] Jean-Guy Vaillancourt, Ibid., p.20, 24

me *Not in my backyard* plutôt que d'une critique profonde de la société moderne?

6.3 L'énergie nucléaire en France

La France, dès 1970, adopte la technologie américaine (Westinghouse) et lance un grand programme de développement[374]. Les objectifs sont de 8000 MW de puissance pour 1976. Au moment de la crise du pétrole de 1973, le gouvernement décide d'accélérer ce programme, prévoyant construire treize nouveaux réacteurs pour 1980 et un total de cinquante réacteurs sur vingt sites pour 1985. Ce programme, adopté en 1974, n'a pas fait l'objet de débats parlementaires.

Ce programme a pu être implanté rapidement pour plusieurs raisons:

— relativement aux États-Unis, le gouvernement central est très fort et peut imposer sa volonté plus facilement (voir chapitre 2);

— le gouvernement a utilisé l'argument de la dépendance énergétique de la France (en 1954, 64,6% d'autosuffisance, contre seulement 23,8% en 1974[375]); cet argument est puissant dans un pays aussi nationaliste que la France;

— les centrales ont été essentiellement construites par des entreprises en situation de monopole, principalement Électricité de France (EDF), entreprise publique de 120 000 employés.

Quelques événements importants

En 1970, deux démonstrations indiquent le début de la contestation: environ 1500 personnes à Fessenheim et 15 000 démonstrateurs à Bugey[376]. Après cela, il y a une période d'accalmie de 1971 à 1975. Pendant cette période, le gouvernement lance son programme et met en service, en 1974, un premier surrégénérateur (Phénix de 230 Mw). Étonnamment, ce projet a été peu contesté alors que le deuxième surrégénérateur (Super Phénix) sera la centrale la plus contestée.

Entre 1975 et 1977, environ 175 000 personnes ont participé à une dizaine de démonstrations[377]. La contestation atteint son apogée en 1977 lors d'une démonstration massive à Creys-Malville, site du Super Phénix. Mais à cette époque, la police a décidé d'intervenir brutalement pour contrôler les manifestations et empêcher les occupations de sites. Ces interventions semblent avoir ensuite modéré l'ampleur des démonstrations.

---

[374] Dorothy Nelkin, Michael Pollak, The Atom Besieged, M.I.T. Press, 1981, p.2, 12-13
[375] Dorothy Nelkin, Michael Pollak, Ibid., p.13
[376] Dorothy Nelkin, Michael Pollak, Ibid., p.58
[377] Herbert P. Kitschelt, Ibid., p. 71

Les enjeux et le débat

L'adoption des programmes de développement des années 69 et 74 n'a fait l'objet d'aucun débat à l'intérieur des grands partis politiques[378], ni dans la population en général. Les débats commenceront uniquement lorsque des sites précis de centrales seront annoncés.

Contrairement aux autres pays étudiés, les affrontements en France étaient souvent segmentés en groupes professionnels: à Flamanville, les cols bleus et les propriétaires de commerce étaient en faveur d'une nouvelle centrale, alors que les agriculteurs et les pêcheurs s'y opposaient; le maire de Flamanville, favorable au projet, a alors tenu un référendum: 435 ont voté en faveur d'une centrale, 248 contre[379]. Ce cas est typique, puisque les élus locaux ont généralement été favorables aux projets. Cette tendance contraste avec la R.F.A. où les élus locaux étaient souvent méfiants face aux projets provenant des gouvernements supérieurs.

Le cas du Super-Phénix représente une exception car, à cause des risques accrus qu'il représente, l'opposition a été beaucoup plus diversifiée:
— les maires et élus municipaux de la région ont créé une coalition contre la centrale;
— 1300 ingénieurs, physiciens et techniciens du Centre européen de Recherche sur le Nucléaire (à Genève) ont signé une pétition contre le projet;
— 504 scientifiques de la région ont également signé une pétition contre le projet;
— il y a eu une manifestation d'environ 60 000 personnes sur le site en juillet 1977;
— lors de l'intervention de la police, plusieurs centaines de citoyens ont été blessés et un a été tué.

Si un tel niveau de contestation avaient eu lieu aux États-Unis ou en R.F.A., le projet aurait probablement été abandonné, mais dans le système français caractérisé par la centralisation politique, le projet a été réalisé malgré tout.

Remarques sur les acteurs

La stratégie des promoteurs[380] du nucléaire misait sur le nationalisme: il ont fait l'équation *énergie nucléaire=indépendance nationale*. Tout en entretenant une image de prestige de la technologie française, cette stratégie semble avoir bien réussi car, en contraste avec les autres pays étudiés, l'opinion publique française est restée favorable au nucléaire dans les années 70.

---

[378]   Dorothy Nelkin, Michael Pollak, Ibid., p.2
[379]   Dorothy Nelkin, Michael Pollak, Ibid., p.71
[380]   Dorothy Nelkin, Michael Pollak, Ibid., p.21 et 43

Quant aux politiciens français, ils ont été, en général, très pro-nucléaires. Tous les Présidents ont appuyé activement le développement, notamment en utilisant la police pour évincer brutalement les écologistes qui occupaient des sites de centrales. Une exception notable, en période pré-électorale de 1977, Mitterand annonça que son parti voulait imposer un moratoire de deux ans sur toute nouvelle construction. Quelques années plus tard, le Président Mitterand favorisera un développement accéléré.

Les syndicats français[381], associées aux partis politiques de gauche, ont eu un comportement semblable à celui des partis. La Confédération générale du Travail (CGT), très proche du Parti communiste, a toujours été fortement en faveur du nucléaire, symbole de progrès. La Confédération française démocratique du Travail (CFDT) associée au Parti socialiste a été plus critique, permettant le travail interne de comités opposés au nucléaire. Par contre, il n'y a jamais eu de position officielle contre le nucléaire.

Globalement, les écologistes français semblent avoir essayé une grande diversité de tactiques contre le nucléaire: programmes d'information, utilisation des médias, mobilisation de citoyens, recours à des experts, utilisation de visions d'apocalypse ou d'État policier, poursuites judiciaires, etc. Seul le lobbying auprès des élus semble avoir été négligé, comportement compréhensible, puisque les politiciens clés ne sont guère accessibles.

L'impact des groupes écologistes

Les écologistes français ont eu un impact très faible dans les processus officiels de consultation, car les discussions ne devaient porter que sur la pertinence des sites[382]. Il n'était pas possible de remettre en question la politique de développement. Dans plusieurs cas, les travaux de construction étaient déjà commencés lors de la consultation.

Les traditions juridiques françaises n'ont pas aidé les écologistes. Non seulement les juges n'ont pas tendance à interpréter largement les lois mais, dans le cas du nucléaire, le gouvernement n'a jamais adopté de loi claire qui aurait permis une telle interprétation[383] (contrairement à la R.F.A. où les tribunaux ont interprété largement la loi fédérale sur le nucléaire).

Dans le cas du Super Phénix, les écologistes ont essayé de bloquer le projet par des poursuites judiciaires, mais les requêtes ont été rejetées par les tribunaux[384]. Même pendant les délibérations des tribunaux, la construction a continué. Plusieurs projets de centrales ont été contestés

---

[381]   Dorothy Nelkin, Michael Pollak, Ibid., p.48-50
[382]   Dorothy Nelkin, Michael Pollak, Ibid., p.29
[383]   Dorothy Nelkin, Michael Pollak, Ibid., p.159
[384]   Dorothy Nelkin, Michael Pollak, Ibid., p.209

devant les tribunaux par les écologistes français, mais il y a un seul cas, celui de Flamanville, où le tribunal a tranché en faveur des écologistes. Et dans ce cas, E.D.F. n'a eu qu'à faire une deuxième demande de permis qui a été approuvée. La décision n'a permis que d'arrêter temporairement les travaux.

Les groupes anti-nucléaires français ont également eu des problèmes «d'image» auprès de la population. Les contestataires ont été accusés de radicaux, de s'opposer au bien-être collectif. Il s'agit d'une différence majeure avec la R.F.A. où la décision d'un gouvernement d'imposer une centrale nucléaire était parfois considérée comme une forme d'abus de pouvoir.

Malgré ce bilan négatif de la contestation anti-nucléaire en France, les groupes ont reçu **des appuis lorsque leur critique portait sur l'inaccessibilité de l'information et les excès de la centralisation politique.** Plusieurs Français considèrent ces caractéristiques comme des faiblesses de leur système politique, faiblesses mises en évidence par le débat sur le nucléaire.

Succès ou échec des écologistes

Si on base notre jugement sur l'ampleur du développement de l'énergie nucléaire, il faut conclure à un échec complet des groupes anti-nucléaires français. Il est difficile d'identifier un seul projet qui aurait été abandonné. Mais cet échec est largement dû aux caractéristiques du système politique français: Kitschelt[385] le qualifie de système «fermé» et «aux structures politiques efficaces». Il s'agit d'un cas où le système politique permet aux leaders politiques de réaliser leurs objectifs, contexte qui a joué contre les groupes anti-nucléaires. (Mais n'oublions pas qu'un tel système peut présenter des avantages, notamment dans le cas des déchets toxiques, discuté au prochain chapitre).

6.4 L'énergie nucléaire en R.F.A.

Pendant la période de «lancement», le développement du nucléaire en R.F.A. a été semblable à celui de la France. Après la crise du pétrole, les programmes sont modifiés, visant à faire passer la capacité des centrales nucléaires de 2300 MW en 1974, à 50 000 MW pour 1985[386]. Il y a eu davantage de débats entre les partis politiques qu'en France. Mais contrairement aux États-Unis où il n'y a pas de ligne de parti, les députés qui s'opposaient au nucléaire ont dû céder à cause des lignes de parti et le programme fédéral a été adopté rapidement.

---

[385] Herbert P. Kitschelt, Ibid., p. 64
[386] Dorothy Nelkin, Michael Pollak, The Atom Besieged, M.I.T. Press, 1981, p. 14, 16 and 39

En R.F.A., les promoteurs du nucléaire sont des entreprises privées et non pas publiques comme en France. De plus, la technologie a dû être importée car, avant 1955, la R.F.A. n'avait pas le droit de faire de la recherche dans le domaine du nucléaire. Quelques entreprises multinationales dominent la production. En ce qui concerne les distributeurs d'électricité, les entreprises sont nombreuses et privées, contrairement à la France.

Quelques événements importants[387]

— Comme en France, le début de l'opposition des groupes de citoyens débute vers 1972.

— Entre 1975 et 1979, environ 280 000 personnes ont participé à sept démonstrations sur des sites de centrales.

— Au site de Brockdorf en 1976, entre 30 000 et 45 000 personnes participent à la démonstration; il y a de nombreux incidents violents, une intervention musclée de la police et de très nombreuses arrestations.

— Au site du surrégénérateur de Kalkar en 1977, il y a environ 50 000 manifestants dont 10 000 Hollandais et 1000 Français.

— Un projet de centrale dans la vallée du Rhin (Mühlheim-Karlich) avait été contesté dès 1972; une pétition de 10 000 noms avait alors permis une poursuite judiciaire contestant la validité du processus d'autorisation du permis. Cinq ans plus tard, en 1977, un tribunal administratif a suspendu le projet à cause de la collusion entre le promoteur et les autorités qui avaient émis le permis.

— Après Three Mile Island, plusieurs dizaines de milliers de citoyens manifestent à Hanovre, pour contester l'implantation d'un site de déchets nucléaires à Gorbelen; le projet est ensuite abandonné.

Le cas de la centrale de Wyhl permet d'illustrer le rôle relatif des groupes par rapport au système politique:

— 1973: Le Länd choisit Wyhl comme site futur;

— 1973-74: montée des contestations;

— 1974: la municipalité subit des pressions des divers groupes, car elle a la possibilité de stopper le projet en refusant de vendre les terrains nécessaires;

— 12 janv. 1975: elle tient alors un référendum sur la vente de ces terrains: résultats 55% en faveur et 43% contre la vente (92% de participation); le projet est donc autorisé;

— 22 janv. 1975: 4 des municipalités avoisinantes, se sentant menacées par le projet, exercent un recours devant un tribunal administratif à Freiburg; la Cour demande alors que le projet soit stoppé pendant leur délibération, mais la construction continue de toute façon;

---

[387]   Herbert P. Kitschelt, Ibid., p. 71
Dorothy Nelkin, Michael Pollak, The Atom Besieged, M.I.T. Press, 1981, p.60, 68 and 88

— février 75: démonstration de 20 000 personnes et occupation du site;

— mars 75: la Cour administrative bloque le projet; le promoteur en appelle de la décision, mais la construction cesse alors;

— mars 1977: après un long procès, la Cour décide d'interdire la construction (pour des motifs de conception technique de la centrale).

Les enjeux et le débat

Le gouvernement fédéral établit, dès 1956, la «Commission Atomique Allemande» dans le but de réduire les confrontations entre les acteurs concernés[388] et au début des années 70, il y a adoption d'une loi sur l'énergie atomique.

Comme en France, il n'y a pas de débat significatif entre les partis politiques[389] lors de l'adoption du programme de développement de 1973. Les débats commencent lors des contestations de citoyens et les enjeux invoqués par les divers acteurs sont les mêmes qu'ailleurs: les opposants invoquent les risques du nucléaire, la possibilité d'État policier et la faiblesse des processus de consultation; les promoteurs invoquent les enjeux de l'indépendance nationale, du prestige et du progrès de la nation.

Il y a cependant une différence fondamentale avec la France: la présence des Länder qui, tout en étant d'accord avec le programme nucléaire, constatent qu'ils sont entraînés, malgré eux, dans des débats politiques. Ce sont les Länder qui déterminent les sites et que c'est à ce moment-là que les contestations débutent en force.

Remarques sur les acteurs

Le principal promoteur du nucléaire est un lobby industriel[390]: la «Société allemande pour l'Énergie nucléaire» regroupe une grande diversité d'entreprises, notamment l'Association des ingénieurs allemands et le Forum atomique allemand. Comme en France, la stratégie des promoteurs du nucléaire a été d'entretenir l'équation *énergie nucléaire=indépendance nationale.*

Contrairement à la France où E.D.F. gère, pour le gouvernement, toutes les facettes du nucléaire, de nombreux ministères sont directement impliqués dans le développement en Allemagne fédérale. Cette fragmentation des responsabilités gouvernementales a affaibli la position «pro-nucléaire».

En R.F.A., les syndicats sont regroupés dans une grande centrale (la CDU) qui participe activement au pouvoir dans un esprit de collaboration avec les partis politiques. Pendant les débats, cette centrale a ap-

---

[388] Dorothy Nelkin, Michael Pollak, Ibid., p.15
[389] Dorothy Nelkin, Michael Pollak, Ibid., p.3
[390] Dorothy Nelkin, Michael Pollak, Ibid., p.16 et 44-45

puyé activement le développement du nucléaire. A plusieurs reprises, alors que le parti social-démocrate (SPD) au pouvoir hésitait à cause de débats internes, la CDU est intervenu en faveur du nucléaire. Au congrès national de 1977, alors qu'un moratoire de deux ans était à l'ordre du jour, 40 000 syndiqués participaient à une démonstration pro-nucléaire à Dortmund. Un mois plus tard, le congrès du SPD rejetait le moratoire.

L'impact des écologistes

Les poursuites judiciaires intentées par les groupes anti-nucléaires ont permis de ralentir ou d'arrêter la construction de plusieurs centrales: Wyhl, Brokdorf, Grohnde et Kalkar[391]. Voici un bilan des principales poursuites:

Tableau 6.4: Décisions des tribunaux en R.F.A.[392]

Site du projet	Année	Jugement	Conséquence
Krümmel	1973	Plainte rejetée	La construction continue sans délai
Stade	1974	Plainte rejetée	La construction continue sans délai
Wyhl	1975	Permis révoqué, mais décision renversée par la cour d'appel	Nombreux délais dans la construction
	1977	Permis révoqué, mais cause en appel pour la deuxième fois	
Mülheim/ Kärlich	1977	Injonction acceptée Jugement contre les écologistes	Les travaux arrêtés temporairement
Grohnde	1977	Permis révoqué	Projet arrêté complètement
Esenham	1977	Permis révoqué	Projet arrêté temporairement
Brokdorf	1977	Permis révoqué	Projet arrêté complètement

Dans les cas où les tribunaux ont rejeté les demandes des écologistes, les travaux de construction ont souvent été arrêtés pendant les délibérations[393]. Comme aux États-Unis, le pouvoir judiciaire a eu un impact déterminant sur le développement du nucléaire.

Succès ou échec des écologistes

Les groupes anti-nucléaires en R.F.A. ont réussi à ralentir le développement de l'énergie nucléaire, sans l'arrêter. Kitschelt[394] explique ce fait par le système politique ouest-allemand qu'il considère «fermé»,

---

[391] Dorothy Nelkin, Michael Pollak, Ibid., p.3
[392] Dorothy Nelkin, Michael Pollak, Ibid., p.206,7
[393] Dorothy Nelkin, Michael Pollak, Ibid., p.160
[394] Herbert P. Kitschelt, «Political Opportunity Structures and Political Protest: Anti-Nuclear Movements in Four Democracies», British Journal of Political Science, vol. 16, 1985, p. 64

mais à structure politique peu efficace. Selon lui, le système ne favorisait pas la consultation réelle auprès des citoyens et favorisait les entreprises concernées. Par contre, à cause du fédéralisme, du pouvoir judiciaire et de la nécessité de coordonner plusieurs instances politiques (Chancelier, Bundestag, Länder, municipalités), le système politique a pu difficilement imposer les sites de centrales nucléaires.

6.5 Interprétation comparative

Le développement de l'énergie nucléaire dans les quatre pays étudiés présente plusieurs caractéristiques semblables:

— Aucun parti politique traditionnel ne s'est opposé réellement au nucléaire; seul le parti socialiste français a exprimé des objections pendant une brève période alors qu'il était dans l'opposition (pour devenir pro-nucléaire une fois au pouvoir). En fait, les changements de parti au pouvoir n'ont produit aucun changement de politique nucléaire. Pendant la période concernée, il y a eu quatre présidents différents aux États-Unis, deux partis différents au pouvoir en France, en R.F.A. et au Canada.

— Dans les quatre pays, les manifestations de masse se sont arrêtées complètement peu après l'accident de Three Mile Island.

— Une comparaison de l'opinion publique permet de conclure à des tendances semblables, c'est-à-dire des variations entre 35 et 50% d'appui au nucléaire contre 30 à 45% d'opposition[395] (parmi les répondants aux sondages). L'opinion publique est très fluctuante selon l'actualité. Par exemple, pendant une courte période après l'accident de Three Mile Island, le niveau d'opposition a dépassé le niveau d'appui.

En ce qui concerne l'action des groupes anti-nucléaires, il y a cependant de grandes différences entre les quatre pays:

Tableau 6.5: Estimation de l'intensité des stratégies anti-nucléaires[396]

	États-Unis	Canada	France	R.F.A.
Stratégies intégrées au système:				
— Lobbying, pétitions	élevée	moyenne	faible	faible
— Jeu électoral, référendum	élevée	faible	variable	variable
— Intervention dans les processus de consultation	élevée	élevée	faible	élevée
— Poursuites judiciaires	élevée	faible	faible	élevée
Stratégies de confrontation:				
— Démonstrations, désobéissance civile	faible	faible	élevée	élevée

Ces différences indiquent une adaptation des groupes anti-nucléaires à leur système politique:

___

[395] Herbert P. Kitschelt, Ibid., p. 73
[396] Herbert P. Kitschelt, Ibid., p. 69
       Pour les États-Unis, la France et la R.F.A., estimés de Kitschelt
       Pour le Canada, estimés de l'auteur de la thèse, en utilisant des indicateurs comparables.

— Aux États-Unis et en R.F.A., les groupes ont utilisé au maximum les ouvertures judiciaires de leur système politique. Ils ont ainsi provoqué des retards de construction et une augmentation des coûts parfois inacceptables pour l'industrie. Aux États-Unis[397], de 12 à 14 ans ont été nécessaires en moyenne pour construire une centrale, alors que six ont été nécessaires en France.

— Le lobbying a rapidement été abandonné comme stratégie dans les systèmes «fermés» comme ceux de la France et de la R.F.A.

Il est difficile de conclure que le contexte énergétique a eu un impact sur la réalisation éventuelle des programmes nucléaires. Au Canada, où de nombreuses options énergétiques existent, il est certain que ce facteur a bloqué le nucléaire en plusieurs endroits. Par contre, le niveau de dépendance énergétique (argument des pro-nucléaires) ne semble pas avoir été déterminant, puisque la R.F.A. est aussi dépendante du pétrole que la France, et a ralenti le développement du nucléaire. En ajoutant le cas d'un pays comme la Suède[398], qui est entièrement dépendante du pétrole et qui a abandonné le nucléaire, ce facteur ne semble pas déterminant.

Facteur plus important, le nucléaire s'est développé aux endroits où l'efficacité du système politique a permis de minimiser les hausses de coûts de construction.

Il faut aussi constater que la contestation anti-nucléaire est en grande partie liée au syndrome «pas dans ma cour». Les mobilisations de masse ont été possibles uniquement lorsque des projets menaçaient des populations locales, notamment d'autres activités économiques comme l'agriculture ou le tourisme. La contestation de masse a été essentiellement un phénomène local et régional. De plus, il n'y a eu aucune manifestation lorsque les programmes de développement ont été annoncés et l'électorat n'a jamais voté massivement un parti en fonction de sa position nucléaire. Mais aussitôt que le site d'un projet était connu, il y avait alors mobilisation locale.

Il faut cependant faire une distinction entre les contestations locales et le travail des groupes nationaux de protection de l'environnement qui se sont opposés au nucléaire peu importe le site, pour des enjeux de principe.

En conclusion, il ne faut pas oublier que le premier enjeu macro-écologique est la demande totale d'énergie et non pas le choix de la source d'énergie. **La contestation anti-nucléaire, malgré tous les efforts, malgré sa supposée remise en question fondamentale de la société industrielle, n'aura servi aucunement à changer les comportements gaspilleurs d'énergie.** Sur ce point, le travail des groupes anti-nucléaires doit être jugé sévèrement.

---

[397] Herbert P. Kitschelt, Ibid., p. 79
[398] Herbert P. Kitschelt, Ibid., p. 82

CHAPITRE 7

Le cas des déchets toxiques de l'industrie chimique

7.1 Portrait général de la situation

Dans les conflits sur l'énergie nucléaire, on a constaté que les systèmes politiques avaient été déterminants dans le «succès» des groupes. Deux pays présentaient des expériences «opposées»: les États-Unis où le système politique fragmenté avait permis aux groupes écologistes de pratiquement arrêter le développement du nucléaire; la France où le système politique centralisé avait empêché les groupes d'intervenir efficacement.

L'objectif de cette deuxième étude de cas est de vérifier si les caractéristiques des systèmes politiques peuvent avoir des effets inverses lorsque les écologistes demandent à leur gouvernement d'agir, au lieu de vouloir l'empêcher d'agir comme dans le cas du nucléaire. En somme, nous voulons vérifier si le tableau suivant est justifié:

Tableau 7.1a: Avantages et inconvénients des systèmes politiques		
	États-Unis	France
Objectif des écologistes	Système fragmenté	Système centralisé
Arrêter l'énergie nucléaire	Avantage	Inconvénient
Exiger une saine gestion des déchets toxiques	Inconvénient	Avantage

L'analyse portera sur les quatre pays, mais l'accent sera accordé aux deux systèmes politiques les plus contrastés, les États-Unis et la France.

Les États-Unis sont de très loin les plus grands producteurs de déchets dangereux de l'Occident (en quantité totale et *per capita*)[399]. Est-ce que cette production beaucoup plus grande aux États-Unis s'explique par une industrie chimique plus développée qu'en France et en R.F.A.? Selon les statistiques officielles, la taille de l'industrie chimique américaine ne justifie pas un volume de déchets plus grand (voir tableau 7.1b).

Mais les statistiques doivent être interprétées avec prudence, car les statistiques officielles peuvent être sous-estimées. A titre d'indication, un rapport d'une commission européenne a estimé en 1984 qu'en Europe, «la moitié des déchets toxiques échappait au contrôle des autorités nationales et était éliminée par des méthodes peu onéreuses, mais illégales et dangereuses». Aux États-Unis, la situation ne serait pas meilleure, puisque des études ont confirmé une implication de la mafia dans les entreprises d'élimination des déchets toxiques[400]. De plus, les statistiques officielles n'incluent pas les rejets directs de substances toxiques gazeuses dans l'atmosphère.

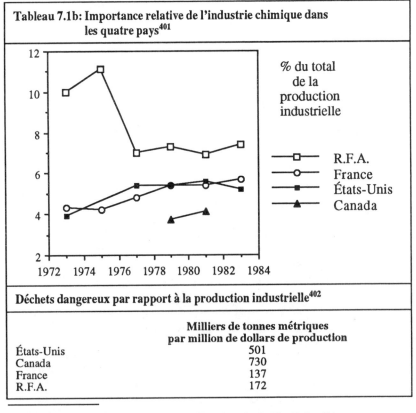

Tableau 7.1b: Importance relative de l'industrie chimique dans les quatre pays[401]

% du total de la production industrielle

- □ R.F.A.
- ○ France
- ■ États-Unis
- ▲ Canada

Déchets dangereux par rapport à la production industrielle[402]

	Milliers de tonnes métriques par million de dollars de production
États-Unis	501
Canada	730
France	137
R.F.A.	172

[399] World Resources Institute, World Resources 1988-89, Basic Books, New York, p.314
[400] J. Denis-Lempereur, «Les poubelles de l'industrie débordent», Science et Vie, fév. 1986, p.92
[401] Données O.C.D.E. sur l'environnement, Compendium 1987, Paris, p.259
[402] World Resources Institute, World Resources 1988-89, Basic Books, New York, p.314

7.2 Les déchets toxiques aux États-Unis

Voici les caractéristiques de la gestion des déchets industriels aux États-Unis[403]:

— il n'y a pas de monopole ou d'entreprise d'État dans l'industrie chimique;

— de nombreuses petites entreprises s'occupent de l'élimination;

— en l'absence d'équipement collectifs d'élimination, 95% des déchets sont «éliminés» sur le site même de l'entreprise productrice (la technique universelle est l'enfouissement);

— il y avait, en 1977[404], 53 000 producteurs industriels de déchets dangereux, 12 000 entreprises de transport des déchets toxiques et 5 000 sites de traitement des déchets (en plus des usines elles-mêmes);

— il y a incitation à ne pas utiliser les équipements disponibles à cause des coûts élevés (notamment de $500 à $1200 la tonne pour l'incinération des déchets organiques);

— les initiatives des entreprises[405] pour réduire leurs déchets toxiques ne représentent qu'une très petite fraction du volume total de déchets produits;

— les subventions gouvernementales sont rares; en 1988, l'Agence de Protection de l'Environnement (EPA) a dépensé seulement $400 000 à son programme de réduction des déchets toxiques;

— les États consacrent de faibles sommes à la gestion des déchets toxiques: en 1986, seulement trois États y consacrent plus de $1 million et aucun État plus de $2 millions[406].

Comme nous le verrons à la prochaine section, cette gestion contraste avec la situation française où l'État s'est impliqué financièrement et stratégiquement par la création d'équipements collectifs d'élimination. En 1982, le Office of Technology Assessment (organisme d'analyse du Congrès, qui fait également rapport au Président américain) a analysé les sites de déchets toxiques selon des critères environnementaux. Cet organisme estime alors que 10 000 sites ont besoin d'une intervention et que leur nettoyage coûtera **$100 milliards**[407]. Pendant le mandat de Reagan[408], l'EPA a dénombré 25 000 sites de l'industrie chimique dont 2500 avaient besoin d'une intervention urgente. Si on inclut tous les types de déchets dangereux (nucléaires et miniers), le General Accounting Office évalue le nombre de sites à contrôler à 378 000.

[403] Worldwatch Institute, State of the World, 1988, W.W.Norton, New York, 1988, p.130
[404] R. Popkin, «Hazardous Waste Cleanup and Disaster Management», Environment, April 1986, p.3
[405] Worldwatch Institute, State of the World, 1988, W.W.Norton, New York, 1988, p.132
[406] K.U. Oldenburg, J.S.Hirschorn, «Waste Reduction, A New Strategy to Avoid Pollution», Environnement, March 1987, p.41
[407] Worldwatch Institute, State of the World, 1988, W.W.Norton, New York, 1988, p.123
[408] J.Heil, J.VanBlarcom, «Superfund: The Search for Consistency», Environment, April 1986, p.8

La législation

Le Resource Conservation and Recovery Act (RCRA) est adopté en 1976. Cette loi-cadre de gestion des déchets dangereux établit des règles de gestion qui touchent l'identification, le transport et les techniques d'élimination des déchets industriels.

A cette loi s'ajoute celle du *Superfund* en 1980 (son nom est la Comprehensive Environmental Response, Liability and Compensation Act). La loi crée un fonds pour financer le nettoyage des sites d'enfouissement de déchets toxiques qui présentent des dangers pour l'environnement. L'adoption de la loi du *Superfund* a été difficile, nécessitant trois essais à la Chambre des Représentants[409]. La loi originale permet la création d'un fonds d'environ $2 milliards, financé sur 5 ans par l'industrie chimique américaine (avec le renouvellement de la loi, le fonds est passé à $5 milliards).

Cette législation a été justifiée politiquement par le cas de la ville de Love Canal[410]: une portion de cette ville avait été évacuée en permanence, à cause d'un ancien site de déchets toxiques qui avait gravement affecté la santé des résidents. Le cas de Love Canal était présent dans les médias depuis environ 7 ans lorsque le fonds de dépollution a été établi. Après plusieurs années de pressions politiques, l'Administration Carter est intervenue.

Le débat politique

Le comportement des acteurs dans la gestion du *Superfund* est révélateur de l'arrivée de Reagan à la Présidence (événements qualifiés de scandale du «Sewergate» par les médias américains). Un objectif prioritaire de Reagan était la déréglementation et il n'avait pas l'intention d'appliquer les règlements sur les substances ou les déchets toxiques[411].

Pendant sa première année en fonction, Reagan remplace la plupart des dirigeants de l'Agence de Protection de l'Environnement (EPA) par des personnes plus favorables aux industries. Il n'hésite pas à nommer des individus qui sont très ouvertement liés à l'industrie et qui sont en situation de conflit d'intérêts. En voici quelques exemples:
— Rita Lavelle, nommée gérante du *Superfund*, est une ancienne employée de Aerojet-General Corp. où elle avait comme tâche d'améliorer l'image de la compagnie[412]. Quelques années auparavant, la compagnie Aerojet avait été identifiée par l'EPA comme un des pires pollueurs nationaux. A son arrivée en poste, Lavelle règle le cas du site du

[409] Audubon, «An Old-Fashioned Senator», May 1983, p. 121-125
[410] Science, R. Jeffrey Smith, «The Risks of Living near Love Canal», Aug. 27, 1982, p. 809-10
[411] Science, M. Sun, E. Marshall, «EPA's High Risk Carcinogen Policy», Dec. 3, 1983, p. 975-77
[412] Time, «Superfund, Supermess», Feb. 21, 1983, p. 12-14
        Congressional Quarterly, J.A.Davis, «White-House Officials Seek Congress-EPA Compromise», Feb. 12, 1983, p.333-4 Science, E. Marshall, «Congress Investigates Malfeasance at EPA», March 25, 1983, p. 1404

Stringfellow Acid Pits en faveur des industries; parmi les principaux uti-lisateurs de ce site d'enfouissement, il y avait la compagnie Aerojet.

— R. Perry, nommé avocat en chef de l'EPA, s'occupe aussitôt d'un site d'enfouissement en Indiana; l'entente est signée rapidement et l'EPA nettoyera le site. Le principal propriétaire et utilisateur du site est la compagnie Exxon, ancien employeur de Perry.

— Anne Gorsuch-Burford, l'administratrice en chef de l'EPA, assiste, pendant sa première année en fonction, à 40 réceptions et dîners payés par les industries.

Des conflits d'intérêts aussi évidents ne sont pas tolérés dans les trois autres pays étudiés. Les groupes environnementaux se sont oppo-sées aux nominations de Reagan, mais sans succès.

Avec l'arrivée des administrateurs «pro-industrie» à l'EPA, des en-tentes tacites réalisées avec l'industrie[413] sont dévoilées par des em-ployés de l'EPA. Ces querelles provoquent une atmosphère de méfian-ce et les administrateurs nommés par Reagan ripostent en établissant une liste noire *(Hit list)* des employés jugés trop favorables à la protec-tion de l'environnement[414]. Cinq commissions de la Chambre et une commission sénatoriale exigent alors une enquête[415]. Comme le Congrès veut enquêter sur les conflits d'intérêts, il exige alors l'accès aux documents internes de l'EPA. Reagan réagit aux premières poursui-tes du Congrès en invoquant «le privilège de l'exécutif» de garder secret certains documents. Il ordonne à Anne Gorsuch, directrice de l'EPA, de ne pas céder au Congrès les documents en question[416].

Ce conflit entre l'administration et le Congrès touche directement l'enjeu constitutionnel de la séparation des pouvoirs. Toutes les étapes du débat se déroulent dans un cadre de poursuites légales (requête de *Contempt of Congress* contre Anne Gorsuch), de négociations entre le Congrès et la Présidence, avec le judiciaire jouant le rôle d'arbitre[417].

Pendant ces négociations, une petite ville du Missouri, Times Beach[418], doit être évacuée à cause de la contamination à la dioxine. Ce cas spectaculaire permet aux groupes d'accroître la pression publique sur l'Administration Reagan. Pendant l'impasse causée par les poursui-tes judiciaires, des membres du Congrès affirment que l'EPA détruit de nombreux papiers compromettants. Les négociations reprennent et les documents sont finalement cédés[419]. Les documents dévoilés sont très

---

[413] Environment, Ross Sandler, «EPA Secret Science Courts», Jan.-Feb. 1982, p.4-5
        Newsweek, M. Beck, «Stalking EPA's Whistle Blower», July 26, 1982, p. 24
[414] Science, E. Marshall,«Hit List at EPA», March 18, 1983, p. 1303
[415] Congressional Quarterly, J. A. Davis, «White-House Officials Seek Congress-EPA Compromise», Feb. 12, 1983, p.333-4, «Burford Resigns from EPA: Congress gets documents», March 12, 1983, p. 495
        Congressional Quarterly, «Committee Assignements in 98 th Congress, Jan. 15, 1983, p. 139-146
[416] Congressional Quarterly, J.A.Davis, «Legal Showdown Escalating in Gorsuch Contempt Case», Jan. 8, 1983, p. 11-12
[417] Congressional Quarterly, J. A. Davis, «Burford Resigns from EPA: Congress gets documents», March 12, 1983, p. 495
[418] Science, «Missouri's Costly Dioxin Lesson», Jan. 28, 1983, p. 367
[419] Time, «Superfund, Supermess», Feb. 21, 1983, p. 12-14

compromettants et pour rétablir l'image de l'EPA, les conseillers de Reagan exigent la démission d'Anne Gorsuch. Elle démissionne finalement à la mi-mars[420].

Les baisses de budget de l'EPA

Cette démission représente-t-elle une victoire pour les groupes environnementaux? **Pendant les débats du *Sewergate*, le Congrès a voté deux baisses du budget de l'EPA** qui passe de $1,4 milliards en 1981 à $0,9 milliards en 1983[421]. Ces baisses des budgets étaient pourtant responsables de plusieurs problèmes à l'EPA. Les groupes environnementaux ont essayé de mobiliser l'opinion publique sur cette question, mais sans succès.

En fait, **les groupes environnementaux sont incapables de forcer l'EPA à appliquer la loi.** Voici quelques modalités du RCRA qui ne sont pas appliquées selon les prescriptions de la loi[422]:

— l'EPA avait jusqu'à octobre 1977 pour définir des catégories de sites de déchets; cela sera fait seulement en septembre 1979;

— l'EPA avait jusqu'en 1986 pour définir les caractéristiques détaillées des déchets considérés «dangereux» et jusqu'en 1987 pour réglementer la pollution de l'air provenant des sites; ce travail n'est toujours pas réalisé en 1989.

Le contrôle des substances toxiques aux États-Unis

Pour démontrer que le cas du RCRA n'est pas une exception, voici un aperçu de l'application de deux autres lois:

— Le «Toxic Substance Control Act» (TSCA) est adopté en 1976 dans le but de contrôler l'utilisation des substances toxiques industrielles. Cette loi[423] permet à l'EPA d'exiger des études sur la toxicité de tout produit.

— Le «Federal Insecticide, Fungicide and Rodenticide Act» (FIFRA) est adopté en 1972 et amendé en 1978[424]. Selon cette loi, tous les nouveaux pesticides doivent être approuvés par l'EPA avant d'être mis en marché.

Notons qu'il y avait déjà des dizaines de milliers de substances toxiques et des centaines de pesticides en usage avant l'adoption de ces lois. Sur les quelques 600 pesticides les plus en usage[425], 79 à 84% n'ont pas été testés adéquatement sur leurs effets cancérigènes, 60 à 70% n'ont ja-

---

[420] Congressional Quarterly, J.A. Davis, «Pressure on Burford Increases with Calls for her Resignation», March 5, 1983, p. 451
[421] Environment, S. Warren, «Budgets Cutbacks and Environmental Legislation», March 1982, p.2-4
[422] H. Truax, «RCRA, Managing The Nations Waste», Environmental Action, March-April 1989, p.27
[423] E.J. Bergin, R.E. Grandon, How to Survive in Your Toxic Environment, Avon books, N. Y., 1984, p. 5
[424] J. Lash, K. Killman, D. Sheridan, A Season of Spoils, Pantheon Books, 1984, p. 167
[425] J. Lash, K. Killman, D. Sheridan, Ibid., p. 168

mais été testés concernant les risques de malformations congénitales et 90% n'ont jamais été testés concernant leurs effets mutagènes.

Malgré cette situation inquiétante, l'inaction de l'EPA est chronique comme le démontrent les évènements suivants[426]:

— une clause du TSCA (1976) spécifie que l'EPA devra définir, dans les douze mois suivant l'adoption de la loi, une liste de produits à étudier en priorité;

— en 1978, face à l'inaction de l'EPA à ce sujet, deux groupes environnementaux intentent des poursuites judiciaires pour forcer l'agence à agir[427]; en 1978, une Cour de District fédéral déclare que l'EPA doit agir dans les douze mois;

— en janvier 1981, la Cour fédérale impose finalement un échéancier à l'EPA qui n'a toujours rien fait.

L'Administration Reagan avait décidé de ne pas respecter cet échéancier. Par exemple, en juillet 1983, deux groupes doivent intenter une poursuite pour forcer l'EPA à étudier les effets de la formaldéhyde[428], alors que des usages de ce produit sont déjà bannis dans plusieurs pays. Encore ici, l'enjeu est l'application de lois existantes que l'Administration refuse d'appliquer. Le Natural Resources Defense Council a fait une étude sur les actions qui devaient être adoptées par l'EPA entre janvier et novembre 1981:

Tableau 7.2: Traitement des actions règlementaires par l'EPA selon son échéancier de 1981

	Complétée	En temps	Retardée	Annulée	Nouvelle *
Clean Air Act	1	8	26	10	12
Clean Water Act	2	0	39	20	3
Toxic Substance Control Act	0	1	13	10	3

* Sur les 18 nouvelles mesures adoptées (qui n'étaient pas sur l'échéancier en janvier 81), 16 avaient pour but de reviser ou de rendre moins sévères des mesures existantes.

Le cas Industrial Bio-Test Laboratories

La compagnie Industrial Bio-Test Laboratories (IBT) fait des analyses de toxicité de nouveaux produits chimiques. Pendant plusieurs années, les industries chimiques lui donnaient des contrats pour analyser leurs nouveaux produits. À la suite d'enquêtes réalisées de 1977 à 1981 sur IBT, ses dirigeants sont accusés (en 1981) et condamnés (en 1983)

---

[426] Environment, Dec. 1981, J.M. Warren, R. Sandler, «EPA Failure to Regulate Toxic Chemicals», p. 2-4

[427] J. Lash, K. Killman, D. Sheridan, Ibid., p. 50 and 103

[428] E.J. Bergin, R.E. Grandon, Ibid., 1984, p. 73
L. Mosher, «Environmentalists Sue to Put an End to Regulatory Massive Resistance», National Journal, Dec. 9, 1981, p. 2234

pour fraude[429]. **La compagnie avait falsifié des tests sur des milliers de substances** potentiellement cancérigènes, incluant des médicaments, pesticides, additifs alimentaires et produits industriels.

En 1983, l'EPA annonce que IBT a fait 801 tests sur 140 pesticides et que les 3/4 de ces tests sont invalides. Mais **le gouvernement ne retire pas du marché les pesticides approuvés à partir de ces tests frauduleux.** 15% des pesticides sur le marché américain s'y sont rendu grâce à des tests frauduleux[430].

Les groupes environnementaux participent alors aux audiences pour faire retirer ces pesticides du marché, mais l'Administration Reagan soutient que la loi ne lui permet pas de retirer du marché un pesticide déjà approuvé (peu importe les modalités). **Une coalition de 17 groupes est formée en 1983 pour défendre juridiquement le droit du gouvernement de retirer du marché ces produits chimiques, mais sans succès. Il s'agissait d'une bataille perdue d'avance, à cause des caractéristiques du système politique américain.**

Remarques sur les acteurs

L'industrie (ex. Exxon, Aerojet) essaie parfois de régler ses problèmes avec l'argent du *Superfund* et parfois elle bloque son utilisation. Reagan avait d'ailleurs ce dernier objectif; il ne voulait pas que l'argent du *Superfund* soit dépensé, parce qu'il pourrait ensuite affirmer en 1985 qu'il n'est pas nécessaire de renouveler le fonds (avec un autre projet de loi). De l'avis des groupes environnementaux, les industries n'hésitent pas à utiliser toutes les méthodes possibles pour réduire la force des lois qui touchent l'environnement, la santé et la sécurité[431]. Les industries font du lobbying contre les nouvelles lois, mais surtout si la loi est adoptée, ils utilisent plusieurs techniques pour en amoindrir les effets:

— propositions d'amendements pour affaiblir la loi;
— pressions sur le Congrès pour faire réduire les budgets;
— «infiltration» des agences par des personnes-clés de leur secteur industriel;
— offres d'emplois alléchants aux dirigeants actuels des agences, pour libérer des poste-clés;
— **financement des campagnes électorales des membres du Congrès, particulièrement ceux qui siègent dans les sous-commissions ou commissions qui les concernent.**

---

[429] J. Lash, K. Killman, D. Sheridan, Ibid., p. 192
       E.J. Bergin, R.E. Grandon, Ibid., p. 57
[430] E.J. Bergin, R.E. Grandon, Ibid., p. xiv
[431] E.J. Bergin, R.E. Grandon, Ibid., p. 60

L'impact des groupes de protection de l'environnement

Les stratégies adoptées par les groupes ont été très diversifiées: utilisation constante des médias pour dévoiler les activités suspectes; rappel des dangers pour alerter la population; relai entre les employés de l'EPA et les médias; appui aux groupes locaux de citoyens (ex. Times Beach); lobbying direct auprès des membres du Congrès (contre les coupures de budget); publication d'articles dans des revues scientifique.

Malgré toutes ces stratégies, les groupes environnementaux ne peuvent concrétiser que des succès superficiels, tel que le congédiement de personnel en position de conflit d'intérêt. Il faut cependant constater les grandes **difficultés du Congrès** à faire appliquer une loi avec laquelle le Président est en désaccord. Il est donc futil de critiquer les stratégies des groupes, car il est normal que les groupes environnementaux ne peuvent pas réaliser ce que le Congrès ne peut réaliser.

Selon le nombre de sites nettoyés et la diversité des substances menaçant l'environnement, la conclusion suivante s'impose: **«sur le terrain», les groupes environnementaux ont obtenu un échec total: de 1980 à 85, le *Superfund* (avec \$5 milliards disponibles) a permis de nettoyer effectivement six sites sur les 850 exigeant des interventions urgentes** (sans compter les autres 10 000 ayant besoin d'intervention).

En constatant le nombre de pesticides approuvés frauduleusement, **il faut aussi conclure à un échec total des groupes dans le dossier des pesticides.**

7.3 Les déchets toxiques en France

Le cas de la France présente quelques similitudes avec celui des États-Unis[432]:

— Les «lois-cadres» pour l'ensemble des substances toxiques sont adoptées à la même époque: 1975 pour l'élimination des déchets, 1976 pour les installations classées, 1977 pour le contrôle des produits chimiques (d'autres lois plus sommaires régissaient les déchets auparavant).

— Des modalités d'application de la loi ont été reportées à plus tard. Le gouvernement devait, selon la loi, dresser une liste des sites d'enfouissement à nettoyer en priorité. Le décret à ce sujet a été reporté à six reprises.

— Il y eu, anciennement, des déversements clandestins (on les soupçonne de continuer). Une centaine de sites clandestins ont été identifiés.

---

[432]   Ministère le l'environnement, <u>État de l'environnement 1986</u>, p. 134
J. Denis-Lempereur, «Les poubelles de l'industrie débordent», <u>Science et Vie</u>, fév. 1986 p.86, 88 et 92

— Les statistiques sont peu fiables et difficiles à interpréter: l'OCDE indique une production annuelle de près de 5 Mt de déchets dangereux, mais les statistiques provenant de l'industrie française indiquent une production de 18 Mt avec 2 Mt de déchets *dangereux*.

Les rares débats politiques en France

Mais du point de vue politique, la cas des déchets toxiques en France est à l'opposé du cas américain, car il n'a pas fait l'objet de débats. La revue Écologie publiée par une fédération d'écologistes français, n'a pas fait un seul article sur les sites d'élimination de déchets toxiques de 1979 à 1988.

D'autres sujets qui touchent l'industrie chimique ont fait l'objet de débats (mais sans toucher directement les sites d'enfouissement):

— L'incinération des déchets industriels en Mer du Nord a généré plusieurs débats politiques. Du côté des écologistes, c'est surtout le groupe Greenpeace qui a été impliqué[433] en exigeant, sans succès, l'abandon de toute incinération en mer. Cette exigence est étonnante, car l'incinération en mer est probablement «la moins pire des solutions» (après la réduction des déchets, évidemment). Aux États-Unis, les bateaux incinérateurs ont été contestés par les groupes environnementaux dès 1974 et le gouvernement a abandonné cette méthode d'élimination. Malheureusement, l'autre méthode adoptée, l'enfouissement, a simplement reporté le problème à plus tard.

— En France, les débats concernant les déchets dangereux ont porté davantage sur les déchets nucléaires.

— Des associations de pêcheurs sont intervenu avec quelques succès contre des entreprises qui polluaient les eaux (notamment en baie de Seine[434]).

— Les syndicats sont intervenus fréquemment pour changer des pratiques industrielles. Ces débats ne concernent cependant pas directement les sites d'élimination de déchets toxiques.

Le Ministère de l'Environnement de France admet que l'implantation de nouveaux sites d'élimination est difficile à cause de l'opposition des populations locales[435]. Cela n'a cependant pas empêché l'établissement de centres de traitement dans toutes les régions de la France. De plus, la faible intensité des débats concernant les déchets chimiques se traduit par une différence de priorité dans l'opinion publique.

---

[433] H. Bours, «La mer perd le Nord», Écologie, mars 88, p.19-21
[434] J. Denis-Lempereur, «Les poubelles de l'industrie débordent», Science et Vie, fév. 1986 p.87
[435] Ministère le l'environnement, État de l'environnement 1986, p. 140

Tableau 7.3a: Pourcentage de personnes très préoccupées par l'élimination des déchets industriels[436]	
États-Unis (1985)	74%
France (1986)	44%
R.F.A. (1986)	39%

Bilan

Même si les données au sujet des déchets toxiques sont probablement sous-évaluées[437], cela ne peut pas expliquer les différences entre les deux pays; en France, on parle d'environ 200 sites de déchets (sites clandestins inclus) alors qu'aux États-Unis, on parle de **dizaines de milliers** de sites. Peu importe les critères d'analyse retenus, les volumes de déchets produits et les nombres de sites ne sont pas du même ordre de grandeur. De plus, les groupes américains affirment qu'il y a aux États-Unis des milliers de sites clandestins non recensés.

Même si le bilan des déchets industriels en France demeure inquiétant, les nombreux équipements et interventions permettent de conclure que ce bilan n'est pas catastrophique comme celui des États-Unis[438]:

— Les interventions de l'État français dans ce domaine ont précédé les interventions américaines de plusieurs années; dès 1970, un site de déchets est fermé pour motifs de non-respect des normes de sécurité.

— La loi française permet d'imposer aux producteurs de déchets un nombre restreint d'entreprises d'élimination. Les rejets clandestins sont donc directement interdits.

— Contrairement aux États-Unis, des activités de prévention sont subventionnées. Le gouvernement français paie jusqu'à 50% des coûts de minimisation des déchets toxiques. En 1984, les subventions pour promouvoir les nouvelles technologies à ce sujet se sont élevées à $35 million (U.S.) et ont généré plusieurs fois ce chiffre en investissements privés. En 1986, les subventions directes au transport et à l'élimination des déchets industriels s'élevaient à $10 millions (US).

— Dans l'industrie chimique, les syndicats français étant plus puissants que les syndicats américains, les pratiques de l'industrie française ont été surveillées davantage à l'intérieur des usines.

— Des agences de bassin existent pour contrôler les rejets directs dans les rivières. Ces agences aident également les entreprises, de sorte que la réduction de la pollution de l'eau ne devienne pas simplement une augmentation des déchets solides (ce fut souvent le cas aux États-Unis).

---

[436] O.C.D.E., Données OCDE sur l'environnement, Compendium 1987, Paris, p. 294
   Riley E. Dunlap, «public Opinion on the Environment in the Reagan Era», Environment, July-Aug. 1987, p.33
[437] J. Denis-Lempereur, «Les poubelles de l'industrie débordent», Science et Vie, fév. 1986, p.152
[438] J. Denis-Lempereur, Ibid., p.92 et152
   Worldwatch Institute, State of the World, 1988, W.W.Norton, New York, 1988, p.135
   Ministère le l'environnement, État de l'environnement 1986, p. 137
   Anne Guérin-Henni, Les pollueurs, Luttes sociales et industrielles, Seuil, Paris, 1980

— Alors qu'aux États-Unis, l'enfouissement a été presque exclusivement la seule méthode d'élimination des déchets, la France possède une
diversité d'équipements (pour une quantité de déchets beaucoup moindre).

Tableau 7.3b: Méthodes d'élimination des déchets industriels en France, 1982[439]			
	Sites	Tonnes (1000)	% du total
Centres collectifs d'élimination			
Sites d'enfouissement	13	500	14%
Incinération terrestre	16	265	7%
Incinération en mer	3	11	0.3%
Traitement physico-chimique	15	220	6%
Regénération	18	155	4%
Moyens individuels:			
Sites d'enfouissement	80	2000	55%
Incinération et traitement		500	14%
Exportations		5	0.1%
		3656	

7.4 Les déchets toxiques en R.F.A.

(Les cas de la R.F.A. et du Canada sont traités plus sommairement
que ceux des États-Unis et de la France; ces cas contribuent peu à la démonstration, car leurs systèmes politiques sont moins contrastés).

L'industrie allemande avoue une production annuelle de 5 Mt de
déchets *dangereux*, soit 2,5 fois plus que celle de la France[440].
Considérant que l'industrie chimique allemande est relativement beaucoup plus importante, le taux de production est semblable à celui de la
France.

Il y a par contre des différences majeures avec la situation en
France:

— 5 000 sites de déchets clandestins ont été identifiés contre seulement 100 en France[441].

— Une étude préliminaire réalisée par les Länder estime à 35 000 le
nombre de sites de déchets[442] (urbains et industriels), dont 5 400 seraient dans un état inquiétant. Le niveau de risque de ces sites est inconnu.

Les estimés des coûts de restauration de ces sites varient de $2 à $11
milliards (U.S.). Étant donné que le total des coûts de restauration est de

[439] Ministère le l'environnement, État de l'environnement 1986, p. 139
[440] J. Denis-Lempereur, «Les poubelles de l'industrie débordent», Science et Vie, fév. 1986 p.86
[441] J. Denis-Lempereur, Ibid., p.8
[442] Worldwatch Institute, State of the World, 1988, W.W.Norton, New York, 1988, p.123
       J. Denis-Lempereur, «Les poubelles de l'industrie débordent», Science et Vie

10 à 50 fois moindres que ceux des États-Unis (pour une population quatre fois moindre), on peut conclure que la situation générale est moins grave que celle des États-Unis quoique plus difficile que celle de la France.

7.5 Les déchets toxiques au Canada et au Québec

Le contexte canadien de gestion des déchets toxiques est différent de celui des autres pays étudiés, parce que les provinces ont juridiction dans ce domaine et que le fédéral s'en est peu préoccupé. De plus, à cause de la dispersion des industries sur un grand territoire, le Canada fait face à un choix difficile dans la gestion des déchets toxiques:

— soit établir des équipements «centralisés» pour plusieurs provinces, ce qui impliquerait des dépenses et des risques accrus dans le transport des déchets toxiques;

— soit établir de nombreux équipements régionaux pour minimiser les risques du transport et subir la non-rentabilité des équipements.

A titre d'exemple, le Québec s'est doté d'un centre d'élimination des déchets inorganiques (Stablex à Blainville), mais ce centre est fortement sous-utilisé, car les entreprises refusent de payer le transport sur de longues distances. Un autre exemple, l'Alberta s'est payé un incinérateur capable de brûler des BPC. Même si le Québec a un problème sérieux avec ses BPC, l'exportation massive des déchets québécois n'est pas envisagée par les autorités, notamment à cause des risques du transport. Les problèmes régionaux dépassent d'ailleurs le cas des BPC. Un rapport du Département de l'Environnement du Nouveau Brunswick conclut que seulement 20% de leurs déchets sont traités de façon adéquate.

L'Ontario possède plusieurs équipements d'élimination dont des sites d'enfouissement et des incinérateurs. Par contre, la compagnie Tricil, propriétaire du principal incinérateur, a été condamnée par les tribunaux, parce que les émissions de l'incinérateur ne respectent pas les normes.

Au Québec, il n'y a pratiquement pas d'équipements d'élimination, et les entreprises entreposent de nombreux déchets autour des usines. En 1978, c'est le Ministère de l'Environnement qui leur demande de garder les déchets sur les sites des usines. Il y a probablement de nombreux déversements clandestins. A Ville Mercier, la nappe phréatique est contaminée sur des kilomètres malgré les efforts du Ministère de l'Environnement pour contenir la pollution d'un site d'enfouissement. En 1988, l'incendie de l'entrepôt de BPC à St-Basile a créé un vent de panique, mais les mesures correctrices visent seulement les BPC.

Malgré ces problèmes et les grandes quantités de déchets dangereux, les zones habitées sont rarement touchées par les déchets de l'industrie chimique. Pour cela, l'intensité des débats politiques à ce sujet a été moins grande qu'aux États-Unis.

Conclusion

Selon la perception écologiste, **la France qui avait la pire performance dans le cas du nucléaire, a réalisé la meilleure performance dans le cas des déchets toxiques.** Les écologistes américains qui avaient connu de grands succès dans le cas du nucléaire, ont obtenu des résultats lamentables dans le cas des déchets toxiques, malgré de nombreux efforts consacrés à ce dossier. Les interventions judiciaires qui avaient été si utiles pour bloquer ou ralentir le développement du nucléaire, ont été incapables de forcer le gouvernement à agir dans le cas des déchets toxiques.

Il est donc possible de confirmer l'hypothèse exprimée en début de chapitre: un système politique centralisé et «fermé» (France) ne constitue pas nécessairement un handicap pour les écologistes, parce que dans certains cas, cela permet une action gouvernementale plus efficace pour protéger l'environnement. A l'opposé, un système politique fragmenté (États-Unis) permet parfois aux écologistes de bloquer l'action anti-écologique du gouvernement, mais il permet aussi aux entreprises de bloquer les initiatives de protection de l'environnement.

CHAPITRE 8

Le cas des pluies acides

Cette section mettra l'accent sur la dimension internationale des conflits politiques reliés aux précipitations acides et essayera de répondre aux questions suivantes:

— Est-ce que les pays européens se comportent différemment du Canada et des États-Unis?

— Le droit international a-t-il contribué à réduire les pluies acides?

— Les organismes internationaux ont-ils une autorité suffisante pour jouer le rôle d'arbitre?

— Les groupes écologistes sont-ils intervenus efficacement dans ce dossier?

8.1 Les enjeux scientifiques

Comme les débats sur les pluies acides ont souvent pris un caractère «technique» sur les divers polluants et leurs impacts, il est utile de présenter d'abord une synthèse des connaissances scientifiques dans ce dossier. Les tableaux présentés aux trois pages suivantes résument les impacts des pollutions aéroportées et les diverses théories de dépérissement des forêts.

Une approche systémique des polluants aéroportés

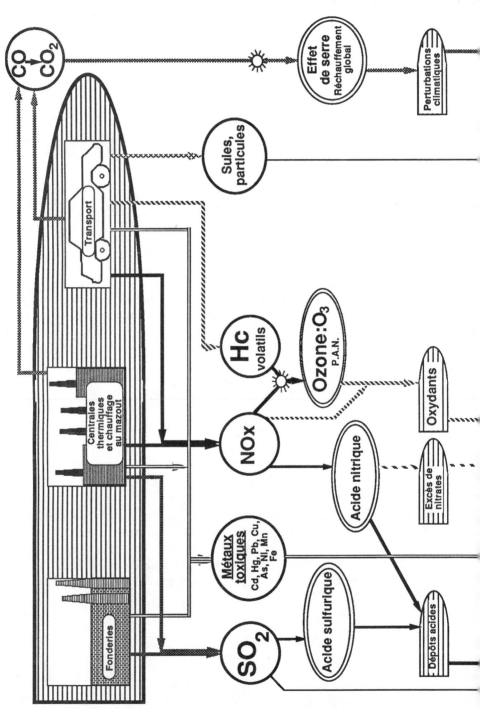

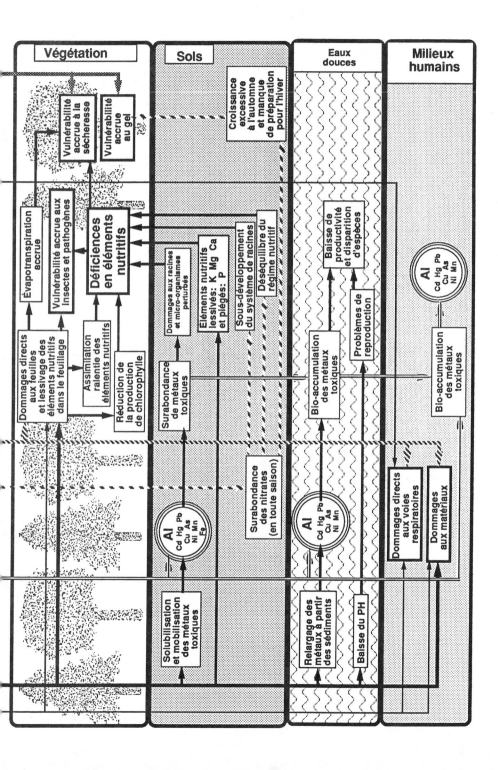

Tableau 8.1: Principaux polluants aéroportés[443]

Les polluants primaires:
— **Bioxyde de soufre (SO_2):**
Présent dans les combustibles et le minerai, le soufre se combine avec l'oxygène de l'air. Il est toxique[444].

— **Oxydes d'azote (NO et NO_2), (ou NO_x):**
Dans le cas des centrales thermiques, ils proviennent surtout de l'azote présent dans les combustibles; dans le cas du transport, ils proviennent d'une combinaison de l'azote et de l'oxygène de l'air dans les conditions de chaleur et de pression des moteurs. Ils sont toxiques[445].

— **Composés organiques volatils (HC ou COV):**
Ils proviennent surtout du secteur des transports. Ils sont cancérigènes[446].

— **Monoxyde de carbone (CO):**
Le monoxyde de carbone est un gaz instable (de toxicité aiguë) qui se transforme rapidement en CO_2.

— **Bioxyde de carbone ou gaz carbonique (CO_2):**
Gaz non toxique qui est toujours généré par les combustibles fossiles.

— **Particules et suies:**
Elles proviennent de sources très diverses, notamment des véhicules à carburant diésel. Elles sont cancérigènes[447].

— **Métaux lourds toxiques:**
Plomb (Pb), cadmium (Cd), arsenic (As), manganèse (Mn), nickel (Ni), zinc (Zn), cuivre (Cu), fer (Fe), mercure (Hg). Ils sont présents sous forme de trace dans les minerais ou les combustibles[448].

Les polluants secondaires:
— **L'acide sulfurique:**
Transformé à partir du SO_2, on le retrouve sous forme de particules sèches de H_2SO_4 ou sous forme dissociée en ions sulfates (SO_4) et hydrogène (H) dans les dépôts humides[449].

— **L'acide nitrique:**
Transformé à partir du NO_2, on le retrouve sous forme gazeuse de HNO_3 (dépôts secs gazeux) ou sous forme dissociée en ions nitrates (NO_3) et hydrogène (H) dans les dépôts humides. La transformation du NO_2 en acide est plus rapide que celle du SO_2[450].

— **Les oxydants:**
Produits par des réactions entre les polluants primaires NO_2, HC et le rayonnement solaire, les principaux oxydants sont **l'ozone (O_3)**, le peroxyacétylnitrate (PAN), l'acroléine et les radicaux libres[451]. Ils sont très toxiques[452]. Il ne faut pas confondre le polluant secondaire «ozone» (troposphérique) formé en basse altitude, et la couche protectrice d'ozone stratosphérique (en haute altitude).

— **L'effet de serre:**
Le CO_2 (ainsi que le N_2O, le méthane et les CFC) piègent la chaleur du soleil dans l'atmosphère pour donner naissance à «l'effet de serre». On estime que les températures sur la Terre augmenteront de 3,5 à 4,2°C d'ici l'an 2050, à cause de la pollution de l'atmosphère[453].

Les polluants tertiaires:
Les polluants «tertiaires»[454] sont les métaux lourds toxiques naturellement présents (mais normalement insolubles et inoffensifs), qui sont libérés des sols et des sédiments par l'acidification du milieu, ainsi que les métaux lourds toxiques primaires mobilisés par cette même acidification.
Les principaux polluants tertiaires sont **l'aluminium (Al)**, le **cadmium (Cd)**, le **mercure (Hg)**, le **plomb (Pb)**, le **manganèse (Mn)**. Ils peuvent être très toxiques pour les plantes, les microorganismes des sols, les animaux et les êtres humains. Leur effet est susceptible d'être amplifié par bioaccumulation dans la chaîne alimentaire[455].

---

[443] Tableau récapitulatif des polluants, réalisé par Luc Gagnon et Yves Guérard

[444] S. Manahan, Environmental Chemistry, W. Grant Press, Boston, 1984
Etats-Unis/Canada, Rapport du Mémorandum déclaratif d'intention concernant la pollution atmos. transfrontière, 1: évaluation des impacts, 2: sciences et analyses de l'atmosphère, 1983

[445] R.F. Weiss,, «The temporal and spatial distribution of tropospheric nitrous oxide», Journal of Geophysical Research, 1986, 7185-95, 1981

[446] S. Manahan, Environmental Chemistry, W. Grant Press, Boston, 1984
Environnement Canada. Émissions des principaux polluants au Canada et tendances, EN 21-54/1986F

[447] S. Manahan, Ibid., Environnement Canada, Ibid.

Le débat scientifique

Même si l'objectif de cette section est de présenter les conflits politiques relatifs aux pluies acides, il est pertinent de décrire le débat «scientifique» à ce sujet, car il influence les acteurs politiques. Plusieurs chercheurs affirment que les causes du dépérissement des forêts sont incertaines[456]. Ce constat a permis à des politiciens et des lobbies industriels de justifier l'inaction. Le schéma précédent démontre pourtant que les polluants primaires, secondaires et tertiaires sont tous impliqués, de manières inégales selon les auteurs, dans les explications du dépérissement des forêts. Certaines recherches insistent sur l'importance des oxydants dans le dépérissement des forêts; d'autres insistent sur l'importance des acides et de l'aluminium tandis qu'une énorme littérature traite des effets directs et indirects, des oxydes de soufre, oxydes d'azote, ozone, nitrates, sulfates et ions hydrogène[457].

Les théories incriminant plutôt les perturbations climatiques et le gel sont également incluses dans le schéma par le biais de l'effet de serre. Les hypothèses incriminant le gel, la sécheresse et la prolifération d'insectes ou de champignons sont elles aussi liées aux effets des polluants aéroportés. En effet, selon de nombreux chercheurs, des écosystèmes sains résisteraient sans problème à ces événements naturels; par contre, des espèces ou des écosystèmes affectés par les polluants aéroportés ne sont plus capables de résister à ces stress naturels[458].

De plus, un excès d'azote (provenant de l'acide nitrique) prolongerait la période annuelle de croissance des arbres tard en automne[459], faisant en sorte qu'ils n'aient pas le temps de se «préparer au gel». Une autre hypothèse lie un excès en azote à un déséquilibre du régime nutritif des arbres. Ces changements prédisposeraient les arbres à succomber aux épidémies de champignons et d'insectes. Enfin, un excès d'azote accélérerait l'absorption des autres éléments nutritifs du sol, jusqu'à

---

[448] Etats-Unis/Canada, Rapport du Mémorandum déclaratif d'intention ...,1983

[449] R.Shaw, «La pollution par les particules atmosphériques», Pour la Science, 120: 22-31, 1987
P.H. Schuepp, «Sampling and analysis of acid fog», MacDonald Journal, May 1986

[450] C.E.Delisle, L. Roy-Arcand et M. A. Bouchard, Effets des précipitations acides sur les divers écosystèmes: synthèse bibliographique, CINEP École Polytechnique, Montréal, 1985

[451] W.S. Cleveland, T.E.Graedel, «Photochemical air pollution in the Northeast U. S.», Science, vol.204 no.4399:1273-8, 1979

[452] Ramade, François, Les catastrophes écologiques, McGraw-Hill, Paris, 1987

[453] World Resources Institute, World Resources Report 1987, Basic Books, New York

[454] L. Gagnon, Y Guérard, «Le dépérissement des forêts: un retour aux sources», Franc-Nord, aut. 1987

[455] W.H. Hendershot, What is the effect of acid precipitation on soils? MacDonald Journal, May 1986
B. Ulrich, R. Mayer et P.K. Khanna, «Chemical changes due to acid precipitation in a loess-derived soil in central Europe», Soil Sciences, 130: 193-9, 1980

[456] Dessureault, M. «Le dépérissement des arbres», Phytoprotection 66: 71-81, 1985

[457] Comité Fédéral-Provincial de coordination de la recherche et de la surveillance, 1986, «Évaluation des connaissances sur le transport à distance des polluants atmosphériques et sur les dépots acides», Partie 2: sciences de l'atmosphère; Partie 4: effets terrestres.

[458] C.E.Delisle, L. Roy-Arcand et M. A. Bouchard, Ibid.

[459] Don Hinrichsen, «The forest decline enigma», BioScience, vol. 37 no.8: 542-6, 1987

épuisement, causant par compensation une atrophie du système racinaire et rendant les arbres vulnérables à la sécheresse[460].

A l'opposé, les explications incriminant la qualité des sols, l'hérédité, l'âge des arbres ou les dépérissements naturels cycliques, ne devraient pas être considérées comme des causes de dépérissement à l'échelle continentale; ce sont des facteurs de vulnérabilité et non pas des causes de mortalité. Une forêt sur un sol fragile résistera moins longtemps qu'une autre aux pollutions, mais ce n'est pas sa fragilité qui la tue!

Une seule conclusion logique ressort de l'ensemble des théories: le dépérissement des forêts est le résultat d'une attaque et d'un déséquilibre systématique des processus naturels des forêts[461]. La pollution aéroportée est la seule cause capable d'expliquer un dépérissement continental, qui affecte des espèces différentes, sur des sols différents, sur des sites exploités commercialement et d'autres sites jamais exploités.

Les spécialistes se perdent dans les mécanismes qui tuent les arbres: Est-ce l'ozone qui attaque les feuilles ou est-ce l'acide qui affecte les racines? Quel est le plus grand coupable, les oxydes de soufre ou les oxydes d'azote? Nous ne connaissons pas toutes les réponses à ces questions, mais elles ne sont pas pertinentes en termes de solutions. Le transport routier est la principale source de NO_x et, par conséquent, d'ozone; mais le transport est également une source importante de pluies acides, parce que les NO_x sont éventuellement transformés en acide nitrique. En ce qui concerne les centrales thermiques au charbon, elles représentent plus de 50% des oxydes de soufre en Amérique du Nord; on oublie cependant qu'elles sont aussi responsables d'environ un tiers des émissions d'oxyde d'azote.

En d'autres mots, peu importe les mécanismes et l'impact relatif des divers polluants, ils proviennent tous des mêmes sources. Malgré ce constat simple, les débats scientifiques concernant les mécanismes de dépérissement des forêts, ont créé de la confusion et contribué à ralentir l'implantation de solutions.

De toute façon, le dépérissement des forêts ne devrait pas être la seule raison justifiant une réduction des pluies acides. Les effets sur les écosystèmes aquatiques, sur la reproduction des poissons et sur la santé des êtres humains font pratiquement l'unanimité dans le «monde scientifique».

---

[460] World Resources Institute, World Resources Report 1986, Basic Books, New York.
[461] G. Gagnon, G. Roy. État des recherches sur le dépérissement au ministère de l'Énergie et des Ressources, Gouvernement du Québec, Cahier de conférences, Mai 1987
S. Nilsson, P. Duinker, «The extent of forest damage in Europe», Environment, 29 (9) 4-9, 1987
Prinz, Bernhard, «Causes of forest damage in Europe», Environment, 29 (9): 11-15, 1987

8.2 Les polluants sujets à des conflits politiques

Les deux principaux précurseurs des pluies acides sont les oxydes de soufre et les oxydes d'azote. La majorité des efforts et des négociations ont portés sur les oxydes de soufre pour les raisons suivantes:

— Selon les experts, leur responsabilité relative était, dans les années 70, d'environ 65% pour les oxydes de soufre et de 35% pour les oxydes d'azote.

— Les oxydes de soufre proviennent surtout de quelques sources fixes, telles que des fonderies ou des centrales thermiques au charbon et au mazout, alors que les oxydes d'azote proviennent d'une multitude de sources fixes et mobiles, plus difficiles à contrôler (notamment les automobiles).

Comme les NO_x n'ont pas été l'objet de conflits politiques, ils sont peu contrôlés et les émissions sont en hausse dans plusieurs régions. Les cas des NO_x et de l'ozone troposphérique sont discutés au chapitre 9 sur l'automobile.

Ce sont les émissions de SO_2 qui ont fait l'objet de plusieurs conflits politiques nationaux et internationaux. Deux conflits seront étudiées, celui entre le Canada et les États-Unis et celui entre les pays scandinaves et l'Europe de l'Ouest. Les solutions discutées ont généralement été assez techniques et coûteuses[462]:

— désulfuration du combustible avant sa combustion;

— désulfuration des gaz d'échappement par des épurateurs;

— nouvelles techniques de combustion qui réduisent les émissions pendant la combustion;

— substitution de combustibles (gaz naturel ou énergie nucléaire).

Dans le cadre des négociations, les économies d'énergie ont rarement été discutées par les gouvernements en tant que moyen de réduction des pluies acides.

8.3 Les pluies acides aux États-Unis et au Canada

Selon les études canadiennes, il y aurait environ quatre fois plus de SO_2 qui passe la frontière en direction du Canada que l'inverse[463]. La moitié des pluies acides d'origine sulfureuse au Canada proviendrait des États-Unis. Dans certaines zones vulnérables, comme la région Muskoka-Haliburton de l'Ontario, les États-Unis seraient responsables de 70% des pluies acides.

---

[462] Carroll, John E. (Canadian-American Committee), Acid-rain: an issue in Canadian-American relations, sponsored by the C.D.Howe Institute and the National Planning Association, 1982, p. 11

[463] Parlement du Canada, Chambre des Communes, Sous-comité sur les pluies acides, Les eaux sournoises: rapport du sous-comité sur les pluies acides, 1981, p.97
R.E.Norton, «Yes, they mind if we smoke», U.S.News and World Report, July 25, 1988, p.43
Carroll, John E., Acid-rain: an issue in Canadian-American relations, 1982, p. XI

La situation est aggravée par le fait que plusieurs régions du Canada, notamment le sud de l'Ontario et du Québec, sont très sensibles aux pluies acides. A cause de la géologie des sols, ces régions ont une faible capacité-tampon. Aux États-Unis, la plupart des régions ne sont pas sensibles aux pluies acides, à l'exception de l'état de New York et de la Nouvelle-Angleterre.

C'est cependant le Canada qui possède les sources ponctuelles de SO_2 les plus importantes au monde: les fonderies de l'Inco à Sudbury et de la Noranda au Québec. De plus, au début des années 80, les émissions canadiennes *per capita* étaient plus élevées que celles des Américains et il n'existait aucun appareil anti-pollution moderne sur ces principales sources de pollution acide. 150 centrales thermiques américaines possèdaient alors des épurateurs («scrubbers»)[464]. Dans les débats politiques, les Américains n'ont pas hésité à utiliser cet argument. Par contre, il n'y a eu aucune amélioration significative aux États-Unis de 1982 à 1989.

A partir de 1985, le Canada peut se donner une meilleure image grâce à l'adoption du programme d'épuration qui promet des réductions de 50% pour 1994. L'Ontario et le Québec adoptent des législations pour mettre en oeuvre le programme canadien (engagement du Québec de réduire les émissions de 45% pour 1990). En 1991, le Canada et les provinces canadiennes ont, dans l'ensemble, respecté leur échéancier de réalisation.

Étapes et résultats des négociations officielles

De 1980 à 1988, le Canada a essayé plusieurs techniques pour convaincre les Américains de réduire leurs émissions. Selon les grands périodiques américains[465], on conclut en 1988 que le Canada «is getting desperate». En regardant les étapes des négociations (tableau 8.3a), on peut comprendre le désespoir du Canada.

Les enjeux en politique intérieure américaine

Aux États-Unis, le financement du programme d'épuration est un enjeu crucial. Les membres du Congrès qui s'opposent à l'épuration, considèrent que les hausses de tarifs de l'électricité qui en résulteraient seraient inacceptables. De plus, le secteur privé concerné (charbon, producteurs d'électricité, industries lourdes) exige que le gouvernement participe financièrement à l'épuration, pour s'assurer qu'il n'y ait pas de pertes d'emplois.

---

[464] R.E.Norton, «Yes, they mind if we smoke», U.S.News and World Report, July 25, 1988, p.44
[465] R.E.Norton, Ibid., p.43

Tableau 8.3a: Étapes des négociations Canada/États-Unis sur les pluies acides[466]:

1976:	Le phénomène des pluies acides commence à attirer l'attention des milieux scientifiques.
Juil. 78	Le Groupe de Consultation bi-latérale sur le transport des polluants se réunit pour la première fois.
Oct. 78	En se basant sur le «Foreign Relations Authorization Act» de 1978, le Congrès exige des négociations sur le problème des pluies acides.
Nov. 78	Le Canada et les États-Unis acceptent de commencer des discussions informelles.
Juil. 79	Les États-Unis et le Canada émettent un communiqué commun, exprimant leur détermination de réduire et de prévenir la pollution transfrontière.
Nov. 79	Le Canada et les États-Unis signent un accord international (incluant 32 pays européens) demandant la réduction de la pollution de l'air et surtout la réduction de la pollution transfrontière de longue portée[467].
Août 80	Les États-Unis et le Canada signent un «Mémorandum déclaratif d'intentions» qui stipule plusieurs points: a) la reconnaissance du problème des pluies acides; b) le désir de négocier une entente formelle; c) l'établissement de cinq groupes de recherche (bi-latéraux); d) l'affirmation que les lois et les règlements existants seront appliqués pour réduire la pollution transfrontière.
Juin 81	Première négociation officielle sur les pluies acides.
Sept. 81	Un rapport du «National Academy of Sciences Committee on the Atmosphere and the Biosphere» recommande une réduction des précipitations acides de 50%.
Juil. 81	Visite de Reagan au Canada. Il déclare que les États-Unis n'exporteront pas leur pollution.
Fév. 82	Troisième rencontre officielle de négociation. Le Canada propose, pour les deux pays, une réduction des oxydes de soufre de 50 % pour 1990.
Juin 82	Quatrième rencontre officielle. Les États-Unis rejettent la proposition canadienne.
Été-hiv. 82	Une Commission du Sénat propose des réductions des émissions de SO_2. Le Congrès ajourne cependant sans action sur cette proposition.
Février 83	L'Administration américaine déclare que deux films sur les pluies acides (produits au Canada) constituent de la propagande et elle essaie de réduire leur diffusion aux États-Unis.
Mars 85	Le gouvernement fédéral canadien et sept provinces s'engagent à réduire leurs émissions d'oxydes de soufre de 50% pour 1994
1985	Nomination de deux représentants (D. Lewis pour les États-Unis et B. Davis pour le Canada) devant faire rapport sur les mesures à prendre.
1986	Leur conclusion: le gouvernement américain doit investir $2,5 milliards[468] pour développer de nouvelles techniques de combustion plus propres
1987	Présentation d'un projet de loi au Congrès visant à lancer un programme de **recherche** de nouvelles technologies.
Début 89	Une vaste coalition[469] composée de groupes écologistes américains et canadiens, d'États de la Nouvelle-Angleterre, de l'Ontario, organisent une poursuite judiciaire pour forcer l'EPA à appliquer certaines modalités du «Clean Air Act» qui réduiraient les émissions acides.
1990	Avec l'arrivée au pouvoir du Président Bush, le «Clean Air Act» est finalement amendé[470] pour inclure des limites aux émissions de SO_2. Si la loi est respectée, les émissions totales seraient réduites de 50% en l'an 2000.

---

[466] Davis, Joseph A. Congressionnal Quarterly Weekly Report, May 28, 1983, p.1064
       «Acid rain is still a sore point for U.S./ Canada»
[467] Munton, Don, International Journal, winter 1980-1981, p.170,
       «Dependance and interdependance in transboundary environmental relations»
[468] D. Lewis et W. Davis, Joint Report of the Special Envoys on Acid Rain, Jan. 1986
[469] Energy Probe Presse Release, «Canadians Mount Full Court Press on Acid Rain», April 1989
[470] Sierra Club National News Report, Dec. 3, 1990, p. 4

Les pluies acides ont également créé des conflits entre les diverses régions des États-Unis. Par exemple, l'industrie touristique de la Nouvelle-Angleterre est concernée par les pluies acides et favorise une réduction des émissions[471] (dans ces États, la pêche est encore une activité importante). A l'opposé, les consommateurs d'électricité dans la vallée de l'Ohio craignent que les dépenses d'épuration augmentent leurs factures d'électricité. Il y a aussi les mineurs de charbon des Appalaches qui craignent de perdre leur emploi parce que le charbon de leur région possède une haute teneur en soufre.

La politique énergétique des États-Unis est également concernée car, dès 1980, le Président Carter voulait, par l'utilisation du charbon américain, réduire la dépendance américaine à l'égard du pétrole importé. Même si Carter semblait un président préoccupé par l'environnement (certainement plus que Nixon ou Reagan), les négociations n'ont pas progressé sous sa présidence, parce que, chaque fois que des ententes semblaient se concrétiser, Carter approuvait une loi ou un budget quelconque qui favorisait la conversion au charbon. Les négociateurs canadiens considéraient négativement ces décisions.

Les enjeux en politique intérieure canadienne

Au Canada, voici quelques «victimes» des pluies acides:

— L'industrie forestière, industrie la plus importante au Canada, est menacée en Ontario et au Québec.

— L'industrie touristique: dans certaines régions, elle est fortement orientée vers la pêche et elle pourrait être anéantie par la disparition du poisson dans les lacs; selon le Ministère fédéral de l'Environnement (1988), 14 000 lacs n'auraient presque plus de poissons et 150 000 autres lacs seraient en péril[472].

— La production de sirop d'érable: dans l'Est du Canada, les érables sont très vulnérables.

Les industries touchées par le programme canadien d'épuration sont surtout les fonderies de métaux non-ferreux. L'INCO et la Noranda ont finalement accepté, après des années de négociation, l'implantation d'usines de désulfurisation lourdement subventionnées. Dans le cas de la Noranda, l'usine a pratiquement été payée entièrement par les gouvernements (en 1987, subventions entre $80 millions et $120 millions selon diverses méthodes comptables). Hydro-Ontario est le seul grand producteur d'électricité à utiliser des centrales thermiques au charbon. Les mineurs de charbon de la Nouvelle-Écosse pourraient également être touchés par la réduction des pluies acides.

---

[471] Davis, Joseph A. Ibid., p.1064
[472] R.E.Norton, Ibid., p.44

Les acteurs en opposition

Une étude par un organisme bi-latéral divise les principaux acteurs[473] selon les positions de 1982:

Tableau 8.3b: Acteurs nord-américains en opposition sur les pluies acides en 1982

Ceux qui sont opposés à l'installation d'équipements anti-pollution:
— Le gouvernement américain, surtout l'administration Reagan;
— certains États américains générateurs d'oxydes de soufre (Ohio, Virginie, Michigan, Indiana, Illinois, Kentucky);
— les compagnies productrices d'électricité du Midwest et Hydro Ontario;
— certaines industries, dont les fonderies et raffineries dans les deux pays.

Ceux qui favorisent une réduction immédiate:
— Le gouvernement fédéral canadien;
— le gouvernement de l'Ontario (à un certain point) et quelques autres provinces à des degrés différents;
— les groupes de protection de l'environnement au Canada et aux États-Unis;
— les États vulnérables: Maine, New Hampshire, Vermont, Massachussetts, New York, des portions du Michigan, Wisconsin et Minnesota (N.Y. et Michigan sont aussi de grands producteurs de SO_2)

De 1982 à 1988, le Président Reagan a été opposé à toute mesure. Selon lui, les hommes de science connaissaient mal le phénomène des pluies acides et avant d'agir, il fallait faire des recherches supplémentaires pour s'assurer des bienfaits des actions.

Le Congrès n'est pas aussi monolithique et il est divisé selon les régions «gagnantes» et «perdantes». Les représentants des États pollueurs ou producteurs de charbon sont évidemment contre des mesures d'épuration. Pendant le deuxième mandat de Reagan, plusieurs membres du Congrès critiquent sévèrement Reagan pour son manque d'engagement dans le dossier des pluies acides[474]. Mulroney est également critiqué par des membres du Congrès américain, car sa mollesse nuit aux initiatives visant à réduire les émissions.

Les groupes de protection de l'environnement américains ont été très actifs dans la lutte contre les émissions de SO_2 (mais beaucoup moins actifs dans leur lutte contre les NO_x). Ces groupes affirment que l'Administration refuse de considérer les nombreuses études scientifiques qui justifient une réduction des émissions[475]. Les citoyens de certaines régions ont été également actifs. En 1982, au New Hampshire,

---

[473] Carroll, John E. Ibid., p. XIV
[474] La Presse, Montréal, 4 avril 1987, p.A6; «Reagan et Mulroney font fausse route», La Presse, 18 mars 1986
[475] Davis, Joseph A. Congressionnal Quarterly Weekly Report, May 28, 1983, p.1065
«Acid rain is still a sore point for U.S./ Canada»

195 réunions municipales ont approuvé une réduction des émissions nationales de 50%. Le Vermont est un producteur important de sirop
d'érable.

Autant au Canada qu'aux États-Unis, il y a eu de nombreux articles
sur le problème des pluies acides (quoique davantage au Canada). Sur le
dépérissement des forêts dans les deux pays, quelques articles «alarmistes» [476] ont été publiés dans de grands périodiques. Ces articles traitent
généralement des effets des pluies acides, sans parler de la surconsommation d'énergie qui est à la source du problème.

Du côté canadien, le gouvernement fédéral est un acteur instable.
Au début des années 80, la vigueur de l'intervention canadienne est
illustrée par les discours du Ministre de l'Environnement John Roberts
(sous le gouvernement libéral). A plusieurs reprises[477], il accuse
l'Administration américaine de ne pas avoir respecté le Mémorandum
d'intention signé en 1980. Avec l'élection d'un gouvernement conservateur en 1984, la vigueur de la critique sera fortement réduite,
Mulroney adoptant une attitude très conciliante.

Pour renforcer son action, le gouvernement fédéral appuie un acteur
spécialisé, la «Coalition Canadienne contre les Pluies Acides», coalition de 64 groupes professionnels, écologistes, sportifs...[478]. Elle est en-
registrée officiellement comme un lobby étranger à Washington et une
de ses sources de financement est le gouvernement canadien. Comme ce
lobby agit directement auprès du Congrès et de la population américaine, cette approche est critiquée par l'Administration Reagan.

L'action canadienne est également caractérisée par de nombreuses
interventions des provinces. En fait, presque toutes les provinces canadiennes sont intervenues à divers niveaux pour demander une réduction
des émissions. Les intérêts des provinces restent cependant très va-
riés[479]:

— Il y a les provinces peu actives et peu vulnérables, la Colombie
Britannique, la Saskatchewan et le Manitoba.

— Les provinces maritimes sont modérément touchées et peu actives.

— Au début des années 80, une seule province est très active au niveau
international, l'Ontario, probablement, parce que les lacs de villégiature
près de Toronto sont sérieusement affectés. Cette province a cependant
un problème d'image à cause des fonderies de l'INCO et de
Falconbridge, et aussi à cause des projets de développement de centrales au charbon par Hydro-Ontario (entreprise publique).

---

[476] «Puzzling Holes in the Forest, Time, March 19, 1984, p. 29
       «Requiem for the Forest», Newsweek, Aug. 20, 1984, p. 72
[477] Davis, Joseph A., Ibid., p.1065
[478] Davis, Joseph A., Ibid., p.1065 (42 groupes affiliés en 1983, 64 en 1988)
[479] Carroll, John E. Ibid., p. 34

— Avant 1984, le Québec est peu actif politiquement. Après cela, il devient presque aussi actif que l'Ontario. La vitesse de dépérissement des érablières commerciales est probablement le déclencheur de cette prise de conscience soudaine. De 1986 à 1988, le Ministère de l'Énergie et des Ressources du Québec étudie le dépérissement de la forêt feuillue québécoise et produit plusieurs documents «alarmistes»[480]. En 1987, il affirme que 82% des érables au Québec sont affectés à divers degrés par les précipitations acides et que 56% des surfaces étudiées sont sérieusement endommagées, c'est-à-dire avec plus de 25% du feuillage manquant[481].

A cause de cette prise de conscience des deux principales provinces dans le dossier des pluies acides, **le fédéral sera capable de conclure des ententes d'épuration avec les provinces** (juridiction partagée en matière d'environnement). Même si les négociations entre les provinces et Ottawa n'ont pas été faciles, le caractère fédéral du système politique canadien n'aura pas été, pour les pluies acides, un obstacle à l'action.

La diversité des groupes de pression qui interviennent dans les deux pays est impressionnante. A peu près tous les groupes qui s'occupent directement ou indirectement d'environnement se sont impliqués. Au Québec, plusieurs groupes écologistes dont l'Association québécoise de lutte aux pluies acides (AQLPA) et la Société pour vaincre la pollution (SVP) travaillent dès le début des années 80 à la réduction des émissions de la Noranda. A cette époque, les écologistes sont cependant les seuls groupes de pression à intervenir dans ce sens. L'Union des Producteurs agricoles deviendra par la suite un acteur important lorsque l'industrie du sirop d'érable sera menacée.

Le droit international, un moyen de pression?

Le droit international ne semble pas avoir contribué à réduire la pollution transfrontière. Même les ententes internationales signées précédemment par les deux pays[482] n'ont pas été utiles. Dans les négociations, le Canada a souvent fait référence aux articles 21 et 22 de la Conférence des Nations Unies sur l'environnement (1972) et aussi à l'entente sur la pollution transfrontières signée en 1979 par les pays européens, le Canada et les États-Unis[483]. Ces ententes n'ont pas permis de faire bouger l'Administration Reagan, pas plus que le Mémorandum déclaratif d'intentions signé en 1980 par le Président Carter.

Le droit international est handicapé par certaines contradictions dans ses principes de base[484], notamment le respect intégral des souve-

---

[480] B. Bernier et M.Brazeau, Un patrimoine en détresse, MER et Université Laval, 1986
[481] La Presse, Montréal, 6 avril 1987
[482] Parlement du Canada, Chambre des Communes, Les eaux sournoises: rapport du sous-comité sur les pluies acides, 1981, p.97
[483] D. Lewis and W. Davis, Joint Report of the Special Envoys on Acid Rain, Jan. 1986, p.3
[484] O.C.D.E., La protection de l'environnement dans les régions frontières, Paris, 1979

rainetés nationales. Ce principe est impossible à concilier, par exemple, avec le droit des citoyens d'obtenir de l'information concernant l'environnement. Si un pays donné reçoit la pollution d'un autre pays, comment ce pays peut-il faire connaître ses problèmes aux citoyens de l'autre pays, tout en respectant la souveraineté de cet «exportateur» de pollution ?

La diplomatie traditionnelle, une stratégie efficace?

Au début des négociations sur les pluies acides, le Canada manquait de crédibilité à cause de ses énormes sources de pollution. Par la suite (environ 1985), le Canada a pu améliorer sa crédibilité en prenant des actions nationales pour réduire les émanations de SO_2. Malgré cela, des pressions diplomatiques ne pouvaient briser la rigidité d'un Président dont le principal objectif était la déréglementation.

Le lobbying

Pendant le mandat du gouvernement libéral, le Canada a compris, vers 1982, qu'il devait aussi se préoccuper du Congrès et pas seulement du Président. La négociation avec le Congrès est une tâche difficile, car les ambassades doivent entrer en compétition avec plusieurs milliers de «lobbyists» et il existe plusieurs dizaines de commissions et sous-commissions[485]. En somme, il faut tenir compte de la structure interne du système américain et de la séparation des pouvoirs. **Le gouvernement Mulroney oubliera cette dimension de la négociation et axera toute sa stratégie sur le Président.**

Le déblocage de 1990

Avec l'arrivée du président Bush, l'action législative a repris au Congrès concernant l'adoption du deuxième *Clean Air Act* (la première version avait été adoptée en 1970). La loi est finalement adoptée en 1990, avec des modalités théoriques satisfaisantes pour les écologistes. Un système de «droits d'émissions échangeables» est mis sur pied pour forcer les entreprises de réduire de près de 50% les émissions globales de SO_2. Dans un tel système, les entreprises doivent acheter des permis qui légalisent leurs émissions de SO_2. Dans l'ensemble des États-Unis, la quantité totale de permis sera fixe et obligera ainsi une réduction globale.

Pour le Canada, ce projet de loi présente cependant une grave lacune: il ne contrôle pas les émissions sur une base régionale. La réduction des émissions se fera surtout en fonction des coûts d'épuration et il est possible (et légal) que les améliorations se concrétisent ailleurs que

---

[485]   Dobell, Peter C., International Journal, winter 80-81, p. 34«Negociating with the United States»

dans le Midwest, responsable d'exporter sa pollution vers le Canada. De plus, dès 1991 et 1992, les modalités règlementaires (de la responsabilité de l'exécutif) ont déjà commencé à amoindrir la portée de la loi.

Succès de la diplomatie canadienne?

Même si l'adoption de ce deuxième *Clean Air Act* représente un progrès pour la qualité de l'environnement des États-Unis, il est difficile de conclure que son adoption est due aux pressions canadiennes. En fait, les principaux efforts du Canada ont été dirigés vers Reagan, et tant que ce dernier était au pouvoir, aucun progrès concret n'a été réalisé. De plus, le Président Bush a toujours insisté pour que la signature d'un traité avec le Canada au sujet des pluies acides soit discutée après l'adoption du *Clean Air Act*. Ce projet de loi devait être conçu et négocié exclusivement en fonction des intérêts intérieurs aux États-Unis. L'absence d'engagement spécifique aux émissions du Midwest confirme d'ailleurs cela.

Il est cependant difficile d'expliquer cette inefficacité de la diplomatie canadienne par des erreurs stratégiques ou l'absence de vigueur du gouvernement Mulroney face au Président Reagan. En fait, toutes les stratégies ont été essayées:

— Des provinces canadiennes sont intervenues de façon vigoureuse, conformément aux demandes des groupes écologistes canadiens. Par exemple, l'Ontario a appuyé de nombreuses démarches d'ordre judiciaire.

— De 1981 à 1984, la stratégie «vigoureuse» a été essayée par le gouvernement libéral, sans succès, auprès de l'Administration Carter pourtant plus ouverte.

— Les groupes environnementaux canadiens ont fait de ce dossier une priorité, autant aux États-Unis qu'au Canada.

Devant les échecs répétés de tous les intervenants, il est permis de penser qu'une stratégie différente du gouvernement Mulroney n'aurait pas modifié la politique de l'Administration Reagan.

Encore ici, **on peut conclure que dans le système politique américain, un intervenant peut très difficilement forcer le pouvoir exécutif à agir**. Dans le cas des déchets toxiques, les intervenants en politique intérieure ont été incapables de forcer l'action de l'Administration; dans le cas des pluies acides, des intervenants en politique **internationale** en ont été incapables également.

8.4 Les pluies acides en France et en R.F.A.

En Europe, la situation de la Scandinavie par rapport à l'Europe continentale est semblable à la situation du Canada face aux États-Unis. L'exportation de la pollution est surtout **à sens unique** et, jusqu'en 1983, des pays comme l'Angleterre, la France et la R.F.A. niaient que les effets des pluies acides étaient importants. En Europe, les principaux exportateurs de pollution étaient alors, dans cet ordre, les pays de l'Est, la Grande-Bretagne, l'Allemagne fédérale, la France et, à un niveau moindre, la Hollande, la Belgique.

Tableau 8.4a: Émissions européennes de SO_2 en 1978[486]

Pays	Total des émissions (millions de tonnes)	Emission per capita (kg)
Hollande	0. 48	30
Suède	0. 55	65
Belgique	0. 76	80
France	3. 60	65
Allemagne fédérale	3. 60	55
Allemagne de l'est	4. 00	230
Grande-Bretagne	4. 98	90

Les émissions *per capita* de 1978 permettent de nuancer la performance des pays, puisque la Suède, pays «demandeur» dans le dossier des pluies acides, n'avait pas une meilleure performance que les autres pays d'Europe de l'Ouest. La performance lamentable de l'Allemagne de l'est est représentative de celle des autres pays de l'est comme la Pologne et la Tchécoslovaquie dont les émissions *per capita* sont extrêmement élevées.

La vulnérabilité relative des pays est également semblable à la situation nord-américaine. La Suède et la Norvège, pays «importateurs» de pluies acides, ont des sols d'une faible capacité-tampon et des activités économiques vulnérables, notamment la foresterie et le tourisme de nature (dès 1970, plusieurs lacs de Suède étaient sérieusement acidifiés). Comme les États-Unis, les pays «exportateurs» de pollution ont des problèmes d'autonomie énergétique et le charbon constitue une alternative aux importations de pétrole.

Le Danemark reçoit beaucoup de pluies acides, mais sa vulnérabilité géologique est moins grande que celle de la Norvège et de la Suède. Les sols d'Écosse sont fragiles et elle est une victime de la pollution de l'Angleterre. Malgré cela, elle ne s'est pas ralliée officiellement aux positions des pays scandinaves. En examinant la diversité des situations

---

[486] The Economist, (London), July 10, 1982, p.79 «Criticisms rain down on cross-border polluters»

des pays européens, on peut faire un parallèle avec les situations relatives des divers États américains à l'intérieur des États-Unis.

Il faut aussi nuancer les étiquettes «d'exportateurs» et «importateurs» de pollution. La Hollande est à la fois exportatrice vers la Scandinavie et victime de ses voisins du sud et de l'ouest. La R.F.A. est dans une situation semblable, car environ 50% des pluies acides qui tombent sur son territoire proviennent d'autres pays[487].

Les enjeux

Les enjeux sont évidemment les mêmes qu'en Amérique:
— Qui doit payer pour l'épuration?
— Certaines industries sont menacées, d'abord la villégiature (avant 1983) et ensuite l'industrie forestière.
— L'indépendance énergétique des pays est mise en question.

A cause de la multiplicité des pays, les négociations impliquent plusieurs critères différents. Alors qu'en Amérique, les intervenants s'entendent pour que les objectifs d'épuration soient exprimés en pourcentage de réduction par rapport à une année de base, certains pays européens n'acceptent pas cette méthode. Par exemple, la Hollande, dont les émissions *per capita* sont basses, voudrait qu'on utilise ce critère.

Un autre enjeu apparaît souvent dans les négociations européennes, celle de la concurrence déloyale. L'épuration ou l'absence d'épuration est considérée comme une décision capable d'affecter les équilibres industriels de l'Europe[488].

Les débats politiques

Tableau 8.4b: Événements importants au sujet des pluies acides en Europe de l'Ouest [489]

1968	Des chercheurs confirment que les pays scandinaves reçoivent de grandes quantités de substances acidifiantes provenant d'Angleterre et d'Europe continentale.
1972	A la Conférence des Nations-Unies sur l'Environnement à Stockholm, la Suède présente un rapport sur les méfaits de la pollution (SO_2) à longue distance; elle fait adopter l'article 21 de la déclaration de Stockholm où les États s'engagent à ne pas polluer leurs voisins.
1979	Signature par les pays européens de la Convention de Genève, dans laquelle les pays s'engagent à réduire leurs pollutions tranfrontières.
Oct. 82	Création en France de l'Office Parlementaire d'Évaluation des Choix Scientifiques et Technologiques, dont le premier mandat est l'étude de la pollution atmosphérique à longue distance.
1983	Des rapports officiels[490] concluent que 57% des forêts ouest-allemandes sont atteintes de dépérissement, 31% très fortement. La vitesse du dépérissement est inquiétante: dans le Baden-Wurtemberg, 6% des épiceas étaient atteints en 1981 et 94% en 1983.
Sept. 83	Le Ministre de l'Intérieur de la R.F.A. lance un programme d'action pour sauver les forêts.
Nov. 84	200 000 personnes manifestent à Munich contre la «mort des forêts».
1987	Le Bündestag[491] adopte une loi forçant l'installation de convertisseurs catalytiques sur les automobiles neuves de 1989.

[487] R.E.Norton, «Yes, they mind if we smoke», U.S.News and World Report, July 25, 1988, p.43
[488] Fouéré, Erwan, Europe, May-June 1983, no.237, «Clashing on the environment: U.S., Europe follow increasingly different paths», p.12
[489] P. Roqueplo, Pluies acides: menaces pour l'Europe, Economica, Paris, 1988, p.3, 21, 88
[490] L.W. Blank, «A New Type of Forest Decline in Germany», Nature, March 1985, p.311-4
[491] «The Fading of the Green, Newsweek, Nov. 24, 1986, p.14

Avant 1983, la R.F.A. a combattu avec acharnement toutes les propositions de réduction des émissions acides, notamment celles de la
Suède. Selon un responsable français de l'environnement, c'est la
R.F.A. qui a fait remettre à 1995 (au lieu de 1993) les engagements de
réduction des émissions lors de la conférence internationale de 1979[492].
Mais l'Allemagne se réveille brutalement face au dépérissement de ses
forêts. Les rapports officiels sont percutants. Les médias d'information
contribueront d'ailleurs à entretenir les inquiétudes. Le virage s'effec-
tue en 1983[493], alors que le gouvernement fédéral s'engage à réduire les
émissions de soufre de 65% pour 1995. Alors que l'extraction du charbon en R.F.A. est déjà fortement subventionnée, les producteurs d'électricité reçoivent des subventions énormes pour installer des épurateurs.
(Toutes ces subventions baissent artificiellement le prix de l'énergie et
incitent à la consommation).

Tableau 8.4c: Centrales au charbon possédant une épurateur en R.F.A.[494]

Année	% de centrales équipées
1980	7%
1984	25%
1987	71%
1988	90%

Un épurateur, selon les technologies, ne réduit les émissions de SO_2
que de 70 à 95% et ne réduit pas les émissions de NO_x. De plus, le système fédéral allemand, comme aux États-Unis, n'applique pas toujours
ses lois avec une grande efficacité. En 1984, le Bundestag adoptait une
loi qui forçait la nouvelle centrale de Buschhaus (en Basse-Saxe) à
s'équiper d'un épurateur. Six mois après la mise en service de la centrale en 1987, l'épurateur n'avait toujours pas été mis en fonction! De plus,
l'avenir n'est pas si propre en R.F.A., puisque qu'en 1987, 5000 MW de
centrales au charbon sont en construction et 7000 MW de centrales nucléaires[495].

Le bilan des émissions de SO_2 en France est semblable à celui de la
R.F.A., mais pour des motifs tout-à-fait différents. Les centrales au
charbon et au fuel lourd sont remplacées rapidement par des centrales
nucléaires. En 1986, il n'y a toujours pas de mesures sévères en France
pour réduire les émissions de soufre provenant des huiles lourdes[496]
(dans le chauffage des bâtiments).

---

[492] P. Roqueplo, Ibid., p.24
[493] R.E.Norton, «Yes, they mind if we smoke», U.S.News and World Report, July 25, 1988, p.43
[494] Scala, R.F.A., sept/oct 1988, p. 27
[495] P. Roqueplo, Pluies acides: menaces pour l'Europe, Economica, Paris, 1988, p.168
[496] P. Roqueplo, Ibid., p.102

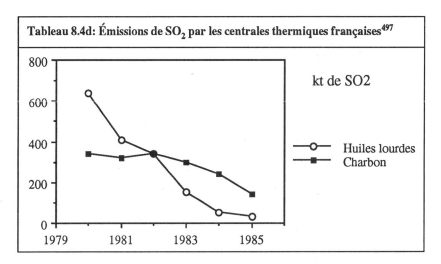

Tableau 8.4d: Émissions de SO$_2$ par les centrales thermiques françaises[497]

kt de SO2

Huiles lourdes
Charbon

1979   1981   1983   1985

Remarques sur les acteurs

Comme en Amérique du nord, la contribution des milieux scientifiques à la lutte aux pluies acides est ambigüe. Jusqu'en 1981 en R.F.A., les spécialistes de l'industrie forestière refusent d'admettre des effets importants des pluies acides sur les forêts[498]. Ils contribuent à bloquer l'adoption de mesures. Ce sera le choc lorsque les relevés de 1983 indiquent un dépérissement généralisé. Plus tard, comme aux États-Unis, les désaccords théoriques sur les mécanismes du dépérissement serviront d'excuses pour retarder l'adoption de mesures concrètes. Par contre, la prise de conscience des effets des pluies acides sur les forêts est grandement due à quelques chercheurs ouest-allemands, notamment Schütt et Ulrich, qui ont osé affronter les autres professionnels de la forêt[499].

Les acteurs «industriels» ont des comportements très différents en France et en R.F.A. Alors que les industriels allemands essaient de tirer des bénéfices économiques des programmes d'épuration (par exemple, par l'exportation de technologie), les «industriels» français rendent les Allemands responsables de la panique face aux pluies acides[500] (et donc de leurs problèmes). Ils accusent même les Allemands d'exagérer les impacts des pluies acides pour profiter d'un nouveau marché de l'épuration (comme les Américains affirment que les Canadiens exagèrent les impacts pour pouvoir exporter leur électricité d'origine nucléaire ou hydraulique).

L'industrie française du charbon s'oppose farouchement à l'implantation d'épurateurs sur les centrales au charbon ou dans les procé-

[497] P. Roqueplo, Ibid., p.183
[498] P. Roqueplo, Ibid., p.23
[499] P. Roqueplo, Ibid., p.26
[500] P. Roqueplo, Ibid., p.19-23

dés industriels, car cela réduirait l'attrait du charbon. Pour l'industrie du charbon, les effets combinés du développement du nucléaire et de la lutte aux pluies acides signifient la «mort» de leur industrie.

Dès le début, les organismes internationaux se sont impliqués dans le dossier des pluies acides[501]:

— l'Organisation de Coopération et de Développement Économique a contribué à l'amélioration et à la diffusion d'informations;

— le Conseil européen a permis l'élaboration de nouvelles idées et a fait plusieurs recommandations;

— le Conseil économique européen est également intervenu en adoptant des articles demandant la réduction de la pollution transfrontière.

Il faut cependant conclure que ces organismes n'ont pas eu d'effets importants, puisque les progrès se sont concrétisés uniquement lorsque la R.F.A. a pris des initiatives.

Le comportement des acteurs écologistes présente plusieurs différences. Les écologistes européens ont accordé un peu moins d'importance à la réduction des émissions de SO_2 que les groupes environnementaux canadiens et américains[502]. Il faut se demander si les verts français et ouest-allemands pouvaient se permettre d'être contre les centrales thermiques après avoir combattu aussi farouchement le nucléaire.

Pour compléter le portrait des acteurs, mentionnons que la population allemande perçoit négativement le manque d'engagement de la France à l'égard des pluies acides, mais aussi la localisation de centrales nucléaires en amont des vents dominants[503].

Négociations impliquant les pays scandivaves et d'autres pays

Avant 1984 en Europe, les négociations ont été caractérisées par un affrontement pays scandinaves *versus* Grande-Bretagne et Allemagne fédérale. Pendant près de dix ans, la position de la Grande-Bretagne et de l'Allemagne était qu'il fallait faire d'autres études[504]. Le comportement des pays «exportateurs» de pollution en Europe a donc été semblable à celui des États-Unis et les intérêts économiques de ces pays ont dominé le processus de négociation.

En 1983, la Grande Bretagne prétend avoir réduit ses émissions de 25% dans les dix dernières années[505]. Elle affirme que c'est suffisant, surtout en tenant compte des futurs programmes d'économies d'énergie. En réalité, cette baisse est due à l'utilisation du pétrole de la Mer du nord et ne constitue pas un effort de réduction des émissions.

---

[501] Johnston, Douglas M. and P. Finkle, Acid precipitation in North America: the case for transboundary co-operation, Canadian Institute of Resources Law, 1983, p.35-39

[502] P. Roqueplo, Ibid., p.23

[503] P. Roqueplo, Ibid., p.6 et 328

[504] Carroll, John E., Acid-rain: an issue in Canadian-American relations, 1982, p. 51

[505] The Economist, (London), July 10, 1982, p.79 «Criticisms rain down on cross-border polluters»

Il faut aussi constater que **le déblocage diplomatique de la R.F.A. est uniquement dû à la situation catastrophique des forêts allemandes**[506].

Premier constat: l'égoïsme national prime sur la diplomatie

Les pluies acides représentent un cas typique de pollution transfrontière[507], caractérisé par des opinions divergentes, la domination des intérêts respectifs et le conflit. Les impasses diplomatiques peuvent être créées par diverses causes, soit l'opposition personnelle d'un politicien important ou l'absence d'intérêt «égoïste» à dépolluer (la pollution étant à sens unique).

A partir du cas sur les pluies acides, on peut tirer les conclusions suivantes:

— Les pays européens ne se sont pas comportés différemment des pays nord-américains.

— La contribution du droit international est pratiquement nulle face aux problèmes de pollution transfrontière; il y a absence de droit international coercitif qui pourrait forcer un «exportateur» de pollution à accepter une forme quelconque d'arbitrage.

— **Les interventions des pays sont sérieuses uniquement lorsque leur territoire est touché directement et de façon indiscutable.**

Deuxième constat: quelques succès stratégiques des écologistes, mais échec global

Dans les quatre pays analysés, des mesures ont été implantées pour réduire les émissions de SO_2. Malgré cela, on doit conclure à un échec global des écologistes, parce qu'il faut tenir compte des deux questions suivantes: la réduction des émissions de SO_2 a-t-elle engendrée une augmentation d'autres types de pollution; y aura-t-il baisse des émissions de tous les gaz précurseurs aux pluies acides?

Premièrement, la réduction des émissions de SO_2 a effectivement engendrée une augmentation majeure d'autres polluants:

— Aux États-Unis et en RFA[508], le principal moyen de réduction des émissions de SO_2 est l'implantation d'épurateurs (*scrubbers*) sur les centrales thermiques au charbon. Selon les diverses études, ces épurateurs réduisent l'efficacité des centrales de 5% à 10%, ce qui signifie une augmentation des émissions de deux gaz à effet de serre (CO_2 et CH_4) de 5% à 10%.

---

[506] Fouéré, Erwan, Europe, May-June 1983, no.237, «Clashing on the environment: U.S., Europe follow increasingly different paths», p.14
Sitwell, Nigel, Science Digest, Sept. 1984, «Our trees are dying», p.45

[507] Munton, Don, International Journal, winter 80-81, p.147
«Dependance and interdependance in transboundary environmental relations»

[508] Hans C. Martin, «The Linkages between Climate Change and Acid Rain», Global Climate Change Linkages, edited by James C. White, Elsevier, 1989, p. 65

— En France, les écologistes ne crieront certainement pas victoire concernant les émissions de soufre, la baisse étant due uniquement au développement de l'énergie nucléaire.

— Au Canada, les fonderies ont réduit sérieusement leurs émissions de SO_2, mais à l'aide de subventions énormes. Au Québec, la baisse des émissions est essentiellement due à l'implantation d'une usine de désulfurisation à la fonderie Noranda. Peut-on conclure à un succès lorsqu'on sait que ce sont les divers paliers de gouvernements qui ont payé entièrement cette usine de $120 millions de dollars.

— Dans tous les cas d'épuration de centrales et de fonderies, «l'extraction» du soufre crée des énormes problèmes de résidus de soufre, dont personne ne sait que faire. Ces résidus représentent une menace écologique pour plusieurs rivières.

— Aux États-Unis, les écologistes ont «fêté» l'adoption du deuxième *Clean Air Act* (1990), qui vise à réduire les émissions de SO_2. Ils ont oublié que les principales modalités du *Clean Air Act* de **1970** ne sont toujours pas respectées. Faut-il rappeler que, dans le cadre de la fragmentation extrême du système politique américain, il est illusoire de conclure uniquement en fonction d'un texte législatif.

Deuxièmement, il est actuellement impossible de conclure à une baisse prévisible des dommages causés aux écosystèmes par les polluants aéroportés. La protection des forêts exige de tenir compte des menaces suivantes: les émissions de SO_2 qui génèrent l'acide sulfurique, les émissions de NO_x qui génèrent l'acide nitrique, la combinaison des émissions de NO_x et de composés organiques volatils (COV) qui génèrent l'ozone en basse atmosphère et les gaz à effet de serre. Pour les NO_x, les COV et les gaz à effet de serre, les émissions sont en hausse dans presque tous les pays, notamment à cause de la croissance du parc automobile (cet enjeu est discuté en détail au prochain chapitre).

L'enjeu fondamental est la consommation totale d'énergie. Dans les quatre pays, il y a encore une forte croissance de la consommation énergétique et il faut conclure à un échec des écologistes. Ce constat est d'autant plus incriminant que la consommation d'énergie est encore lourdement subventionnée dans les quatre pays et les écologistes n'accordent pas la priorité à ces subventions directes ou cachées.

En R.F.A., l'industrie du charbon reçoit encore des subventions énormes pour l'extraction du charbon et l'épuration dans les centrales thermiques. En France, au Canada et aux États-Unis, l'énergie nucléaire reçoit des milliards de dollars de subventions. Au Canada, le projet d'extraction du pétrole au large de Terre-Neuve (Hibernia) recevra des milliards en subventions. Sur le plan de la consommation, aucun utilisateur n'est facturé pour les dommages environnementaux de l'énergie; il s'agit de subventions discrètes mais énormes. Ces subventions sont contraires au principe pollueur/payeur; elles font baisser le prix de l'énergie et constituent une incitation majeure à la consommation d'énergie.

CHAPITRE 9

L'oubli des enjeux les plus importants

9.1 La théorie des élites et le contrôle de l'agenda politique

Le débat entre les conceptions *pluraliste* et *élitiste* de la société américaine est résumé par Birnbaum[509]:

«Pour les partisans des conceptions pluralistes (Dahl, Polsby, etc.), la société américaine étant essentiellement pluraliste, la multiplicité des groupes et l'extrême diversité des intérêts suscitent une non-cumulativité des ressources menant à une spécialisation des élites qui cherchent les unes et les autres à maximiser leurs avantages en exerçant ainsi une fonction de représentation du groupe ou de la coalition de groupes dont elles se font chacune le porte-parole: la société américaine serait donc dirigée par une multitude d'élites spécialisées au pouvoir limité. A l'opposé, des auteurs comme Wright Mills affirment qu'elle serait dominée par une élite unique composée du personnel politique, des dirigeants de l'armée et de ceux du monde des affaires: leur circulation d'une position à l'autre se réaliserait pourtant au détriment du personnel politique dont la spécificité se trouverait de plus en plus laminée.»

Les partisans de la théorie pluraliste accorderaient beaucoup d'importance aux études de cas discutées précédemment. A l'opposé, les partisans de la théorie élitiste affirmeraient que ces conflits politiques ne menacent pas le pouvoir des élites et que les vrais enjeux ne font pas

[509] P.Birnbaum, «Type d'élite et nature de l'État: l'exemple américain», Pouvoirs, no.29, 1984, p.121
R. Dahl, Qui Gouverne?, A. Colin, Paris, 1971; C. Wright Mills, L'élite du pouvoir, Maspéro, Paris, 1969

l'objet de conflit politique. En fait, la théorie élitiste allègue que la minorité qui détient le pouvoir est capable de «contrôler» l'agenda politique[510]. S'il y a conflit politique sur un enjeu, c'est probablement que le résultat du conflit importe peu pour l'élite. Si un enjeu risque de réduire le pouvoir de l'élite, cette dernière fera en sorte qu'il ne soit pas débattu dans l'arène politique.

L'objet de ce livre n'est pas de trancher le débat entre les théories *pluraliste* et *élististe*. Il faut cependant s'assurer que l'échec des groupes écologistes soit confirmé auprès des partisans des deux théories. En analysant les conflits, les chapitres 6 à 8 ont démontré l'échec selon une approche conforme aux partisans de la théorie pluraliste. Mais ces études de cas ne sont pas concluantes selon les partisans de la théorie élitiste.

Ce chapitre cherchera donc à démontrer que les élites ont effectivement réussi à empêcher l'émergence des enjeux écologiques les plus fondamentaux, empêchant ainsi une contestation de leur pouvoir politique. Les sections suivantes présentent donc des enjeux importants qui sont négligés par les groupes écologiques et par les médias d'information.

9.2 Première négligence, l'automobile

Les tableaux suivants présentent l'évolution des taux d'utilisation et de possession d'automobiles privées.

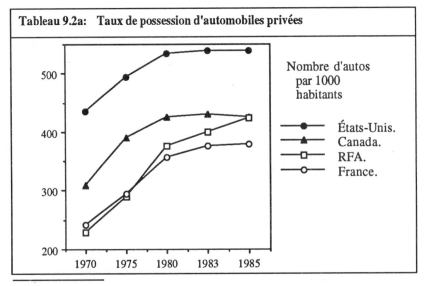

Tableau 9.2a: Taux de possession d'automobiles privées

Nombre d'autos par 1000 habitants

États-Unis.
Canada.
RFA.
France.

---

[510] P.Bachrach, M. Baratz, «The Two Faces of Power», <u>American Political Science Review</u>, Dec. 1962, p.947-52

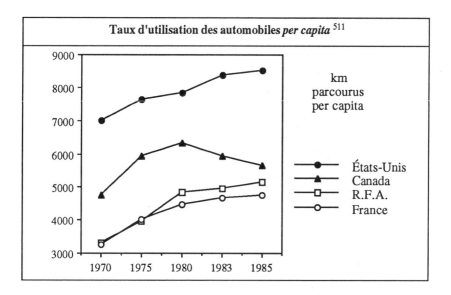

Taux d'utilisation des automobiles *per capita* [511]

km
parcourus
per capita

— ● — États-Unis
— ▲ — Canada
— □ — R.F.A.
— ○ — France

Les impacts environnementaux de l'automobile privée

Les conséquences environnementales de cette utilisation croissante de l'automobile sont nombreuses et sévères. L'automobile, par sa combustion directe d'essence ou de fuel (diésel), est reconnue comme la principale source de pollution urbaine. Ce constat a entraîné plusieurs débats politiques sur la quantité de polluants «acceptables» provenant de chaque automobile, c'est-à-dire sur des normes de pollution.

Mais les débats ont porté uniquement sur cette dimension du problème de l'automobile. On a oublié complètement les impacts indirects de l'automobile, provenant notamment de la construction des automobiles, du raffinage des carburants, de la construction et de l'entretien des routes... Le tableau suivant permet de constater la diversité des impacts de l'automobile.

---

[511] Données OCDE sur l'environnement, Compendium 1987, Paris, p. 247

Tableau 9.2b: Impacts de l'automobile sur l'environnement

Fabrication des automobiles Consommation massive de ressources (métaux, verre, peintures, plastiques) Consommation massive d'énergie dans les fonderies et le traitement des métaux	**Utilisation des automobiles** Consommation massive d'énergie (essence, diésel)
Pollution de l'air par les fonderies (oxydes de soufre, oxydes d'azote, métaux toxiques, pluies acides) Contribution à l'effet de serre (bioxyde de carbone, méthane)	Pollution directe de l'air en milieu urbain (oxydes d'azote, hydrocarbures, plomb, brome, particules, dioxines, pluies acides) Contribution à l'effet de serre (bioxyde de carbone)
Substances toxiques au travail (métaux, plastiques, peintures)	Maladies pulmonaires et désagrégation des bâtiments causées par la pollution urbaine
Pollution de l'eau par les fonderies et industries de métaux, plastiques, peintures	Pollution de l'eau par les neiges usées
Disposition de quantités phénoménales de déchets de fabrication (résidus miniers, etc.)	Disposition des automobiles et des pneus
Réseau routier Consommation d'énergie dans l'éclairage, l'entretien des routes, le déneigement, les patrouilles de police	**Production des carburants** Exploration pétrolière dans des écosystèmes fragiles Transport du pétrole et des carburants Construction des pétroliers (acier, etc) Accidents, déversements (rivières, océans)
Pollution de l'eau par les sels de déglaçage	Raffineries: pollution directe de l'air (hydrocarbures, SO_2, NO_x)
Écoulement de l'eau accéléré par les routes et stationnements (inondations intensifiées)	
Destruction de rives, marécages, arbres écologiquement utiles	Contribution à l'effet de serre (bioxyde de carbone, méthane)

Les statistiques officielles sur l'énergie sous-estiment également l'impact de l'automobile, en comptabilisant uniquement le carburant qui entre dans le réservoir des véhicules. Les statistiques ne tiennent aucunement compte de l'énergie dépensée dans la construction des automobiles ou l'entretien des routes. Elles ne tiennent pas compte des effets de l'étalement urbain engendré par l'automobile. Alors que le bilan officiel attribue environ 20% de la consommation énergétique à l'automobile, le vrai bilan des consommations directes et indirectes conclurait plutôt qu'elle est responsable de 50 à 60% de la consommation énergétique dans les quatre pays étudiés.

Cette sous-estimation constante des impacts de l'automobile est illustrée par les analyses «officielles» sur les pluies acides. Étant donné que les NO_x représentent environ 35% des pluies acides et que le transport automobile est le principal responsable des émissions de NO_x, on a généralement conclu que la responsabilité de l'automobile était d'environ 25% des pluies acides. On a oublié que les fonderies, sources majeures de SO2, servent principalement à produire des métaux pour la fabrication d'automobiles. On a oublié que les raffineries, sources majeures de SO2 et d'hydrocarbures, servent surtout à produire des carburants pour les automobiles.

En tenant compte des impacts indirects, le tableau 9.2c permet de conclure que l'automobile représente un des problèmes macroécologiques les plus importants.

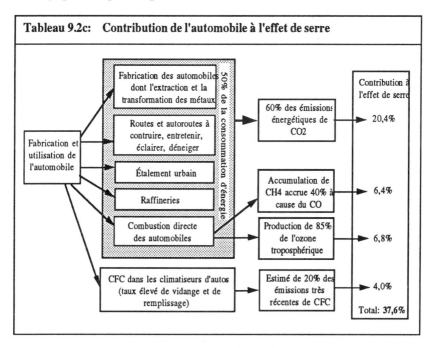

Tableau 9.2c: Contribution de l'automobile à l'effet de serre

Même dans le cas de la pollution de l'eau, l'automobile est responsable d'une grande proportion des problèmes; elle contribue à la pollution des rivières de plusieurs façons, notamment par la pollution industrielle des producteurs de métaux, plastiques, peintures, etc. Aux États-Unis, une étude du Environmental Defense Fund conclut que 25% de la pollution des eaux de la baie de Chesapeake[512] est due aux oxydes d'azote aéroportés (l'azote étant le principal facteur d'eutrophisation). Selon des études réalisées en France[513], la fabrication d'une petite voiture génère 253 kg de déchets (à l'usine), son utilisation 300 kg et sa mise à la casse 723 kg. Il faut ajouter à ces déchets les activités minières pour l'extraction et la production des métaux.

[512] D. Grady, «Something Fishy About Acid Rain», Time, May 9, 1988, p. 61
[513] «Voiture propre: a-t-on choisi la bonne solution?», ça m'intéresse, oct. 1989, p.8

Malgré cette diversité des impacts de l'automobile, les conflits politiques ont porté uniquement sur les normes d'émissions des véhicules automobiles, autant en Europe qu'en Amérique.

Les normes d'émissions aux États-Unis

En 1966, 80 personnes[514] meurent des effets de la pollution pendant une inversion de température de quatre jours à New York. Les pressions politiques commencent alors en faveur d'automobiles plus «propres». Aussitôt le *Clean-Air Act* adopté en 1970, les débats commencent entre les producteurs d'automobiles et l'Agence de Protection de l'Environnement (EPA) qui veut imposer des appareils anti-pollution sur les automobiles. Les manufacturiers, fidèles aux traditions américaines, intentent une poursuite judiciaire, alléguant que l'EPA n'a pas tenu compte des enjeux économiques[515]. En 1973, les tribunaux donnent raison aux manufacturiers et l'EPA doit rallonger les délais.

En 1970, une clause du *Clean-Air Act* exigeait pour 1977, que les municipalités respectent certaines concentrations maximales de pollution pour six polluants, dont l'ozone. En 1977, les normes n'étaient toujours pas respectées et l'exécutif accorda un délai jusqu'en 1982. Un deuxième délai fut ensuite accordé pour 1987[516]. **En 1988, la majorité des municipalités n'avaient toujours pas adopté de plan pour atteindre ces normes.** Le *Clean-Air Act* avait pourtant prévu des pénalités si ces normes n'étaient pas respectées; **le fédéral pouvait couper les subventions au réseau routier, mais pendant 11 ans de non-respect des normes, aucune sanction n'a été exercée.** Encore une fois dans le cas des États-Unis, il aurait été trompeur de se fier aux textes de lois ou aux normes adoptées.

Le *Clean-Air Act* n'avait pas comme objectif de réduire la quantité totale de pollution, mais de faire respecter des concentrations «acceptables» de pollution dans les villes. Les automobiles devaient avoir des appareils anti-pollution, mais rien n'était prévu pour réduire l'usage de l'automobile. Même selon le critère micro-écologique de la concentration de la pollution, cette loi semble un échec complet. En 1988, la concentration de l'ozone (en basse atmosphère) dans les villes américaines a été la plus grande des années 80 et plusieurs villes ont connu les concentrations les plus élevées de leur histoire[517]. Dans le cas de l'automobile, l'ozone est d'ailleurs le meilleur indicateur de pollution urbaine pour deux raisons:

---

[514] Joseph M.Petulla,Environmental Protection in the United States,San Francisco Study Center,1987,p.60
[515] Joseph M.Petulla, Ibid., p.53
[516] Newsweek, Jan. 4, 1988, p. 62
       National Clean Air Coalition, «Cleaning Up the Clean Air Act: Two Views», Environment, July-Aug. 1981, p.16, 20-1
[517] U.S.News and World Report, June 12, 1989, p.49

— l'ozone et les polluants qui l'accompagnent (PAN) sont les plus toxiques;

— les précurseurs de l'ozone sont les oxydes d'azote et les hydrocarbures, qui proviennent surtout des automobiles.

Tableau 9.2d: Villes américaines les plus polluées, en 1987[518]	
	Nombre de jours où la norme sur l'ozone est dépassée
Los Angeles, Ca.	148
Fresno, Ca.	29
Bakersfield, Ca.	28
San Diego, Ca.	27
Houston,Texas	21
Visalia, Ca.	12
Baltimore, Md.	10
Atlanta, Ga.	9
Sacramento, Ca.	9
New York, NY	8

Ces statistiques sous-estiment la gravité de la situation, car une formation majeure d'ozone est impossible pendant une journée de congé ou si le temps est nuageux. Si on faisait un ratio

$$\frac{\text{nombre de jours où la norme est dépassée,}}{\text{nombre de jours de travail ensoleillés}}$$

on pourrait conclure pour plusieurs villes, que la norme est presque toujours dépassée lorsque les conditions le permettent. **En 1988, 94 villes étaient en situation de violation des normes adoptées en 1970 selon le *Clean-Air Act*** et 20 de ces villes étaient en violation pour la première fois. La tendance est clairement à l'augmentation de la pollution. En somme, l'augmentation de l'utilisation de l'automobile a complètement annulé les bénéfices des appareils anti-pollution.

La contestation de l'automobile en Europe

Même si les Français et les Allemands utilisent deux fois moins leurs automobiles que les Américains, la concentration de la pollution dans les villes est aussi grande à cause de la densité des villes. De plus, les appareils anti-pollution n'ayant été imposés que très récemment, les normes ont été fréquemment dépassées dans les années 80[519].

Avant 1980, les débats politiques en France et en R.F.A. ne concernent pas les appareils anti-pollution, mais plutôt la construction de certaines autoroutes en milieu urbain habité. Selon Sarkar, la contestation

---

[518] Newsweek, Jan. 4, 1988, p. 62
[519] Solange Fernex, «Pluies acides et alerte au smog», Écologie, fév. 85, p.10-1

des projets d'autoroutes urbaines en R.F.A. (1975-79) a été motivée par les enjeux suivants[520]:
— pollution, bruit, destruction d'espaces verts;
— le désir de préserver le caractère résidentiel des quartiers touchés;
— le désir de préserver des équipements récréatifs en milieu urbain;
— l'opposition à la destruction de certains bâtiments où les loyers sont modestes;
— l'opposition à la bureaucratie qui veut déterminer la vie des citoyens;
— l'opposition aux grandes entreprises et au capitalisme.

Cette opposition est donc justifiée par un désir de préserver certains quartiers urbains, sans remettre en question la domination de l'automobile privée. **Pour le Parti Vert, la contestation de l'automobile n'est pas une priorité.** Cela est confirmé par leur revendication sur la publicité (1984). Selon eux, **il faut bannir la publicité sur les produits dommageables pour l'environnement et la santé; on nomme alors les cigarettes, les sucreries, l'alcool, les pesticides et les engrais agricoles. On a oublié le plus grave problème, l'automobile!**

Au moment du choc sur le dépérissement des forêts en R.F.A. (1984), plusieurs chercheurs sont d'avis que la principale cause de mort des forêts est l'ozone généré à partir de la pollution automobile. Les écologistes ouest-allemands commencent alors à contester l'automobile, mais demandent surtout l'application de normes de pollution aussi sévères que celles des États-Unis. Comme il n'y a pas de limite de vitesse sur les autoroutes ouest-allemandes, des groupes de citoyens demandent aussi l'instauration d'une limite de 100 km/h (une manifestion de 200 000 personnes à Munich appuyait cette revendication).

Les solutions finalement adoptées en R.F.A. ne remettent pas en question la domination de l'automobile comme mode de transport. Au lieu de vouloir réduire l'usage de l'automobile, les mesures adoptées en 1983[521] veulent la rendre acceptable en terme de pollution:
— En R.F.A., l'essence sans plomb devra être disponible en 1986.
— Le gouvernement ouest-allemand offre des **avantages fiscaux** pour les autos munies de catalyseurs (au lieu de taxer celles qui n'en ont pas).
— En 1985, à l'initiative de l'Allemagne, la Communauté Économique Européenne adopte de normes d'émissions sur les automobiles[522], normes qui devaient entrer en vigueur en 1989.

La R.F.A. rejette cependant l'idée d'instaurer des limites de vitesse sur les autoroutes allemandes, parce que les constructeurs s'y opposent. Dans le cas de la France, le bilan est encore plus sombre, puisqu'elle a

[520] Saral Sarkar, «The Green Movement in West Germany, <u>Alternatives</u>, England, April 1986, p.231
[521] P. Roqueplo, <u>Pluies acides: menaces pour l'Europe</u>, Economica, Paris, 1988, p.34
[522] P. Roqueplo, Ibid., p.44

été longtemps parmi les pays qui se sont opposés aux propositions de l'Allemagne concernant les appareils anti-pollution.

Le cas des taxes sur l'essence

Voici un tableau qui présente les niveaux très différents de taxes.

Tableau 9.2e: Prix et taxes sur l'essence, début 1989[523](en $ U.S.)		
	Taxes/litre	Prix/litre
États-Unis	0.06	0.25
Canada	0.23	0.45
R.F.A.	0.31	0.60
Japon	0.43	0.90
Suède	0.44	0.72
France	0.63	0.82

Les écologistes ont très rarement demandé des hausses de taxes sur l'essence. Examinons si cette modération de leur part est justifiée selon le principe pollueur/payeur. S'appuyant sur des évaluations de l'OCDE[524] et du WorldWatch Institute[525], le tableau 9.2g présente, pour le Québec, les coûts assumés par l'automobiliste, de même que les coûts cachés. Si on reportait tous les coûts cachés de l'automobile dans le prix du carburant au Québec (application intégrale du principe pollueur-payeur), le prix du litre d'essence passerait de $0,62 à **trois dollars le litre**.

Les rares études officielles confirment ce bilan. Même avec une évaluation partielle des nuisances, un rapport de l'OCDE conclut ainsi[526] en 1979:

> «Si l'on essaie d'évaluer les coûts monétarisables des nuisances qu'entraîne la motorisation actuelle, on aboutit à des coûts qui sont compris entre le double et le triple des coûts monétaires. Il est donc certain que les sociétés industrielles subventionnent largement l'automobile et les transports routiers, comme elles subventionnent d'ailleurs les autres formes de transport (aviation, rail, canaux).»

Cette évaluation de l'OCDE ne tient pas compte d'une multitude de coûts cachés comme les dépenses des municipalités (entretien des routes) ou des ministères autres que celui des transports (services policiers). De plus, ces estimés (1979) ne tiennent pas compte d'une multitude d'impacts environnementaux, notamment les précipitations acides, l'effet de serre et tous les effets de l'étalement urbain.

---

[523] Time, «Fueling Up a Brawl», Time, Jan. 23, 1989, p.41
[524] O.C.D.E., Les transports urbains et l'environnement: rapport de base, Conférence européenne des ministres desTransports, 10-12 juillet 1979, chapitre de Gabriel Bouladon, «Coûts et avantages des véhicules à moteur», p.313-338.
[525] Michael Renner, Rethinking the role of the automobile, WorldWatch Paper #84, June 1988
[526] O.C.D.E., Les transports urbains et l'environnement: rapport de base, Ibid., p.338.

Tableau 9.2f: Estimé des coûts économiques d'une petite automobile au Québec ($ canadiens)[527]

Dépenses assumées par l'automobiliste	Estimés par automobile/an	
Dépenses «privées»		
Dépréciation annuelle	$2000	
Licences, permis et assurance-collision	500	
Assurance-automobile du Québec	100	
Entretien	600	
Carburant (excluant les taxes sur l'essence)	800	
Dépenses pour un stationnement résidentiel (garage)	?	
		$4000
Contributions «publiques»		
Taxes provinciales et fédérales sur l'essence	$500	
Taxes provinciales et fédérales sur l'achat d'une automobile	400	
Immatriculations et permis	80	
Paiements d'infractions au niveau provincial	20	
Paiements d'infractions au niveau municipal	?	
		$1000
Services et nuisances non assumées par les automobilistes		
Services directs aux automobilistes		
Construction et entretien du réseau routier par les ministères fédéral et provincial des Transports	$600	
Contrôle routier par les services policiers provinciaux	?	
Entretien du réseau routier par les municipalités (ex. Pasadena) (réfection, éclairage des routes, déneigement, déglaçage)	$3000	
+ stationnement municipal gratuit		
+ contrôle routier par les services policiers municipaux		$3600+
Nuisances non-assumées par l'automobiliste (OCDE)		
Pertes de temps dues à la congestion	1550	
Soins de santé dus aux accidents: (assurance-maladie)	300	
Pertes de productivité dues aux accidents	600	
Bruit	200	
Maladies pulmonaires dues à la pollution urbaine (ass-maladie)	400	
Pertes de productivité dues aux maladies pulmonaires	800	
Désagrégation des matériaux ($1 milliard au Canada)	100	
Autres nuisances urbaines	150	
		$4100
Autres impacts non-assumés par l'automobiliste		
Pertes de production agricole à cause du smog photochimique (National Crop Loss Assessment Program)	40	
Précipitations acides	?	
Contribution à l'effet de serre	?	
Subventions à l'exploitation pétrolière	?	
Incapacité de rentabiliser le transport public (déficit de $500 millions) achalandage réduit et pertes de temps dans la congestion	?	
Coûts environnementaux de la construction des routes et ponts	?	
Coûts environnementaux de la construction des automobiles	?	
Coûts d'opportunité des espaces perdus en routes et stationnements	?	
Perte de terres agricoles à l'étalement urbain	?	
Les nombreux effets de l'étalement urbain	?	

---

[527] Tableau élaboré par Luc Gagnon

Une étude réalisée aux États-Unis par le WorldWatch Institute confirme ce bilan: selon eux, en comptabilisant uniquement les **impacts directs de l'utilisation des automobiles,** les subventions s'élèvent à $300 milliards par année aux États-Unis, soit autant d'argent que ce qui est dépensé annuellement par tous les automobilistes (leur analyse n'inclut pas les dépenses municipales). Leur estimé est de 2400 dollars américains par automobile/an; **pour couvrir ces subventions, il faudrait, selon eux, multiplier par quatre le prix de l'essence aux États-Unis**[528] En ce qui concerne les impacts environnementaux, il faudrait augmenter ces évaluations pour inclure les impacts indirects provenant de la construction des automobiles, du réseau routier et des raffineries.

L'American Lung Association[529] a évalué les coûts des soins de santé et les pertes de productivité dus uniquement à la pollution atmosphérique **urbaine.** Selon eux, les maladies pulmonaires causées par la pollution urbaine coûtent $40 milliards par année aux États-Unis, soit un coût équivalent à 500 dollars canadiens par an par automobile.

En ce qui concerne les dépenses municipales, une étude réalisée à Pasadena (Californie)[530] a évalué les subventions municipales à l'automobile. En incluant l'entretien des routes municipales, les services policiers dédiés au contrôle routier et le stationnement gratuit, la subvention annuelle à chaque automobiliste s'élève à 2400 dollars américains (déficit net, après avoir soustrait les contributions des automobilistes, tels que les revenus de stationnements municipaux).

Considérant la taille de ces subventions et les rares débats à propos des taxes sur l'essence, on peut conclure à un distorsion de l'agenda politique. En fait, les débats portent surtout sur le prix international du pétrole, que l'État doit chercher à minimiser.

Pour illustrer à quel point les subventions à l'automobile sont oubliées dans le processus politique, il suffit de mentionner quelques chiffres sur le Québec. La subvention annuelle à chaque automobiliste québécois est de l'ordre de $5000 par année et l'automobiliste rembourse environ $1000 à l'État par le biais des taxes liées directement à l'automobile. Personne ne parle de cela, alors que le déficit annuel du transport en commun à Montréal, environ $400 par usager régulier, fait l'objet de nombreux débats politiques à chaque année.

En 1989 au Québec, un mini-débat a eu lieu au sujet des taxes sur l'essence. La Chambre de Commerce du Québec et le Club Automobile du Québec ont exigé une baisse de la taxe sur l'essence. Deux groupes environnementaux[531] québécois (UQCN et AQLPA) décident alors de faire une conférence de presse pour demander une hausse de la taxe sur

---

[528] Michael Renner, Ibid., p.48
[529] John Holtzclaw, Sierra Club, «Future of Transportation into the 21st Century», Jan. 1988
[530] Francesca LYman, «Rethinking Our Transportation Future», E magazine, Sept.-Oct. 1990, p.38
[531] L'auteur Luc Gagnon, en tant que vice-président de l'Union québécoise pour la conservation de la nature, a été le principal initiateur de ce débat. Les commentaires proviennent de son expérience personnelle.

l'essence. Lors de cette conférence de presse, la réceptivité des journalistes est très partagée, plusieurs exprimant leur désaccord avec les écologistes (pratique évidemment contraire à l'éthique journalistique). Le cas du Journal de Montréal (journal ayant le plus grand tirage) confirme une manipulation médiatique: alors que les écologistes avaient demandé une augmentation des taxes de $1.50/litre **sur 10 ans**, le Journal de Montréal, pour les discréditer, «oublie» de mentionner que la hausse est sur 10 ans, laissant au lecteur l'impression que les groupes demandent une telle augmentation immédiatement. Conformément à la théorie des élites, la Chambre de Commerce ne relance pas sa demande publiquement et le débat s'éteint (on peut cependant penser que les demandes occultes continuent).

Malgré la taille des subventions à l'automobile privée, les groupes écologistes ne demandent presque jamais une hausse des taxes sur l'essence. Comme les écologistes revendiquent fréquemment l'application du principe pollueur/payeur (aux entreprises), il s'agit d'une incohérence majeure.

En 1989, à la veille d'une élection au Québec, une coalition de groupes écologistes a discuté de cette revendication et l'a rejetée[532]. Au niveau canadien, le scénario est semblable. En 1989, une vingtaine de groupes écologistes (surtout de l'Ontario), après plusieurs mois de discussions, ont convenu de demander une hausse de $0.01/litre par année (soit moins que le taux d'inflation annuel). Avant même que la coalition dépose sa demande de $0.01/litre, le Ministre Wilson annonçait une hausse de $0.01 le litre pour l'essence sans plomb et de $0.03 le litre pour l'essence au plomb. Les écologistes canadiens ont été moins audacieux qu'un Ministre des Finances conservateur sur cette question.

Aux États-Unis, les taxes sont les plus basses des pays industrialisés et les groupes environnementaux n'osent pratiquement pas en parler. En 1985, une coalition des dix plus importants groupes environnementaux publiait un programme pour protéger l'environnement[533]. Le document ne mentionne aucunement les impacts de l'automobile sur l'environnement et propose une augmentation annuelle des taxes sur l'essence d'environ $0.01/litre ($0.05/gallon). Exception notable en 1989, le Worldwatch Institute demande une hausse significative des taxes sur l'essence, mais les autres groupes ne suivent pas.

Cette attitude des groupes est assez étonnante, puisqu'en 1988 et 89, des membres du Congrès discutent sérieusement d'une taxe sur l'essence pour réduire le déficit américain. En 1988, M.Cuomo, gouverneur de l'État de New York et R. Celeste de l'Ohio ont proposé, pour réduire les pluies acides, de financer un programme de $1,8 milliards par année par des taxes sur le pétrole[534]. En 1989, plusieurs membres du

---

[532] L'auteur assistait à la réunion, tenue en mai 1989
[533] An Environmental Agenda for the Future, Island Press, 1985, p.132
[534] R.E.Norton, «Yes, they mind if we smoke», U.S.News and World Report, July 25, 1988, p.43-5

Congrès proposent une hausse majeure des taxes sur l'essence (sans succès), dans le but de réduire le déficit[535]. Les groupes environnementaux n'appuient pas ces initiatives. Encore ici, des politiciens semblent plus audacieux que les groupes écologistes.

En Europe, la situation est quelque peu différente, puisque des taxes sur l'essence ont été imposées avant même la montée des groupes écologistes. Ces taxes n'ont pas été adoptées pour protéger l'environnement, mais pour réduire la dépendance économique face aux producteurs de pétrole. Malgré un contexte différent, le comportement des groupes français et allemands est semblable à celui des groupes américains; pendant les années 70 et 80, les écologistes européens n'ont jamais accordé la priorité aux taxes sur l'essence. En 1985, la revue française Écologie (publiée par des écologistes) propose des solutions[536] pour s'attaquer au *smog:* «détaxation de l'essence sans plomb et suppression de la vignette jusqu'en 1989 pour les voitures munies de pots catalytiques». **Ces deux mesures représentent une baisse des taxes sur l'essence.** Seul René Dumont, en 1974, a clairement insisté sur le besoin d'une hausse des taxes. En somme, il n'y a pas eu de débat sur cette question dans les années 80 et les taxes n'ont pas augmenté.

De 1981 à 1988, si on tient compte de l'inflation, le prix de l'essence a baissé dans la plupart des pays occidentaux[537]. En conséquence, les transports ont accru leur part relative de la consommation d'énergie, malgré la croissance de la consommation dans les autres secteurs.

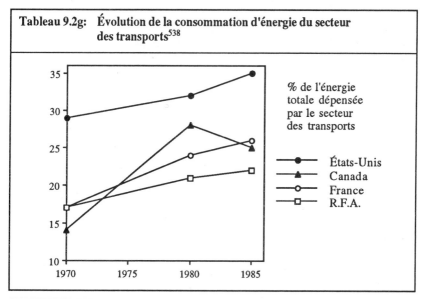

Tableau 9.2g: Évolution de la consommation d'énergie du secteur des transports[538]

% de l'énergie totale dépensée par le secteur des transports

● États-Unis
▲ Canada
○ France
□ R.F.A.

---

[535] Time, «Fueling Up a Brawl», Time, Jan. 23, 1989, p.40-1
[536] Solange Fernex, «Pluies acides et alerte au smog», Écologie, fév. 1985, p.11
[537] U.S.News and World Report, June 12, 1989, p.69
[538] World Resources Institute, World Resources 1988-89, Basic Books, p. 310

9.3 Deuxième négligence, la maison unifamiliale de banlieue

L'impact du bungalow

La densité résidentielle peut affecter la consommation énergétique dans plusieurs services publics. Cet enjeu est résumé par un modèle théorique[539].

Tableau 9.3a: Impact de la densité sur les infrastructures urbaines		
Options d'aménagement *	Densité (logements/ha)	Longueur relative des rues (par logement)
Blocs de 8 étages, 6 logements par étage	87	1,0
Blocs de 4 étages, 6 logements par étage	73	1,7
Triplex en rangée (en groupes de 4)	55	2,8
Duplex en rangée (en groupes de 4)	37	4,2
«Cottage» en rangée (en groupes de 4)	22	7,8
Unifamilial détaché, type «cottage»	14	12,0
Unifamilial détaché, type «bungalow»	10	17,5
* Superficie habitable, fenestration et ensoleillement constants pour chaque logement		

Quels sont les effets de la faible densité (des bungalows typiques) relativement à la densité moyenne (une rangée de quatre duplex)? Pour toutes les infrastructures linéaires, **l'option «bungalow» exige au moins quatre fois plus d'infrastructures par logement que l'option «duplex en rangée».** Cela signifie quatre fois plus de rues et de trottoirs à construire et entretenir, des égouts et des aqueducs quatre fois plus longs, un trajet quatre fois plus long pour l'enlèvement des ordures, quatre fois plus d'énergie pour l'éclairage des rues, un déneigement quatre fois plus imposant, etc[540].

Le même ratio est applicable à plusieurs autres services publics et signifie des réseaux de transport scolaire, de transport public, de téléphone, de distribution d'électricité et de gaz naturel quatre fois plus longs par logement. De plus, le bungalow impose des déplacements quatre fois plus longs pour toutes les livraisons.

La faible densité résidentielle engendre également des coûts cachés pour le transport en commun: à cause de la clientèle dispersée, il est impossible de fournir un service de qualité et de rentabiliser le réseau. Le transport en commun étant un service essentiel, il faut desservir malgré tout les secteurs de faible densité; par conséquent, le réseau devient inefficace au plan énergétique.

---

[539] Luc Gagnon, Les interactions entre la densité, l'ensoleillement et la consommation énergétique, mémoire de maîtrise en sciences de l'environnement, UQAM, 1983

[540] Ces ratios ne sont pas seulement théoriques. Une étude a comparé les infrastructures du vieux San Francisco dense, avec celles de ses banlieues pour conclure que le milieu urbain dense utilisait 40 fois moins de sol, 15 fois moins de routes et 5 fois moins de réseaux d'aqueduc (Sierra Club, «Future of Transportation into de 21st Century», Jan 1988).

Toutes ces activités sont énergivores. **La densité résidentielle n'est donc pas un enjeu qui affecte la consommation énergétique de quelques points de pourcentage, c'est un choix qui peut accroître la consommation de 400%.** Si nous comparons les bungalows avec des maisons à logements de quatre étages, l'accroissement dépasse les 1000%.

La banlieue éloignée

Le bilan énergétique doit également tenir compte de l'étalement urbain, c'est-à-dire du développement des banlieues éloignées des centres d'emplois. Pour illustrer les tendances du développement urbain des 30 dernières années, supposons qu'une famille urbaine décide de déménager dans une banlieue lointaine. En milieu urbain, la famille bénéficie d'un bon réseau de transport en commun et se contente d'une automobile. Les services sont abondants et diversifiés; les trajets sont généralement plus courts et peuvent se faire à pied. Pour aller au travail, le trajet est relativement court et peut se faire par transport public.

Après son déménagement en banlieue, le comportement de la famille doit changer. Presque tous les déplacements doivent se faire en automobile et la famille doit acheter une deuxième et parfois même une troisième automobile. La longueur du trajet pour se rendre au travail est souvent multipliée par cinq ou dix. Pour les résidents des banlieues, la «rentabilité» de leur maison est assurée par les services publics provinciaux, notamment les autoroutes pour lesquelles les utilisateurs ne paient pas directement, avec toutes les implications énergétiques en termes de déneigement, d'éclairage public, de services policiers, d'entretien des routes et des ponts, de production d'asphalte et de ciment, etc. Selon une étude réalisée en Australie[541], lorsqu'une famille urbaine déménage en banlieue, elle requiert, pour les infrastructures supplémentaires, une dépense publique de $40 000 australiens ($35 000 US). En incluant des frais de financement de 12%, cela équivaut à une subvention cachée d'environ $4500 (US) par année pendant 25 ans.

Sur le plan énergétique, lorsqu'une famille urbaine occupant un logement dans un duplex décide de déménager dans un bungalow de banlieue éloignée, cette famille peut accroître sa consommation directe et indirecte d'énergie **de 1000% à 2000%**. Le tableau suivant présente les activités énergivores qui sont multipliées par l'étalement urbain de faible densité.

---

[541] Peter Newman et Jeffrey Kenworthy, <u>Cities and Automobile Dependance</u>, Gower Technical, 1989

Tableau 9.3b: Estimation des effets multiplicateurs de la faible densité résidentielle et de l'étalement urbain

Ces multiplicateurs permettent de comparer l'ordre de grandeur de l'impact énergétique de trois options différentes d'aménagement du territoire. Notons qu'un multiplicateur de 10 représente un accroissement de la consommation énergétique de 1000%.	**A**: duplex en rangée en milieu urbain **B**: bungalow en milieu urbain **C**: bungalow en banlieue éloignée

	A	**B**	**C**
Énergie directe, telle que perçue par le consommateur			
— Chauffage des logements: énergie perdue car les murs adjacents permettent des économies substantielles	1	1,3	1,3
— Taux d'utilisation de l'automobile privée: rallongement des distances, augmentation du nombre de trajets motorisés	1	4	20
— Taux de possession d'automobile privée: automobiles supplémentaires requises en banlieue	1	1,5	2
Énergie indirecte dans les services publics			
— Rues résidentielles et trottoirs plus longues par logement: construction, entretien, déneigement, déglaçage	1	4	4
— Lampadaires plus nombreux par logement: construction, entretien et électricité	1	4	4
— Égouts et aqueducs plus longs par logement: construction, entretien et interconnexions plus nombreuses	1	4	4
— Transport public: dépenses énergétiques accrues, car faible achalandage et congestion causée par les autos	1	2	2
— Transport public: dépenses énergétiques accrues, à cause du rallongement des réseaux	1	4	10
— Enlèvement des ordures et récupération: rallongement des réseaux et augmentation du nombre d'arrêts	1	4	10
— Service de police: trajets plus longs pour les patrouilles	1	4	10
— Ponts et routes desservant les banlieues: construction, entretien, éclairage, déneigement, déglaçage	1	1	10
— Transport scolaire: rallongement des réseaux; trajets à pied très rares vers les écoles	1	10	20
— Réseaux d'électricité, de gaz naturel et de téléphone: construction et entretien accrus, car réseaux allongés et interconnexions plus nombreuses	1	4	10
— Distribution du courrier: davantage de transport motorisé, car réseau allongé	1	1,5	2

	A	B	C
Énergie indirecte dans le secteur privé			
— Exploration pétrolière : énergie pour la construction et l'opération des plates-formes de forage, pour le transport des travailleurs, pour l'approvisionnement des plates-formes, etc	1	4	10
— Transport du pétrole brut et raffinage du pétrole	1	4	10
— Matières premières (acier, chrome, aluminium, plomb, amiante, verre, plastique, caoutchouc, textile) pour la construction des automobiles, des pièces et des pneus, pour les infrastructures pétrolières (dont les pétroliers), etc.; pour chacune de ces matières premières: extraction du minerai ou du produit de base, fonderies, transformation, transport des produits bruts et semi-finis, chauffage dans les usines, etc.	1	2	3
— Assemblage des automobiles: procédés industriels, lignes d'assemblage, chauffage, produits chimiques	1	1,5	2
— Métaux (cuivre, acier) pour les réseaux électriques, de gaz et de téléphone plus longs: extraction, fonderies, transport	1	4	10
— Asphalte pour les routes et autoroutes plus longues: fabrication et transport	1	2	5
— Asphalte pour les stationnements plus nombreux: fabrication et transport	1	1,5	2
— Ciment ou métaux pour les ponts, trottoirs, aqueducs et égouts plus longs: fabrication et transport	1	4	10
— Gravier et sable supplémentaires pour la construction des routes et ponts: extraction et transport	1	4	10
— Sel de déglaçage supplémentaire car les routes sont allongées: extraction et transport	1	4	10
— Concessionnaires d'automobiles et stations-service: construction, entretien, chauffage	1	1,5	2
— Distribution des carburants et des lubrifiants: davantage de transport (camion, train ou pipeline)	1	4	10
— Stationnements des places d'affaires et des centres commerciaux de banlieue: construction, entretien, éclairage, déneigement, déglacage	1	1,5	2
— Livraisons vers les centres de distribution situés en périphérie: énergie accrue, car distances plus longues	1	4	10
— Livraisons et services à domicile: énergie accrue dans le transport, car distances plus longues	1	4	10
— Terres agricoles perdues à cause de l'étalement urbain: l'agriculture est refoulée sur des terres moins productives et les agriculteurs compensent par un usage accru d'engrais chimiques, dont la fabrication exige beaucoup d'énergie	*	*	*
— Distribution des denrées alimentaires: transport supplémentaire car rallongement des réseaux	*	*	*
* Indices impossibles à évaluer			

Étant donné que l'automobile et l'étalement urbain engendré par l'automobile multiplient les activités énergivores et polluantes dans des domaines aussi divers que le transport, la production industrielle et l'entretien des infrastructures, il s'agit d'un enjeu macro-écologique extrêmement important.

Mais surtout, l'impact énergétique le plus grave des banlieues de faible densité, c'est de nous rendre esclaves d'une multitude d'automobiles. A long terme, **aucun enjeu macro-écologique n'est plus important que la trilogie «auto-bungalow-banlieue».** En fait, même en excluant le chauffage des logements (qui représente 15% du bilan énergétique), on peut estimer que la trilogie est responsable d'au moins 50% à 60% de la consommation énergétique en Amérique du Nord. C'est donc tout le modèle de la civilisation occidentale qui est en cause ici.

Les pertes de terres agricoles

L'étalement urbain a également des effets sur les activités agricoles. Il exerce des pressions telles sur la demande de terrains que les zones agricoles, (peu importe le zonage agricole), font constamment l'objet de spéculation foncière et de développement résidentiel et commercial.

Selon le concept de développement durable, auquel tous les écologistes adhèrent, la protection des meilleures terres agricoles est essentielle. Si ce constat est unanime, comment se fait-il que les écologistes ne contestent aucunement la dynamique actuelle du développement urbain qui est justement la cause profonde de ces pertes de terres agricoles?

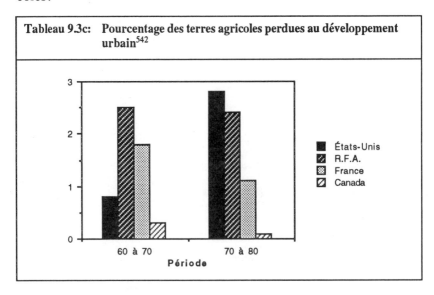

Tableau 9.3c: **Pourcentage des terres agricoles perdues au développement urbain**[542]

---

[542] Statistiques environnementales de l'OCDE, Compendium 1987, Paris, p. 85

Comme le développement urbain est situé dans des vallées, le long de cours d'eau, l'étalement urbain se fait généralement sur les meilleures terres agricoles. En conséquence, les activités agricoles sont repoussées sur des terres de moins en moins fertiles, de plus en plus loin des marchés. Il en résulte une augmentation de la consommation énergétique dans l'agriculture pour deux motifs: sur des terres moins fertiles, il faut utiliser davantage d'engrais chimiques et de labours (deux pratiques intensives en énergie); la livraison des denrées agricoles doit se faire sur de plus grandes distances.

Une incohérence flagrante dans les programmes écologistes

Plusieurs écologistes considèrent que la maison unifamiliale de type banlieue est «écologique» et rejettent le milieu urbain dense selon des critères comme le bruit et la concentration de la pollution de l'air. Ils ont oublié que c'est justement le type d'aménagement qu'ils recherchent qui rend l'automobile «essentielle». De plus, la banlieue ne réduit pas la pollution, elle ne fait que la disperser en l'augmentant globalement. En favorisant la fuite d'un problème micro-écologique (la concentration locale de la pollution), les écologistes ont accentué un problème macro-écologique (la quantité totale d'énergie consommée et ses effets sur le cycle du carbone). Il s'agit d'une incohérence grave, parce que c'est justement la maison de banlieue qui est responsable de cette *civilisation de l'automobile* (expression empruntée à René Dumont).

Cette incohérence a des effets sérieux sur d'autres revendications:
— les groupes sont des promoteurs farouches du transport en commun alors que **dans un contexte de faible densité résidentielle, le transport en commun est inefficace à tout point de vue;**
— les groupes font la promotion de la récupération et du recyclage, alors que **dans un contexte de faible densité, l'énergie dépensée dans la cueillette des matériaux est probablement plus grande que l'énergie récupérée.**

De plus, les groupes écologistes sont partagés sur des mesures telles que les péages sur les autoroutes ou les taxes sur l'essence, et opposés à des surtaxes foncières résidentielles. Une étude australienne[543] a évalué les coûts de l'étalement urbain en infrastructures et services publics (routes, aqueducs, égoûts, distribution électrique, services de sécurité et nouvelles écoles). Cette étude conclut que chaque fois qu'un citoyen décide de s'établir dans une maison unifamiliale de banlieue (au lieu d'un logement en milieu urbain), il en résulte pour la collectivité, un coût additionnel équivalent à 35000 dollars américains. Alors que les citoyens des banlieues bénéficient d'une multitude de subventions directes et in-

---

[543] Peter Newman et Jeffrey Kenworthy, <u>Cities and Automobile Dependance</u>, Gower Technical, 1989, p.83

directes, la prise de position des écologistes contre les taxes signifie qu'il ne veulent pas faire payer aux citoyens des banlieues les vrais coûts de leur choix de localisation. Non seulement le principe pollueur/payeur n'est pas appliquée, mais il s'agit concrètement d'un **appui tacite au principe «pollueur/payé».**

L'industrie automobile connaît les implications de la banlieue

Si plusieurs écologistes refusent la relation automobile/banlieue, l'industrie automobile, elle, en est fort consciente. En 1983, l'Association des constructeurs automobiles a commandé une étude à l'OCDE[544] pour développer de nouveaux marchés. Ce rapport constate que selon l'aménagement urbain actuel, le marché automobile est saturé en Occident et conclut que le marché pourra se développer uniquement s'il y a déplacement des populations vers les banlieues.

La publicité pour les automobiles confirme également que les manufacturiers sont conscients de l'impact de la maison unifamiliale de banlieue. La majorité des annonces placent leurs produits devant le garage d'une grande maison unifamiliale. On entretient l'image que la prospérité, c'est une maison de banlieue avec plusieurs automobiles.

Une étude empirique confirme les effets de la densité

Virtuellement aucun effort des groupes écologistes ne porte sur ces enjeux, même aux États-Unis où l'étalement urbain est extrême. Voici une comparaison de la performance des pays[545]:

Tableau 9.3d: Consommation d'essence *per capita* dans les grandes villes	
	Litres/année
Villes américaines	1575
Toronto	940
Villes australiennes	825
Villes européennes	367
Villes asiatiques	150

Le cas de Los Angeles démontre que la société américaine refuse toujours de reconnaître les conséquences de l'étalement urbain. Face à une situation où la pollution est la plus grave de tous les États-Unis, les autorités ont adopté, en 1989, des mesures[546] telles que la promotion du co-voiturage ou l'interdiction des services au volant («Drive-Thru»). Mais aucune des mesures ne vise à changer l'aménagement ou à inciter les gens à vivre à proximité de leur emploi.

---

[544] O.C.D.E., Perspectives à long terme de l'industrie automobile mondiale, Paris, 1983, p.22
[545] L.R. Brown, J.L. Jacobson, The Future of Urbanization, Worlwatch Paper no 77, May 1987, p.17
[546] U.S.News and World Report, June 12, 1989, p.54

Le refus de considérer l'impact de la banlieue est d'ailleurs relativement conscient. Un article du Time[547] mentionnait récemment que les États de l'Ouest s'opposaient aux taxes sur l'essence, parce que «les automobilistes de banlieues parcourent souvent 75 milles pour aller magasiner ou voir le médecin». La situation est semblable dans les autres villes américaines. On peut conclure sur un ton ironique en mentionnant que la famille du responsable de la qualité de l'air à Houston possède cinq automobiles[548] (pour trois enfants) !

9.4 Troisième négligence, la consommation de viande

Après la trilogie «auto/bungalow/banlieue», l'agriculture est probablement la plus grande source de problèmes environnementaux. Elle est responsable de la pollution des cours d'eau par les pesticides, les engrais chimiques et les résidus de l'élevage. Elle consomme une grande quantité d'énergie dans l'exploitation agricole, mais aussi par le biais des engrais chimiques qui sont fabriqués à partir de gaz naturel. Ces enjeux font l'objet de nombreuses revendications des groupes écologistes. Les agriculteurs sont accusés de surexploiter leurs sols, de polluer les cours d'eau, etc.

Ces reproches semblent justifiés, mais les écologistes ont oublié un enjeu fondamental, la surconsommation de viande des pays occidentaux. Voici un bilan sommaire des impacts de la consommation de viande en Occident.

Coût énergétique de la viande[549]

Il faut 10 calories végétales pour produire une calorie de boeuf et 6 pour produire une calorie de volaille ou de porc (bilan de l'alimentation seulement). En incluant les processus directs de production (carburant pour les tracteurs, séchage des céréales, etc), le rendement énergétique (calories investies par rapport aux calories récoltées) est encore pire. **Il faut environ 24 fois plus d'énergie pour produire du boeuf ou de la volaille que des céréales.** Et ce chiffre concerne uniquement la production de la viande brute; il faudrait y ajouter l'énergie pour l'abattage, la transformation et la **réfrigération** (qui n'est pas nécessaire pour l'entreposage de céréales).

---

[547] Time, «Fueling Up a Brawl», Time, Jan. 23, 1989, p.40

[548] J.-P. Bonhomme, «Malgré les milliards, l'eau des Grands Lacs n'a pas été assez nettoyée», La Presse, sept. 1988

[549] L'auteur remercie Camille Bélanger, Jean-Jacques Demers et autres étudiants en sciences de l'environnement de l'UQAM qui ont fait des recherches sur ce sujet.
R.C. Fluck, C.D.Baird, Agricultural Energetics, AVI publishing, Connecticut, 1980, p.30-1
B.A. Stout, Energy for World Agriculture, FAO, Rome, 1979, p.63
Royal Dublin Society, Energy Management and Agriculture, Robinson et Mollan, 1982, p.340
F. Moore Lappe, Diet for A Small Planet, Ballantine Books, N.Y., 1982, p.74

Selon Paul Erlich[550], la consommation actuelle de viande des pays occidentaux pourrait, sous forme de céréales, nourrir adéquatement environ un milliard d'êtres humains sur la planète.

Impacts environnementaux[551]

La consommation massive de viande des pays occidentaux exerce une pression énorme pour augmenter la production de céréales, avec les conséquences suivantes:

— Les agriculteurs utilisent davantage de terres pour rencontrer la demande; cette expansion se fait nécessairement au détriment d'écosystèmes naturels.

— Pour augmenter leur productivité, les agriculteurs ont adopté la monoculture qui impose un usage intensif de pesticides.

— Pour augmenter la productivité à court terme, on utilise davantage d'engrais chimiques et on abandonne la rotation des cultures, essentielle au maintien de la fertilité du sol.

— Par le biais des pâturages, la production de bétail est responsable de la désertification de plusieurs zones à travers le monde. Aux États-Unis[552], «le Bureau of Land Management américain estimait que seulement la moitié des 163 millions d'acres de pâturages naturels dont il assurait la gestion se trouvaient dans des conditions acceptables.»

La consommation de viande multiplie par deux ou trois les impacts associés à l'agriculture. Il y a d'abord la pollution de l'eau par les engrais, les pesticides et les déjections animales; au Québec à chaque année, il faut éliminer 6 millions de mètres cubes de fumiers et lisiers, dont la mauvaise gestion est directement responsable de la pollution des rivières. Il y a aussi la pollution de l'air, notamment par le biais de la machinerie agricole (oxydes d'azote qui contribuent aux pluies acides).

Mais l'impact de la consommation de viande est surtout remarquable par sa diversité des contributions à l'effet de serre: combustibles fossiles pour les activités agricoles et l'élevage (CO_2); pertes de forêts tempérées au profit de l'agriculture (CO_2), destruction de forêts tropicales pour l'exportation de boeuf (émissions de CO_2 et N_2O, chaque molécule de ce dernier retenant 200 fois plus de chaleur qu'une molécule de CO_2); utilisation des engrais qui génèrent également des émissions de N_2O; processus de digestion du bétail, qui émet des centaines de millions de tonnes de méthane à l'échelle mondiale (chaque molécule de méthane retient 11 fois plus de chaleur qu'une molécule de CO_2); stockage temporaire des fumiers qui émet également du méthane.

[550] Paul R. Ehrlich and Anne H. Ehrlich, The Population Explosion, Touchstone, 1991, p.20
[551] Ministère de l'environnement du Québec, L'environnement, un premier bilan, 1988
[552] F. Ramade, Les catastrophes écologiques, McGraw-Hill, 1987, p.169

A l'échelle mondiale, la consommation de viande est responsable d'environ **25% de toutes les émissions de gaz à effet de serre** (voir tableau 9.4a). Ce bilan serait encore plus grand si on lui ajoutait les CFC nécessaires à la réfrigération de la viande.

Tableau 9.4a: Contributions de la consommation de viande à l'effet de serre

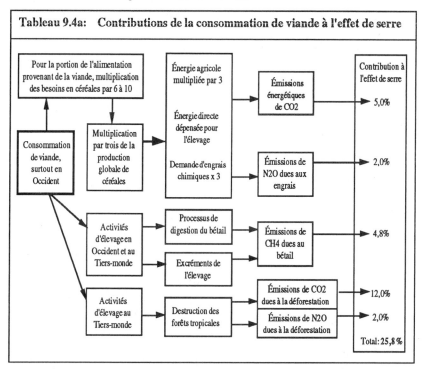

Impacts sur le Tiers-monde[553]

L'élevage du boeuf est le principal responsable de la destruction des forêts tropicales. En Amérique centrale et en Amérique du Sud, on brûle les forêts tropicales pour établir des pâturages pour l'élevage du boeuf. En général, cette production est ensuite exportée vers les pays occidentaux.

[553] C.F.Jordan, «Amazonian Rain Forest», Ecological Studies no.60, Springer-Verlag, N.Y., 1987
J.Gradwohl, R.Greenberg, Saving the tropical Forest, Island Press, Washington, 1988
La viande, la plus grande industrie alimentaire au Canada, Conseil des viandes du Canada, juin 1990
World Resources Institute, World Resources 1990-91, Basic Books, New York, 1990, p.87-88
Organisation des Nations Unies pour l'alimentation et l'agriculture (FAO),
Situation mondiale de l'alimentation et de l'agriculture, Rome, 1986, p.64-5 et 165-7
Conseil des viandes du Canada, La viande, la plus grande industrie alimentaire au Canada, juin 1990

Tableau 9.4b:	Exportations de boeuf de certains pays de l'Amérique latine[554].	
		tonnes métriques
Brésil	1988	462 000
Uruguay	1988	143 000
Costa Rica	1982	46 284
Honduras	1982	26 448
Nicaragua	1982	16 530
Guatemala	1982	14 300
Panama	1982	4 408

Selon les calculs de P. Fearnside, spécialiste de l'Amazonie, l'exportation de chaque 100 000 tonnes de boeuf détruit complètement 27 000 ha de forêts tropicales. Les 2/3 des forêts tropicales de l'Amérique centrale ont été détruites depuis 40 ans, essentiellement pour produire du boeuf exporté vers l'Amérique du nord. Ce désastre écologique est d'autant plus grave que les sols tropicaux supportent des activités d'agriculture et d'élevage pendant seulement 5 à 10 ans. Après cela, les terres doivent être abandonnées, car la productivité est trop basse.

En Amazonie, la production de boeuf est également la première cause de destruction de la forêt tropicale, même si le lien avec l'Amérique du nord est moins direct. Par contre, une baisse majeure de la consommation de viande en Occident (Amérique et Europe) enlèverait la principale incitation à la destruction de la forêt amazonienne.

Les pays du Tiers monde utilisent leurs terres agricoles pour l'exportation, alors qu'ils ont des problèmes de sous-alimentation. Un pays comme le Brésil ne détruit pas seulement ses forêts pour exporter de la viande, il utilise de rares bonnes terres agricoles pour produire du soya, qui sert à nourrir le bétail américain.

Tableau 9.4c:	Bilan alimentaire de quelques pays			
Pays	Consommation moyenne en calories/jour	% des protéines provenant de viande et poisson	% des protéines provenant de céréales	Consommation de viande en kg/an par personne
Amérique du nord	3620	41%	17%	de 95 à 115
Europe		26%	39%	de 74 à 87
Afrique du nord	2060	8%	67%	20 (Égypte)
Chine, Indes, Corée		9%	60%	19 (Chine)

---

[554] J.D.Nations and D.I.Komer, «Rainforest and the Hamburger Society», Environment, April 1983, p.17

Impacts sur la santé[555]

Au Canada, chaque citoyen mange en moyenne 270 gr de viande par jour. Le guide alimentaire canadien, pour des motifs de santé, recommande d'en manger deux portions, soit de 120 à 180 gr par jour. Selon le guide, il faudrait donc réduire notre consommation de viande d'environ 50% et plusieurs diététistes recommandent de la réduire davantage. Cette surconsommation a des impacts négatifs sur la santé: obésité, cancers et maladies cardiaques. Ces impacts peuvent être dus à la graisse animale ou aux pesticides présents dans la viande.

Les études épidémiologiques indiquent une corrélation très forte entre les maladies coronariennes et la consommation de viande. Santé et bien-être social Canada indique que la consommation moyenne de graisses saturées des Canadiens est d'environ 500 mg par jour et qu'une diminution de 200mg /jour réduirait de 24% la mortalité causée par les maladies coronariennes. La corrélation entre certains types de cancer (côlon, prostate, sein) et la consommation de graisses animales a également été établie et reconfirmée par des études récentes.

Comportement des groupes écologiques

Malgré le bilan de la surconsommation de viande, les groupes écologistes ne blâment que les entreprises agricoles impliquées dans la production et la distribution des denrées agricoles:
— les entreprises d'élevage dans les pays du Tiers-monde ou à la périphérie des forêts tropicales[556];
— les agriculteurs qui utilisent trop d'engrais;
— les agriculteurs dont les pratiques causent l'érosion des sols[557];
— les manufacturiers de pesticides, dont les produits ne seraient pas sécuritaires;
— les producteurs de boeuf, qui utilisent des hormones de croissance ou des antibiotiques;
— les producteurs de porcs, dont le purin pollue souvent les rivières;
— les chaînes de «fast-food» qui importent du boeuf des pays tropicaux.

Comme dans le cas de l'automobile, les écologistes mettent l'accent sur la responsabilité des producteurs, et jamais sur celle des consommateurs. Ceci peut sembler contraire à la théorie des élites selon laquelle les groupes devraient avoir tendance à ne pas contester les grandes entreprises. En réalité, les revendications adressées aux entreprises ne

---

[555] Pour les impacts sur la santé:
Santé et Bien-être social Canada, Recommandations sur la nutrition, comité de révision scientifique, Ottawa, 1990
William U. Chandler, Improving World Health: A Least-Cost Strategy, Worldwatch paper no. 59, July 1984
John Robbins, Se nourrir sans faire souffrir, éd. internationales A.Stanké, Montréal, 1990
[556] Editors of The Ecologist, «Tropical Forests: A Plan for Action», The Ecologist, G.B., July 1987, p.129-33
[557] S.Postel, «Halting Land Degradation», State of the World 1989, WorldWatch Institute, p.21-40

menacent pas l'ordre établi. Si un pesticide est jugé trop dangereux, on pourra en utiliser un autre. Si les agriculteurs doivent changer leurs techniques de labours, cela ne change pas significativement le niveau de la production. Si une chaîne comme MacDonald est boycottée, la consommation de viande sera reportée vers d'autres restaurants.

En somme, on peut présumer que le premier enjeu pour les élites est de s'assurer que la demande globale augmente, et les groupes écologistes succombent à la facilité en refusant de revendiquer une réduction de la consommation totale de viande, d'automobiles, de maisons de banlieue, qui ont des effets multiplicateurs sur l'économie et l'environnement.

9.5 Quatrième négligence, la consommation de papier

Dans le but de protéger les forêts, les groupes écologistes des quatre pays revendiquent systématiquement la récupération et le recyclage du papier. Cette revendication est conforme aux lois de l'écologie. Concrètement, il faut cependant se questionner sur ses bienfaits:

— Si une personne fait 10 km en voiture pour laisser son papier dans un centre de récupération, l'impact du transport est-il plus grand que le bénéfice du recyclage? Si des camions supplémentaires doivent faire une cueillette, est-ce que le rendement énergétique de cette activité se justifie autant dans une banlieue de faible densité que dans un milieu urbain dense?

— Le recyclage du papier sur une grande échelle exige le désencrage. Quels sont les impacts écologiques de cette activité?

Ces questions ne remettent pas en question le recyclage comme principe, mais indiquent simplement que dans le cas du papier, les bénéfices du recyclage ne sont pas toujours évidents. En fait, **les groupes écologistes oublient encore la solution la plus efficace, réduire la consommation globale de papier.**

En moyenne, le «Los Angeles Times»[558] comporte à chaque jour 123 pages et 512 pages le dimanche. Les jeunes livreurs ont été remplacés par des camions. Une multitude de journaux de quartier, de dépliants publicitaires sont distribués gratuitement, sans être lus par personne. Les grands quotidiens publient des pages et des pages d'annonces classées, qui sont publiées à nouveau le lendemain. Certains quotidiens consacrent plus de la moitié de leurs pages à la publicité.

Devant ce potentiel énorme de réduction de la consommation, il n'y a aucune intervention des groupes écologistes. Contrairement aux cas précédents, cette «négligence» est justifiable. Comme les groupes n'ont

---

[558] Ben H. Bagdikian, The Media Monopoly, Beacon Press, Boston, 1987, p.197

pas les moyens financiers de communiquer directement avec la population, ils ont besoin des médias comme canal de communication de leurs exigences. Dans ce cas, la théorie des élites s'exerce de façon implacable car, à cause de la concentration de la propriété des médias, les groupes ne peuvent contester les pratiques de ces médias.

A cause du pouvoir politique des médias, personne n'ose s'attaquer à la surconsommation de papier. Peu importe si cette attitude est justifiée, il faut quand même constater que **personne ne s'attaque à la cause fondamentale de la destruction des forêts tempérées.**

CHAPITRE 10

Bilan de la performance des écologistes: échec macro-écologique

10.1 Des «succès» qui n'ont fait que déplacer les problèmes

Réduction des impacts micro-écologiques par l'augmentation des impacts macro-écologiques

Les groupes écologistes ont connu quelques succès en ce qui concerne des problèmes micro-écologiques; deux cas méritent d'être discutés pour déterminer si ces «succès» ont réellement produit des bénéfices écologiques: la réduction de la concentration de certains polluants urbains (particules, monoxyde de carbone) et la réduction de la pollution organique dans les lacs de villégiature.

La concentration des particules en suspension a diminué dans les grandes villes (cf. chap. 5). Comme les particules proviennent surtout du mouvement des véhicules et des moteurs diésels (qui n'ont été que très récemment soumis aux normes anti-pollution), on peut conclure que l'amélioration ne provient pas des appareils anti-pollution, mais d'abord de l'étalement des activités dans l'espace. Dans le cas du monoxyde de carbone, la concentration a également diminué, autant à cause des appareils anti-pollution que de l'étalement urbain. Ces améliorations proviennent davantage de la dilution des polluants que de leur réduction. Mais l'étalement urbain a multiplié la consommation de pétrole, augmentant dramatiquement les émissions de CO_2 (responsables de l'effet de serre). L'installation des appareils anti-pollution sur les automobiles a d'ailleurs des effets pervers, laissant l'impression que les automobiles sont «propres» Selon des critères macro-écologiques, il n'en est rien, car chaque voiture produit toujours autant de CO2 qu'auparavant.

Comme les écologistes ont dramatisé les effets de la pollution urbaine, ils ont eux-mêmes contribué à convaincre les citoyens de fuir la ville, aggravant ainsi les impacts macro-écologiques. En 1989, la plupart des écologistes refusent encore de reconnaître l'inefficacité écologique de la banlieue.

Un deuxième «succès» est celui de la protection des lacs de villégiature. Par leurs interventions, les écologistes ont convaincu les propriétaires riverains et les gouvernements de réduire la pollution domestique, sauvant ainsi plusieurs lacs de l'eutrophisation. Malheureusement, il en résulte une incitation puissante au développement riverain de villégiature et plusieurs lacs sont maintenant entourés de chalets. Ce développement a certainement multiplié les impacts macro-écologiques de la villégiature, que ce soit dans les activités de transport, dans la construction et l'entretien de maisons secondaires ou dans les nouvelles infrastructures requises. Pour comprendre l'impact de ces développements, il suffit de constater la congestion automobile sur les autoroutes de villégiature les fins de semaine.

Un troisième succès des écologistes concerne l'éducation à l'environnement, ou plutôt à la «nature». Divers groupes ont réussi à intéresser et à sensibiliser la population par l'observation des oiseaux, l'observation des baleines, l'interprétation naturelle ou simplement les excursions en plein air. Aussi louables que soient ces activités, il ne faut pas oublier qu'elles ont comme conséquence d'inciter les citoyens à se déplacer sur des centaines de kilomètres à chaque fin de semaine, surtout en automobile. On pourrait justifier ces activités en affirmant qu'elles permettent de «conscientiser» les citoyens, contribuant ainsi à protéger l'environnement. Mais cette sensibilisation est micro-écologique, visant surtout la protection d'écosystèmes particuliers. **La sensibilisation micro-écologique est donc réalisée au détriment des problèmes macro-écologiques,** contribuant à augmenter les émissions de carbone et l'effet de serre.

Déplacement des impacts entre deux enjeux macro-écologiques

Les groupes environnementaux américains sont fiers de leur performance contre l'industrie nucléaire, car il n'y a eu aucune nouvelle commande de centrale de 1979 à 1990. Ils oublient un peu trop rapidement que ces centrales nucléaires potentielles ont été «compensées» par la construction de centrales thermiques au charbon. Ils ont donc simplement réussi à remplacer un problème macro-écologique (celui des déchets nucléaires) par deux autres problèmes macro-écologiques (les pluies acides et l'effet de serre).

Certains groupes écologistes des pays occidentaux sont fiers d'avoir fait interdire l'utilisation de l'insecticide DDT dans leur pays. Par contre, les multinationales des produits chimiques ont simplement déplacé leur production dans les pays pauvres qui utilisent maintenant autant de DDT que les pays riches en utilisaient lorsqu'il fut banni. Les pays occidentaux ne sont d'ailleurs aucunement à l'abri du DDT; des analyses des sédiments du lac Siskiwit dans la région des Grands Lacs révèlent une contamination aéroportée au DDT provenant d'Asie[559]. De plus, les citoyens de l'Occident peuvent ingérer du DDT sur les denrées agricoles importées du Tiers monde. Ces remarques ne signifient pas que les groupes ont eu tort de s'opposer au DDT ou au nucléaire, simplement que le bilan global n'est pas positif.

Réduction des impacts méso-écologiques par l'augmentation des impacts macro-écologiques

Un autre succès relatif des groupes écologistes concerne les programmes d'épuration des égoûts domestiques, permettant une amélioration de la qualité des eaux à proximité des villes. Ces usines recueillent, selon les technologies, de 70 à 90% de la matière organique dans les eaux usées. Cela signifie que les programmes d'épuration produisent des millions de tonnes de boues qui souvent, ne peuvent pas être recyclées, car elles sont contaminées par des métaux toxiques. Pour éliminer ces boues, plusieurs villes ont adopté ou envisagent l'incinération. Il s'agit concrètement de réduire un problème méso-écologique en le transformant en problème macro-écologique, l'incinération contribuant aux pluies acides et assurant un retour rapide du CO_2 vers l'atmosphère. Si les boues sont contaminées, la seule autre solution est l'enfouissement, qui générera des émissions de méthane, un autre gaz à effet de serre dont chaque molécule contribue 11 fois plus au réchauffement qu'une molécule de CO_2.

Un autre exemple où les groupes ont travaillé fort à déplacer les problèmes est le cas du pipeline de l'Alaska. Pendant plusieurs années, la construction d'un pipeline dans le grand nord canadien a été débattue, notamment par la Commission Berger. Les écologistes ont cherché à démontrer que les écosystèmes arctiques étaient très fragiles; en conséquence, le pipeline ne fut jamais construit. Cela n'a cependant pas empêché le développement des champs pétrolifères de l'Alaska, puisque le pétrole est acheminé par des super-pétroliers (après avoir traversé l'Alaska par pipeline). En 1989, la catastrophe de l'Exxon-Valdez nous rappelle que le déversement d'un pétrolier peut avoir des impacts environnementaux aussi graves que ceux d'un pipeline. En somme, la réduction de la consommation de pétrole est un moyen certainement plus efficace de protéger l'environnement.

---

[559] M.H.Brown, «Toxic Wind», <u>Discover</u>, Nov. 1987, p.42-9

**Réduction des impacts macro-écologiques
par l'augmentation des impacts micro-écologiques**

Si les groupes ont souvent «réussi» à déplacer les impacts vers le niveau macro-écologique, l'inverse est également possible. Les groupes écologistes canadiens et ouest-allemands ont connu des succès dans la lutte aux oxydes de soufre. Ils ont convaincu leurs gouvernements d'installer des épurateurs sur les centrales thermiques («scrubbers») ou des usines de désulfurisation sur les fonderies. Ces équipements font «l'extraction» du soufre dans le charbon et le minerai; il en résulte des milliers de tonnes de résidus acides dont on ne sait quoi faire. Dans plusieurs cas, ces résidus sont rejetés dans des sites d'enfouissement, créant ainsi des problèmes micro-écologiques. Considérant que les enjeux macro-écologiques sont les plus importants, ces appareils anti-pollution sont quand même justifiés. Il ne faut cependant pas oublier qu'une baisse de la consommation de métaux ou de charbon entraînerait une réduction simultanée des impacts micro-écologiques et macro-écologiques.

Un autre exemple concerne la couche d'ozone stratosphérique qui protège la terre des rayons ultra-violets (UVB) capables d'endommager les écosystèmes et de causer des cancers. Depuis plusieurs années, les chlorofluorocarbones (CFC) sont reconnus comme des agents destructeurs de l'ozone stratosphérique. En conséquence, le Protocole de Montréal et la Convention de Londres, signés par la plupart des pays occidentaux en 1988 et 1990, visent leur élimination pour l'an 2000. Même si ces ententes représentent de grands succès, ils ont des «effets pervers» surprenants:

— Dans les «bonbonnes-aérosols», le butane a remplacé les CFC comme agent propulseur. Il s'agit d'un hydrocarbure qui contribue au smog photochimique, problème le plus grave de pollution de l'air des villes.

— Les CFC dans les systèmes de réfrigération seront remplacés par les HFC ou HCFC, qui sont moins efficaces. Il en résultera, à technologie égale, une augmentation de la consommation énergétique et des émissions de CO2.

— Les HFC et HCFC sont peu dommageables pour la couche d'ozone, mais demeurent de puissants gaz à effet de serre (chaque molécule retenant 1000 à 4000 fois plus de chaleur qu'une molécule de CO2).

10.2 Des objectifs micro-écologiques qui accroîtraient les problèmes macro-écologiques

Parmi les objectifs des écologistes qui n'ont pas été atteints, plusieurs auraient pu accroître significativement les problèmes macro-écologiques. Face aux problèmes de pollution urbaine (enjeu micro-écologique), plusieurs écologistes refusent de lutter contre l'utilisation massive de l'automobile et font la promotion d'autos présumément «propres». Selon le contexte, des groupes font la promotion d'automobiles alimentées à l'électricité, à l'hydrogène ou au gaz naturel. Examinons les impacts de chacune de ces alternatives.

Barry Commoner[560], par exemple, fait la promotion des autos électriques. Il blâme les entreprises de ne pas en avoir «développé». Mais aux États-Unis, les nouvelles centrales thermiques sont alimentées au charbon et il est fort probable que l'électricité des automobiles proviendrait du charbon, qui émet davantage de CO_2 (par unité énergétique) que le pétrole. Par rapport à une automobile conventionnelle de performance semblable, chaque auto électrique augmenterait donc les émissions de CO_2 d'environ 200%.

D'autres écologistes font la promotion de l'hydrogène ou du gaz naturel, carburants présumément propres. Il s'agit de mythes sans fondement. Dans une automobile, la carburation exige un apport de grandes quantités d'oxygène provenant de l'air ambiant. Mais l'air est composé à 79% d'azote et cet azote, sous l'effet de la chaleur et de la pression, produit les oxydes d'azote, précurseurs des pluies acides. En somme, toute combustion dans un moteur à pression produit des oxydes d'azote. Mais plus grave, ce sont les effets de ces carburants «propres» sur l'effet de serre. Actuellement, trois calories d'une énergie quelconque sont requises pour produire une calorie d'hydrogène. Des automobiles à l'hydrogène multiplieraient donc la demande d'énergie par trois, augmentant inévitablement les émissions de CO_2 (à part de rares endroits comme le Québec, où l'hydrogène pourrait être produite à partir d'hydroélectricité).

Dans le cas du gaz naturel, les illusions persistent, parce que sa combustion émet peu de CO_2. Mais si le gaz naturel émet peu de CO_2, c'est parce que le carbone y est fixé sous forme de méthane (le gaz naturel commercial est composé d'environ 90% de méthane). **Le méthane est aussi un gaz d'effet de serre et des études récentes indiquent que, molécule pour molécule, le méthane est 11 fois plus puissant que le CO_2 à retenir la chaleur[561]**. Au moment de l'extraction du gaz naturel, des quantités importantes de CO_2 (jusqu'à 10% du gaz) et de méthane sont rejetées dans l'atmosphère. Les fuites de méthane sont également très importantes dans la distribution du gaz naturel. Elles sont du même ordre de grandeur que le méthane produit par

[560] Barry Commoner, «A Reporter at Large», The New Yorker, June 15, 1987
[561] W. Bach, «The Endangered Climate Report no1 15», cité dans The Ecologist, vol.19, no.1, 1989, p.12

tous les sites d'enfouissement de la planète[562]. Cela signifie qu'un individu qui transforme son automobile au gaz naturel augmente sa contribution à l'effet de serre.

Voici donc des exemples où la substitution de combustibles avec des préoccupations micro-écologiques, augmenterait les problèmes macro-écologiques, notamment de l'effet de serre. Ajoutons à cela le fait que toute automobile, peu importe son carburant, stimule l'étalement urbain et requiert des ressources nombreuses dans sa fabrication, dans l'entretien des routes et des ponts...

Sur le plan de l'aménagement, les écologistes ont favorisé un développement de banlieue de faible densité et cet objectif s'est malheureusement concrétisé à grande échelle. Dans les grandes villes, les écologistes se sont opposés, sans succès, à l'établissement de grands bâtiments résidentiels ou places d'affaires. Ils ont plutôt préconisé un modèle «à l'échelle de l'homme». Sur ce point, les écologistes se sont opposés à la concentration des emplois, malgré le fait que cela permet de réduire dramatiquement la consommation d'énergie:
— les entreprises peuvent communiquer entre elles avec des déplacements minimes;
— tous les services commerciaux et bancaires sont à proximité;
— il est possible de rentabiliser un réseau de transport public de grande capacité (train ou métro).

Si les centre-villes sont parfois «inconfortables» à cause de la congestion et de leur caractère artificiel, il ne faut pas oublier qu'ils permettent d'économiser beaucoup d'énergie. La consommation d'énergie est beaucoup moindre dans les villes asiatiques et européennes, notamment à cause de la densité des centre-villes et de la qualité du transport en commun qui les dessert. A l'opposé, dans les villes les plus énergivores *per capita*, comme Los Angeles et Houston, les emplois sont dispersés et presque tous les déplacements se font en voiture particulière. Selon des critères macro-écologiques, les écologistes ne devraient pas s'opposer à ce que les urbanistes appellent les «économies d'agglomération», qui se manifestent spontanément pour réduire les coûts de transport.

Parmi d'autres objectifs que les écologistes n'ont pas réussi à atteindre, il y a l'arrêt des méga-projets hydroélectriques. Au Québec notamment, il y a mobilisation des groupes contre le développement hydroélectrique. Cette opposition est justifiée par les impacts sur les écosystèmes concernés (considérations micro-écologiques et meso-écologiques, puisque les bassins versants sont transformés). Mais ces

---

[562] A.F.Bouwman, présentation à la conférence internationale sur l'effet de serre, aux Pays-Bas, 1989 cité dans The Ecologist, vol.19, no.1, 1989, p.12

centrales permettent de réduire directement la consommation de pétrole. Grâce au développement hydroélectrique, la contribution à l'effet de serre des Québécois est, per capita, deux fois moindre que celle des autres provinces canadiennes.

Malheureusement, les projets hydroélectriques québécois n'ont pas été accompagnés de programmes d'économies d'énergie, qui auraient permis de remplacer davantage de combustibles fossiles. Pour les écologistes, il est donc cohérent d'exiger que les futurs projets hydroélectriques soient soumis à des débats publics pour maximiser leurs bénéfices. Mais selon des critères macro-écologiques, il est incohérent de s'opposer systématiquement à tout développement hydroélectrique, car ces développements permettent de remplacer du pétrole, du charbon ou du nucléaire.

Dans le but de protéger certaines rivières (objectif meso-écologique), les écologistes ont travaillé à éliminer le flottage du bois. Cette lutte était parfois menée par des groupes de pêcheurs, parce que le flottage détruit souvent la faune aquatique ou empêche l'accès à la rivière. Par contre, cet objectif de protection des rivières pourrait augmenter dramatiquement la consommation de pétrole dans l'exploitation forestière, en augmentant le transport du bois par camion. Le flottage du bois, c'est une utilisation de l'énergie hydraulique renouvelable pour transporter du bois. (Il est d'ailleurs possible de réduire l'impact du flottage sur une rivière, en enlevant l'écorce avant de jeter les billes à l'eau). Mais peu importe la résolution de cet enjeu, les écologistes ont oublié qu'une stratégie visant à réduire la consommation de papier en Occident, permettrait de réduire tous les impacts écologiques de l'exploitation forestière.

10.3 Des interventions sur des enjeux secondaires[563]

L'introduction d'enjeux secondaires dans le processus politique

Malgré cette critique sévère des groupes écologistes, leur rôle n'est pas seulement symbolique. Même si l'agenda politique ne porte pas sur les enjeux les plus importants, les groupes écologistes introduisent de **nouveaux enjeux** dans leur système politique. En effet, les groupes forcent le débat sur certains enjeux environnementaux, qui seraient autrement négligés.

---

[563] Ces conclusions sont évidemment basées sur le travail de la majorité des écologistes. Il y a des exceptions de prises de position contre les biens de consommation «intouchables». Il faut noter, dès 1974, le programme de René Dumont qui abordait franchement le problème de l'automobile et l'exploitation du Tiers monde.

Ces débats portent cependant sur des enjeux micro-écologiques et meso-écologiques peu importants. Mentionnons l'épuration des eaux usées domestiques, la limitation de certains impacts visuels et l'arrêt de projets sur certains sites. Mais plusieurs enjeux macro-écologiques sont complètement ignorés. A la lumière des études de cas, il est possible de dresser une liste préliminaire des caractériques politiques des «victoires» écologistes:

— elles ne semblent pas affaiblir le pouvoir des élites;

— elles ne réduisent pas la consommation globale;

— la souveraineté des pays n'est pas affectée;

— elles portent rarement sur des enjeux ayant une portée internationale;

— même si les entreprises sont très souvent contestées et rendues responsables des problèmes, leur capacité d'action ne semble pas être affectée significativement.

Ne pas confondre capacité de bloquer avec capacité d'intervenir

Certaines études[564] américaines concluent pourtant que les groupes américains sont politiquement puissants. Ces études sont en désaccord avec les remarques précédentes, parce qu'elles ne font pas de différence entre la capacité des groupes de bloquer l'action du gouvernement et leur capacité de faire adopter des mesures de protection de l'environnement. Notons à nouveau que **la force du lobby vert américain est presque limitée à bloquer des initiatives**, parce que cela est facilité par les caractéristiques particulières du système politique américain[565].

10.4 Bilan de l'échec selon trois types d'efficacité énergétique

Du point de vue macro-écologique, le meilleur indicateur est la quantité totale d'énergie consommée. Mais les économistes évaluent plutôt la performance énergétique d'un pays selon l'efficacité technologique (par exemple, l'énergie consommée par unité de P.N.B.). Il s'agit d'une erreur méthodologique, puisque les gains résultant de la technologie sont souvent annulés par une inefficacité structurelle. Pour contrôler la quantité totale d'énergie consommée, il faut se fier simultanément à plusieurs types d'efficacité (voir tableau 10.4a). Le tableau 10.4b présente une analyse comparative des quatre pays selon divers types d'efficacité énergétique.

---

[564] J. M. Berry, Lobbying for the People, Princeton University Press, 1977, p. 287-88
[565] N. J. Ornstein, S. Elder,Ibid., p. 58
«In a political system geared toward slow change and with numerous decision points and checks and balances, a group's likelihood of success is enhanced if it focuses on blocking rather than initiating action.»

Tableau 10.4a: Les trois types d'efficacité énergétique

CHOIX TECHNOLOGIQUES		CHOIX DE DÉVELOPPEMENT
Efficacité technologique dans la consommation	Efficacité technologique dans l'épuration	Efficacité structurelle dans la consommation
- Appareils ménagers et ampoules plus efficaces - Procédés industriels plus efficaces - Automobiles qui consomment moins par km - Isolation des bâtiments - Cogénération	- Convertisseurs catalytiques sur les automobiles - Épurateurs industriels - Combustion sur lit fluidisé dans les centrales au charbon	- Structure et densité des villes (dispersion vs ville centrale) - Infrastructures de transport inter-cité résultant des choix entre le train, le camion,etc - Infrastructures de transport urbaines résultant des choix entre l'automobile privée, le transport public, le métro, les voies réservées pour autobus, etc.

Tableau 10.4b: Bilan de la performance énergétique des quatre pays[566]

	États-Unis	Canada	France et R.F.A.
- Efficacité technologique dans la consommation	- Automobiles les moins efficaces malgré des normes imposées aux constructeurs - Normes sur appareils ménagers - Très peu de taxes	- Pas de normes d'efficacité sur les automobiles - Taxes modestes sur l'énergie	- Taxes sur la puissance des automobiles - Taxes significatives sur l'énergie
Note:	D	D	C
- Réduction technologique de la pollution	- Épuration sur plusieurs centrales thermiques, mais vieilles centrales sans épurateur - Normes de pollution sur les automobiles	- Faible niveau d'épuration sur les centrales thermiques - Normes d'épuration des automobiles comme aux États-Unis mais 8 ans plus tard	- Épurateurs très rares sur les centrales - Normes de pollution sur les automobiles peu sévères et très récentes
Note:	C	D	Échec
- Efficacité structurelle dans la consommation	- Pas de planification - Très faible soutien aux trains et au transport public - Très faibles taxes sur l'énergie - Très grandes subventions à la dispersion urbaine	- Pas de planification - Soutien modéré aux trains et au transport public - Faibles taxes sur l'énergie - Grandes subventions à la dispersion urbaine	- Bonne planification - Soutien modéré aux trains et au transport public - Taxes significatives sur l'énergie - Subventions récentes à la dispersion urbaine
Note:	Échec lamentable	Échec	C

En résumé, tous les bénéfices écologiques des améliorations technologiques implantées aux États-Unis et au Canada ont été perdus dans l'étalement urbain.

---

[566] Tableau construit par Luc Gagnon

Sur une base *per capita* (voir données du chapitre 5), **la situation la plus catastrophique est celle des États-Unis**, suivi de près par le Canada. Les citoyens de la France et de la R.F.A. contribuent beaucoup moins que les Nord-Américains aux problèmes macro-écologiques. Par contre, cela ne signifie pas que les groupes écologistes français et ouest-allemands ont connu une meilleure performance que les groupes nord-américains, car il faut juger les résultats en fonction de la position de départ. Relativement à 1970, la situation s'est fortement détériorée en France et en R.F.A., et il faut également conclure pour eux, à un échec macro-écologique.

10.5 L'intégration au système politique?

Le niveau d'intégration des groupes écologistes dans leur système politique est assez différent dans les quatre pays étudiés. Les critères pour évaluer le niveau d'intégration sont nombreux: objectifs politiques à court terme, stratégies modérées et adaptées au contexte politique, participation dans les processus électoraux, lobbying qui respecte les traditions, etc.

États-Unis

Voici comment A. McFarland voit le système fédéral américain[567]:

> «Le gouvernement américain est divisé dans des centaines «d'arènes» responsables de différentes politiques. Cette «confédération d'oligarchies» affecte la capacité des forces politiques centrales, telles que les partis politiques ou la Présidence, à élaborer des politiques nationales solides. Il en résulte un gouvernement national faible ...»

Les stratégies des groupes américains sont bien adaptées à ce contexte: concentration des efforts à Washington pour bloquer l'action du gouvernement fédéral, interventions à tous les paliers politiques, recours devant les tribunaux, utilisation des médias, etc. Les efforts des groupes pour bloquer certains projets constituent une adaptation à ce contexte de fragmentation politique.

Kevin Phillips[568] affirme que, par rapport aux intentions des Pères de la Constitution américaine, le pouvoir judiciaire a graduellement usurpé certains pouvoirs. Ce pouvoir judiciaire est le plus puissant de tous les pays occidentaux. En constatant l'utilisation fréquente des poursuites judiciaires par les groupes environnementaux, il est possible d'affirmer qu'ils ont adapté leur action à cette caractéristique du sys-

---

[567] A. S. MacFarland, «Public Interest Lobbies versus Minority Faction», <u>Interest Group Politics</u>, Congressionnal Quarterly Press, 1983, p. 324
[568] Kevin Phillips, «The Balkanisation of America», <u>Harper's Magazine</u>, May 1978, p. 44

tème américain. Cette adaptation des groupes américains à leur système politique empêche cependant leur radicalisation:
— Comme les groupes connaissent un certain succès par des revendications précises, à court terme, cela décourage l'action plus radicale à long terme.
— Le succès des revendications dépend souvent de la qualité des dossiers techniques; en conséquence, les efforts sont souvent consacrés à l'élaboration de dossiers scientifiques qui servent à gagner des luttes d'ordre technocratique.
— La levée des fonds nécessaires au fonctionnement des groupes exige une certaine modération dans leurs exigences.

Dans l'ensemble, les groupes américains sont mieux intégrés à leur système politique que les groupes des autres pays. Les indicateurs qui le confirment sont nombreux:
— Ils visent des objectifs précis à court et moyen terme.
— Ils évitent les débats idéologiques.
— Ils ne remettent pas en question leur système politique; ils en sont même fiers.
— Leurs stratégies sont bien adaptées au contexte politique.
— Ils utilisent fréquemment la presse[569].
— Même s'il n'y a pas de parti vert aux États-Unis, les écologistes américains ont développé diverses méthodes pour intervenir dans le processus électoral[570] : publication d'une liste des «Dirty Dozen» parmi les membres du Congrès; mise sur pied d'un Political Action Committee (PAC) pour fournir des fonds et des militants aux candidats ayant une plate-forme électorale «pro-environnement»[571].
— Les écologistes américains font également beaucoup de lobbying (ce type d'intervention semble peu efficace, non pas que ce soit inutile, mais parce que les industries sont plus puissantes à ce jeu).
— L'utilisation des tribunaux indique également une adaptation au système politique américain[572]: Ce volet du travail des groupes est tellement développé que les groupes se sont distribués les lois à surveiller[573]. Cette stratégie **vise souvent à bloquer ou ralentir diverses mesures législatives ou réglementaires** (ex. de l'énergie nucléaire).

---

[569] W. Symonds, «Washington, In the Grip of the Green Giant», Fortune, Oct. 4, 1982, p. 137
[570] N. J. Ornstein, S. Elder, Interest Groups. Lobbying and Policymaking, Cong.Qu. Press, 1978, p. 59
[571] «The League of Conservation Voters», The Environmental Forum, Aug. 1984, p. 19-21
[572] Thomas N. Gladwin, «patterns of Environmental Conflict Over Industrial Facilities in the U.S. 1970-78», Natural Resources Journal, April 1980, p.266
[573] L. Mosher, «Environmentalists Sue to Put an End to Regulatory Massive Resistance», National Journal, Dec. 19, 1981, p. 2233

Tableau 10.5: Auto-évaluation des stratégies d'intervention adoptées(%)[574]				
	Très efficace ou efficace	Efficace avec réserves	Pas efficace	Efficacité inconnue
Contacts personnels	63	17	8	12
Témoignages aux audiences du Congrès	23	18	48	11
Poursuites juridiques	57	23	10	10
Lettres envoyées	69	12	6	13
Contacts par le biais de personnes influentes	55	18	2	26
Démonstrations de masse	33	21	21	25
Contributions aux campagnes des candidats	100	0	0	0
Publication des votes des membres du Congrès	56	19	12	12
Diffusion de rapports de recherche	44	22	9	25
Relations publiques	61	16	0	23

Le tableau 10.5 démontre d'ailleurs que les groupes américains évaluent leur propre performance de façon très positive. Les types d'interventions présentées dans ce tableau permettent de conclure qu'ils se sentent intégrés à leur système politique.

France

Le travail des écologistes français est moins intégré à leur système politique, surtout parce le système ne le leur permet guère. Malgré cela, on peut conclure que, d'une certaine façon, leur action est adaptée au contexte politique:

— En revendiquant davantage de participation dans les décisions, en exigeant plus de «transparence» du gouvernement, en critiquant la bureaucratie, ils utilisent des arguments qui sont appuyés par la grande majorité des Français.

— Ils profitent au maximum de la visibilité médiatique des élections présidentielles.

— Leur discours est idéologique, comme la politique française en général.

La faible intégration des groupes français à leur système politique (par rapport aux États-Unis) engendre une conséquence prévisible: les manifestations sont plus fréquentes et plus violentes. Selon une étude de Gladwin[575] sur la contestation anti-nucléaire, la violence a été trois fois plus fréquente en Europe qu'aux États-Unis et les démonstrations de masse quatre fois plus fréquentes. On a même assisté à du sabotage et à du terrorisme. Selon Gladwin, ces tactiques étaient le résultat d'un haut niveau de frustration dû aux processus de décision fermés et corporatifs, qui empêchaient l'expression des griefs à l'intérieur du système politique.

---

[574] J. M. Berry, Ibid., p. 214
[575] Thomas N. Gladwin, Ibid., p. 261

R.F.A.

Le niveau d'intégration des écologistes ouest-allemands se situe entre les expériences françaises et américaines. Les manifestations en R.F.A. sur le nucléaire ont été nombreuses et parfois violentes. Par contre, le système politique est ouvert aux tiers-partis et a permis la croissance du Parti Vert. Si les préoccupations des Verts sont maintenant représentées dans plusieurs parlements de la R.F.A., on doit conclure à un certain niveau d'intégration dans le système.

Par contre, alors que les groupes américains jouent le jeu de la politique américaine, le Parti Vert ouest-allemand est très réticent à accepter les règles du jeu. Alors que d'autres forces politiques (dans une position de tiers-parti) accepteraient volontiers les coalitions avec d'autres partis, cette option a été soit rejetée par les Verts, soit acceptée avec des déchirements internes. De plus, les Verts contestent plusieurs règles de leur Parlement, notamment au niveau des procédures. Leur décision de faire la rotation des représentants à mi-mandat constitue d'ailleurs un défi aux traditions parlementaires[576].

Canada et Québec

Au Canada, il faut faire une distinction entre les pratiques des groupes canadiens-anglais et celles des groupes québécois francophones. **Les groupes canadiens-anglais sont fortement influencés par l'expérience américaine et ont tendance à suivre les mêmes pratiques, même si le système politique canadien est très différent du système américain.** En voici quelques exemples:

— On veut constamment former des coalitions nationales alors que la faible concentration de la population et les faibles revenus rendent cette pratique difficile.

— On veut faire des alliances avec des groupes de protection des consommateurs; les bénéfices de ces alliances sont minimes, car les groupes canadiens de protection des consommateurs sont très faibles en comparaison avec ceux des États-Unis.

— On considère l'État uniquement comme un adversaire, comportement normal aux États-Unis (puisqu'on peut seulement le bloquer), mais non-justifié au Canada. Ceci est étonnant, puisque les divers gouvernements au Canada financent les groupes écologistes (les montants alloués sont minimes, mais représentent souvent la majorité des sources de fonds).

— On veut développer le financement populaire alors que la faible concentration de la population rend cette pratique difficile (ailleurs qu'en Ontario).

---

[576] Le Parti Vert a décidé de remplacer, à mi-mandat, tous ses représentants au Parlement (élus au scrutin proportionnel). Les nouveaux représentants n'ont donc pas été élus et ils manquent d'expérience. Cette pratique a été contestée par les autres partis comme étant contraire aux traditions parlementaires.

On doit donc conclure que l'action des groupes canadiens-anglais est moins bien intégrée à leur système politique que les groupes américains.

Les groupes québécois sont différents, parce qu'ils subissent simultanément l'influence de la France et des États-Unis. Cela ne signifie pas que leur travail est adapté au contexte politique; la plupart des remarques précédentes sont applicables aux groupes québécois, mais à un degré moindre. Par contre, **le travail et les idées des groupes québécois sont beaucoup plus diversifiés.** A titre d'exemple, des tendances anarchistes ont longtemps persisté au Québec, alors que cette tendance a été inexistante au Canada anglais.

10.6 Mécanismes d'entretien de l'échec macro-écologique

Le tableau en page suivante résume la dynamique qui bloque l'émergence de débats politiques sur les biens de consommation les plus destructeurs de l'environnement. Cette dynamique est entretenue autant par les groupes écologistes que par les médias, les politiciens ou les élites économiques[577].

Les groupes écologistes sont eux-mêmes responsables des erreurs stratégiques suivantes:

— **Le désir d'être populaire:** Même si ce n'est pas le rôle des groupes de pression d'être élus, ils se comportent souvent comme des partis politiques et négligent les enjeux impopulaires (par exemple, la contestation de l'automobile).

— **L'accent sur la *qualité de la vie:*** Les groupes confondent souvent *qualité de l'environnement* et *qualité de la vie*. Ils oublient que selon les valeurs sociales actuelles, la qualité de la vie d'une famille, c'est une grande maison de banlieue, un chalet et deux automobiles, facteurs les plus importants de la destruction de la planète.

— **Le rejet de la ville en tant qu'habitat:** Les écologistes ont tendance à rejeter la ville en tant qu'habitat, parce que «non-naturel». Ils oublient qu'une maison à la campagne ou en banlieue n'est pas plus «naturelle» et exige infiniment plus de ressources naturelles.

— **L'accent sur les impacts visuels:** Les groupes s'opposent parfois à des projets à cause des impacts visuels. L'esthétique selon des critères humains n'a pourtant rien à voir avec l'écologie en tant que science pure. Cette priorité est également nuisible dans le sens qu'elle contribue au rejet de la ville comme habitat et des modes de transport efficaces comme le tramway.

---

[577] Cette dynamique explique **comment** les problèmes sont éludés, non pas **pourquoi** ils le sont. Les causes profondes sont discutées dans les chapitres suivants.

Tableau 10.6a: Dynamique qui bloque les débats sur les vrais enjeux écologiques

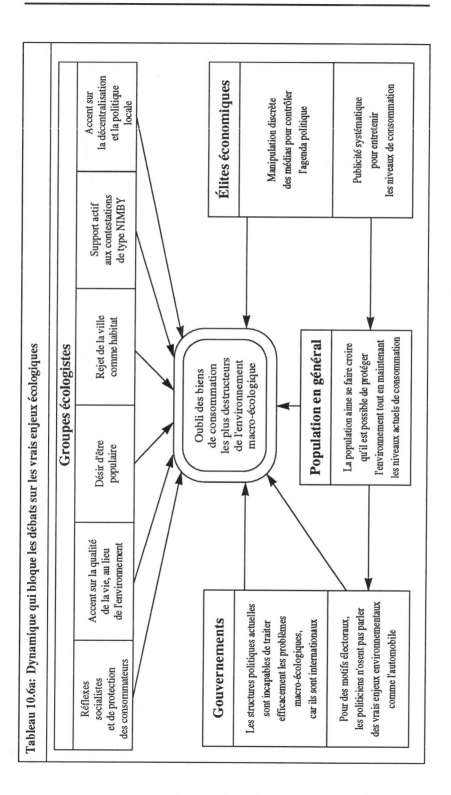

— **Le syndrome *Not In My Back Yard* (NIMBY):** Les groupes se rallient aux citoyens qui s'opposent à un projet uniquement parce qu'il est dans leur quartier. La mobilisation de type NIMBY correspond parfois à une protection de droits ou de privilèges acquis qui n'a rien à voir avec la protection de l'environnement. Il s'agit d'une approche locale qui déplace les problèmes, sans les solutionner.

— **La décentralisation** (sujet discuté au chapitre 15). En exigeant l'affirmation de la démocratie locale, les écologistes affaiblissent l'État central, alors qu'ils ont besoin de son intervention. L'affirmation du pouvoir local renforce d'ailleurs le syndrome NIMBY.

— **Les réflexes «socialistes» et la protection des consommateurs:** Les écologistes s'opposent souvent à l'application du principe pollueur-payeur et à l'implantation de taxes vertes, pour ne pas affecter la consommation des classes pauvres et moyennes. Cette préoccupation est parfois justifiée, mais les écologistes oublient qu'il est impossible de protéger l'environnement si on refuse de toucher à la consommation de la grande majorité des consommateurs (incluant les classes moyennes).

Ces erreurs stratégiques des groupes sont renforcées par les élites économiques qui peuvent contrôler l'agenda politique. Leur deux outils par excellence sont la publicité et le contrôle des médias. Dans les quatre pays étudiés, les médias sont la propriété de l'État ou de grandes entreprises et il est permis de douter de leur neutralité. Aux États-Unis, les médias sont contrôlés par une minorité d'entreprises. Selon une étude de Bagdikian[578]:

> «Aujourd'hui, même s'il existe 25 000 succursales de médias d'information aux États-Unis, 29 corporations contrôlent la majorité des affaires dans les quotidiens, les périodiques, la télévision, les livres, et le cinéma.»

Plusieurs propriétaires de réseaux d'informations sont aussi des producteurs de biens responsables de la destruction de l'environnement. Le Los Angeles Times a souvent fait des articles sur les pénuries d'eau en Californie et sur le besoin de construire un nouveau système d'approvisionnement au coût de $2 milliards (payé par les taxes); le Los Angeles Times est propriété de Times Mirror qui possède d'énormes investissements en agriculture en Californie, agriculture qui a besoin d'irrigation massive!

Selon Bagdikian[579], la concentration des médias dans les autres pays occidentaux est souvent aussi grande que celle aux États-Unis. Mais, contrairement aux États-Unis, les quotidiens nationaux y sont davantage en concurrence dans l'ensemble du pays. Chaque citoyen a donc, à un endroit donné, plusieurs choix de quotidiens. Rappelons que,

---

[578] Ben H. Bagdikian, The Media Monopoly, Beacon Press, Boston,1987, p. 4 et p. 27-66
[579] Ben H. Bagdikian, Ibid., p. 19

dans les grandes villes américaines, seul New York est couvert par trois grands quotidiens, et que 98% des villes n'en ont qu'un seul.

Dans les quatre pays, les médias sont «coupables» de couvrir les enjeux écologiques uniquement lorsqu'il y a des **catastrophes**. Si les enjeux sont à long terme, il est extrêmement difficile d'obtenir l'attention des médias. On peut aussi penser que les éditorialistes sont choisis en fonction d'un certain profil qui sert bien les entreprises et pas nécessairement la protection de l'environnement.

Ces critiques ne signifient pas que les médias façonnent l'opinion publique, mais qu'ils déterminent en grande partie les enjeux qui deviendront des préoccupations du public. Les médias ne disent pas aux citoyens quoi penser, mais sur quels sujets ils doivent réfléchir.

Les élites économiques influencent également l'opinion publique par le biais de la publicité. La vente d'une automobile peut aussi vendre tout un mode de vie axé sur la consommation. Même les annonces de bière ou de liqueurs douces peuvent servir discrètement à stimuler la consommation. Si on est jeune et libre, on boit son pepsi à bord d'une automobile!

Les effets subtils de la publicité peuvent être illustrés par une émission spéciale sur l'environnement, réalisée par la Fondation Québécoise en Environnement en 1989. Pendant cette émission de trois heures, on a omis de mentionner les méfaits écologiques de l'automobile, alors que les principaux commanditaires étaient des fabricants d'automobiles. Pendant l'émission, il y a eu 11 commerciaux pour vendre des autos, et lors de quatre d'entre eux, les fabricants donnaient des climatiseurs en prime[580]. L'impression générale qui en ressortait, c'est que l'environnement est en danger, mais l'automobile n'en est nullement responsable.

Même si les entreprises entretiennent ces illusions, ils n'en sont pas les seuls responsables. Les citoyens sont souvent portés à dire qu'il faut se préoccuper plutôt des grands pollueurs que des petits (eux). Ils refusent de voir que si les entreprises polluent, c'est pour produire des biens de consommation. En somme, les citoyens aiment se faire croire qu'il sera possible de protéger l'environnement sans que eux, individuellement, aient à changer leurs habitudes de consommation.

Finalement, les politiciens reçoivent les contrecoups de cette dynamique. Un politicien qui parlerait d'augmenter les taxes sur l'essence pour protéger l'environnement serait certain de perdre son élection. En conséquence, le discours politique «pro-environnement» est généralement tellement flou qu'il ne veut rien dire.

Les politiciens savent également que face à des enjeux comme les pluies acides et l'effet de serre, les structures politiques internationales

---

[580] Cette pratique est d'autant plus inacceptable que les climatiseurs réduisent l'efficacité énergétique des automobiles et contiennent des CFC, responsables de l'érosion de la couche d'ozone stratosphérique.

sont tellement faibles qu'ils ne peuvent intervenir efficacement sur ces enjeux. En conséquence, un politicien sera peu porté à promettre des améliorations qui impliquent plusieurs pays, sachant que ces améliorations ont très peu de chances de se concrétiser.

Tous ces facteurs contribuent à ce que les sociétés occidentales évitent les vrais enjeux environnementaux. Mais comme l'environnement est une préoccupation dans l'esprit des électeurs (sujet discuté au prochain chapitre), il faut quand même parler d'environnement. **Les politiciens, les médias et les groupes écologistes en parlent constamment, mais sans parler de taxes sur l'énergie, et tout en évitant de mentionner la consommation d'automobiles, d'avions, de maisons unifamiliales, de chalets, de papier ou de viande. C'est tout un exploit!**

LES FACTEURS DE L'ÉCHEC MACRO-ÉCOLOGIQUE DES ÉCOLOGISTES

CHAPITRE 11

Les facteurs nationaux
de l'échec macro-écologique

Ce chapitre discute des causes nationales de l'échec des groupes écologistes. Il s'agit d'une révision des hypothèses émises par différents auteurs à ce sujet.

11.1 L'hypothèse du soutien public insuffisant

En mettant l'accent sur la sensibilisation du public, la grande majorité des écologistes affirment (implicitement ou explicitement) que la destruction de l'environnement est due à une méconnaissance des problèmes. En conséquence, on peut assumer que les écologistes croient que la situation s'améliorera lorsque la population sera sensibilisée. Pour eux, il s'agit d'une condition nécessaire et suffisante à la protection de l'environnement et les problèmes structurels qui pourraient bloquer les améliorations sont négligés.

Considérant la controverse au sujet de la validité des sondages, il est utile d'analyser la question de l'opinion publique selon deux perspectives:

A. Premièrement, en considérant que les sondages sont valides et expriment des préoccupations profondes de la population.

B. Deuxièmement, en contestant la validité des sondages, par un examen de leurs failles méthodologiques.

En somme, il s'agit d'examiner les enjeux écologiques autant de la perspective de ceux qui font confiance aux sondages que de ceux qui ne leur font pas confiance. L'analyse portera surtout sur l'Amérique du Nord où la pratique des sondages est plus répandue qu'en Europe. Du point de vue méthodologique, ce choix est justifié par le fait que, *per capita*, les États-Unis et le Canada sont les plus destructeurs de l'environnement. **Si, dans ces pays, il y a appui massif à la protection de l'environnement, cela démontrerait l'absence de corrélation entre opinion publique et protection effective de l'environnement.**

A. Postulat: «les sondages sont significatifs»

Dans les quatre pays étudiés, les sondages indiquent un haut niveau de préoccupations environnementales pendant les années 1970 et 80. En fait, le niveau de soutien est supérieur pour la protection de l'environnement que pour la plupart des problèmes sociaux.

Les principales préoccupations environnementales

Tableau 11.1a: Principales préoccupations environnementales des Américains[581]			
% des répondants qui considèrent que ces problèmes environnementaux sont «très sérieux»	1981	1985	1990
Élimination des déchets toxiques	60%	74%	67%
Pollution des lacs et rivières par les rejets toxiques des industries	60%	69%	63%
Pollution par les pluies acides	30%	38%	40%

Les substances toxiques sont surtout un enjeu industriel. Dans le cas des pluies acides, l'attention a porté exclusivement sur les émissions industrielles d'oxydes de soufre (et non pas sur les émissions de NOx des automobiles). Aux États-Unis, la destruction de l'environnement est donc perçue comme étant la responsabilité des grandes entreprises.

Au Canada, les pluies acides ont été considérées comme le plus grave problème dans les années 80. Alors que dans les années 70, les pollutions de l'air et de l'eau (en général) étaient identifiées comme les principaux problèmes, cette tendance a évolué au début des années 80. Dans un sondage réalisé en 1985[582], lorsqu'on demande aux répondants de men-

---

[581] Riley E. Dunlap, «Public Opinion on the Environement in the Reagan Era», Environment, July-Aug. 1987,p.33 Roper Poll pour 1990 (E.P.A.)
[582] Consultation Nadeau Inc, Étude sur l'environnement (Opinions, perceptions et attentes des Québécois), octobre 1985, 350 p.

tionner «La première grande menace à la qualité de l'environnement», 50% des répondants mentionnent spontanément les pluies acides.

Plusieurs sondages[583] reprennent les mêmes questions sur les pluies acides, permettant de suivre l'évolution de l'opinion publique. Le tableau 11.1b présente les niveaux d'accord sur l'affirmation suivante: «Les pluies acides sont un des plus graves problèmes d'environnement que les Canadiens doivent affronter de nos jours»

Tableau 11.1b: Évolution de la perception canadienne sur les pluies acides

Date du sondage	Fortement d'accord	Plutôt d'accord	Total
janv. 81	35%	34%	69%
janv. 82	44%	33%	77%
fév. 83	40%	39%	79%
janv. 84	40%	37%	77%
sept. 84	43%	41%	84%

L'importance de l'environnement par rapport à l'économie

Pour s'assurer que les priorités à l'environnement ne sont pas des «voeux pieux», certains sondages ont vérifié cet engagement relativement à d'autres enjeux, notamment par rapport aux priorités économiques.

Le chômage et le développement économique étant des priorités de l'opinion publique, il est intéressant de confronter ces priorités avec celle de la protection de l'environnement. Selon un sondage réalisé au Canada en 1978[584], les problèmes environnementaux occupaient la quatrième place après l'inflation, le chômage et la criminalité.

Au Québec, en 1984[585], le chômage était devenu le premier problème pour 59% des répondants, suivi de l'environnement et de l'inflation (ex-equo à 14%). La différence peut s'expliquer par la gravité du chômage à cette époque. Dans les résultats de ce sondage, le Québec (à 14%) est dans une situation similaire à la moyenne canadienne (12%) concernant les préoccupations environnementales

Au Canada, parmi les préoccupations de tout ordre, l'environnement a connu une hausse sérieuse de 1982 (27,6%) à 1984 (47,3%). Les préoccupations environnementales des citoyens français sont également à la hausse[586]. Alors qu'en 1981, 47% des Français considéraient que les problèmes environnementaux étaient «très importants», ce taux passe à 58% en 1987.

---

[583] CROP Inc., Le problème des pluies acides, préparé pour Environnement Québec, sept. 1984, CROP Inc, Bulletins Crop, janv. 81, janv. 82, fév. 83, janv. 84

[584] Nobert, Marie, Dynamique de l'opinion publique en matière d'environnement: revue de littérature, INRS-Eau, octobre 1985, p. 6
Delude-Clift C., Opinions et attitudes des Canadiens sur la qualité de l'environnement, 1978, 88 p.

[585] Benoît, Robert, La communication et les projets décentralisés de répartition, Hydro-Québec, août 1985, p. 11-12 (Sondage de Elliot Research)

[586] «Opinion sur le nucléaire", Écologie, avril-mai 1988, p.32

Mais l'opinion française est partagée sur l'énergie nucléaire, contestation prioritaire des écologistes français. Alors que normalement, il y a une majorité en faveur de l'énergie nucléaire, ce soutien est ébranlé par l'accident de Tchernobyl; avant l'accident, 62% des Français étaient favorables au nucléaire et le taux de soutien tombe à 46% après[587]. En R.F.A., le soutien au nucléaire s'est maintenu près de 50% après Tchernobyl.

Malgré les taux de pollution *per capita* les plus élevés des quatre pays étudiés, c'est aux États-Unis que les préoccupations environnementales semblent les plus anciennes (selon les sondages). Déjà en 1969, la protection de l'environnement était la troisième priorité des Américains, après la guerre du Vietnam et l'emploi[588]. Selon Riley Dunlap, les deux moments où les préoccupations environnementales ont atteint leur maximum[589] aux États-Unis sont 1970 et 1987 (dans un article écrit en 1987).

Tableau 11.1c: Environnement *versus* croissance économique aux États-Unis[590]

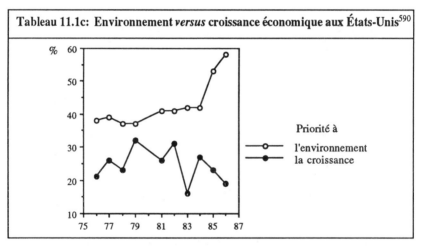

Priorité à

—○— l'environnement
—●— la croissance

Dans un sondage de 1984 au Canada, 84% des répondants affirment qu'il faut faire davantage pour protéger l'environnement, et cela même **s'il y a danger de provoquer du chômage**. Dans une synthèse de plusieurs sondages[591], Marie Nobert conclut ainsi: «pour la majorité des gens, la protection environnementale doit progresser et ce, même aux dépends de l'activité économique».

Au Québec (1985), 72% des répondants affirment que «certains projets de développement ne devraient pas être autorisés s'ils portent atteinte à la qualité de l'environnement». Ils semblent prêts à sacrifier des

[616] «Bequerels and Referendums», Time, May 11, 1987, p.37
[617] J.M.Petulla,Environmental Protection in the United States,San Francisco Study Center,1987,p.47
[618] R.E. Dunlap, «Public Opinion on the Environment in the Reagan Era», Environment, July-Aug. 1987,p.7
[619] Riley E. Dunlap, Ibid., p.11
[620] Nobert, Marie, Dynamique de l'opinion publique en matière d'environnement. p. 17
       (Nickels, 1982; Ravinder, 1983; Canadian Coalition on Acid Rain, 1985),

emplois pour protéger l'environnement. Il faut cependant nuancer cette conclusion, car plusieurs répondants sont d'avis que la protection de l'environnement n'est pas opposée à la création d'emplois: au Québec (1985), 80% des répondants croient qu'il est possible d'améliorer la qualité de l'environnement, sans pour autant ralentir le développement économique. (Si la protection de l'environnement exige d'arrêter la croissance économique, est-ce que les niveaux de soutien seraient aussi élevés?)

Si on compare l'opinion publique des pays étudiés pendant les années 80, on peut conclure à des niveaux semblables de préoccupations (tableau 11.1d). En 1980 et 82, trois citoyens américains sur quatre affirment que la protection de l'environnement est plus importante que la croissance économique. En R.F.A., ce ratio est de trois sur quatre en 1980 et de deux sur trois en 1982.

Tableau 11.1d: Protection de l'environnement *versus* croissance économique[592] (OCDE)					
Pays	Année du sondage	Priorité à la protection de l'environnement	Priorité à la croissance économique	Les deux sont possibles	Ne sait pas
États-Unis	1984	62%	28%	n.d.	10%
France	1986	56%	11%	29%	4%
R.F.A.	1986	50%	3%	41%	6%
n.d. Ce choix n'était pas disponible					

Mais les auteurs n'interprètent pas les performances nationales de la même façon. Alors que les données indiquent des différences mineures entre les pays, Milbrath[593] conclut que les Allemands sont beaucoup plus ouverts à la protection de l'environnement que les Américains, parce qu'ils sont quasi unanimes à accepter les limites à la croissance. Les Américains sont divisés sur cette question.

Moyens pour solutionner les problèmes

Pour vérifier l'intensité de l'engagement écologique, d'autres sondages essaient d'identifier les mesures considérées «acceptables». On demande alors aux répondants s'ils sont prêts à accepter des mesures coercitives ou fiscales pour protéger l'environnement.

Malgré la vague récente de déréglementation, 73% des répondants au Québec (1985) jugent que les lois et réglements actuels concernant la protection de l'environnement sont «trop permissifs». Au Canada (juin

[621] Données OCDE sur l'environnement, Paris, 1987, p.293
[622] Lester W. Milbrath, Environmentalists, Vanguard for a New Society, State Un. of N.Y. Press, 1984, p.63

84), les répondants ont tendance à préconiser des interventions de l'État «pour régler le problème des pluies acides»:
— 58% sont fortement en accord pour que les gouvernement pénalisent les entreprises qui polluent;
— 46% sont fortement en accord pour que les gouvernements aident financièrement les entreprises faisant des efforts contre la pollution «pour régler le problème des pluies acides».

Cette tendance existe depuis longtemps; déjà en 1979[594], les répondants affirment majoritairement que le rôle des gouvernements est, en premier lieu, d'adopter des lois et de les faire respecter (donc un rôle coercitif).

Plusieurs répondants sont préoccupés par la pollution au point d'accepter de payer davantage de taxes: plus de 40% des Québécois (1985) accepteraient de payer en taxes supplémentaires pour la protection de l'environnement, l'équivalent d'une demi-journée (ou plus) de travail par année.

Tableau 11.1e:
Opinion américaine sur les budgets de protection de l'environnement[595]

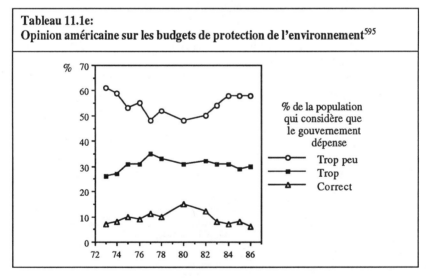

Quelques indicateurs semblent révélateurs du développement d'une «conscience» écologique:
— Le consentement à payer: **selon les sondages,** la protection de l'environnement représente un rare domaine pour lequel des citoyens accepteraient de payer davantage de taxes.
— Malgré la tendance à la déréglementation, la majorité des citoyens croient que la protection de l'environnement doit être assurée par des mesures coercitives, tels que les règlements et les amendes.

---

594 Pluram Inc., Étude sur la perception de l'environnement, juin 1979, 150 p.
595 Riley E. Dunlap, Ibid., p.10

Que doit-on conclure, si les sondages sont valides et représentent réellement les valeurs de la société? Les préoccupations environnementales ont été élevées pendant toute la période d'étude retenue pour cette thèse (environ 1970 à 1989), mais la destruction de l'environnement s'est accélérée. **On doit donc conclure qu'il n'y a pas de corrélation entre l'opinion publique et la protection effective de l'environnement.** Si on conteste la validité des sondages, les conclusions peuvent être fort différentes.

B. «La validité des sondages est douteuse»

Les incohérences des sondages

Pour des motifs stratégiques, les écologistes affirment constamment que la population appuie leurs revendications. Plusieurs événements contredisent cependant ce constat. Pendant le premier mandat de Reagan, les scandales environnementaux ont été omniprésents dans les médias américains (affaires concernant Lavelle, Gorsuch et Watt). La crédibilité environnementale de Reagan a alors été réduite à néant. Pourtant, il a été réélu avec une majorité écrasante.

Alors que 73% des Américains[596] considèrent que le gouvernement fédéral doit augmenter ses dépenses pour l'environnement, ils votent constamment pour les candidats présidentiels qui s'engagent à ne pas augmenter ces dépenses (Reagan et Bush). Avant l'élection de Reagan à la présidence (premier terme), 51% des citoyens américains considéraient que les Démocrates feraient un bien meilleur travail de protection de l'environnement que les Républicains[597] (seulement 11% croient l'inverse) et pourtant, ils ont élu Reagan et un Sénat républicain.

Alors que plusieurs sondages concluent que les citoyens sont prêts à payer davantage pour l'environnement, il est politiquement suicidaire de parler de taxes sur l'énergie. Au contraire, les politiciens canadiens gagnent constamment des élections en promettant des méga-projets énergétiques (Baie James, sables bitumineux, Hibernia).

En matière de protection de l'environnement, les citoyens québécois affirment leur confiance en personne d'autre que les groupes environnementaux[598]. Mais alors que quatre Québécois sur cinq accordent leur confiance aux groupes environnementaux, ces derniers sont incapables de récolter du financement populaire !

Pendant tout le premier mandat de Mulroney, la grande majorité des Canadiens sont d'avis que les pluies acides représentent le plus grave

---

[596] Time, «The Public's Agenda», March 30, 1987, p.35 (sondage par Yankelovich)
[597] R. Anthony, «Trends in Public Opinion on the Environment», Environment, May 1982, p. 20
[598] L.G.Francoeur, «Les pollueurs: des criminels!», LeDevoir, 25 mai 1987, p.3 (sondage par Sorecom)

problème environnemental[599] et que le gouvernement n'en fait pas suffisamment dans ce dossier. Malgré cela, ils réélisent ce gouvernement.

Les expériences vécues permettent donc de douter de la validité des sondages. Examinons les causes théoriques de ce problème.

Distinctions entre préoccupation, attitude et comportement

Est-ce que les sondages permettent d'évaluer les **attitudes** d'une population? Selon Lindon[600], les attitudes sont des prédispositions profondes, résultant de plusieurs années d'influences de toute nature. Que ce soit par un sondage ou une autre technique, il est difficile de révéler les attitudes (qu'un individu peut refuser d'avouer, comme le racisme).

Les sondages révèlent surtout les **préoccupations,** qui sont plus superficielles que les attitudes. Pendant un sondage, la réponse est influencée par de nombreux facteurs, notamment l'attitude, mais aussi par la conjoncture et les conventions sociales. Le lendemain de la catastrophe de Tchernobyl, un sondage sur l'énergie nucléaire ne produit pas les mêmes résultats que six mois plus tard. Il faut donc faire une distinction entre les préoccupations (superficielles) et les attitudes (plus profondes).

De plus, **il n'y a pas nécessairement concordance entre les préoccupations et les comportements.** Par exemple, le fait d'utiliser une automobile ne signifie pas qu'on refuse de protéger l'environnement, ou à l'inverse, le désir de protéger l'environnement ne signifie pas qu'on va réduire l'utilisation de notre automobile. Des citoyens pourraient aussi chercher à se donner bonne conscience en répondant positivement à des questions sur les problèmes environnementaux alors qu'en réalité, ils négligent complètement ces problèmes.

Les facteurs d'influence

Lindon[601] a identifié cinq catégories de facteurs qui influencent le comportement:
— Les facteurs affectifs, notamment les émotions, les sentiments, l'agressivité; ces phénomènes génèrent souvent des motivations et désirs inconscients.
— Les influences sociales; les règles juridiques ou morales, les normes et les valeurs de la société.
— L'apprentissage et le conditionnement.
— Les facteurs d'environnement, c'est-à-dire les influences extérieures telles que l'environnement institutionnel, économique, culturel...

---

[599] Environnement-Canada, Rapport sur l'état de l'environnement au Canada, 1986, p.270
    The Gazette, April 20, 1988, «Canadians want Mulroney to get tougher on acid rain», p.B19
[600] Lindon, Denis, Marketing politique et social, éditions Dalloz, Paris, 1976, p. 28
[601] Lindon, Denis, Ibid., p. 16-23

— Les facteurs cognitifs et rationels, qui jouent un rôle «médiateur» entre les fins poursuivies et les moyens choisis.

Pendant un sondage, l'expression d'une opinion représente un comportement ponctuel qui peut être influencé par tous ces facteurs. C'est pourquoi les sondages sont sujets à de multiples interprétations.

Le problème de la vertu

Les sondages sur la protection de l'environnement sont difficiles à interpréter pour un motif particulier: personne (de sensé) n'affirme être contre la protection de l'environnement. Comment alors peut-on faire des distinctions entre les divers degrés de conviction environnementale? Il faut tester les convictions par certaines concessions individuelles, comme le consentement à payer plus de taxes, à réduire sa consommation, à se départir d'une automobile, etc. On cherche donc des indicateurs «indirects» d'engagement écologique et cela accroît les difficultés d'interprétation.

L'environnement, un problème personnel ou le problème des autres?

Jusqu'à maintenant, les sondages n'ont pas fait de distinction entre protéger son propre environnement immédiat et préserver des ressources pour les générations futures. Dans un cas, il s'agit d'une préoccupation «égoïste», alors que le deuxième cas implique de la «générosité». **Si les citoyens se préoccupent uniquement des problèmes environnementaux qui menacent leur santé personnelle, les sondages ne signifient rien par rapport à un problème comme l'effet de serre qui concerne les générations futures.**

De plus, certains répondants peuvent être en faveur de mesures fortes, parce qu'ils pensent que d'autres individus en payeront la note (et non pas eux). Dans le cas des pluies acides, les Canadiens expriment peut-être des niveaux élevés de préoccupation, parce qu'ils croient que seulement les Américains doivent intervenir. Si on leur avait dit que la seule façon de réduire les pluies acides était de ne plus avoir d'automobile, le niveau de préoccupation serait-il le même?

Le niveau de connaissance du répondant

Pour de nombreux enjeux environnementaux, un minimum de connaissances techniques est requis pour bien les comprendre. Mais plusieurs individus répondent aux questions sans avoir ce minimum de connaissances (voir tableau 11.1f).

Tableau 11.1f: Connaissance des enjeux environnementaux (États-Unis, 1980)[602]	Réponse correcte ou partiellement correcte	Réponse incorrecte ou «ne sait pas»
Qu'est-ce que les pluies acides ?	32%	67%
Qu'est-il arrivé à Three Mile Island ?	77%	23%
Les principales sources de pollution sont les industries, les autos et les incinérateurs?	45%	55%
Qu'est-il arrivé à Love Canal près de Niagara Falls ?	26%	73%

Dans les sondages sur l'environnement, le taux combiné des «Ne sait pas» et «Refus de répondre» ne dépasse presque jamais le 10%. On peut donc conclure que la majorité des répondants qui ne connaissent pas du tout le problème émettent quand même une opinion.

Les distorsions de l'opinion peuvent aussi provenir d'informations biaisées. Comme discuté précédemment, les débats environnementaux ne portent presque jamais sur les consommateurs; en conséquence, **les individus ont tendance à croire que la pollution est l'affaire des producteurs,** c'est-à-dire les entreprises. Cette tendance est appuyée par le fait que la grande majorité des citoyens pensent que les pollueurs sont des criminels; on peut donc présumer qu'ils ne s'incluent pas parmi les pollueurs. Au Québec, en 1987, quatre citoyens sur cinq croyaient que les chefs d'entreprises qui font fi des normes environnementales sont des criminels[603] et seulement 15% attribuaient aux comportements individuels la responsabilité principale des problèmes environnementaux.

De plus, la majorité refuse de croire que la protection de l'environnement exige des sacrifices économiques. Le fait que des citoyens se disent prêts à payer $50/an pour la protection de l'environnement n'est pas significatif, puisqu'ils voteraient contre un politicien qui proposerait, par exemple, la moindre augmentation de taxes sur l'essence. (Rappelons que le gouvernement canadien de Joe Clark est tombé sur une proposition d'augmentation très modeste).

Les interprétations multiples

Notons finalement que les interprétations des sondages et les désaccords entre les auteurs, dépendent du niveau «d'engagement écologique» recherché. Laquelle des conditions suivantes nous permet-elle de conclure au développement d'une attitude écologiste?

---

[602] Il est évidemment ironique d'utiliser un sondage pour critiquer les sondages! cité dans Kelly, Michael, Attitudes toward the environnement: a comparison of six surveys, Environment Council of Alberta, Feb. 1982

[603] L.G.Francoeur, «Les pollueurs: des criminels!», LeDevoir, 25 mai 1987, p.3 (sondage par Sorecom)

— Les répondants sont d'accord pour des normes sévères aux entreprises, tout en assumant que cela n'aura pas d'effet sur eux.

— Les répondants affirment qu'il faut protéger l'environnement, peu importe les autres contraintes.

— Les répondants acceptent de payer de lourdes taxes sur les consommations polluantes.

— Les répondants acceptent de changer complètement leur mode de vie (en abandonnant par exemple leur automobile).

Selon le degré d'écologisme recherché, les auteurs pourraient arriver à des conclusions différentes. Jusqu'à maintenant, le niveau d'engagement recherché dans les sondages est très superficiel, parce que les répondants sont convaincus que la protection de l'environnement est uniquement l'affaire des entreprises et qu'elle n'implique aucun changement de comportement individuel.

L'opinion sur l'environnement n'affecte pas le comportement électoral

Si Reagan a été réélu facilement alors qu'une coalition nationale de groupes environnementaux luttait contre lui, c'est simplement qu'il n'existe pas de corrélation entre le niveau des préoccupations environnementales et le comportement électoral. Lors de deux sondages[604] réalisés aux États-Unis après l'élection présidentielle de 1980, on a demandé si un enjeu avait été assez important pour faire changer le vote à la présidence. Sur les 48% qui ont répondu oui, 16% ont mentionné l'économie, 7% l'avortement, **1% l'environnement.** Un autre sondage de 1982 a demandé aux répondants de cocher, sur neuf enjeux électoraux, les deux qui avaient affecté leur vote à la Chambre. **L'environnement a terminé en dernière place (sur neuf enjeux),** étant choisi par seulement 3% des répondants.

Ces sondages contredisent les interprétations à l'effet que les citoyens sont réellement préoccupés de l'environnement. Les enjeux économiques demeurent beaucoup plus importants. Dans un sondage réalisé en France au coeur de la contestation contre l'énergie nucléaire, 72% des répondants ont affirmé que la position d'un candidat sur le nucléaire n'avait aucune influence sur leur vote[605]. Le Parti Vert ouest-allemand a connu les mêmes problèmes sur les enjeux pacifistes qui n'ont pas réussi à infléchir le vote[606]:

> «...la majorité des 75% de la population qui, en 1983, supportait la demande des groupes pacifistes que les missiles américains ne devraient pas être déployés, ont voté à l'élection parlementaire fédérale pour les conservateurs —les mêmes conservateurs qui étaient déterminés à déployer les missiles en RFA— parce qu'ils espéraient que les politiques conservatrices ramèneraient la croissance économique, la prospérité et les emplois.»

---

[604] Nous voilà encore en train d'utiliser des sondages pour discréditer les sondages ! Riley E. Dunlap, Ibid., p.35
[605] Dorothy Nelkin, Michael Pollak, The Atom Besieged, M.I.T. Press, 1981, p.111
[606] Saral Sarkar, «The Green Movement in West Germany, Alternatives, England, April 1986, p.250

Conclusions sur les sondages

La perception de la validité des sondages a un impact sur les hypothèses. **Si on a confiance dans la valeur des sondages,** la conclusion est simple: les citoyens sont très préoccupés par l'environnement depuis 20 ans et comme les mesures effectives de protection de l'environnement sont nettement insuffisantes, cela signifierait qu'il y a un blocage structurel dans le système politique. On doit alors conclure que l'échec des groupes est structurel.

Par contre, **si on retient l'interprétation (plus plausible) que les sondages sont superficiels,** il est possible que les citoyens ne soient pas préoccupés par les problèmes environnementaux et que l'échec soit conjoncturel (car dû uniquement à un manque de soutien public). Les structures politiques et sociales ne seraient pas le motif principal de l'échec. Dans ce cas, la sensibilisation du public devrait demeurer un objectif prioritaire, quoiqu'il faudrait changer dramatiquement le type de sensibilisation, en mettant l'accent sur la consommation (et non pas la production). Jusqu'à maintenant, les préoccupations environnementales seraient motivées par les cases A et B du tableau 11.1g.

Tableau 11.1g: Protéger quel environnement?	
Quel environnement à protéger?	**Qui doit changer son comportement?**
A. Il faut protéger mon environnement (NIMBY)	**B.** Les industries (donc les autres) doivent changer de comportement
C. Il faut protéger l'environnement global	**D.** Les individus (donc moi-même) doivent changer de comportement

Le niveau des préoccupations environnementales serait-il le même si les citoyens se prononçaient sur les cases C et D ? En fait, les citoyens n'ont pas été «avertis» que certains biens de consommation constituent la cause fondamentale de la destruction de l'environnement. Il existe donc, à ce stade de l'analyse, un scénario qui n'a jamais été testé: celui où les groupes feraient des efforts majeurs pour sensibiliser les citoyens des effets destructeurs de l'automobile, de la banlieue, de la consommation de viande et de papier.

Ce scénario jette un doute sur l'hypothèse centrale, sans nécessairement la contredire. Même si la population était sensibilisée sur les enjeux de la consommation, il est possible que la protection de l'environnement soit encore bloquée par des contraintes structurelles des systèmes politiques.

Peu importe le niveau de soutien à la protection de l'environnement, les chapitres suivants vont essayer de démontrer que le système politique international est incapable de s'attaquer aux problèmes écologiques.

11.2 Les hypothèses des systèmes politiques nationaux inadéquats

Plusieurs auteurs sont d'avis que les difficultés des écologistes sont explicables par les systèmes politiques qui ne permettent pas leur développement. Les écologistes français seraient brimés par leur système politique trop centralisé; les écologistes québécois auraient des problèmes à se regrouper dans un grand parti vert, parce que leur système parlementaire bipartiste empêche la montée des tiers-partis; les groupes américains seraient incapables de contrer la tout-puissance des lobbys industriels qui sont favorisés par leur système politique...

Les constats et leurs réactions

En réalité, plusieurs revendications des écologistes visent à combler les lacunes de leur système politique. Il s'agit d'une réaction qui les pousse à revendiquer, pour leur pays, les caractéristiques des autres pays (tableau 11.2).

Tableau 11.2:   Réactions des écologistes face aux systèmes politiques

Constats	Réactions nationales (en opposition)
En France, le système est trop centralisé et il fonctionne dans le secret	Un système fragmenté comme celui des États-Unis est souhaitable, car il permet les débats
Aux États-Unis, la division du pouvoir dans le système permet à une région de contrer des actions nationales du gouvernement	Il faut adopter un programme national contre les pluies acides aux États-Unis même si certaines régions s'y opposent
Aux États-Unis, le système favorise trop le pouvoir des entreprises capitalistes	Un système qui favorise la propriété publique des entreprises (France) est préférable
En France, l'État est trop puissant	Il faut diviser le pouvoir par la décentralisation
Au Canada, le fédéralisme rend difficile la formation de coalitions nationales des groupes environnementaux	Au Canada Anglais, les groupes veulent former un réseau à l'échelle nationale, pour renforcer les interventions à Ottawa
Au Canada, les groupes francophones sont écartés des débats nationaux (en Anglais)	Au Québec, les groupes pensent qu'ils bénéficieraient de l'indépendance politique du Québec
En R.F.A., le fédéralisme a permis au Parti Vert de se développer dans plusieurs régions	Le développement des groupes doit donc se faire à l'échelle régionale
Aux États-Unis, le système permet une action efficace des groupes uniquement à Washington	Le développement des groupes locaux ne produit pas d'interventions politiques efficaces
Aux États-Unis et au Canada, les systèmes bloquent l'émergence de tout nouveau parti politique	Le système électoral allemand est préférable, car il favorise les tiers-partis, donc un parti vert
Aux États-Unis, le système est ouvert aux groupes de pression et permet leur développement	Le système américain est préférable, car il est ouvert aux groupes de pression

On peut constater les nombreuses contradictions:
— le pouvoir est trop centralisé, mais l'État central est impuissant devant les problèmes écologiques et les blocages régionaux;
— il faudrait favoriser le militantisme local, mais surtout avoir des groupes nationaux puissants;

— le meilleur système est celui qui favorise les groupes de pression et celui qui favorise un parti vert;

— il faudrait que les régions aient davantage de pouvoir politique, mais le gouvernement fédéral doit procéder même si une région s'oppose à un programme environnemental;

— il faut décentraliser le pouvoir, mais un système qui favorise les entreprises publiques est préférable (alors que les entreprises publiques favorisent la concentration du pouvoir);

— le système américain permet les débats publics (dans les médias), mais la concentration de la propriété des médias empêche les vrais enjeux d'être débattus;

— au Canada, il faut unifier les groupes francophones et anglophones, mais l'indépendance politique du Québec serait bénéfique au travail des groupes.

Ces contradictions sont évidentes et il est étonnant que les auteurs écologistes ne les aient pas évacuées de leur analyse. Par exemple, plusieurs membres du Part Vert ouest-allemand admirent le système politique américain[607], notamment à cause de son «ouverture» aux groupes de pression. Ils oublient trop facilement que leur parti aurait été incapable de se développer dans le contexte américain.

Chaque avantage est aussi un inconvénient

Les écologistes ne sont pas conscients que les avantages d'un système politique comportent généralement des inconvénients. Comme illustré par les études de cas sur le nucléaire et les déchets toxiques, la concentration du pouvoir est un avantage si on veut que l'État intervienne, mais un inconvénient si on veut arrêter une action étatique. De même, on peut s'opposer à une bureaucratie puissante, mais elle peut permettre de faire respecter des normes environnementales de façon implacable.

Cette dialectique est applicable à la capacité de lobbying des groupes. On pourrait par exemple conclure que l'ouverture du système politique américain favorise le lobbying davantage que les autres systèmes. Par contre, si les écologistes américains ont facilement accès à un membre de la Chambre, ce membre possède ensuite peu de moyens d'intervenir efficacement. Dans les systèmes politiques français et canadien, il est plus difficile de rencontrer les personnes-clés. Par contre, si on réussit à les rencontrer et à les influencer, ces personnes-clés ont suffisamment de pouvoir pour intervenir efficacement.

Les écologistes ne devraient donc pas chercher à copier les autres systèmes politiques, car ce type de revendication ne fait que détourner l'attention des problèmes de surconsommation.

---

[607] F. Capra and C. Spretnak, <u>Green Politics, The Global Promise</u>, Dutton, New York, 1984, p. 49

Un «match nul» entre les systèmes politiques des quatre pays?

Pour les quatre pays étudiés, la destruction de l'environnement s'est accélérée dans les années 70 et 80. Aucun de ces systèmes politiques ne peut donc servir de modèle aux autres. Il faudrait cependant accorder une note plus basse au système politique américain car c'est dans ce pays que la destruction écologique *per capita* est la plus grande. De plus, même si la corrélation entre le système politique américain et cette destruction de l'environnement n'est pas démontrée hors de tout doute, on peut présumer que les États-Unis auront davantage de difficultés à implanter les futures mesures de protection de l'environnement.

Nous verrons au chapitre 13 que les systèmes politiques des pays de l'Est ne peuvent pas revendiquer une meilleure performance écologique. Il est donc difficile d'identifier un système politique **existant** qui serait un modèle à copier.

La comparaison des systèmes politiques nationaux ne permet pas d'expliquer l'échec des groupes écologistes. Il est par contre difficile de rejeter complètement l'hypothèse des systèmes politiques inadéquats, car un nouveau système national (jamais expérimenté) pourrait peut-être solutionner les problèmes environnementaux. En d'autres termes, il est possible que tous les systèmes politiques actuels possèdent la même lacune. C'est ce que nous verrons au chapitre 14 sur l'économisme qui représente une caractéristique systémique applicable à tous les pays, de même qu'au système politique international. L'analyse a d'ailleurs porté jusqu'ici sur les systèmes politiques nationaux et l'analyse du système politique international sera plus fructueuse (chapitre suivant).

11.3 L'hypothèse du Parti Vert unifié

Plusieurs auteurs écologistes considèrent que la dispersion des écologistes dans une multitude d'organisations est grandement responsable de leur faiblesse politique. Ils préconisent donc le regroupement dans un grand Parti Vert, (de même que des changements qui favorisent les tiers-partis, notamment un scrutin proportionnel). Il est donc pertinent de comparer les rôles respectifs des groupes de pression et des tiers-partis.

Les équivalences fonctionnelles

L'analyse comparative des systèmes politiques repose notamment sur l'identification des *équivalences fonctionnelles* [608]:

---

[608] M. Dogan et D. Pelassy, Sociologie politique comparative, Économica, Paris, 1982, p.39

»La notion d'équivalence fonctionnelle descend en ligne directe du concept de *fonctions*. L'idée qu'un système politique remplit nécessairement certaines tâches fondamentales, a amené les fonctionnalistes à faire franchir à la science politique comparative une étape importante. Restera à leur acquis, en effet, la façon dont ils ont souligné, d'une part que différentes structures peuvent accomplir une même fonction, d'autre part qu'une même structure peut assumer plusieurs tâches différentes.

La recherche des équivalences fonctionnelles passe par cette dissociation analytique des rôles et des fonctions. Une même fonction peut être remplie dans divers pays par différents organes, et vice versa, des institutions analogues ou identiques peuvent remplir dans divers pays des fonctions différentes. Une tribu peut assumer sur le plan politique, la fonction de recrutement qu'assume ailleurs un parti bien organisé. La présence du parti n'empêche d'ailleurs pas que d'autres organes contribuent à recruter le personnel dirigeant...»

Ces *équivalences fonctionnelles* affectent directement l'hypothèse sur le choix stratégique «Parti Vert» *versus* «groupes de pression», car il ne faut pas présumer que les fonctions des groupes sont différentes de celles des partis. Il est fort possible que les groupes de pression américains possèdent les mêmes fonctions que certains partis politiques européens[609].

Est-ce que les théories sur **les partis politiques** permettent d'identifier des différences fondamentales entre les groupes et les partis? Voici une liste des fonctions des partis politiques, élaborée par Peter Merkl[610]:

Tableau 11.3:   Fonctions des partis:

1. Recrutement et sélection du personnel dirigeant pour les postes de gouvernement.
2. Genèse de programmes et de politiques pour le gouvernement.
3. Coordination et contrôle des organes gouvernementaux.
4. Intégration sociétaire par la satisfaction et la conciliation des demandes de groupe ou par l'apport d'un système commun de croyances ou idéologie.
5. Intégration sociale des individus par mobilisation de leurs appuis et par socialisation politique.
6. Contre-organisation ou subversion.

Est-ce que les groupes de pression exercent ces fonctions? Les théories sur **les groupes de pression** ne sont guère explicites à ce sujet. Examinons si, dans les pays étudiés, les groupes de pression ont concrètement exercé chacune de ces fonctions:

Recrutement et sélection du personnel dirigeant pour les postes de gouvernement.

Les partis possèdent certainement ce pouvoir, mais il ne s'agit pas d'un pouvoir exclusif. A titre d'exemple, le Président des États-Unis

---

[609] On peut d'ailleurs contester les auteurs qui concluent que les États-Unis représentent une «société de consensus» parce que les deux grands partis politiques américains ont des bases et des valeurs semblables.

[610] D.L. Seiler, La politique comparée, Armand Colin, Paris, 1982, p.93

choisit généralement la majorité des membres de son exécutif parmi les leaders des groupes de pression. Il peut s'agir autant de leaders de l'industrie ou du secteur financier, d'anciens directeurs d'agences, d'anciens militaires. Dans d'autres pays où les lignes de partis sont plus rigides, les groupes de pression ne peuvent pas choisir directement des dirigeants politiques, mais ils peuvent le faire indirectement; par exemple, une carrière dans une grande centrale syndicale peut constituer un bon tremplin politique. On peut donc conclure que les groupes de pression contribuent significativement à la sélection du personnel dirigeant.

Genèse de programmes et de politiques pour le gouvernement.
Cette fonction des partis existe encore dans de nombreux pays européens, mais plusieurs partis sont devenus des partis «machines» dont la principale fonction est de faire élire leurs candidats. Aux États-Unis, les deux grands partis politiques présentent rarement de programme détaillé et, lorsqu'ils le font, les candidats du parti ne sont pas tenus de l'exécuter. Au Canada, en France et en R.F.A., cette fonction des partis est également en déclin. Par contre, les exigences des groupes de pression sont de plus en plus larges. Les groupes environnementaux américains et canadiens publient souvent des livres complets de revendications qui touchent tous les secteurs de la société. En fait, on peut affirmer que les groupes élaborent des programmes autant que les partis.

Coordination et contrôle des organes gouvernementaux.
Dans la réalité, un gouvernement et son Parti ne coexistent pas de façon harmonieuse. Après l'élection des leaders d'un Parti, une proportion significative des membres de ce Parti, devient en quelque sorte une opposition interne au gouvernement. Le conflit qui en résulte est «ouvert» lorsque les lignes de parti sont faibles, comme aux États-Unis, et le conflit est plus discret dans les pays où les lignes de partis sont rigides. En somme, le parti au pouvoir peut être considéré comme un groupe de pression qui possède des canaux de communication privilégiés. Mais plusieurs groupes de pression ont aussi accès à des canaux de communication privilégiés (ex. associations d'affaires) et il faut conclure qu'il n'y a pas de différence fondamentale entre les partis et les groupes sur ce point.

Intégration sociétaire par la satisfaction et la conciliation des demandes de groupe ou par l'apport d'un système commun de croyances ou idéologie
Selon D. Easton, cette fonction est celle des «éclusiers» qui regroupent, filtrent et de canalisent les exigences. Très clairement, des groupes comme les syndicats, les associations professionnelles, les groupes environnementaux exercent également cette fonction.

Intégration sociale des individus par mobilisation de leurs appuis et par socialisation politique.
Les partis et les groupes peuvent autant assurer l'intégration des individus à un système social. Pour de nombreux individus, l'appartenance à un parti ou à un groupe possède la même signification, notamment à l'effet que leurs intérêts seront défendus dans le système politique.

Contre-organisation ou subversion
L'identification de ces activités est peut-être difficile et controversée mais, chose certaine, ce type d'action est aussi accessible aux groupes de pression qu'aux partis politiques.

Selon ces fonctions, il semble y avoir peu de différences fondamentales entre partis politiques et groupes de pression (seulement des différences de degré). La principale différence se situe sur le plan de la sélection du personnel dirigeant et **cette différence disparaît lorsque nous comparons les fonctions des groupes de pression avec les fonctions des tiers-partis possédant peu de chance d'accéder au pouvoir** (c'est le cas pour les partis verts actuellement).
En examinant les théories sur **les groupes de pression**, existe-t-il d'autres fonctions qui permettent de distinguer les groupes et partis? Après étude de plusieurs auteurs, Basso[611] conclut que le phénomène *groupe de pression* est reconnaissable à l'existence de trois éléments:

> «Premier élément: l'existence d'un groupe ou d'une communauté organisée... L'organisation, par sa durée notamment, est nécessaire pour assurer l'exercice de la représentation et de la revendication.»
> «Second élément: la notion d'intérêt et de défense de l'intérêt... Ce critère présente à la fois des éléments subjectifs et objectifs. Subjectif parce que l'intérêt ne peut se constituer qu'à partir du moment où une solidarité minimale se manifeste entre les personnes susceptibles d'appartenir à ce groupe.»
> «Troisième élément: celui de la pression, celui de l'influence exercée.»

Ces éléments sont utiles pour situer les groupes à l'intérieur du système politique, mais un parti politique respecte les mêmes caractéristiques.
Si, du point de vue théorique, il semble difficile d'établir des différences fondamentales entre les partis politiques et les groupes de pression, c'est parce que la seule façon de leur donner des fonctions propres, c'est de les situer dans le système politique où ils évoluent. Leur originalité n'est donc pas inhérente; elle provient des interactions avec le système politique.

---

[611] J.A. Basso Les groupes de pression, P.U.F., Paris, 1983, p. 11,12

Le facteur déterminant, l'efficacité stratégique des groupes ou partis

Les théories des groupes de pression[612] ont identifié des **critères d'efficacité** des groupes :

— La position stratégique des groupes dans la société, dont le statut et le prestige, la concordance avec les valeurs dominantes, les relations avec l'élite politique, l'utilité technique et politique du groupe.

— Les caractéristiques internes des groupes, dont le niveau d'organisation, la cohésion face aux demandes conflictuelles, la qualité du leadership, le nombre de membres et les ressources financières.

— Les facteurs liés aux institutions gouvernementales, notamment la structure des institutions.

Ces critères sont utiles, car ils analysent les groupes **en interaction** avec les autres composantes du système politique. Ils permettent d'identifier le choix stratégique qui est bien adapté au contexte politique. En se référant à la section sur le niveau d'intégration des groupes dans leur système politique, on peut conclure que les écologistes des pays étudiés ont spontanément choisi le regroupement qui était le plus efficace. Le travail des écologistes américains serait inefficace dans un tiers-parti, ils ont donc opté pour la formation de groupes de pression. Le cas de la R.F.A. mérite une discussion, car le Parti Vert coexiste actuellement avec d'importants groupes de protection de l'environnement.

L'expérience de la R.F.A.

Le cas de la RFA démontre que les groupes environnementaux et un Parti Vert sont en concurrence. Selon Sarkar[613], les années 70 ont connu une forte croissance des groupes de citoyens. A partir de 1981, les groupes subissent un fort déclin de leur militantisme, déclin accompagné d'une montée rapide du Parti Vert. Le nombre de militants étant limité, le déplacement de militants ne fait que déplacer la force, sans changer essentiellement le phénomène.

La coexistence des deux types de regroupement (groupes de pression et parti) ne semble pas harmonieuse. En RFA, plusieurs militants des groupes anti-nucléaires ont critiqué les politiques du Parti Vert et ont affirmé que le Parti neutralisait les efforts du mouvement en intégrant ses revendications dans le système.

---

[612] David Truman dans J. Allman, W. Anderson, Evaluating Democracy, Goodyear Pub., U.S., 1974, p.169-72
[613] Saral Sarkar, «The Green Movement in West Germany, Alternatives, England, April 1986, p.245

**Le choix «Parti Vert» *versus* «groupes de pression»
n'est pas vraiment disponible**

Certains sondages confirment que les environnementalistes américains et ouest-allemands ne font que s'adapter à leur contexte politique. Voici quelques conclusions de sondages réalisés par Milbrath[614]:

— les citoyens américains sont plus portés que les Allemands à joindre des groupes environnementaux;

— malgré cela, le niveaux d'activité des individus sur les enjeux environnementaux est plus élevé en R.F.A. qu'aux États-Unis; le nombre d'adhésions aux groupes n'est donc pas un bon indicateur de «militantisme»;

— les citoyens allemands expriment davantage leur fidélité politique en terme de parti que les Américains;

— les citoyens allemands ont tendance à avoir confiance en leur parti pour régler les problèmes environnementaux alors que le niveau de confiance des Américains est très bas.

En somme, les écologistes doivent suivre les règles du jeu de leur système politique s'ils veulent que leur travail soit efficace. Ceci est particulièrement important par rapport aux médias. Par exemple, au Canada et au Québec, des partis verts existent depuis plus de dix ans et très peu de citoyens connaissent leur existence. Cela est dû au fait que les médias ne «couvrent» pas ces partis en période électorale. Par contre, une conférence de presse d'un groupe environnemental risque de recevoir une bonne couverture de presse.

C'est donc le système politique qui dicte le choix «groupes de pression» *versus* «parti vert». **L'hypothèse de l'absence d'un grand Parti Vert doit être rejetée comme explication de l'échec des écologistes.**

11.4 L'hypothèse des exigences nationales dysfonctionnelles

Les grandes catégories de conflits politiques

Selon Stein Rokkan, quatre clivages fondamentaux ont contribué à la construction et au renforcement des États modernes[615] (Rokkan utilise l'expression «États-Nations»):

— le clivage possédants *versus* travailleurs ;

— le clivage urbain *versus* rural ;

— le clivage culture dominante *versus* culture dominée (souvent par région);

— le clivage religieux *versus* laïc .

---

[614] L.W.Milbrath, Environmentalists,Vanguard for a New Society,State Un.of N.Y. Press, 1984,p.63, 93
[615] Rokkan, Stein, Citizens, Elections, Parties D.McKay Co., N.Y., 1970
chapitre «Nation-Building, Cleavage Formation and the Structure of Mass Politics»

Selon lui, les systèmes politiques en place ont dû intervenir pour contrôler ces clivages et les conflits qui en découlaient. Ces interventions ont contribué à renforcer le pouvoir des États.

Les écologistes appartiennent-ils à un de ces clivages? Si oui, on pourrait conclure que leur travail est fonctionnel par rapport à leur système politique national (puisque tous ces clivages le sont). Cela viendrait infirmer l'hypothèse centrale à l'effet que le travail des écologistes est dysfonctionnel au niveau des systèmes politiques nationaux.

L'alignement sur le clivage possédants/travailleurs

Les analyses de l'électorat vert en France et en Allemagne permettent de conclure qu'il n'existe pas de tendance selon les classes sociales[616]. Par contre, plusieurs écologistes européens de «gauche» considèrent qu'ils défendent les travailleurs.

En Amérique du nord, certains auteurs accusent les groupes environnementaux d'être «bourgeois», car les leaders écologistes appartiennent généralement aux classes moyennes. Par contre, les leaders de tous les groupes de pression appartiennent massivement aux classes moyennes, **même ceux des groupes de droits civiques.** Pour faire un tel travail, il faut une éducation minimale qui assure un minimum de revenus. La faible représentativité des classes «pauvres» chez les groupes environnementaux n'est donc pas concluante.

Comme les écologistes sont parfois associés aux «possédants» et parfois aux «travailleurs», cela confirme qu'ils ne sont pas «alignés» sur le clivage «possédant/travailleurs». La réticence des écologistes à s'associer aux syndicats de travailleurs confirme également cette tendance. Quelques alliances temporaires sont parfois réalisées mais, comme démontré dans les études de cas, les syndicats sont généralement opposés aux revendications des écologistes.

L'alignement sur le clivage urbain/rural

Dans les années 60, certains auteurs avaient situé les écologistes dans la catégorie «rurale» (mode du retour à la terre). Mais après 30 ans de développement des groupes écologiques, on peut rejeter cette catégorisation. Selon les sondages, les écologistes sont surtout urbains et **les performances électorales sont très supérieures en milieu urbain qu'en milieu rural.**

De toute façon, les écologistes occidentaux ne peuvent plus «s'aligner» sur le conflit «urbain/rural», puisque ce conflit est fortement dépérissant. Dans les quatre pays étudiés, environ 90% de la population est urbaine selon le critère du lieu de résidence. Si on utilise le critère de l'autonomie comme caractéristique de base du milieu rural, le

---

[616] Wilhem P. Bürklin, «The German Greens, The Post-Industrial Non-Established and the Party System», International Political Science Review, Oct 1985, p. 471
Daniel Boy, «Le vote écologiste en 1978», Revue française de science politique, avril 1981, p.412-14

constat est encore plus évident; les grandes entreprises agricoles ont supplanté les entreprises familiales et l'agriculture est maintenant fortement dépendante d'autres industries (notamment l'industrie chimique). On peut conclure que le milieu rural n'existe presque plus dans les quatre pays étudiés!

L'alignement sur le clivage culture dominante/dominée

Ce clivage fait surtout référence aux problèmes des régionalismes auxquels les groupes écologistes ne participent pas activement. Par contre, les écologistes ont toujours été de fervents défenseurs des droits des autochtones. Mais cette défense est probablement due au fait que les autochtones avaient développé un mode de vie respectueux de leur environnement. A part ce cas, les groupes écologistes interviennent peu dans les débats culturels. De plus, les écologistes sont parmi les moins fervents défenseurs de leur propre nationalisme, notamment chez l'électorat français.

L'alignement sur le clivage religieux/laïc

Consciemment ou non, les revendications écologistes sont parfois «alignées» sur le clivage «religieux/laïc». Selon les analyses électorales, les écologistes sont généralement peu pratiquants et plusieurs des revendications écologistes sont en opposition avec les positions religieuses officielles:

— Les écologistes sont en faveur de la limitation des naissances alors que la religion catholique interdit tout moyen de contraception (sauf l'abstinence).

— Le clergé est généralement opposé à la contestation du système actuel. Lors de la contestation anti-nucléaire en France, à plusieurs reprises, le clergé catholique a contribué activement à éteindre la contestation[627].

— La droite américaine protestante est fortement orientée vers l'exploitation de la nature au service de l'être humain (ex. attitude du secrétaire américain de l'Intérieur James Watt qui affirmait publiquement que l'homme doit occuper toute la planète pour pouvoir accueillir Dieu n'importe où lorsqu'il reviendra sur terre).

— Milbrath[628] affirme que la source des problèmes, ce sont les bases éthiques et religieuses des sociétés modernes:

> «Dans la société moderne, nous avons développé un système socio-économique et technique qui est capable de dominer et de détruire la nature. Avec cela, nous avons conservé un système normatif et éthique basé sur des religions âgées de 2000 ans. L'absence de concordance entre ces deux systèmes menace la survie de notre civilisation.»

---

[627] Dorothy Nelkin, Michael Pollak, The Atom Besieged, M.I.T. Press, 1981, p.72-82, 109
[628] Lester W. Milbrath, Environmentalists,Vanguard for a New Society, State Un. of N.Y. Press, 1984, p.101

Par contre, il est impossible de conclure que le travail des écologistes est d'abord anti-religieux; cela impliquerait que le pouvoir religieux est dominant et que les écologistes l'ont identifié comme le principal adversaire. Dans les quatre pays étudiés, les débats religieux ne sont plus au centre de la politique moderne (à part l'enjeu de l'avortement). Si les écologistes veulent changer la société, il est peu probable qu'ils y parviennent en contestant le pouvoir religieux.

De plus, il n'est pas évident que les groupes religieux constitueront toujours un adversaire. Le travail des écologistes s'appuie sur des bases éthiques lorsqu'il s'agit de défendre les droits des générations futures. Comme les positions des groupes religieux s'appuient également sur des considérations éthiques (et non pas économiques à court terme), il est possible que des convergences se manifestent même si ce ne fut pas le cas jusqu'à maintenant.

Les exigences qui affaiblissent les systèmes politiques nationaux

Les revendications des écologistes ne sont pas «alignées» sur les clivages historiques qui ont contribué à renforcer les États. Au contraire, l'application des revendications écologistes aurait souvent pour effet d'affaiblir les États. En voici quelques exemples.

— Lorsque les écologistes s'opposent à l'énergie nucléaire, ils risquent de réduire l'autonomie du pays et l'État ne le tolère pas s'il n'y a pas de ressources énergétiques alternatives (ex. France).

— La protection globale de l'atmosphère exige des États la délégation de pouvoirs à des institutions internationales. La lutte contre l'effet de serre réduirait la marge de manoeuvre d'un pays comme les États-Unis qui contribue, *per capita* , deux fois plus que la moyenne occidentale.

— Dans le cas des pluies acides, les États «victimes» veulent clairement réduire la souveraineté des pays «exportateurs» de pollution en imposant des normes collectives.

— Dans le cas de la protection des forêts tropicales, les écologistes veulent réduire la liberté des pays du tiers-monde de disposer à leur gré des forêts.

— D'autres exemples seront discutés au prochain chapitre sur les enjeux internationaux.

On peut aussi constater que les rares succès des écologistes se sont concrétisés lorsque leurs demandes ne menaçaient aucunement le pouvoir de l'État national. Un exemple de cela concerne l'épuration domestique des eaux où l'État national impose un programme à des municipalités.

En résumé, il est impossible d'inclure les écologistes dans un des clivages historiques. De plus, plusieurs de leurs revendications visent, consciemment ou non, à affaiblir les États nationaux. **L'échec macro-écologique des écologistes est donc en partie dû au caractère dysfonctionnel de leurs revendications.**

Du point de vue stratégique, les écologistes peuvent difficilement faire des alliance avec les groupes établis depuis longtemps, car ces groupes ont réussi à se développer justement, parce que leurs revendications sont «alignées» sur un des clivages historiques.

Alors que les clivages historiques ont contribué à renforcer les systèmes politiques nationaux, le travail des écologistes contribue probablement au renforcement d'un système politique international. C'est ce que nous discuterons au prochain chapitre.

CHAPITRE 12

Les facteurs internationaux de l'échec macro-écologique

12.1 L'environnement, d'abord un enjeu international

La Commission mondiale sur l'Environnement et le Développement[629] conclut que la crise écologique est mondiale et que les solutions à cette crise doivent être appliquées à l'échelle mondiale. Plusieurs des menaces qui pèsent sur la planète (désertification, déforestation) ont lieu dans des pays qui sont trop pauvres pour implanter les mesures correctrices appropriées. Une nouvelle ère de coopération internationale sera nécessaire.

Même dans les pays occidentaux riches, plusieurs problèmes environnementaux nécessitent des solutions internationales. En l'absence de coopération internationale, plusieurs mesures nationales de protection de l'environnement sont stériles (tableau 12.1).

---

[629] Commission mondiale sur l'environnement et le développement, <u>Notre avenir à tous</u>, éditions du Fleuve, Montréal, 1988 (rapport Brundtland)

Tableau 12.1:   Actions dont les bénéfices ont été neutralisés par l'inaction d'autres pays

— Lorsque le DDT fut interdit aux États-Unis en 1972, la mesure ne s'appliquait pas au **15 millions de kg** destinées à l'exportation[630]. L'utilisation du DDT dans les pays occidentaux a été remplacée par une utilisation équivalente dans les pays du Tiers-monde. Les Occidentaux consomment encore du DDT dans les denrées importées. Le DDT et le BHC (hexachlorure de benzene), tous les deux bannis aux États-Unis, constituent 75% du total des pesticides utilisés en Indes[631]. Dans la région agricole du Punjab, le lait maternel dépasse, en moyenne, 21 fois la norme américaine.

— Lorsque les BPC ont été interdits dans plusieurs pays occidentaux, la production[632] de BPC a augmenté dans plusieurs autres pays.

— Le resserrement des normes d'émissions sur les fonderies a déplacé les nouveaux équipements dans le Tiers monde où ces normes sont inexistantes (ex. du Brésil).

— Plusieurs entreprises et pays ont commencé à «régler» leurs problèmes de déchets toxiques en les exportant vers des pays pauvres qui n'en connaissent pas toujours les risques.

Actions futures qui nécessitent une implication de plusieurs pays

— En Europe, la réduction des émissions acides d'un pays pourrait être annulée par l'accroissement des émissions d'un pays voisin.

— La protection des forêts tropicales et des espèces menacées est impossible sans une collaboration entre les pays du Tiers-monde et les pays occidentaux.

— La protection des océans et de l'Antarctique implique nécessairement plusieurs pays.

— L'agriculture biologique pourrait se développer beaucoup plus facilement si les pratiques conventionnelles n'étaient pas autant subventionnées par tous les pays.

— L'application du principe pollueur-payeur se heurte au contexte actuel de concurrence internationale. Si un pays veut imposer une taxe à la pollution à une grande entreprise, cette dernière peut simplement déplacer ses installations vers d'autres pays où le principe pollueur-payeur n'est pas appliqué. Il en résulte des pressions contre toute taxe écologique.

— Le périodique «Newsweek» est d'avis que l'effet de serre constituera probablement l'enjeu international dominant du 21⁰ siècle[633].

Si les problèmes macro-écologiques sont évidemment des enjeux internationaux, plusieurs problèmes micro-écologiques et meso-écologiques sont également des enjeux internationaux par le biais de la concurrence économique internationale. Il est difficile d'exiger d'une entreprises une réduction dramatique de sa pollution de l'eau lorsqu'elle

---

[630] Mohamed L. Bouguerra, Les poisons du tiers monde, éditions La découverte, Paris, 1985, p. 174
[631] Worldwatch Institute, State of the World, 1988, W.W.Norton, New York, 1988, p.121
[632] Sous la direction de Nicole Duplé, Le droit à la qualité de l'environnement: un droit en devenir, un droit à définir, 5⁰ conférence internationale de droit constitutionnel, Québec-Amérique, 1988, W.A. Neff, p.119, P. Jacobs, p.178
[633] Greg Easterbrook, «Cleaning Up», Newsweek, July 24, 1989, p.26-42

est en concurrence avec d'autres entreprises semblables qui ne sont soumises à aucune norme. Si les entreprises utilisent cet argument de façon abusive, même lorsque leur marge de profit permettrait de réduire la pollution, cela ne change pas le fait que la concurrence internationale est un puissant obstacle à des mesures nationales de protection de l'environnement.

Tel que discuté précédemment, ce n'est pas un hasard si les programmes d'épuration des eaux usées **urbaines** sont les seuls programmes qui ont bien fonctionné dans les pays occidentaux. Contrairement aux programmes d'épuration industrielle, ils ne sont pas affectés par la concurrence internationale.

Le cas de l'épuration domestique démontre également qu'une instance politique supérieure (ici les États nationaux) doit intervenir pour imposer un programme à des instances politiques inférieures (ici les municipalités). Cette intervention est nécessaire, parce que plusieurs municipalités (en amont) ne recueillent aucun bénéfice de tels programmes.

12.2 Effets écologiques de la libéralisation des échanges

L'exploitation des ressources

Le libre-échange Canada/États-Unis permet d'illustrer une conséquence écologique de la libéralisation des échanges. 65% des exportations du Québec[634] vers les États-Unis proviennent de ressources naturelles, notamment la forêt, les mines et l'aluminium (où l'énergie est la principale ressource utilisée). Dans une situation de libre-échange, le Canada voudra exporter davantage de ressources. Malheureusement, les limites à l'exportation des matières premières ne résident aucunement dans la taille du marché (contrairement aux produits finis), mais dans les contraintes environnementales qui limitent la production. Par exemple, au Québec, l'industrie du bois de construction est déjà en difficulté, parce que les arbres de grande taille se font de plus en plus rares.

Pour la production de pulpe et de papier, il est possible d'augmenter la production mais cela se ferait aux dépens de la capacité de production à long terme (les forêts québécoises sont déjà coupées à un rythme qui dépasse leur taux de regénération naturelle). On peut donc présumer que la libéralisation des échanges incite à la surexploitation des ressources naturelles dans les pays où l'économie est basée sur ces ressources (incluant les pays du Tiers monde).

---

[634] Statistique-Canada, Division du commerce extérieur, catalogue 65-003, Exportations par pays: janv.-déc. 1984, p, 339-341

Les substances toxiques

La concurrence internationale est également un enjeu dans le contrôle des substances toxiques. Supposons qu'un pays veut bannir une substance très utile dans la fabrication du plastique, parce que cette substance est cancérigène. Si les produits substituts sont plus coûteux, les producteurs étrangers pourront continuer à utiliser la substance cancérigène et pourront exporter davantage de leur production vers le pays qui a interdit la substance cancérigène.

De plus, il est possible que l'interdiction d'un produit soit contestée par d'autres pays comme étant une barrière non-tarifaire, contraire à la libéralisation des échanges. Ce cas est réel: les États-Unis ont banni l'usage de l'amiante et le Canada a protesté devant les organismes de contrôle des tarifs, alléguant qu'il s'agit d'une mesure économique qui n'a rien à voir avec l'environnement.

À long terme, toute libéralisation des échanges augmente la probabilité qu'il y ait des concurrents exemptés des normes environnementales. Cette libéralisation exerce donc des pressions pour que les normes anti-pollution deviennent de moins en moins sévères.

La consommation d'énergie dans les transports

Un accroissement de la taille des marchés se traduit par des unités de production plus grandes. L'efficacité économique des industries est alors améliorée par une plus grande **automatisation**. En d'autres mots, la libéralisation des échanges permet de réduire les coûts de main-d'oeuvre dans les unités de production, sans réduire la consommation de ressources.

Il en résulte une plus grande concentration industrielle et un allongement des réseaux de distribution. Par exemple, lorsque la bière sera incluse dans le libre-échange Canada/États-Unis, il y aurait autant de marques de bière disponibles au Québec mais, au lieu d'être produites localement, elles viendraient de tout le continent. Il y aura donc une augmentation importante de l'énergie consommée dans le transport des marchandises. L'argent qui servait à payer la main-d'oeuvre va alors à l'achat de ressources énergétiques. Cette substitution de la main-d'oeuvre par des activités intensives en énergie représente une tendance mondiale, contraire à la protection de l'environnement.

12.3 Les théories sur les échanges internationaux de ressources naturelles

Du point de vue écologique, les échanges internationaux de matières premières sont caractérisés par une exploitation abusive des ressources dans certains pays exportateurs. Le comportement des entreprises multinationales est alors un enjeu important face aux mesures nationales de protection de l'environnement. Est-ce que les diverses théories en relations internationales peuvent expliquer ces tendances et comportements? Examinons donc certaines «écoles de pensée» et théories en relations internationales, pour essayer de découvrir un cadre d'analyse pertinent (tableau 12.3).

Tableau 12.3: Écoles de pensée en relations internationales[635]

Classique (réaliste)		Marxiste
-Réalisme politique -Accent sur ce qui est, et non pas ce qui devrait être -Il ne faut pas laisser nos propres considérations morales influencer notre interprétation des faits -L'homme recherche la puissance -Chaque État cherche son intérêt propre -La politique internationale est une lutte de pouvoir -Les alliances et les ententes ne sont réalisées que dans l'intérêt des pays concernés -L'État ne peut avoir confiance dans les autres États ou dans les organisations internationales	Division idéologique	-Marx rejette la primauté de l'État et annonce même sa disparition -Primauté des facteurs matériaux et déterminisme économique -Accent sur les classes sociales, sans distinction des autres types de ségrégation (notamment raciale) -Accent sur les forces capitalistes multinationales -La structure internationale est capitaliste -Le marché mondial n'est que l'extension des contradictions du système capitaliste sur une plus grande échelle -Le mode de production primitif des colonies n'est pas causé par l'exploitation des pays riches

Division méthodologique

Behavioriste	Néo-marxiste
-Recherche de corrélations empiriques et de "pattern" entre les événements -Importance de la méthodologie -Accent sur les phénomènes quantifiables, avec négligence du qualitatif -Preuves requises constamment -L'homme n'est pas vraiment mauvais; son comportement est prévisible et dépend du contexte social -Pas de primauté causale -Tous les acteurs sont considérés -Le retard des pays pauvres est conjoncturel et les causes sont culturelles et psychologiques (théorie de la modernisation) -Les pays pauvres devraient faire ce que les pays riches ont fait historiquement -L'effet de démonstration est utile aux pays pauvres	-Priorité aux aspects structurels des relations internationales -Importance des relations de dépendance entre les États et les groupes sociaux (notions de "centre" et de "périphérie") -Le retard des pays pauvres est structurel et c'est le système mondial qui est responsable de leur pauvreté -Le sous-développement n'est pas un enjeu quantitatif mais un déséquilibre structurel -Les facteurs à privilégier sont économiques et sociologiques -"Les pays en voie de développement ne reproduisent en aucune façon l'histoire des pays développés" (Cardozo) -Les pays de la périphérie ne peuvent pas répéter l'histoire des pays du centre -L'effet de démonstration est nuisible

---

[635] Il s'agit d'écoles de pensée; il existe des désaccords entre les auteurs à l'intérieur de chaque école de pensée.

La théorie réaliste

La théorie réaliste est la principale tendance de l'école de pensée classique. Cette théorie est ici peu utile, car elle ne met l'accent ni sur les ressources naturelles, ni sur les interactions entre les États et les entreprises multinationales. Son insistance sur le rôle dominant des États est difficile à concilier avec le caractère international des enjeux écologiques.

Selon cette école de pensée, les États devraient agir uniquement lorsque cela est dans leur intérêt; en conséquence, les États devraient avoir tendance à signer des ententes internationales pour les problèmes écologiques qui les menacent. Il devrait donc, selon cette école, y avoir beaucoup de coopération dans le domaine de l'environnement, lorsque plusieurs pays sont menacés simultanément. La réalité est tout autre et jusqu'à maintenant, les ententes sur la pollution transfrontalière sont rares, même lorsque tous les pays sont menacés par la pollution.

En fait, les enjeux écologiques pourraient imposer une redéfinition des notions d'intérêts et de puissance, notions centrales dans la théorie réaliste. Comment l'intérêt d'un État peut-il être défini lorsque que la destruction de l'ozone stratosphérique menace tous les pays également? Est-ce que la puissance permet à un pays d'éviter ce problème?

La théorie de la modernisation

La théorie la plus complète de l'école béhavioraliste est la théorie de la modernisation qui affirme que les pays du Tiers-monde souffrent simplement d'un «retard» de développement et qu'ils doivent passer par les mêmes étapes que les pays riches.

Cette théorie peut être rejetée pour plusieurs motifs. Elle ne met aucunement l'accent sur la structure du système politique international et elle ne fournit pas de cadre d'analyse pour les entreprises multinationales, les ressources naturelles ou les ententes internationales. De plus, par son accent sur la reproduction du modèle occidental dans les pays pauvres, elle nie l'importance des structures actuelles dans le développement.

On peut aussi rejeter cette théorie pour la raison suivante: les pays riches, grâce à leurs colonies, ont bénéficié de ressources naturelles abondantes et peu coûteuses pendant toute leur période de développement. Comment les pays pauvres actuels pourraient-ils reproduire l'histoire des pays riches, puisqu'il n'y a plus de colonie disponible pour eux?

La théorie de l'impérialisme

La théorie de l'impérialisme a été développée notamment par Rey, Emmanuel et Lénine[636]. Cette théorie marxiste est inspirée directement

---

[636] A. Brewer, Marxist Theories of Imperialism, a Critical Survey

de la dialectique et est en opposition avec l'approche écologiste (discussion du chapitre 1). Elle est basée sur le déterminisme économique, les conflits de classes et le pouvoir capitaliste à l'échelle mondiale. Chacun de ces points peut être contesté selon une approche écologique:
— le déterminisme écologique est plus important que le déterminisme économique;
— selon plusieurs écologistes (notamment René Dumont), la pauvreté des pays du Tiers-monde serait surtout due à l'exploitation de leurs ressources naturelles et humaines par les pays riches (et beaucoup moins par la stratification sociale interne);
— comme discuté dans les prochains chapitres, le mode de gestion capitaliste ne serait pas responsable de la destruction de l'environnement, puisque cette destruction est aussi importante dans les pays socialistes ou communistes.

La théorie de la dépendance

La théorie de la dépendance[637] est inspirée de l'école néo-marxiste. Elle explique très bien les rapports de forces entre les pays consommateurs de ressources (l'Occident) et les pays exportateurs de ressources (les pays du Tiers-monde et quelques régions de l'Occident). Cette théorie accorde la priorité aux éléments structurels des relations internationales; elle reconnaît que le retard des pays de la périphérie est dû à l'exploitation par les pays du centre; elle met l'accent sur les interactions, (surtout de dépendance); elle permet de bien situer le rôle des entreprises multinationales et elle inclut différents facteurs économiques, sociaux et politiques.

Mais si plusieurs aspects de la théorie de la dépendance sont pertinents aux enjeux écologistes, cette théorie est inspirée de la dialectique, contraire à l'approche écologiste. Pour réconcilier ces deux approches, il faut apporter plusieurs **modifications** à la théorie de la dépendance[638]:
— le pouvoir dominant doit être un pouvoir technocratique, car la théorie doit inclure les problèmes de dépendance de certains pays de l'Est (Pologne *versus* URSS);
— l'exploitation et les échanges de ressources naturelles doivent prendre plus d'importance dans les interactions entre les États; l'exploitation des ressources humaines demeure un enjeu important, mais cet enjeu n'est plus exclusif;
— les limites écologiques doivent être intégrées dans l'analyse;
— notons finalement que le déterminisme économique a déjà été rejeté par ceux qui ont élaboré la théorie de la dépendance (notamment Cardoso).

---

[637] Commentaires inspirés surtout des écrits de F.H. Cardoso et S. Amin.
[638] Cette analyse est utile uniquement pour justifier le caractère international des enjeux en environnement. Elle nécessiterait évidemment plusieurs recherches dans le domaine des théories des relations internationales. Il n'est cependant pas l'objet de ce livre d'élaborer des changements aux théories en ce domaine.

12.4 L'hypothèse de la faiblesse du système politique mondial

Pour que le système politique international soit efficace sur le plan de la protection de l'environnement, il faudrait qu'il soit capable *d'internaliser* les impacts environnementaux chez les pays et les individus qui en sont responsables. Cela impliquerait que le *principe pollueur-payeur* soit applicable à l'échelle internationale, que les pays exportateurs de pollution soient tenus responsables des impacts sur les pays voisins et que les consommateurs, à l'échelle mondiale, payent pour les impacts environnementaux de leur consommation. Aucune de ces conditions n'est actuellement remplie et la faiblesse du système politique international en est partiellement responsable.

Les institutions internationales s'occupant d'environnement

Face à la taille et à la diversité des problèmes environnementaux, les institutions internationales responsables de l'environnement ont des ressources financières dérisoires. De plus, les activités sont dispersées dans de nombreux programmes[639]. Ces institutions n'ont aucune autorité sur les gouvernements nationaux et elles doivent se contenter de faire de la recherche et de l'information plutôt que d'adopter des mesures concrètes.

Le *Programme des Nations Unies pour l'environnement* (PNUE) a été créé en 1972, à la suite de la Conférence de Stockholm. Son Conseil d'Administration est composé de 58 membres de l'Assemblée générale des Nations-Unies[640]. Au début des années 80, il disposait d'un budget annuel d'environ $30 millions, budget précaire, car variable au gré des contributions volontaires des pays.

Le budget du PNUE est minime, considérant la diversité de ses tâches: CO2 et effet de serre, conventions sur l'ozone stratosphérique, les oxydes de soufre et oxydes d'azote (pluies acides), la perte de diversité génétique et la protection des forêts tropicales, la conservation des ressources, les conséquences environnementales d'une guerre nucléaire, la désertification et la déforestation. Des programmes du PNUE existent pour tous ces enjeux.

Parmi les autres organisations[641] internationales, il y en a une seule autre dont les fonctions macro-écologiques sont importantes, *l'Organisation mondiale de Météorologie*. Elle travaille notamment sur les conséquences de l'accumulation du CO2 atmosphérique et autres gaz à effet de serre.

---

[639] John S.Perry, «Managing the World Environment, Environment, Jan.-Feb. 1986, p.10-15
[640] Penny Wakefield, «Is UNEP Still a Good Investment?», Environment, May 1982, p.6-13
[641] Jean-Guy Lavoie, Les organisations internationales, l'environnement et le développement, non-publié, 1987

Plusieurs autres organisations internationales pourraient s'occuper d'environnement, mais leur implication est très modeste:
— *l'Organisation des Nations Unies pour l'Alimentation et l'Agriculture* (FAO) met l'accent sur la productivité agricole;
— *l'Organisation pour l'Éducation, la Science et la Culture* (UNESCO) a plusieurs programmes sur l'éducation, mais un seul qui porte sur l'environnement, *l'Homme et la Biosphère* (MAB); ce programme vise la protection de sites exceptionnels et néglige complètement les enjeux macro-écologiques;
— *l'Organisation mondiale de la Santé* accorde priorité aux enjeux de prévention de la maladie par vaccination et contrôle de l'eau potable; la seule pollution qui est considérée régulièrement est la pollution organique de l'eau potable.

Comment le PNUE, avec ses faibles ressources, pourrait-il contrôler des entreprises multinationales milliardaires? On peut opposer les différences de moyens financiers en comparant les budgets du PNUE avec ceux de la Banque mondiale, organisme international qui favorise les projets des entreprises privées. En 1984, la Banque mondiale était associée à des projets valant $100 milliards à l'échelle mondiale[642]. Ce déséquilibre est d'autant plus grand que la Banque mondiale a constamment été accusée par les écologistes de ne pas se préoccuper de protection de l'environnement (quoique qu'il y aurait eu, semble-t-il, des améliorations à la fin des années 80).

Face à l'ampleur des problèmes environnementaux, on peut conclure que le système politique international est très faible et que les rares institutions internationales qui sont puissantes, ne se préoccupent pas d'environnement. **Cette faiblesse des institutions internationales s'occupant d'environnement est certainement un facteur explicatif de l'échec macro-écologique des groupes écologistes.** Il ne suffit cependant pas de renforcer le système politique international, car le renforcement des organismes ne garantit pas que ces organismes vont se préoccuper d'environnement.

Le cas de la Commission mondiale sur l'Environnement et le Développement (Commission Brundtland) confirme également la faiblesse des institutions concernées par les problèmes environnementaux. Après un effort exceptionnel de plusieurs années, la Commission Brundtland a connu un grand succès politique et a attiré l'attention des médias à l'échelle de la planète. La Commission ayant déposé son rapport à l'Assemblée générale des Nations Unies, la promotion du rapport est maintenant dans les mains du *Centre pour Notre avenir à tous,* situé à Genève. Malgré toute la visibilité de la Commission, les moyens fi-

---

[642] James A. Lee, The World Bank», Environment, Dec. 1984, p. 2-4

nanciers de l'organisme sont extrêmement limités. Un an après la publication du rapport en anglais, aucun éditeur n'avait encore publié une
version francophone. Malgré cette lacune majeure, le *Centre pour Notre
avenir à tous* n'avait même pas quelques milliers de dollars à consacrer
à la publication d'une version francophone du rapport Brundtland
(l'édition francophone a finalement été réalisée au Québec).

Les groupes environnementaux à vocation internationale

*L'Union internationale pour la Conservation de la Nature et de ses
Ressources* (UICN) a été fondée en 1948. Ses membres votants sont des
gouvernements, des agences publiques et des groupes non-gouverne-
mentaux[643].

Tableau 12.4: Membres de l'UICN en 1988	
États*	60
Agences gouvernementales	128
Groupes nationaux (non gouvernemental)	380
Groupes internationaux (non gouvernemental)	25
Affiliés sans droit de vote	25
* Notons que les États-Unis ne sont pas membres	

L'UICN est surtout connue pour sa publication de la Stratégie mondiale
de la conservation en 1980, qui était le résultat d'une consultation sans
précédent de spécialistes d'une centaine de pays. Une deuxième version
de la stratégie a été élaborée et discutée en 1990. La principale force de
l'UICN provient de ses 3000 bénévoles du monde scientifique et professionnel. Il faut cependant admettre qu'un organisme qui doit fonder son
action sur des bénévoles, ne possède pas de ressources financières importantes.

Le *World Wildlife Fund,* fondé en 1961, avait comme objectif original la protection des espèces menacées[644] (notamment le Panda qui est
devenu le symbole du WWF). En 1985, la priorité du WWF est encore
de protéger les ressources biologiques de la planète, incluant leurs habitats. En 1985, le groupe avait des bureaux dans 23 pays. Aux États-Unis,
il avait 130 000 membres et un budget de $3 millions. Depuis sa fonda-
tion jusqu'en 1985, le WWF a dépensé $90 millions pour la protection
des ressources biologiques.

Greenpeace, fondée en 1971, a maintenant des bureaux dans 17
pays[645]. Ses priorités officielles sont l'écologie marine, les polluants
chimiques et les dangers nucléaires. Le groupe s'est notamment fait

---

[643] John S.Perry, «Managing the World Environment, Environment, Jan.-Feb. 1986, p.14
   R. Cahn, «International Union for Conservation of Nature and Natural Resources», Environment, March
   1988, p.44-5
[644] Randall Kramer, «World Wildlife Fund», Environment, May 1985, p.42-4
[645] Bulletin explicatif publié par Greenpeace en 1988

connaître par ses efforts de protection des baleines et des phoques. En 1986, *Greenpeace* avait 1,5 millions de membres[646], 30 employés à Washington et 40 dans d'autres villes des États-Unis.

L'International Institute for Environment and Development, fondé en 1971, a des bureaux aux États-Unis, en Angleterre et en Argentine[647]. Le groupe fait des études dans cinq domaines, mais toujours avec une priorité pour les pays du Tiers-monde: énergie, foresterie, habitat, ressources marines, ressources naturelles. Comparativement aux trois groupes précédents, il touche davantage aux enjeux macro-écologiques, mais il est beaucoup moins puissant.

Selon des critères macro-écologiques, l'action des groupes écologistes internationaux est minimale, car la plupart ont adopté des priorités micro-écologiques. L'IUCN et le *World Wildlife Fund* ont mis l'accent sur la protection des espèces menacées et de leurs habitats. Les objectifs de *Greenpeace* sont plus larges mais, sur le plan des enjeux énergétiques (pertinents à la macro-écologie), le groupe s'est préoccupé surtout du nucléaire.

12.5 Le blocage dû à la souveraineté des États

La protection de l'environnement à l'échelle internationale est également handicapée par la souveraineté des États. Une citation de Henri Duchesnay[648] permet de résumer cet enjeu:

> «le droit international en matière d'environnement s'appuie sur deux grands principes fondamentaux. On veut réconcilier le concept de la souveraineté permanente des nations sur leurs ressources naturelles avec la réalité de l'interdépendance globale et le droit à la péréquation internationale, surtout en ce qui a trait au *patrimoine commun.*»

Il est louable de vouloir réconcilier ces deux principes, mais la réalité a démontré qu'ils étaient irréductibles. Plusieurs conflits ont confirmé que la souveraineté des États permettait de bloquer la protection de l'environnement: pluies acides, protection des forêts tropicales, contrôle des substances et déchets toxiques. N'oublions pas que les pays du Tiers monde essaient depuis 30 ans de changer les rapports de force entre les pays riches et pauvres, mais se butent constamment à la souveraineté et à la domination politique des pays riches (débats sur le «Nouvel ordre économique mondial»).

---

[646] Peter Dykstra, «Greenpeace», Environment, July-Aug. 1986, p.5 et 44-5
[647] David Runnals et Rosemarie Philips, «International Institute for Environment and Development», Environment, April 1985, p. 4-5, 41
[648] Sous la direction de Nicole Duplé, Le droit à la qualité de l'environnement: un droit en devenir, un droit à définir, 5° conférence internationale de droit constitutionnel, Québec-Amérique, 1988, p.141

Les menaces macro-écologiques, notamment l'effet de serre, ne pourront être contrôlées sans une remise en question de la souveraineté des pays (ou une révision du concept de souveraineté). Ce constat est notamment justifié par les grandes différences de responsabilité entre les pays. Le Tiers-monde rejettera toute intervention des autres pays au sujet de ses forêts tropicales, tant qu'il saura que l'Américain moyen émet quatre fois plus de CO_2 que le citoyen moyen du Tiers-monde. Les États-Unis refuseront un traité sur l'effet de serre qui fixerait un maximum d'émissions *per capita*. Si chacun de ces pays se retranche derrière sa souveraineté pour protéger un abus, l'impasse est inévitable. Des mécanismes internationaux seront nécessaires pour ramener à l'ordre les pires pollueurs.

Une analogie au niveau national permet d'illustrer ce problème. Dans le cas de l'épuration des eaux usées domestiques, il n'y a eu aucune amélioration sous l'initiative des municipalités. Pourquoi la municipalité A qui pollue les eaux de la municipalité B, imposerait-elle à ses citoyens des taxes élevées pour une usine d'épuration dont elle ne tirerait aucun bénéfice. En fait, l'épuration a démarré seulement avec l'intervention des gouvernements supérieurs. La logique est simple: l'État récolte des taxes de tout le monde et finance les projets. Les problèmes environnementaux à l'échelle internationale sont semblables, mais il n'y a pas de gouvernement supérieur pour répartir les dépenses et les bénéfices.

Il sera difficile de surmonter ce blocage, car la conception rigide de la souveraineté est justifiée par des tendances historiques (formation des blocs politiques *est* et *ouest*, néo-colonialisme, intérêts des multinationales à bloquer l'émergence d'organismes internationaux puissants, etc.). Cette difficulté ne change pas le constat: **la remise en question de la souveraineté des États est une condition nécessaire à la résolution des problèmes macro-écologiques.**

L'absence de droit international

La capacité d'un pays de bloquer l'action internationale est accrue par la faiblesse actuelle du droit international. Un pays peut poursuivre un autre pays uniquement si ce dernier accepte d'être poursuivi. Lorsque la pollution est à sens unique, aucun recours n'est donc possible. Ajoutons à cela que même lorsque deux pays demandent un arbitrage devant une Cour internationale, il n'existe aucun mécanisme pour faire respecter le jugement; on constate alors la grande faiblesse du droit international.

Les ententes internationales sont possibles uniquement par la recherche de consensus, recherche qui provoque des délais considérables.

Le Tiers monde *versus* les entreprises multinationales

Même si la plus grande responsabilité de la destruction de l'environnement est imputable aux pays *consommateurs,* les pays *producteurs* de ressources naturelles ont également un rôle important. Le refus de considérer les impacts environnementaux de l'exploitation des ressources naturelles constitue une subvention au consommateur et à la destruction de l'environnement.

Ce problème concerne directement l'ordre économique entre les pays riches et les pays pauvres, parce que **le Tiers monde est un grand fournisseur de ressources naturelles pour les pays riches.** Sur cette question, le rapport de force entre les pays riches et pauvres est bien décrit par la **théorie de la dépendance.** Face aux entreprises multinationales spécialisées dans les ressources naturelles et l'agriculture, les pays du Tiers monde sont faibles et incapables d'imposer leurs lois. Dans le contexte international actuel, *l'internalisation* des impacts environnementaux dans le prix des ressources est très difficile (à moins que les pays du Tiers monde ne se regroupent, comme le propose la Commission Brundtland).

En somme, au plan des ressources naturelles, l'ordre économique actuel permet aux pays riches de surconsommer des ressources. Devant ce constat, il est raisonnable de croire que des changements structurels du système politique international sont nécessaires pour assurer la protection de la planète.

12.6 Le producteur peut fuir les contrôles environnementaux

Une conclusion s'impose sur les mécanismes internationaux de gestion de l'environnement: les producteurs sont actuellement capables de fuir les contrôles environnementaux imposés par quelques pays.

Si cette «fuite» est difficile pour une petite entreprise, les entreprises multinationales n'ont pas de difficulté à changer de pays pour éviter tout contrôle. Elles peuvent aussi simplement menacer leur gouvernement national de déménager dans un autre pays. Grâce à ce «chantage» à l'emploi, elles n'ont pas besoin de déménager effectivement pour éviter les contrôles environnementaux.

Il faut aussi remarquer que **le déplacement des problèmes vers d'autres pays est possible même lorsque les entreprises sont de bonne foi et coopèrent aux mesures de protection de l'environnement.** Dans le cas des CFC, les entreprises font des efforts considérables pour trouver des substituts et réduire l'utilisation des CFC. Elles ne sont aucunement responsables du fait qu'un pays comme la Chine augmentera dramatiquement sa production. De plus, les pays du

Chine augmentera dramatiquement sa production. De plus, les pays du Tiers monde ont des connaissances techniques suffisantes pour produire du DDT, peu importe si cette substance est bannie dans les pays occidentaux.

12.7 Le consommateur évite de payer pour les impacts environnementaux dont il est responsable

Actuellement, les coûts de la pollution et de l'extraction des ressources ne sont pas inclus dans les prix des biens de consommation. Le citoyen moyen de l'Occident ne paie donc pas directement pour les impacts environnementaux associés à sa consommation.et souvent, il ne connaît même pas la pollution engendrée par les produits qu'il consomme. De plus, il n'est pas certain que, même en connaissance de cause, il choisira le produit le moins polluant si ce dernier est plus coûteux. C'est pour cela que le *principe pollueur-payeur* pourrait contribuer à la protection de l'environnement, car il permet d'inclure dans le prix, l'avantage écologique d'un produit sur un autre.

Mais le *principe pollueur-payeur* est difficile à appliquer pour plusieurs motifs:

— la concurrence internationale de pays qui n'imposent pas de normes aux entreprises;

— la faiblesse politique des pays exportateurs de ressources;

— la puissance des entreprises multinationales spécialisées dans l'extraction des ressources et l'agriculture d'exportation;

— les coûts élevés de la protection de l'environnement dans un domaine comme le contrôle des substances toxiques;

— la grande faiblesse des institutions internationales qui pourraient imposer les mêmes normes ou taxes à tous les producteurs.

Une nuance s'impose. Un pays peut difficilement imposer une taxe sur **la production** d'un bien polluant, car des producteurs des autres pays «éviteraient» cette taxe et gagneraient un avantage concurrenciel. Par contre, **le principe pollueur-payeur est applicable nationalement au niveau des taxes à la consommation** sur les produits les plus polluants (en tenant compte des impacts à l'extraction). Des taxes élevées sur la consommation d'énergie, d'automobiles, de chalets, de yachts motorisés ou de viande sont techniquement faciles à imposer. De telles taxes ne créent pas d'avantage concurrenciel, dans la mesure où le consommateur ne peut pas aller régulièrement faire ses achats dans un pays voisin. Un contrôle douanier est nécessaire pour éviter la contrebande. Le cas de la cigarette confirme que les taxes à la consommation sont applicables sur les biens les plus polluants.

Le seul obstacle à l'application du *principe pollueur-payeur* au niveau des taxes à la consommation est la volonté politique nationale et les groupes écologistes ont négligé complètement cet enjeu. (Les groupes écologistes parlent constamment du *principe pollueur-payeur,* mais uniquement pour les grandes entreprises où le principe est le plus difficile à appliquer).

CHAPITRE 13

L'hypothèse des économies de marché

13.1 Les paradigmes théoriques *versus* la réalité des systèmes politiques

Plusieurs auteurs écologistes attribuent la destruction de l'environnement à des choix de technologies inappropriées, choix motivés par l'objectif de profit des entreprises. Barry Commoner[649] attribue ces problèmes à la logique même du système de production capitaliste. Cette hypothèse ne fait pas l'unanimité chez les écologistes, mais elle est suffisamment importante pour mériter une discussion. Selon Langguth[650], les diverses tendances chez les Verts de R.F.A. identifient des ennemis différents: les écologistes dits «fondamentaux» considèrent que leur ennemi est le système industriel en entier; les «écosocialistes» considèrent qu'il s'agit plutôt de la version récente du capitalisme.

On pourrait faire un débat interminable sur la définition du terme *capitalisme,* qui pourrait inclure des concepts comme le libéralisme économique, la recherche du profit et la propriété privée des moyens de production. Les ambigüités peuvent se multiplier si on essaie de comparer ces caractéristiques avec celles du *socialisme* ou le *communisme.* De plus, certains auteurs considèrent que les pays de l'Est sont des pays

---

649 Barry Commoner, «A Reporter at Large», The New Yorker, June 15, 1987
650 Gerd Langguth, The Green Factor in German Politics, Westview Press, 1984, p. 65

socialistes, alors que d'autres affirment qu'il n'y a jamais eu de pays vraiment *socialistes*.

Comme ce n'est pas l'objet de ce livre de clarifier ces débats sémantiques, l'analyse porte ici sur le contraste entre les pays à économie de marché et les pays à économie planifiée. Il s'agit de pays réels et non pas de régimes théoriques. Ce choix méthodologique est justifié, parce que les écologistes qui critiquent le capitalisme, affirment que la recherche du profit des entreprises est à la source des problèmes. Peu importe les divergences d'opinion sur le terme *capitalisme,* **les pays de l'Est et la Chine, pendant les décennies 70 et 80, n'ont aucunement été gérés en fonction de la recherche du profit et leurs marchés libres étaient très limités.** Si les problèmes écologiques de ces pays sont aussi grands que ceux des pays occidentaux, la *recherche du profit* doit être rejetée comme explication «universelle» de la destruction de l'environnement.

Les pays à économie de marché et les pays à économie planifiée sont ici comparés selon des critères «sur le terrain» semblables à ceux du chapitre cinq (qui comparait quatre pays occidentaux).

13.2 Performance des économies planifiées selon des indicateurs méso-écologiques

Alors que les pays occidentaux ont connu certains succès dans l'épuration des eaux usées domestiques, les pays de l'Est n'ont pas réussi à améliorer la qualité de leurs eaux de surface. En Pologne de 1970 à 1985, on estime[651] que peu importe le critère utilisé, il y a eu dégradation accélérée des rivières. Selon les régions, de 50% à 75% des eaux usées ne reçoivent aucun traitement avant leur rejet.

En URSS, les détournements de rivières pour l'irrigation ont eu des effets catastrophiques sur la Mer d'Aral[652] (le quatrième plus grand lac au monde); depuis 30 ans, son niveau a baissé de 13 mètres, sa surface a été réduite de 40% et son volume de 66%. Le lac Baïkal, en Sibérie, a été si fortement touché par la pollution industrielle que 2500 espèces aquatiques ont disparu du lac[653].

En URSS, les pratiques agricoles ne tiennent pas davantage compte de l'environnement qu'aux États-Unis. Le tableau suivant démontre que la surexploitation entraîne une érosion des sols comparable. (Les cas de l'Inde et de la Chine sont inclus pour permettre la comparaison de deux pays très pauvres).

---

[651] Stanley J. Kabala, Poland, «Facing the Hidden Costs of Development», Environment, Nov. 1985, p.9
[652] «URSS: la mort d'une mer», LePoint, 3 juillet 1989, p.62
[653] «Désastres écologiques à l'est», Science et Technologie, juin 1989, p.16

Tableau 13.2:	Estimation de l'érosion des sols en milieu agricole[654]	
Pays	Surface de terres cultivées (millions ha)	Pertes totales de sol par érosion (millions T par an)
États-Unis	172,6	1 700
URSS	254,2	2 500
Inde	142,0	4 700
Chine	100,5	4 300

13.3 Performance des économies planifiées selon des indicateurs macro-écologiques

Rappelons que la croissance de la population peut être considérée comme un indicateur macro-écologique important. Selon ce critère, les pays à économie planifiée ont une très mauvaise performance, quoiqu'il faut reconnaître que la Chine est le pays dont la politique de contrôle de la population est la plus implacable. Par contre, cette «performance» de la Chine est simplement due à une négligence totale de cet enjeu pendant des décennies.

Tableau 13.3a: Populations dans les pays à économie planifiée
(projections pour 2025 du World Resources Institute[655])

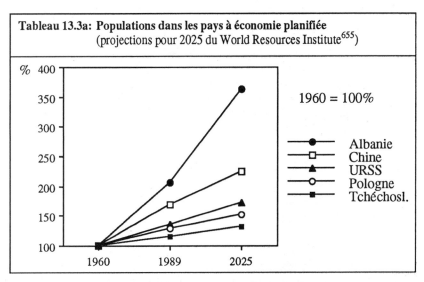

L'Albanie est incluse dans ce tableau, car ce pays est parfois considéré comme le seul ayant vraiment respecté les principes du marxisme.

Les indicateurs énergétiques confirment également qu'aucun pays de l'Est n'a connu une bonne performance macro-écologique.

[654] François Ramade, Les catastrophes écologiques, McGraw-Hill, 1987, p.132
[655] Tableau construit à partir de données du World Resources Institute, World Resources 1988-89, Basic Books, N.Y., p.247

Tableau 13.3b : Consommation totale d'énergie dans les pays à économie planifiée[656] (Petajoules)

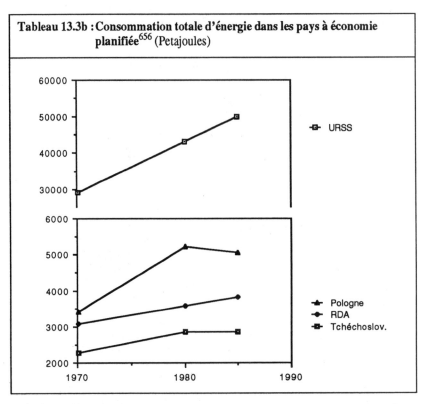

Tableau 13.3c: Consommations énergétiques des pays à économie planifiée et des pays à économie de marché[657]

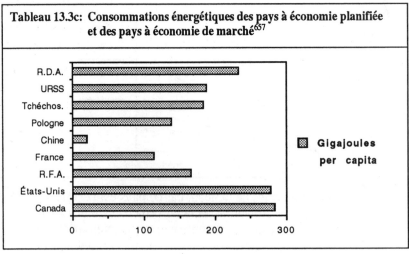

---

[656] Tableau construit à partir de données du World Resources Institute,
World Resources 1988-89, Basic Books, N.Y., p.118 (1 pétajoule = 10^{15} joules)

[657] Tableau construit à partir de données du World Resources Institute,
World Resources 1988-89, Basic Books, N.Y., p.306-7 (1 gigajoule = 10^9 joules)

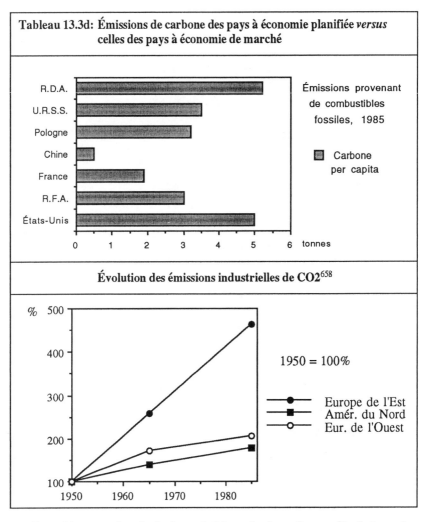

Tableau 13.3d: Émissions de carbone des pays à économie planifiée *versus* celles des pays à économie de marché

Émissions provenant de combustibles fossiles, 1985

Carbone per capita

Évolution des émissions industrielles de CO_2[658]

1950 = 100%

Europe de l'Est
Amér. du Nord
Eur. de l'Ouest

Le tableau sur les émissions de bioxyde de carbone n'inclut que les émissions provenant des combustibles fossiles; les émissions dues à l'exploitation des forêts ne sont pas incluses. Une citation de F. Ramade[659] permet de conclure que la performance des États-Unis et de l'URSS sont semblables au chapitre de la gestion des forêts:

«Aux États-Unis, les coupes effectuées dans les forêts de conifères des montagnes de l'Ouest du pays, ainsi que dans les forêts pluvieuses tempérées du littoral pacifique ... excèdent systématiquement depuis une tentaine d'années la croissance annuelle.

---

[658] Tableau construit à partir de données du World Resources Institute, World Resources 1988-89, Basic Books, N.Y., p.336
[659] François Ramade, Les catastrophes écologiques, McGraw-Hill, 1987, p.102

> En Sibérie, les forêts de groupe III, dites de production, qui couvrent 87,4% de la surface boisée totale de l'URSS, sont actuellement exploitées à un rythme excédant de 150% la croissance annuelle moyenne! Plus de 10 millions d'hectares coupés au début des années 50 ne présentaient deux décennies plus tard aucune trace de repousse.»

Si les pays d'Europe de l'Est ont beaucoup moins d'automobiles que ceux de l'Ouest, les tendances indiquent qu'ils ont l'intention de prendre les mêmes mauvaises habitudes: de 1970 à 1986, le nombre d'automobiles a triplé en Europe de l'Est, quintuplé en Union soviétique et a été multiplié par quinze en Chine[660].

Dans les pays de l'Est, il n'y a pratiquement aucun appareil antipollution sur les centrales thermiques au charbon. Les technologies sont inefficaces, générant des émissions de soufre très importantes. En 1982, les émissions de soufre *per capita* étaient, pour la R.D.A. et la Pologne, deux fois plus grandes que dans n'importe quel pays d'Europe de l'Ouest[661]. Les émissions de soufre en Tchécoslovaquie et en Yougoslavie sont également très importantes. Dans ces quatre pays, la plupart des grandes villes sont touchées par des smogs acides[662], responsables de cancers, leucémies et maladies pulmonaires.

Tchernobyl a démontré que la prévention des accidents nucléaires était sérieusement déficiente en URSS, quoiqu'on ne doit pas oublier Three Mile Island, où l'industrie nucléaire a été un peu plus chanceuse (l'exploration du coeur du réacteur de Three Mile Island a confirmé que ce dernier avait bel et bien fondu complètement).

13.4 Universalité des problèmes environnementaux

Selon ce bilan, on devrait même conclure que la performance écologique des pays de l'Est est pire que celle de l'Occident. Par contre, par le biais des importations massives de ressources naturelles, les pays occidentaux sont responsables d'une grande portion des problèmes environnementaux des pays du Tiers monde, ce qui n'est pas le cas pour les pays de l'Est, incluant l'URSS. En tenant compte de ce facteur, on peut donc conclure à des performances similaires selon le critère *per capita*.

Les écologistes américains seraient en désaccord avec cette interprétation, car eux, utilisent fréquemment le critère de la pollution par unité de PNB. Ce critère permet de «cacher» les problèmes de surconsommation individuelle dans certains pays riches comme les États-Unis. Mais **peu importe le critère utilisé, le marché libre ne peut être**

---

[660] Worldwatch Institute, State of the World 1989, W.W.Norton, p.101
[661] The Economist, July 10, 1982, «Criticisms rain down on cross-border polluters», p.79
[662] Désastres écologiques à l'Est, Science et Technologie, juin 89, p.17-8

considéré comme une cause universelle de la destruction de l'environnement.

La mauvaise performance écologique des pays de l'Est est cependant due à des facteurs différents de ceux de l'Occident. Pour les quatre pays occidentaux analysés, la destruction de l'environnement serait surtout due à la surconsommation de certains biens. Dans les pays de l'Ouest, il y a trop d'automobiles, trop de banlieues et la technologie serait trop «développée» (par exemple dans le cas des substances toxiques).

Dans les pays de l'Est, la situation est différente: il y a peu d'automobiles et la technologie n'est pas assez «développée», tel que le démontrent les vieilles usines et centrales au charbon (fonctionnant sans appareil anti-pollution). En somme, les pays de l'Est n'ont même pas la technologie pour réduire leurs émissions, et s'ils ne polluent pas davantage que l'Occident, c'est parce que leur système économique est inefficace dans la production de biens de consommation.

CHAPITRE 14

L'hypothèse de l'économisme

Le *modèle écologiste* s'oppose avant tout au modèle préconisé par les sciences économiques. Pour illustrer cette opposition, il faut discuter des théories économiques.

14.1 Les ressources naturelles et la pollution, les grands oubliés de la macro-économie[663]

L'impertinence des théories macro-économiques

Les débats récents en économie se limitent surtout à la confrontation entre les approches keynésienne et monétariste. Examinons les caractéristiques de base de ces deux approches.

Pour les keynésiens, l'économie de marché possède des lacunes qu'il est nécessaire de corriger par diverses méthodes. La principale lacune est celle de l'instabilité du système qui ne possède pas de mécanisme de régulation. Le gouvernement doit intervenir pour assurer la stabilité économique et les moyens d'action possibles sont de deux ordres: la politique budgétaire et la politique monétaire. Voici la prise de position des keynésiens à ce sujet[664]:

[663] Plusieurs des éléments de ce chapitre sont tiré du livre L'écologie, le chaînon manquant de la politique, publié en 1985 par l'auteur (éditions du Fleuve, Montréal)

[664] C.R. McConnell, W.H. Pope, P.A. Julien, L'Économique, tome 1: macro-économique, McGraw-Hill, 1980, p.352

«Les keynésiens ne cachent pas leur préférence pour la politique budgétaire. D'abord..., ils croient qu'elle est dotée d'instruments beaucoup plus efficaces pour la stabilisation de l'économie que ne l'est la politique monétaire. De plus, selon eux, les variations des dépenses publiques et des recettes fiscales permettent d'atteindre certains objectifs d'ordre micro-économique hautement désirables dans les domaines de l'affectation des ressources et de la répartition des revenus. Par exemple, une baisse de taxes ou une augmentation des dépenses publiques peuvent servir non seulement à tirer l'économie d'une récession, mais aussi à accroître la production de biens et services publics qui autrement serait insuffisante.»

À l'opposé, les monétaristes croient que le marché, laissé à lui-même, est capable d'assurer une plus grande prospérité[665]:

«À l'inverse des keynésiens, les monétaristes ont foi dans le fonctionnement libre des marchés, dans le laissez-faire. Une économie de marché peut par elle-même assurer une utilisation efficace des ressources. Au contraire, les interventions gouvernementales sont bureaucratiques, inefficaces, elles découragent l'initiative des individus et sont souvent tout simplement nuisibles. De plus, elles sapent inévitablement les libertés individuelles. Selon les monétaristes, le fonctionnement libre des marchés garantirait une grande stabilité économique à condition que le gouvernement ne vienne pas en fausser les mécanismes.»

Les positions des keynésiens et monétaristes sont en opposition directe sur deux points fondamentaux:
— leur évaluation des possibilités du marché, les premiers admettant certaines lacunes et les deuxièmes ayant une foi absolue dans le marché;
— concernant les interventions du gouvernement, les keynésiens les voient nécessaires et utiles alors que les monétaristes les considèrent néfastes.

Comme les **monétaristes ne reconnaissent même pas l'importance des coûts externes,** il semble que l'approche keynésienne devrait être appuyée par les écologistes. En réalité, il faut pousser l'analyse plus loin pour conclure.

Examinons les fondements théoriques des deux approches[666]. L'équation de base du modèle keynésien vise à établir un équilibre entre l'offre globale (c'est-à-dire la valeur totale de la production des biens et services) et la demande globale. Les deux côtés de l'équation sont exprimés en valeur monétaire et la demande globale est affectée par les composantes suivantes: la consommation, l'épargne et les investissements.

Chez les monétaristes, l'équation est basée sur la monnaie disponible (d'où l'importance des émissions de nouvelle monnaie).

[665] C.R. McConnell, W.H. Pope, P.A. Julien, Ibid., p.352
[666] C.R. McConnell, W.H. Pope, P.A. Julien, Ibid., p.353

Cette équation explique l'activité économique en affirmant que la masse monétaire multipliée par la vitesse de circulation de la monnaie déterminera le niveau des prix et le volume des biens et services produits (la vitesse de circulation de la monnaie étant le nombre de fois que le même dollar est dépensé dans une année).

Dans les deux cas, les limites à la production sont exprimées en dollars de consommation, en dollars d'investissements ou en monnaie disponible, comme s'il n'y avait aucune autre limite à la production (ou à la consommation). **La disponibilité des ressources naturelles est absente des deux équations.** Ce facteur est pourtant vital pour déterminer le niveau de la production et cette lacune est commune aux deux approches. Selon ces modèles, une forte croissance économique pourrait être réalisée dans des conditions de pénurie extrême de ressources naturelles. Cela est tout à fait irréaliste.

Quel est l'effet de cet «oubli» des ressources dans les théories? Pour répondre à cette question, faisons **un parallèle entre les sciences économiques et la théorie comptable** qui sert à évaluer la richesse d'un individu ou d'une entreprise. La théorie comptable est basée sur quatre concepts:
a. les «actifs» ou l'ensemble des biens d'un individu;
b. les «passifs» ou l'ensemble de ses dettes;
c. les «revenus», c'est-à-dire les entrées de fonds d'une période;
d. les «dépenses», c'est-à-dire les sorties de fonds d'une période.

Une approche «comptable» met en évidence une énorme lacune: **la macro-économie ignore toujours les actifs et les passifs.** Alors que les ressources naturelles d'un pays sont un actif à long terme, elles ne sont pas comptabilisées par la macro-économie, tant qu'elles ne sont pas extraites. Par conséquent, **la réduction du stock de ressources naturelles d'un pays n'est pas considérée comme une dépense.** Cela constitue une grave erreur, car nous pouvons avoir l'illusion d'équilibrer les revenus et les dépenses mais, en réalité, cela se fait en réduisant nos actifs. Pour continuer le parallèle avec la théorie comptable, la macro-économie est uniquement une «**comptabilité de caisse**» où l'on examine les flux monétaires sans tenir compte si notre stock augmente ou diminue.

Le raisonnement est identique pour les passifs: la production de coûts externes tels la pollution ou les atteintes à la santé, représente une dette qui devra éventuellement être repayée. Ces passifs ne sont pas comptabilisés par la macro-économie. Cette façon de procéder permet d'améliorer «l'image» de notre situation à court terme en remettant les problèmes à plus tard.

La valeur de prélèvement complètement oubliée

Les praticiens de la macro-économie considèrent que les coûts d'extraction représentent le prix «normal» d'une ressource naturelle. Lorsque les pays exportateurs de pétrole ont voulu accroître leurs prix, ils ont conclu que cela représentait un abus monopolistique. **Cette attitude nie le fait qu'une ressource puisse avoir une valeur inhérente.** Pour la grande majorité des économistes, la concurrence doit exercer des pressions telles sur les ressources qu'un pays ne peut en tirer de rente. (Les rares théories économiques qui accordent une rente à l'utilisation des ressources appartiennent à la micro-économie, discutée à la prochaine section).

Les praticiens de la macro-économie ont d'ailleurs trouvé une excuse facile pour refuser d'évaluer la valeur inhérente des ressources naturelles: ils affirment simplement que cela est trop difficile. Cette excuse n'est pas justifiée. Il est possible d'attribuer une valeur de prélèvement aux ressources naturelles, en appliquant la leçon écologique du recyclage. Dans les écosystèmes, l'acheminement des ressources n'est pas linéaire, mais circulaire. Les déchets ne constituent pas une nuisance, mais bien une ressource vitale.

Selon ce principe, il est possible d'attribuer une valeur aux ressources: pour la plupart des minéraux utilisés abondamment par l'homme, il est possible «d'extraire» à nouveau ces minéraux à partir des déchets; lorsqu'une matière quelconque peut être recyclée, **sa valeur de prélèvement est égale aux coûts du recyclage.**

La logique supportant cette affirmation est la suivante:

— Une ressource naturelle est une propriété publique alors que son utilisation bénéficie à certains individus en particulier.

— Une ressource est un actif et, si on en réduit la quantité, on s'appauvrit collectivement.

— **Si un producteur recycle une tonne de matières premières, la valeur du prélèvement est nulle, puisqu'il n'y a pas de réduction des stocks à l'état naturel.**

— Pour déterminer la valeur de prélèvement d'une ressource extraite du milieu naturel, il faut se demander quelle compensation serait nécessaire pour couvrir entièrement une réduction des actifs de cette ressource? Assumons que le cuivre coûte $500 la tonne à extraire d'une mine et $800 la tonne à recycler. Lors de l'extraction d'une mine, sa valeur de prélèvement peut se diviser en deux portions: le premier $500 qui est payé par l'utilisateur est la *valeur de prélèvement assumée;* la deuxième portion, $300, est la *valeur de prélèvement non-assumée.* Si le producteur extrait une tonne de cuivre de la mine et paie une compensation de $300 à l'État, **cela permettra de financer le recyclage d'exactement une tonne pour remplacer le stock utilisé;** (car la tonne de cuivre recyclée peut ensuite être vendue $500, au prix du marché de l'extraction).

— En somme, il faut que l'entreprise qui extrait des ressources naturelles paie une compensation suffisante pour qu'il soit possible de recycler la même quantité de ressources; les actifs publics ne sont pas réduits et l'utilisateur a donc assumé pleinement la valeur du prélèvement.

En comptabilité macro-économique, il faut diviser la valeur de
prélèvement en deux portions:
— la valeur de prélèvement «**assumée**», c'est-à-dire la portion pour
laquelle l'utilisateur a payé pour l'extraction, de même que toute taxe
ou rente payée sur cette ressource;
— la valeur de prélèvement «**non-assumée**», où la différence entre la
portion payée et le coût du recyclage.

Selon ces concepts, la valeur «**totale**» de prélèvement (assumée et
non-assumée) n'est nullement affectée par les coûts d'extraction de la
ressource à l'état naturel. Ces coûts sont le résultat du choix de l'utilisateur qui préfère extraire du milieu naturel plutôt que de recycler (choix
en fonction de la taxe imposée à l'extraction). La valeur «**totale**» de
prélèvement est également insensible au fait qu'elle soit assumée ou
non par l'utilisateur. Cette évaluation est affectée uniquement par le
coût du recyclage et elle sera modifiée seulement si ces coûts changent
(par exemple, à cause d'une nouvelle technique de recyclage).

Dans le calcul actuel du P.N.B., plusieurs erreurs sont commises au
sujet des ressources naturelles. Par exemple, les coûts d'extraction des
ressources sont additionnés au P.N.B.; ils sont donc considérés comme
un revenu alors qu'en réalité, la perte de valeur de prélèvement est au
moins aussi grande que le «revenu». Il est possible de corriger la situation par une des deux méthodes présentée au tableau 14.1a.

Tableau 14.1a: Méthodes possibles pour inclure la valeur de prélèvement dans le P.N.B.[667]	
1. Méthode de correction du P.N.B. actuel	**2. Méthode qui ignore les coûts d'extraction**
Comme les coûts d'extraction des ressources naturelles sont additionnées et gonflent artificiellement le P.N.B.,il faut soustraire du P.N.B. toutes les valeurs de prélèvement, assumées ou non-assumées.	On ignore les coûts d'extraction des ressources, les taxes et les rentes payées sur les ressources; on soustrait du P.N.B. uniquement les valeurs de prélèvement non-assumées.

Ces principes de calcul de la valeur de prélèvement ne sont pas applicables aux ressources non-renouvelables qu'il est impossible de recy-

---

667 Ces propositions théoriques ont déjà été élaborées par l'auteur dans son livre L'écologie, le chaînon manquant de la politique, éd. du Fleuve, 1985. Il est important de mentionner que ces propositions ont été
améliorées et simplifiées ici, à un point tel que l'auteur rejette la version précédente.

cler. Est-ce un argument pour les rejeter? Non, car l'essentiel de cette logique est de remplacer une activité qui affecte nos actifs de ressources par une autre activité qui atteint les mêmes buts sans réduire ces actifs.

Pour les ressources non-renouvelables impossibles de recycler (comme le pétrole), il suffit de reconnaître qu'il existe des **ressources renouvelables alternatives**. (De façon inhérente, l'exploitation d'une ressource renouvelable n'est pas supposée affecter les actifs). La valeur de prélèvement pourrait aussi s'appeler la **«valeur de remplacement écologique»**. Cette valeur de remplacement du pétrole devrait être égale au coût nécessaire pour remplacer, à long terme, le pétrole par l'énergie solaire ou hydro-électrique ou autre forme d'énergie renouvelable. Concrètement, s'il reste des réserves de pétrole pour 30 ans, il faudrait que les consommateurs de pétrole paient une taxe suffisamment élevée pour que cette taxe puisse servir à développer des substituts qui pourront remplacer le pétrole dans 30 ans. Le calcul est alors plus difficile, mais le principe demeure le même.

Il faut également faire attention à l'expression «ressources renouvelables», car ces ressources sont souvent plus ou moins renouvelables. Par exemple, il existe des méthodes d'exploitation forestière qui assurent la régénération de la forêt. A l'opposé, d'autres méthodes peuvent réduire le potentiel forestier en permanence. Comme ces dernières méthodes sont généralement employées pour réduire les coûts d'exploitation, la valeur de prélèvement non assumée est alors égale à la différence de coût entre les deux types d'exploitation.

Un produit national trop brut

Le produit national brut (PNB) est un indicateur très important, parce qu'il influence directement les décisions politiques nationales et internationales. Voici une citation de Dennis Meadows[668] qui résume cet enjeu:

> «Les statistiques économiques nationales ont été conçues pour permettre le calcul du Produit National Brut. En conséquence, les recommandations (des économistes) continuent à être basées sur le postulat erroné que la qualité de la vie augmentera toujours dans un pays qui réussit à augmenter son PNB. Ce fait est alarmant pour ceux qui considèrent que le PNB ne tient compte que d'une petite portion des coûts et bénéfices résultant de l'action humaine et qui réalisent que la poursuite aveugle à court terme du PNB a poussé plusieurs pays à sérieusement réduire leur capital institutionnel, culturel, environnemental, de même que les ressources naturelles essentielles à leur développement à long terme»

Le calcul du P.N.B. est basé[669] sur l'ensemble de la production de biens et services, c'est-à-dire qu'il inclut les coûts d'extraction des matières

---

[668] R.Hueting, New Scarcity and Economic Growth, North-Holland, 1980, p.v., préface de Dennis L.Meadows

[669] C. R. McConnell, W.H. Pope, P.A. Julien, Ibid., p. 172-187

premières, les coûts de la main-d'oeuvre dans la production des biens tangibles (provenant des industries et manufactures) et aussi les coûts des biens intangibles produits par des entreprises de services. Il inclut également les dépenses des gouvernements.

En fait, les valeurs ajoutées de toute activité économique sont additionnées avec un résultat difficile à interpréter. Cette méthode ne calcule pas la quantité de biens et services qui sont **disponibles** à la population. Par exemple, si on augmente le P.N.B. en augmentant les dépenses militaires, la population de verra pas s'accroître la quantité de biens ou de services à sa disposition. Une autre incohérence de la méthode de calcul provient du fait que toutes les productions sont additionnées. Lorsqu'une entreprise pollue une rivière et que cela entraîne des coûts additionnels (pour les municipalités par exemple), les dépenses encourues pour l'épuration ne devraient pas être additionnées au P.N.B.[670]:

> «En fait, de la façon dont les calculs sont actuellement effectués, lorsque le gouvernement intervient pour dépolluer une rivière, par exemple, les coûts ainsi encourus sont inclus au P.N.B. alors que les coûts résultant de la pollution n'en sont pas déduits !»

Cela signifie que pour rendre le P.N.B. réaliste, tous les coûts de la pollution devraient être soustraits de la production et toutes les dépenses d'épuration devraient être ignorées. Ces dépenses ne servent qu'à rétablir la situation telle qu'elle était auparavant, sans apporter aucun bénéfice nouveau à la population.

Plusieurs économistes dont J.K. Galbraith[671], ont critiqué le P.N.B. sur le plan de la disponibilité des biens de consommation et de la qualité de la vie. K. Boulding[672] semble cependant être le seul à avoir inclus dans sa critique l'enjeu des ressources naturelles. La critique de Boulding est importante, car **l'incohérence la plus grave du P.N.B. concerne les actifs.** Pour démontrer cela, prenons la situation suivante: un pays, au début de l'année, possède un puits de pétrole; pendant l'année, plusieurs milliers de barils de pétrole en sont extraits et le puits devient sec; tout ce pétrole est raffiné et ensuite consommé par des automobilistes qui font des promenades à la campagne (en produisant beaucoup de pollution). Selon la méthode actuelle de calcul, ces activités auront fait augmenter significativement le P.N.B pendant l'année. A la fin de l'année, les politiciens et citoyens auront l'impression, grâce à ce pétrole consommé, d'être plus riches qu'au début de l'année. En réalité, non seulement toutes ces activités ne les ont pas enrichis mais, au contraire, ils se sont appauvris, puisqu'ils ont un puits de pétrole en moins.

Cette lacune ne concerne pas uniquement les ressources naturelles non-renouvelables. On peut y ajouter plusieurs autres actifs dont les

---

[670] C. R. McConnell, W.H. Pope, P.A. Julien, Ibid., p. 179
[671] R.Hueting, New Scarcity and Economic Growth, North-Holland, 1980, p.33
[672] R.Hueting, Ibid., p.73

plus importants sont les infrastructures (routes, chemins de fer, etc.). Selon la méthode actuelle de calcul, lorsque des dollars sont dépensés pour construire, entretenir ou même **démolir** une infrastructure, toutes ces dépenses sont additionnées indifféremment au P.N.B. On additionne donc des dépenses qui ont des effets opposés sur les actifs. En fait, seulement les dépenses de construction constituent un accroissement certain de la richesse du pays et les dépenses de démolition devraient normalement être soustraites du P.N.B. et non pas additionnées. Pour l'entretien, la situation est plus difficile à évaluer, car il faut tenir compte de certains types de travaux qui peuvent produire une amélioration réelle de l'infrastructure. Par contre, une grande proportion des dépenses d'entretien ne servent qu'à maintenir la situation actuelle et de telles dépenses ne devraient pas être additionnées au P.N.B.

En comptabilité des entreprises, ce problème est grandement simplifié par la pratique de **l'amortissement**. Cette pratique a normalement comme objectif d'évaluer l'usure d'un actif quelconque, pour ainsi réduire sa valeur. Cette pratique n'existe pas en économie et il en résulte des distorsions sérieuses.

Il est possible de résumer cette «erreur» de la comptabilité économique en quelques phrases: **les indicateurs économiques ne font pas de distinction entre des dépenses qui font augmenter les actifs et celles qui ne font pas augmenter les actifs.** Sur une base individuelle, c'est comme s'il n'y avait pas de différence entre dépenser $10 000 pour une maison ou pour un voyage!

Il est également illogique de comptabiliser de façon identique une production provenant d'une ressource renouvelable et celle provenant d'une ressource non-renouvelable. **L'exploitation d'une ressource renouvelable représente un gain, contrairement à l'exploitation d'une ressource non-renouvelable.**

Malgré toutes ces absurdités, plusieurs économistes, politiciens et journalistes se servent constamment du P.N.B. pour évaluer le niveau de vie des citoyens d'un pays. Pourtant, il n'évalue pas du tout la quantité nette de biens et services disponibles. Certains économistes[673] ont donc essayé de développer d'autres indicateurs qui tiendraient compte du bien-être des citoyens. Cette dimension du problème est incomplète, car il ne suffit pas d'examiner la quantité de bien-être d'une population, mais aussi de voir comment ce niveau de bien-être est atteint. Ce point est essentiel pour savoir si le développement d'un pays est **durable à long terme.**

En d'autres termes, même si le P.N.B. représentait la quantité nette de biens et services disponibles, il pourrait toujours négliger de tenir

---

[673]   K. Boulding, The Environmental Crisis, «Fun and games with Gross National Product: the Role of misleading indicators in social policy», Yale University Press, 1970

compte des stocks de ressources. Il faudrait donc développer un nouvel indicateur qui inclurait une évaluation de la capacité du pays à maintenir la situation à long terme. Ce nouvel indicateur pourrait s'appeler le **«produit national de développement durable»** et se distinguerait du P.N.B. actuel selon les modalités présentées au tableau 14.1b. Il est évident que les «erreurs» actuelles dans le calcul du P.N.B. sont suffisamment grandes pour lui enlever toute signification.

Tableau 14.1b: Corrections à apporter au P.N.B

Produit National Brut actuel	Changements nécessaires
ACTIFS Pas d'amortissement des infrastructures	Amortissement des infrastructures
Dépenses d'extraction des ressources non-renouvelables additionnées	Dépenses d'extraction des ressources non-renouvelables **ignorées**
Revenus publics provenant des ressources naturelles additionnés	Revenus publics (taxes et rentes) provenant des ressources **ignorés**
Toutes les valeurs de prélèvement (assumée ou non) **ignorées**	Valeurs de prélèvement non-assumées **soustraites**
PASSIFS Coûts de la pollution **ignorés ou additionnés**	Coûts de la pollution **soustraits**
Dépenses d'épuration additionnées	Dépenses d'épuration ignorées
PRODUCTIONS NON-DISPONIBLES Dépenses militaires additionnées	Dépenses militaires ignorées

Déficits économiques ou déficits écologiques

Depuis une décennie, de nombreux économistes et politiciens prétendent qu'une des causes premières des problèmes économiques est le déficit public (encouru par les divers paliers de gouvernement) qui nous permet d'emprunter de l'argent aux générations futures.

Il existe cependant d'autres catégories d'emprunt. Une première forme d'emprunt est celle réalisée directement par les particuliers ou les entreprises, et dont la science économique connaît bien les effets. En augmentant le pouvoir d'achat des individus, cette méthode peut stimuler le développement économique et créer des emplois. Comme ces emprunts peuvent faire augmenter plus rapidement la demande de biens que la production (c'est-à-dire l'offre), il en résulte des pressions inflationnistes. Malgré cela, les impacts de cette forme d'emprunt sont moins grands que dans le cas du déficit public, parce que les individus ou entreprises demeurent responsables de leurs emprunts et ne peuvent emprunter indéfiniment.

Les emprunts réalisés par les gouvernements sont différents des emprunts privés, car un gouvernement peut continuellement dépenser davantage qu'il ne reçoit. Selon Keynes[674], les gouvernements doivent encourir des déficits en période difficile pour créer des emplois. Par contre, il recommande aux gouvernements de faire des surplus budgétaires en période de prospérité. Plusieurs économistes affirment que c'est justement parce que les politiciens ont retenu seulement la première partie de la théorie qu'il y a actuellement des problèmes économiques. Cette affirmation a certainement une part de vérité, mais elle cache une **illusion importante, celle que le déficit comptabilisé par les gouvernements représente 100% du déficit annuel réel.**

Cela nous amène à discuter d'une autre forme d'emprunt qui est ignorée par les praticiens de la macro-économie, celle de «**l'externalisation des coûts**», c'est-à-dire la production d'un impact qui n'est pas subi par le producteur, mais par quelqu'un d'autre. Ces coûts externes peuvent se manifester sous forme de coûts économiques à court terme ou à long terme (par exemple des pertes de productivité) aussi bien que par des coûts sociaux (ex. problèmes de santé). Ces coûts externes seront, tôt ou tard, assumés par quelqu'un. Lorsqu'une entreprise écourte la vie d'un employé en l'exposant à des conditions insalubres, cette entreprise augmente sa productivité à court terme et réduit la productivité économique et sociale à long terme. De tels coûts externes constituent autant une forme d'emprunt que les emprunts monétaires privés ou publics.

Cette logique est pertinente à la grande majorité des problèmes environnementaux, car la pollution d'aujourd'hui deviendra souvent la nuisance de demain. **La pollution respecte le principe de base de l'emprunt qui est de payer plus tard ce que nous ne voulons pas payer maintenant.**

Il en est de même lorsque nous consommons une grande quantité de ressources non-renouvelables, en ignorant leur valeur de prélèvement pour maintenir les prix le plus bas possible. Cela ne fera que réduire la disponibilité des ressources et les prix devront inévitablement monter dans les années suivantes. Conformément au principe de l'emprunt, il faudra, dans quelques années, payer plus cher parce que nous refusons de payer maintenant.

Selon les méthodes actuelles de calcul, ces coûts externes et valeurs de prélèvement ne sont pas inclus dans le déficit public (qui est strictement monétaire). Cela signifie que, même si les politiciens parvenaient à réduire et annuler les déficits monétaires dans les prochaines années, la crise économique ne serait pas solutionnée. Il est même probable que

---

[674] C.R. McConnell, W.H. Pope, P.A. Julien, Ibid. , p.270

la situation soit aggravée car, dans plusieurs cas, la réduction des dépenses gouvernementales (pour réduire le déficit) peut faire augmenter dramatiquement les coûts externes et accroître le **vrai** déficit public. Encore une fois, les politiciens se fient à un indicateur économique qui oublie complètement les problèmes écologiques.

Les enjeux à somme nulle

L'approche écologiste est basée sur une perception globale et mondiale des problèmes. Plusieurs traditions de la macro-économie sont en contradiction avec cette perception. Voici quelques «clichés» dont se servent constamment les politiciens ou les économistes pour expliquer les problèmes économiques: les salaires ont augmenté trop rapidement; les investissements étrangers sont insuffisants; l'inflation est trop élevée.

Ces prises de position signifient qu'il faut améliorer sa position économique par rapport aux autres pays, mais le problème c'est justement que tous les pays ont le même objectif. Et si tout le monde ramène son inflation à 0%, les problèmes économiques seront résolus? Certainement pas, car si tout le monde réussit à contrôler ses salaires et ses prix, tout le monde reste au même point.

Une autre stratégie fréquemment proposée par les politiciens et économistes est celle d'attirer des investissements étrangers. Une telle stratégie est bénéfique pour un pays, mais on oublie que le gain en investissements est généralement égal à la perte en investissements d'un autre pays.

L'inflation, le taux de change et le niveau des investissements étrangers sont des enjeux à somme nulle. Peu importe le nombre de politiciens qui en font une priorité, ces efforts ne contribuent pas à l'amélioration de la situation mondiale. **Cela ne veut pas dire qu'un pays doit ignorer ces enjeux,** mais il faut comprendre qu'ils ne changent rien globalement. Ces enjeux peuvent affecter la situation d'un pays par rapport aux autres, mais le gain d'un pays est égal à la perte des autres pays.

Cette préoccupation extrême de la macro-économie à l'endroit des enjeux à somme nulle est démontrée par les sommets économiques des pays riches de l'Occident. On y discute d'inflation, de taux de change, d'investissements, de barrières tarifaires, de dettes extérieures, etc. Tous ces enjeux sont importants pour déterminer la richesse d'un pays par rapport à un autre, mais il s'agit essentiellement de redistribution entre les différents pays. Non seulement cela ne sert à rien pour améliorer la situation mondiale, mais on oublie complètement les pays pauvres.

Les vrais enjeux, ce sont la raréfaction des ressources, les pluies acides, l'effet de serre, l'érosion des terres agricoles, la désertification, la surpopulation et la pénurie de nouvelles terres fertiles à l'échelle du globe.

«L'exemple» du Japon

Le cas du Japon démontre aussi que la macro-économie oublie la dimension globale. Parmi les «clichés» dont se servent constamment les politiciens ou les économistes pour relancer l'économie, le plus usé est «il faut faire comme le Japon!»

Mais l'économie du Japon est basée sur l'importation massive de ressources naturelles et l'exportation massive de produits finis. De plus, pour des raisons culturelles, les Japonais n'importent pratiquement aucun produit fini. Il est donc étrange d'affirmer que nous devons tous faire comme le Japon, puisque **si tous les pays font comme le Japon, il n'y aura plus aucun pays pour acheter des produits finis.**

Peut-on se fier aux théories macro-économiques?

Les discussions précédentes démontrent que les praticiens de la macro-économie ne possèdent pas la vision globale ou les informations nécessaires pour faire l'évaluation de la performance des pays. En fait, les praticiens de la macro-économie ne possèdent pas d'indicateur réellement significatif et ils se retrouvent dans la même situation que le comptable d'une entreprise à qui on cacherait de l'information vitale. **Tout comptable qui ne connaît pas la situation des actifs et des passifs de sa corporation serait certainement en difficulté. De la même façon, les économistes font face à un mandat impossible si on leur demande de gérer efficacement nos ressources.**

14.2 L'économie de l'environnement, une discipline qui favorise la destruction de l'environnement

Quelques spécialistes de la micro-économie, notamment Mishan, ont mis l'accent sur les coûts externes de la pollution. Ces économistes ont voulu «intégrer» ces coûts externes dans l'analyse économique par le biais de *l'analyse coûts/avantages (cost/benefit analysis).* Cette analyse oblige l'économiste à accorder une valeur monétaire à tous les impacts d'un projet, que ces impacts soient positifs ou négatifs. De plus, l'évaluation doit être actualisée, c'est-à-dire transformée pour que tous les impacts futurs soient évalués à l'instant présent. Mais *l'analyse coûts/avantages* tend à systématiquement sous-estimer les impacts environnementaux à long-terme (tableau 14.2a).

Tableau 14.2a: Lacunes de l'analyse coûts/avantages

— Les effets aigus à court terme de la pollution peuvent être évalués, mais les effets chroniques à long terme sont souvent inconnus ou impossibles à évaluer.

— Les individus très sensibles à la pollution (ex. asthmatiques) seront «victimes» de l'analyse coût/avantage car, même si on calcule l'impact économique sur ces individus, ils sont trop peu nombreux pour changer l'évaluation globale d'un projet.

— L'évaluation de plusieurs problèmes environnementaux (notamment en toxicologie) devrait tenir compte des «effets de seuil», de même que des effets de l'accumulation de substances persistantes comme le DDT. Ces effets sont fréquemment inconnus ou ignorés.

— Jusqu'à maintenant, les études d'impacts négligent toujours les effets synergiques des diverses substances polluantes.

— Peut-on accorder une valeur équitable à des impacts irréversibles comme la mortalité d'un être humain ou la destruction d'un écosystème?

— L'analyse coût/avantage est davantage basée sur le concept de nuisance que sur le concept d'impact environnemental. Si une rivière est déjà très polluée et qu'elle n'a plus aucune utilité, une pollution additionnelle ne coûte rien puisque personne n'en est affecté. Le concept de nuisance est donc trop restrictif.

— L'évaluation de plusieurs impacts est dépendante de calculs de probabilité très controversés (par exemple, dans le cas d'accident dans une centrale nucléaire).

— Fréquemment, l'analyse coûts/avantages doit accorder une valeur à des ressources selon les opinions des citoyens. Par exemple, pour évaluer un site de loisirs gratuit (ex. un parc), il est nécessaire de demander aux utilisateurs la valeur qu'ils accordent au site. Cette technique est biaisée, parce que les sites utilisés par les gens riches auront plus de valeur que les sites utilisés par les moins riches.

— Toutes les évaluations sont faites par et pour les générations actuelles. Même un objet soumis aux lois du marché est évalué implicitement par le consentement à payer immédiat des citoyens actuels. Les considérations à long terme ne sont pas incluses et les générations futures accorderaient peut-être des valeurs très différentes aux impacts.

— L'actualisation est une pratique inhérente de l'analyse coûts/avantages. Mais selon les taux d'intérêt actuels, cette pratique dévalue tous les impacts à long terme. Un impact qui coûtera $1 million dans 50 ans, actualisé à 10%, ne vaut aujourd'hui que $8500.

Les lacunes de *l'analyse coûts/avantages* ne signifient pas qu'on doive abandonner l'évaluation des coûts externes; il faut simplement s'assurer de ne pas les sous-estimer. Tel que le souligne Mishan, l'internalisation des impacts de la pollution permet notamment de réduire les inégalités entre les individus et les groupes de la société (le pollué qui est victime du pollueur). Si cet objectif d'internaliser les coûts est réalisable à une période donnée, il est plus difficile de tenir compte des injustices infligées aux générations futures.

Le biais fondamental de l'économie de l'environnement est illustré par une conclusion de l'économiste R. Hueting qui est pourtant très critique des sciences économiques. Il affirme que finalement «La question cruciale, c'est qu'est-ce que la nature vaut pour nous?»[675]. L'économiste insiste pour accorder une valeur monétaire à quelque chose qui n'en a pas nécessairement. L'expression «pour nous» est d'ailleurs lourde de conséquences, expression conforme aux postulats de la science économique à l'effet que l'homme ne fait que poursuivre sa prospérité à court terme, n'ayant pas à se soucier des impacts sur les générations futures.

L'économie de l'environnement est également basée sur le concept[676] de *niveau «optimum» de pollution* (voir tableau 14.2b). Il indique au politicien qu'il existerait un seuil économique au-delà duquel il ne faut pas réduire la pollution, parce que les coûts d'épuration sont alors plus grands que les dommages de la pollution. Ce principe apparemment logique, détermine des objectifs «raisonnables» à atteindre en termes d'épuration.

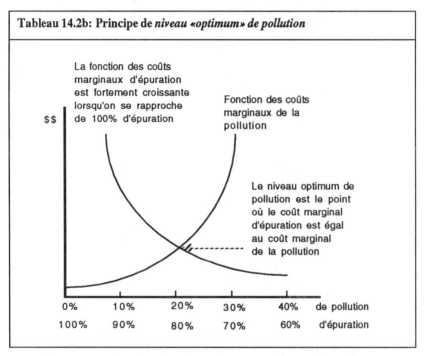

Tableau 14.2b: Principe de *niveau «optimum» de pollution*

La fonction des coûts marginaux d'épuration est fortement croissante lorsqu'on se rapproche de 100% d'épuration

$ $

Fonction des coûts marginaux de la pollution

Le niveau optimum de pollution est le point où le coût marginal d'épuration est égal au coût marginal de la pollution

| 0% | 10% | 20% | 30% | 40% | de pollution |
| 100% | 90% | 80% | 70% | 60% | d'épuration |

Cette conception économique de la protection de l'environnement fixe généralement des objectifs inadéquats pour préserver les écosystèmes et les cycles. Premièrement, l'évaluation des dom-

[675] R.Hueting, Ibid., p.185
[676] Matthew Edel, Economies and the Environment, Prentice-Hall, 1973; R. Prud'homme, Le ménagement de la nature, éditions Dunod, Paris, 1980; Anthony C. Fisher, Resource and Environmental Economics, Cambridge Un. Press, 1981

mages de la pollution est nécessairement sous-estimée à cause des lacunes discutées précédemment: l'actualisation réduit la valeur du futur; les évaluations sont accordées par les générations actuelles, dans leur intérêt et non pas dans l'intérêt des générations futures; la valeur de prélèvement n'est jamais incluse dans les calculs; les coûts des effets synergiques ou cumulatifs sont oubliés. Deuxièmement, si on détermine nos objectifs selon des critères économiques, on néglige le fait que plusieurs impacts sont irréversibles et qu'alors, les enjeux ne sont pas uniquement économiques.

Mais plus fondamental, même s'il était possible d'évaluer avec précision tous les impacts environnementaux, le principe de *niveau «optimum» de pollution* assure la destruction des écosystèmes par la logique suivante: à cause des coûts marginaux croissants de l'épuration, l'implantation d'une deuxième usine implique inévitablement une augmentation de la quantité totale de polluants. Le tableau 14.2c simule l'implantation, sur une même rivière, d'une deuxième usine identique à une première.

Tableau 14.2c: Changement de niveau optimum de pollution lorsqu'il y a concentration industrielle

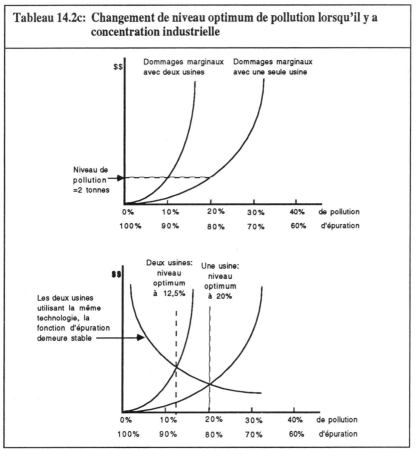

En respect du niveau «optimum» de pollution, la première usine produisait dix tonnes de matières organiques biodégradables et en rejetait deux tonnes dans la rivière; elle était à 80% d'épuration. Lorsqu'une deuxième usine identique s'installe, la fonction de dommages de la pollution de chaque usine se déplace pour exprimer deux fois plus de pollution. La fonction de coûts marginaux d'épuration d'une usine reste stable, car la technologie d'épuration est assumée constante pour chaque usine.

Pour que la quantité totale de pollution ne change pas, il faudrait que les deux usines passent à 90% d'épuration (une tonne chacune). Mais comme les coûts d'épuration sont fortement croissants, le niveau optimum d'épuration des deux usines ne passerait pas de 80 à 90%, mais à 87,5%. **En respectant intégralement le principe de *niveau optimum de pollution*, le total des polluants rejetés à la rivière passerait donc de 2 tonnes à 2,5 tonnes.** Cela signifie que, même en suivant à la lettre le principe, la concentration industrielle finira par détruire complètement la rivière. Les théories en économie spatiale affirment d'ailleurs que cette concentration industrielle est fort probable. **Il suffit donc de suivre à la lettre les théories en économie de l'environnement et en économie spatiale pour détruire un écosystème.**

De plus, il est rare qu'un gouvernement exige des anciennes usines de réduire leur pollution, parce qu'une nouvelle usine s'installe sur la même rivière; les impacts réels de la concentration industrielle sont donc plus grands que ne l'indique le principe.

La même logique de destruction est également applicable au niveau des cycles biosphériques. Le *niveau «optimum» de pollution* pourrait être respecté à l'échelle locale dans chaque pays et les émissions totales pourraient quand même être à un niveau inacceptable pour la planète. Cette situation est simplement due au fait suivant: **pour permettre aux écosystèmes de survivre et aux cycles de se maintenir en équilibre, les limites écologiques à respecter n'ont rien à voir avec les considérations économiques.** Si une rivière est capable, grâce à sa capacité d'auto-épuration naturelle, de supporter x tonnes de matières organiques à chaque jour, cette limite ne doit pas être dépassée, peu importe le nombre d'usines sur la rivière ou les coûts d'épuration.

Il est impossible d'inclure l'environnement dans la théorie économique

Les limites micro, méso ou macro-écologiques n'ont rien à voir avec l'économie. **Une saine gestion de la planète exige de déterminer d'abord les quantités de polluants acceptables et de demander ensuite au sous-système économique de respecter ces limites.** Comme discuté au chapitre 1, le système écologique est le système global alors que les autres systèmes ne sont que des sous-systèmes.

L'entropie confirme également cette primauté de l'écologie sur l'économie. Georgescu-Roegen[677] a démontré que, inévitablement, le processus économique augmentait l'entropie et que les lois de la thermodynamique priment sans exception sur les lois économiques.

En somme, la micro-économie, en essayant de donner une valeur monétaire à tout objet, postule que un dollar de ressources est toujours égal à un dollar de main-d'oeuvre. Si cela est logique en économie, la protection de l'environnement peut exiger de ne pas remplacer deux dollars de main-d'oeuvre par un dollar d'énergie, surtout lorsque la main-d'oeuvre est en excès (chômage) et l'énergie en pénurie. Une analyse écologique des facteurs de production doit donc mettre l'accent sur les équivalences thermodynamiques, équivalences qui n'ont rien à voir avec le critère du dollar.

14.3 La macro-économie et les rapports de force entre les pays

L'objectif de la macro-économie, la croissance économique des pays du «centre»

La macro-économie est au service des États riches de l'Occident (identifiés dans la théorie de la dépendance comme les pays du «centre»). Les enjeux du protectionnisme et de la libéralisation des échanges démontrent que **la macro-économie s'adapte pour favoriser la croissance économique des pays du «centre».**

Du début du siècle jusqu'au début des années 60, la grande majorité des économistes étaient en faveur de mesures protectionnistes, autant dans un grand pays comme les États-Unis ou des petits pays européens comme la Grande Bretagne. A cette époque, les pays riches européens avaient des contrôles quasi-exclusifs sur leurs colonies; les lois et les pratiques empêchaient alors les colonies de vendre aux pays de leur choix. Les États-Unis qui n'avaient pas de colonies étaient également protectionnistes, car ils voulaient alors développer leurs abondantes ressources naturelles. Les économistes étaient alors contre la libéralisation des échanges qui auraient permis aux colonies de vendre à d'autres pays à des prix plus élevés. A cette époque, le protectionnisme était également utile pour assurer un marché aux industries nationales et permettre leur croissance.

Mais à partir des années 60, la libéralisation des échanges est devenue graduellement la norme de «saine gestion» économique pour plusieurs motifs. Premièrement, les colonies ont acquis leur liberté poli-

---

[677] Nicholas Georgescu-Roegen, The Entropy Law and the Economic Process, Harvard Un. Press, 1971
L'augmentation de l'entropie étant définie, selon une approche basée sur les lois de la thermodynamique, comme une baisse de la qualité de l'énergie.

tique et il devenait impossible de restreindre leurs activités commerciales. Deuxièmement, les ressources naturelles (ex. pétrole) de pays comme les États-Unis ayant été surexploitées, les pays riches deviennent de plus en plus dépendants des ressources naturelles importées; il faut donc s'assurer qu'il y ait le minimum d'entraves à l'importation. Finalement, les entreprises nationales des pays riches sont devenues tellement grandes qu'elles n'ont plus besoin de protection; au contraire, leur principale possiblité d'expansion est dans les pays pauvres et il faut faciliter l'accès à ces nouveaux marchés.

Pendant les années 70, les pays exportateurs de pétrole augmentent collectivement le prix de leur principale ressource naturelle. L'Occident et les entreprises multinationales subissent alors les contrecoups de cette action. En conséquence, dans les années 80, on assistera à une poussée des grandes institutions économiques comme l'OCDE, en faveur de la libéralisation des échanges. Cette stratégie permet de relancer la croissance économique en exerçant des pressions puissantes à la baisse sur le prix des ressources (dont le pétrole). Dans un contexte de concurrence internationale, chaque producteur est en concurrence avec le pays qui réussit à extraire au moindre coût. Ce moindre coût n'inclut jamais la valeur de prélèvement, rarement les coûts externes de la pollution et souvent, il inclut des subventions à la production par le gouvernement national («influencé» par les entreprises multinationales).

On constate que la macro-économie adapte ses critères de «saine gestion» pour assurer, selon le contexte, le maximum de croissance économique des pays riches et la minimisation du prix des matières premières.

La macro-économie conventionelle, facteur d'affaiblissement de la «périphérie»

La macro-économie a également servi à affaiblir les pays du Tiers monde (identifiés dans la théorie de la dépendance comme les pays de la «périphérie»). Plusieurs caractéristiques de la macro-économie ont notamment favorisé l'entretien des empires coloniaux:

— En oubliant la valeur de prélèvement et les coûts externes de l'extraction des ressources naturelles, la comptabilité macro-économique a fortement sous-estimé le prix des ressources et ainsi favorisé l'exploitation des ressources du Tiers-monde.

— La conception du progrès entretenue par les sciences économiques a convaincu les dirigeants du Tiers-monde d'oublier leur capital de ressources naturelles. Ces dirigeants ont alors cru dans les bienfaits de l'industrialisation sauvage.

— Selon la macro-économie, les dépenses d'armement permettent de stimuler l'économie comme toute autre dépense. Les pays pauvres ont suivi l'exemple des pays riches et ils ont investi massivement dans les armes.

La protection de l'environnement, facteur d'affaiblissement des pays du «centre»

La protection de l'environnement est en contradiction avec les traditions économiques, car elle favorise un affaiblissement des pays du «centre»:

— Il faudrait arrêter la croissance économique des pays du «centre».

— Il faudrait réallouer les dépenses militaires à la protection de l'environnement[678].

— Autant les pays du «centre» que les pays de la «périphérie» devraient taxer lourdement la consommation de ressources, pour inclure dans le prix la valeur de prélèvement et les coûts de la pollution. Cela se ferait surtout au détriment des consommateurs occidentaux.

— Une hausse du coût de l'énergie aurait un impact sur les coûts du transport. Cela réduirait la concurrence internationale, car il deviendrait moins rentable de transporter des ressources à travers la planète. La logique de libéralisation des échanges et de minimisation du prix des ressources serait alors remise en question.

— Il faudrait annuler ou réduire la dette extérieure des pays pauvres (au détriment de l'Occident).

— Il faudrait déléguer des pouvoirs à des organismes internationaux, organismes qui risqueraient ensuite de demander des comptes aux entreprises multinationales.

L'ensemble de ces mesures pourrait réduire dramatiquement la domination des pays du «centre» sur les pays de la «périphérie». La protection de l'environnement mondial risque donc d'aider les pays du Tiers monde.

14.4 L'universalité de l'économisme

Dans les pays de l'Est, l'insuffisance de biens de consommation et la faible productivité pourraient nous faire conclure que l'économisme n'est pas dominant. Mais une technocratie économiste **inefficace** peut exister; c'est le cas des pays de l'Est. Examinons si les grandes caractéristiques de l'économisme (décrites précédemment) sont applicables aux pays de l'Est

Les indicateurs économiques comme indice de progrès et de performance politique

En Occident, les postulats macro-économiques, par le biais des indicateurs comme le P.N.B., dominent le processus de décision politique. **Dans les pays de l'Est,** dans les plans de développement, **la produc-**

---

[678] Plusieurs de ces mesures sont proposées par la Commission mondiale sur l'environnement et le développement, Notre avenir à tous, éditions du Fleuve, Montréal, 1988

tion totale a été davantage un indice de progrès qu'en Occident, c'était l'objectif officiel de l'État. Le lien entre les indicateurs économiques et les décisions politiques est encore plus direct.

Depuis l'ère de Staline en URSS, le progrès a été évalué selon la production industrielle totale de chaque usine, de chaque région. Dans les structures officielles, on ne se préoccupait pas de la quantité de ressources utilisées, seulement de la production finale.

Comme en Occident, les médias d'information ont renforcé cette pratique en rapportant constamment les bonnes performances des usines, accordant même des prix aux directeurs ayant atteint leurs objectifs de production totale.

Oubli des actifs et du caractère renouvelable des ressources

Les indicateurs économiques utilisés dans les pays de l'Est ne tiennent pas compte de la consommation de ressources non-renouvelables, même si cette consommation représente une perte d'actifs collectifs. Au contraire, le rythme d'extraction de pétrole est perçu comme un symbole de prospérité.

Les indicateurs ne font également aucune distinction entre les ressources non-renouvelables et les ressources renouvelables. Une activité comme l'agriculture, normalement «renouvelable», est même considérée comme peu prestigieuse dans les pratiques des pays de l'Est. Partout (à l'exception de la Chine peut-être), les réformes se sont faites sur le dos des paysans, qui n'ont jamais pu faire valoir leur importance économique[679]. Dans les pays de l'Est, c'est la production industrielle qui est prioritaire, pas l'agriculture. Ce comportement s'étend même à un pays comme l'Albanie qui réussit à peine à nourrir sa population.

L'agriculture elle-même, est d'ailleurs traitée comme une ressource non-renouvelable (autant à l'Est qu'à l'Ouest). Les taux d'érosion des sols sont plus grands que dans les pays occidentaux, quoique les pertes de terres agricoles à l'urbanisation sont moindres.

Oubli des passifs de la pollution

A l'image des monétaristes qui refusent de reconnaître l'importance des coûts externes de la pollution, les gestionnaires marxistes ont fermé les yeux sur cet impact économique négatif. Certains officiels soviétiques[680] affirment même que le pays est en retard de 15 à 20 ans sur l'Occident dans la lutte contre la pollution, parce que les gestionnaires soviétiques ne font que commencer à examiner ce problème.

L'oubli des coûts de la pollution est tellement systématique dans les pays de l'Est que les statistiques sur la pollution en URSS et dans les autres pays de l'Est sont très partielles ou n'existent simplement pas.

---

[679] René Dumont, Finis les lendemains qui chantent: Albanie, Pologne, Nicaragua, Seuil, 1983
[680] D. Thompson, «The Greening of the U.S.S.R.», Time, Jan. 2, 1989, p.59

Les productions non-disponibles

Un excellent indicateur de la domination de l'économisme est la facilité avec laquelle un pays accepte les dépenses militaires. Autant en URSS qu'aux États-Unis, le développement de l'industrie militaire est considéré comme bénéfique à l'économie.

Tableau 14.4: Part du P.N.B. consacré aux dépenses militaires, 1984[681]	
Union soviétique	11,5%
Chine	7,0%
États-Unis	6,4%
France	4,1%
R.F.A.	3,3%

La dépendance structurelle des pays producteurs de ressources

L'URSS n'est pas exemptée de la critique liée à la théorie de la dépendance. La différence majeure est que l'URSS exploite les ressources naturelles des pays de l'Est qu'elle a conquis pendant la seconde guerre mondiale.

L'URSS est également active dans plusieurs pays du Tiers monde (autre que les pays de l'Est). Son comportement est alors comparable à celui des pays riches occidentaux. Par exemple, lorsque l'Égypte a accepté d'être «protégée» par l'URSS pendant les années 60 et 70, la seule préoccupation du grand frère soviétique était la construction de méga-projets, sans aucune considération pour l'environnement (notamment le barrage d'Assouan). Cela ressemble étrangement au comportement des grandes firmes occidentales de génie-conseil. De plus, la plupart des pays pauvres d'allégeance marxiste ont reçu de l'aide de l'URSS, mais uniquement si cette dernière en tirait des avantages stratégiques. L'aide était souvent composée d'armements.

14.5 L'adversaire, la technocratie économiste

Domination capitaliste ou technocratique?

Selon plusieurs politicologues, les pays occidentaux ne doivent plus être catégorisés de sociétés *industrielles* , mais de sociétés *post-industrielles*. Dans la société *industrielle,* le pouvoir dominant était capitaliste et l'opposition fondamentale provenait du mouvement ouvrier. Dans la société *post-industrielle,* le pouvoir dominant serait technocratique et l'opposition fondamentale viendrait de la société civile.

---

[681] Worldwatch Institute, State of the World 1989, W.W.Norton, p.137

Il est impossible de refaire ici le débat à ce sujet. Par contre, la majorité des auteurs qui ont étudié les conflits environnementaux, sont d'avis que l'opposition de la société *post-industrielle* est appropriée à ces conflits. De grandes questions persistent cependant sur la définition des opposants. Qui compose notamment cette technocratie?

Un «technocrate» est normalement identifié par des critères comme la compétence, l'accès à l'information ou le poste occupé dans une hiérarchie. Si on accepte ces critères, la technocratie est constituée d'une très grande proportion de la population. Économistes, sociologues, urbanistes, médecins, ingénieurs, techniciens, notaires, écologues, haut-fonctionnaires, professeurs d'université, peuvent tous être considérés comme des technocrates. Pour identifier les adversaires des écologistes, le concept de technocratie est donc beaucoup trop large pour être utile. En fait, la technocratie pourrait fort bien inclure les écologistes eux-mêmes. Pour identifier les acteurs pertinents, il faut plutôt essayer d'identifier des technocrates «dominants», auxquels s'opposent les groupes écologistes.

Une technocratie basée sur la technologie?

Alain Touraine[682] affirme qu'il y a formation d'un *mouvement social* dans la lutte anti-nucléaire et que ce mouvement s'oppose à la technocratie au pouvoir. Selon lui, cette technocratie possède plusieurs caractéristiques:

— elle est surtout composée de personnes qui ont des connaissances scientifiques ou techniques, notamment des physiciens, ingénieurs ou techniciens qui peuvent utiliser leur savoir à des fins politiques;

— elle inclut les gestionnaires des institutions privées ou publiques (ex. Électricité de France) qui bénéficient d'informations privilégiées; ces gestionnaires gardent l'information secrète pour mieux contrôler le processus politique;

— le pouvoir de cette technocratie serait également dû aux prétentions de neutralité et de compétence qui sont inhérents au «monde scientifique».

Selon Touraine, la technocratie qui s'oppose à la protection de l'environnement est avant tout «technologique». Il tire ces conclusions exclusivement de l'analyse des débats sur le nucléaire et non pas sur l'ensemble des débats environnementaux. **De tous les débats sur l'environnement, le nucléaire est certainement le cas où les débats sont le plus techniques.**

Plusieurs autres enjeux comme les pluies acides, la pollution urbaine ou la gestion des déchets toxiques, nécessitent des connaissances scientifiques. Ces enjeux sont cependant moins techniques que le nucléaire; de plus, **la plupart des solutions et des débats n'ont rien à**

---

682   Alain Touraine, La prophétie anti-nucléaire, Seuil, Paris, 1980,

voir avec la technologie. Les obstacles pour réduire dramatiquement les pluies acides sont économiques et politiques, et les conflits à ce sujet sont avant tout politiques. Les moyens pour réduire la pollution urbaine et l'utilisation de l'automobile, sont économiques et politiques (par exemple, les taxes sur l'essence). Les conflits sur les déchets toxiques sont presque exclusivement politiques, par exemple le syndrome *pas dans ma cour.*

La plupart des interventions qui sont débattues (ou qui devraient l'être davantage) n'ont rien à voir avec la technologie. Les obstacles à l'implantation de ces mesures ne sont pas technologiques, mais économiques et politiques.

Face à l'ensemble des débats environnementaux, le «monde scientifique» favorise souvent des interventions politiques pour la protection de l'environnement. Dans le cas de la couche d'ozone stratosphérique, la communauté scientifique, devant les évidences découvertes en 1986[683], s'est mobilisée aussi vite que les groupes écologistes, de sorte que le Protocole de Montréal a été signé en 1987 et la Convention de Londres en 1990. Ces ententes prévoient l'élimination de l'usage des CFC dans les pays occidentaux et la plupart des pays du Tiers-monde. Même si les mécanismes de destruction de l'ozone stratosphérique ne sont pas bien connus, la communauté scientifique a appuyé sans réserve ces conventions. On ne peut donc pas blâmer les scientifiques de bloquer les interventions dans ce dossier.

En juin 1988, le Canada était l'hôte d'une conférence internationale sur les changements climatiques et l'effet de serre. 300 scientifiques de 48 pays différents participaient à cette conférence. Leur recommandation a été de réduire de 20% les émissions de carbone pour l'an 2005[684]. Alors que les groupes écologistes négligeaient l'effet de serre, on ne peut certainement pas blâmer la communauté scientifique de ralentir les interventions dans ce dossier.

Sur la question des pluies acides, le comportement du «monde scientifique» a été moins homogène. Plusieurs spécialistes ont utilisé le manque de connaissances sur les **mécanismes** de dépérissement des forêts pour justifier l'inaction. Par contre, plusieurs autres spécialistes ont été à l'avant-garde des interventions qui insistent sur la gravité du dépérissement.

Même dans le cas du nucléaire, la technocratie «scientifique» est loin d'être unanime en faveur du nucléaire: dès février 1975, 400 scientifiques français, provenant d'institutions réputées, signent «l'appel des 400» demandant aux citoyens français de rejeter l'énergie nucléaire[685].

---

[683]   G.Taubes, «Made in the Shade?», Discover, Aug. 1987, p.62-71
       «A Breath of Fresh Air, Time, Sept. 28, 1987
[684]   Sustainable Development, Dec. 1988, bulletin publié par Environnement-Canada
[685]   Dorothy Nelkin, Michael Pollak, The Atom Besieged, M.I.T. Press, 1981, p.89

A ce moment 200 médecins signent une pétition insistant sur les conséquences médicales du nucléaire. En R.F.A.[686], aussi tôt que 1957, un groupe de physiciens de réputation internationale exprimaient de très sérieuses réserves sur l'énergie nucléaire à cause des risques de prolifération des armes nucléaires. En 1975, un professeur de physique nucléaire, Jens Scheer, est congédié par son université, parce qu'il a participé à la manifestation de Brokdorf. En 1977, un groupe multidisciplinaire de 27 biologistes, physiciens, médecins, vétérinaires, contestent la validité de l'expertise radiologique présenté par l'industrie nucléaire.

C'est d'ailleurs une illusion de penser que la protection de l'environnement est surtout un enjeu technologique et qu'il suffirait d'utiliser des technologies appropriées pour solutionner les problèmes environnementaux. Rappelons les distinctions du chapitre 10 entre l'efficacité marginale et structurelle; quels sont les bénéfices d'utiliser des autos deux fois plus efficaces si on les utilise deux fois plus? Malgré cela, plusieurs auteurs considèrent que la solution est une technologie à l'échelle de l'homme[687]. Cette perception néglige la dimension macro-écologique des problèmes environnementaux. Une technologie appropriée pourrait effectivement servir à préserver des écosystèmes, en s'assurant qu'elle est adaptée à son contexte local. Mais selon des critères macro-écologiques, la technologie à petite échelle n'assure aucunement des bénéfices. Par exemple, une petite centrale thermique au mazout est probablement une technologie appropriée pour produire de l'électricité dans une région éloignée. Mais quel est l'impact macro-écologique si toutes les régions éloignées connaissent un grand développement démographique et économique? Les émissions de CO_2 *per capita* seront alors très élevées, contribuant à l'effet de serre. La technologie peut être appropriée à l'échelle locale, et contribuer à détruire rapidement la planète.

En comparant les bilans écologiques des pays occidentaux et des pays de l'Est, il est également possible de douter que la protection de l'environnement soit surtout un enjeu technologique. En Occident, la destruction de l'environnement serait due à un développement excessif de la technologie, comme le soutien Commoner au sujet des substances chimiques. Par contre, dans les pays de l'Est, la destruction de l'environnement serait due à des technologies insuffisamment développées (par exemple, la combustion locale de charbon).

Une technocratie basée sur l'économisme?

Il faut chercher ailleurs que dans la technologie, l'explication fondamentale de la destruction de l'environnement. La meilleure explication réside dans les sciences économiques. La technocratie qui s'oppose

---

[686] Dorothy Nelkin, Michael Pollak, Ibid., p.92
[687] Schumacher, Small is beautiful, Amory Lovins sur les technologies moins énergivores

à la protection de l'environnement, est d'abord «économiste». Cette technocratie est composée des individus qui mettent en pratique les principes des sciences économiques, particulièrement la macro-économie.

Plusieurs évidences permettent de confirmer cela. Au début de la période de contestation du nucléaire, Nelkin et Pollack affirment que parmi les experts concernés, les économistes ont été les moins actifs à participer à la contestation. En fait, ce sont des physiciens et ingénieurs opposés au nucléaire qui ont développé les arguments économiques contre l'énergie nucléaire[688].

Après cette contestation initiale, le comportement des économistes s'est modifié graduellement en constatant que les centrales coûtaient 5 à 10 fois plus que prévu. Ils ont alors commencé à douter de ses bienfaits. Ils avaient cependant besoin des échecs répétés du nucléaire pour remettre en question leur appui. Lorsque que le WPPSS (chapitre 6) a réalisé sa faillite à cause d'un programme ambitieux de centrales nucléaires, les instituts de recherche en économie n'étaient toujours pas prêts à condamner le nucléaire.

Mais en bout de ligne, le nucléaire a été abandonné aux États-Unis, surtout à cause des coûts de construction très élevés. Cet échec du nucléaire appuie le constat que la technocratie dominante est d'abord «économiste» et non pas «technologique». Si les ingénieurs et autres scientifiques associés au nucléaire constituaient la technocratie dominante, il aurait été impossible de stopper complètement le développement du nucléaire, comme ce fut le cas dans de nombreux pays (Autriche, Suède, Hollande, Australie, États-Unis, Québec).

Les auteurs français, devant l'impossibilité d'arrêter le nucléaire **dans leur pays**, ont conclu que la technocratie dominante est «technologique». Ils ont oublié de regarder ailleurs, car la France est une exception. Dans presque tous les autres pays occidentaux, les «technologues» en faveur du nucléaire ont perdu la bataille.

Aux États-Unis, c'est d'ailleurs la technocratie économiste qui a décidé d'utiliser d'autres sources d'énergie, parce que le nucléaire coûtait trop cher. Si on regarde les pays où le nucléaire se développe encore, c'est parce qu'il existe dans ces pays des mécanismes institutionnels qui permettent de minimiser les coûts des centrales. Ces pays ont donc réussi à rendre le nucléaire acceptable à leur technocratie économiste.

L'opposition des instituts de sciences économiques à la protection de l'environnement peut d'ailleurs être illustrée par les périodiques spécialisés. Alors que la plupart des grands périodiques (Time, Newsweek, Science et technologie, etc), consacraient des éditions spéciales à l'environnement, la revue The Economist n'accorde toujours aucune im-

---

[688] Dorothy Nelkin, Michael Pollak, Ibid., p.94

portance aux enjeux environnementaux. En 1988, alors que l'environnement est à la une de tous les journaux et périodiques, la page couverture du numéro d'octobre s'intitule *Politicians change colour*, faisant allusion au fait que les politiciens doivent tenir compte de l'environnement[689]. Dans ce numéro «spécial», il y avait seulement un article de trois pages sur l'environnement et un éditorial d'une page et demi. Et cet éditorial affirmait essentiellement que si on laissait davantage jouer les jeux du marché, l'environnement s'en porterait beaucoup mieux!

Cette technocratie économiste inclut en grande partie les gestionnaires des entreprises multinationales. Ce constat est appuyé depuis longtemps par J.K. Galbraith qui affirme[690] que les grandes entreprises américaines (et multinationales) ne sont pas dominées par des capitalistes, mais par des technocrates spécialisés dans la gestion des entreprises. Ce sont les gestionnaires de ces entreprises qui contrôlent leur développement, selon les principes de «saine gestion» dictés par les sciences économiques.

Le relevé de notes des politiciens

Depuis deux ou trois décennies, les fonctions politiques des indicateurs économiques ont été multipliées à cause du processus suivant:

— les médias d'informations sont devenus omniprésents dans les pays industrialisés (surtout la télévision), incluant les pays de l'Est;

— les journalistes des médias, soucieux de garder une image d'objectivité, laissent l'interprétation des événements économiques à des «spécialistes»;

— la dimension économique de l'actualité est donc laissée entièrement aux économistes ou à leurs indicateurs;

— les citoyens, soucieux de leur situation matérielle, sont préoccupés par les tendances économiques; il en résulte une rencontre incessante entre ces indicateurs et les inquiétudes des citoyens;

— en conséquence, **les indicateurs économiques sont devenus des indicateurs de performance politique.**

Les politiciens ne sont pas différents des autres individus et ils réagissent à leur évaluation. A l'image de l'étudiant qui étudie d'abord et avant tout pour ses «notes», le politicien est d'abord concerné par son relevé de notes et ce relevé est constitué des indicateurs économiques, c'est-à-dire le P.N.B., le taux de chômage, le taux d'inflation et plus récemment, le déficit public. Tous ces indicateurs négligent entièrement les enjeux écologiques, tout en encourageant souvent la destruction de l'environnement.

Le politicien, comme l'étudiant, supprime les actions ayant des impacts négatifs sur ses notes. Plusieurs interventions en faveur de l'envi-

---

[689] The Economist, Oct. 15, 1988, «Changing colour», p.15-6
[690] J.K. Galbraith, Le nouvel État industriel,

ronnement, notamment le contrôle des grandes entreprises, auraient des impacts négatifs sur le P.N.B.; le politicien évite donc ces interventions. D'autres mesures de protection de l'envrionnement, comme les taxes sur l'énergie, auraient des effets positifs sur les indicateurs, notamment en réduisant le déficit; par contre, les économistes disent le contraire aux politiciens, de sorte que même ces interventions sont évitées.

Ces constatations expliquent pourquoi les politiciens ont une très forte tendance à s'entourer d'économistes et à les écouter religieusement. Pourquoi cette rareté des sociologues et jamais d'écologistes? La raison est simple: les politiciens pensent que seuls les économistes sont capables de leur dire les conséquences de leurs actions sur les indicateurs économiques. L'absence des écologistes est également explicable: ces derniers militent contre la croissance aveugle et cela signifie, par le biais du P.N.B., une baisse de cote politique.

La technocratie économiste joue également un rôle électoral direct. En avril 88, juste avant l'élection fédérale canadienne, un sondage[691] indiquait que 57% des Québécois considéraient le problème des pluies acides comme l'enjeu le plus important, contre seulement 15% pour le libre-échange. Dans les semaines précédant l'élection, le libre-échange est discuté constamment dans les journaux et appuyé par les économistes de toute allégeance; les pluies acides sont vite oubliées et l'élection devient pratiquement une élection référendaire sur le libre-échange. Le parti conservateur, seul parti en faveur du libre-échange, recueille le soutien actif de la technocratie économiste et balaie le Québec sur l'enjeu du libre-échange, malgré une performance misérable dans le dossier des pluies acides face aux États-Unis (le partenaire de ce libre-échange).

L'ampleur des dépenses militaires est une autre indication de la puissance politique de l'économisme. Comment se fait-il que les citoyens ont accepté que leurs États dépensent massivement dans les armements, sans bénéfice en terme de sécurité? Simplement parce que les économistes affirment constamment que ces dépenses stimulent l'économie et créent des emplois (comme discuté précédemment, ces «bénéfices» peuvent facilement être contestés). Mais l'important est de constater que, malgré le fait que les problèmes environnementaux sont une grave menace à la sécurité de nombreux pays[692], la protection de l'environnement ne bénéficie pas de ce support des économistes. Elle n'est pas considérée comme «bonne» pour l'économie d'un pays; au contraire, elle serait nuisible. Pour cette raison, les budgets de protection de l'environnement sont insignifiants en comparaison avec les dépenses militaires.

---

[691] Sondage Gallup, 25 avril 1988
[692] Constat appuyé sans équivoque par la Commission mondiale sur l'environnement et le développement

CHAPITRE 15

Les implications stratégiques

15.1 Rien à perdre à changer de stratégie

En faisant exception de quelques intervenants comme le WorldWatch Institute aux États-Unis ou René Dumont en France, il est raisonnable de recommander aux groupes écologistes de changer complètement leur stratégie puisque, de 1970 à 1988, ils n'ont pas seulement négligé les impacts macro-écologiques, **ils les ont accentués.** Le tableau 15.1 présente des objectifs de la majorité des écologistes (discutés précédemment) qui ont accru les impacts macro-écologiques.

Tableau 15.1: Stratégies destructrices de l'environnement macro-écologique

— Promotion de la maison unifamiliale de banlieue.
— Promotion des villes de faible densité, «à l'échelle de l'homme».
— Rejet de la ville, avec entretien des illusions que les campagnes sont plus écologiques.
— Dramatisation de la pollution urbaine, incitant les citoyens à fuir vers les banlieues.
— Accent sur l'environnement personnel, ce qui favorise la villégiature énergivore.
— Activités de sensibilisation à la nature qui incitent à parcourir des centaines de km.
— Soutien au syndrome *pas dans ma cour.*

La lutte des écologistes contre l'énergie nucléaire a également été contre-productive, car chaque projet annulé de centrale nucléaire a été remplacé, dans la majorité des cas, par plusieurs centrales au charbon.

Même si on peut conclure que les impacts du nucléaire sont aussi graves que ceux du charbon, le débat sur le nucléaire a négligé le seul objectif approprié dans ce domaine, la réduction de la consommation d'énergie. Quelques groupes ont demandé des programmes d'économie d'énergie, mais les efforts consacrés à cet objectif ont été insignifiants en comparaison avec ceux consacrés au nucléaire. De plus, les écologistes ont presque toujours demandé exclusivement des économies d'énergie technologiques, oubliant les économies structurelles. Souvent, les groupes ont aussi mis de côté les économies d'énergie pour insister plutôt sur le développement de l'énergie solaire ou éolienne. Cette stratégie entretient l'illusion qu'il n'est pas nécessaire de réduire notre consommation, puisqu'il suffit seulement de choisir les technologies appropriées.

Si on évaluait le travail des groupes écologistes uniquement selon des critères micro-écologiques, le bilan serait plus positif. Mais tel que discuté précédemment, plusieurs des succès micro-écologiques augmentent les impacts macro-écologiques.

Sur le plan meso-écologique, le principal échec concerne les substances toxiques rejetées dans l'environnement. Sur ce point, la situation s'est sérieusement détériorée, malgré les efforts des groupes. Par contre, les efforts des groupes et la visibilité des médias portaient davantage sur les sites de déchets toxiques, et **non pas sur les rejets directs qui représentent un danger beaucoup plus grand.**

Les écologistes ont entretenu la dynamique du NIMBY, contribuant à attiser la panique face aux sites de déchets toxiques, alors qu'on négligeait les rejets directs dans l'eau et dans l'air. Les groupes ont aussi appuyé le NIMBY face au développement de centres de traitements de déchets toxiques. Ils ont bloqué l'utilisation de bateaux-incinérateurs. Par exemple, lors du débat sur les BPC au Québec, beaucoup d'attention a été accordée aux sites d'entreposages, tout le monde refusant d'entreposer les BPC de St-Basile (où il y avait eu un incendie). Pendant ce temps, les industries qui rejetaient à la rivière des déchets beaucoup plus dangereux n'étaient inquiétées par personne.

On peut conclure que les stratégies des décennies 70 et 80 n'ont pu infléchir les tendances destructrices, les accentuant fréquemment. **Les groupes n'ont donc rien à perdre à changer de stratégie.** La seule chose qu'ils pourraient perdre, c'est leur popularité relative. Mais si ce critère est trop important pour changer de stratégie, cela signifie que les groupes écologistes sont simplement comme les partis politiques dont l'objectif est d'être élu!

Une stratégie jamais expérimentée, l'opposition aux biens de consommation les plus destructeurs

Il existe une stratégie qui n'a jamais été expérimentée par les groupes écologistes, celle où les efforts sont surtout consacrés à la réduction de la consommation des biens les plus destructeurs pour l'environnement (discutés au chapitre 9). Cette stratégie nécessiterait évidemment un «marketing» bien pensé, puisque ces consommations sont souvent populaires. Rappelons qu'il s'agit essentiellement de lutter contre la trilogie «auto-bungalow-banlieue», la villégiature lointaine, la consommation de viande et de papier.

Cette stratégie implique de ne plus se présenter comme les défenseurs des consommateurs, comme le font fréquemment les groupes américains et canadiens. Les alliances avec les groupes de protection des consommateurs sont d'ailleurs à éviter: elles créent de la confusion dans le message à la population, à l'effet que la surconsommation est compatible avec la protection de l'environnement.

Rejet des sciences économiques

Même si les «lois» économiques et écologiques sont irréconciliables, plusieurs écologistes essaient constamment de les réconcilier. Il y a même des stratégies des écologistes qui sont d'abord basées sur des considérations économiques. Pensons notamment aux stratégies énergétiques de moindre coût («least-cost energy strategy») développées par plusieurs groupes nord-américains. Ces stratégies sont davantage orientées vers la protection du consommateur que la protection de l'environnement. Comme discuté précédemment, la réduction de la consommation d'énergie passe par une augmentation des taxes vertes, et non pas par une tarification au moindre coût.

En adoptant le principe du «moindre coût», les écologistes adoptent les critères d'analyse des économistes et font alliance (malgré eux) avec leur ennemi, la technocratie économiste. Ils ne font que valoriser les critères économiques de décision alors qu'il faudrait plutôt les discréditer.

Concrètement, cela signifie que si les écologistes veulent que leur conception du progrès prime sur celle des économistes, il est plus efficace de critiquer la conception économiste, au lieu de l'adopter. Les efforts de réconciliation avec les sciences économiques ne font que permettre au paradigme économique de persister plus longtemps.

Priorité aux actions qui ont des impacts internationaux

Le fait que la protection de l'environnement est d'abord un enjeu international ne signifie pas que l'action locale est inutile. Il faut cependant l'orienter dans la direction appropriée. Si une action locale permet de déplacer une production vers le Tiers monde, elle ne contribue en rien à la solution des problèmes. Si une action locale permet de réduire la consommation de viande, les effets bénéfiques peuvent se faire sentir autant localement que dans le Tiers monde.

De façon plus large, les écologistes doivent aussi travailler à renforcer les institutions internationales appropriées et mutiplier les pressions sur leurs gouvernements en faveur d'ententes multilatérales sur l'environnement. Les cibles politiques des écologistes doivent donc être plus diversifiées. Les ministres de l'environnement sont importants, mais les ministres des affaires internationales, des transports, de l'énergie le sont davantage.

Ne plus jouer le jeu du NIMBY

Pour les groupes écologistes, la tentation à succomber au NIMBY est forte, car ce phénomène mobilise les citoyens touchés par un projet. Les citoyens se cherchent un «organisateur» de contestation et les groupes environnementaux répondent alors à l'appel.

Cela pose encore la question de la popularité des groupes. Doivent-ils accepter des combats stériles ou même contraires à la protection de l'environnement, pour augmenter leur popularité auprès des citoyens? Une telle approche serait seulement justifiable si l'histoire avait démontré que les citoyens participant au NIMBY deviennent ensuite de fidèles supporteurs dans la lutte contre de vrais problèmes environnementaux. Il n'en est rien; l'expérience a démontré qu'une fois la menace d'une centrale nucléaire écartée dans leur patelin, la très grande majorité des participants aux NIMBY n'élargissent pas leur action environnementale et abandonnent le militantisme écologiste. N'oublions pas que, dans les quatre pays étudiés, les ressources financières (populaires) des groupes écologistes sont extrêmement faibles en comparaison avec les ressources de leurs adversaires.

15.2 La décentralisation politique n'est pas une exigence cohérente

Sous l'influence des écologistes anarchistes (Bookchin) et des écologistes français, la décentralisation politique est devenue une priorité de plusieurs groupes environnementaux canadiens et des partis verts de France et de R.F.A.

La *décentralisation,* un terme générique

Il est difficile de discuter de la *décentralisation,* parce qu'il faut connaître l'objet que l'on veut rendre «plus autonome» (une région, un ministère, un service). La décentralisation peut inclure une grande diversité d'actions:

— *La décentralisation politique* consiste à déléguer certains pouvoirs à des instances régionales ou locales, résultant en une plus grande autonomie de ces instances; voici les caractéristiques de la décentralisation politique[693]:

> — Les unités locales de gouvernement sont autonomes et considérées comme des niveaux différents de gouvernement, sur lesquelles le gouvernement central exerce peu de contrôle et aucun contrôle direct.
> — Les gouvernements locaux ont un statut juridique et le pouvoir d'obtenir des ressources pour remplir leurs fonctions.
> — Les citoyens doivent reconnaître que ces gouvernements locaux leur fournissent des services et doivent avoir un certain contrôle sur ces niveaux de gouvernement.

— *La décentralisation administrative* vise à déléguer certaines fonctions à des organismes publics ou para-publics, à des structures régionales ou locales. Cette action vise surtout à libérer l'administration centrale de certaines tâches, sans nécessairement donner plus de responsabilités à des autorités politiques locales, car la délégation se fait entre fonctionnaires.

— *La déconcentration spatiale* peut accompagner les autres formes de décentralisation. Que ce soit au niveau politique ou administratif, l'objectif de la déconcentration spatiale n'est pas de modifier la structure des responsabilités, mais seulement de mieux répartir géographiquement certains emplois. Nous pouvons aussi parler de *régionalisation*. Un exemple fréquent de déconcentration spatiale, c'est l'établissement d'un bureau d'un ministère dans une région. Il peut y avoir *déconcentration spatiale* ou *décentralisation administrative* **sans** *décentralisation politique*.

Mais tout le monde est pour la *décentralisation*

En France, il semble que tous les auteurs sont en faveur de la décentralisation, car les politicologues s'entendent pour affirmer que le système politique de la France est plus centralisé que ceux de ses voisins. La revendication de la décentralisation est si populaire en France que tous les partis s'en servent à leur fin[694]:

> «l'apologie de la décentralisation ne sont plus le fait d'un parti, mais de tous les partis.»
> «Chacun lui donne un contenu conforme à son idéologie de référence et l'affuble d'un habit sur mesures.»

Pourquoi des courants de pensée différents en font-ils un objectif prioritaire? La raison en est simple: la *décentralisation politique* permet de modifier significativement les rapports de force politiques et de faire des changements dans la structure décisionnelle. **Tout groupe qui**

---

[693] G.S. Cheema, D.A. Rondinelli, Ibid., p. 22
[694] Pierre Poutout, <u>L'heure du citoyen,</u> France-Empire, Paris, 1983
     Emmanuel Hérichon, <u>La décentralisation,</u> Hatier, Paris, 1983, p. 37,42 et 44

désire contester les élites en place aura tendance à favoriser la décentralisation politique comme moyen d'action.

Mais le contenu du projet de décentralisation pourrait être tout à fait différent selon le promoteur. Les divers groupes pourraient être déçus des résultats de certains projets de décentralisation:

— Les fonctionnaires qui visent une meilleure gestion y voient un potentiel intéressant; lors d'un colloque tenu en 1978 en France, un haut-fonctionnaire, P. Richard, affirmait la nécessité de la décentralisation, avec un objectif qui serait contesté par d'autres promoteurs de la décentralisation[695] :

> «la décentralisation aujourd'hui est une nécessité... il paraît vital.. que l'État s'allège pour être plus fort.»

— Les compagnies multinationales pourraient avoir avantage à affaiblir un État central, pour pouvoir dominer plus facilement ses régions.

— Des promoteurs[696] de la décentralisation dans le Tiers monde, affirment que le principal objectif des projets de décentralisation devrait être de répartir équitablement la propriété des terres (mais cette répartition pourrait se faire sans décentralisation).

— En France, les Radicaux et le Parti Républicain, groupes qui réclament la décentralisation, sont aussi farouchement **en faveur** de l'énergie nucléaire[697]. Pourtant, les écologistes affirment que le nucléaire est une composante de la centralisation.

Chaque courant de pensée favorise la décentralisation en autant qu'elle sert ses objectifs. Le pouvoir en place veut s'en servir pour rester fort, les technocrates sont en faveur si elle mène à une meilleure gestion, la nouvelle gauche si elle mène à l'autogestion, le mouvement écologiste si elle réduit le gaspillage de ressources. **Si tout le monde est pour la décentralisation politique, de l'extrême-gauche à l'extrême-droite, il semble que l'objectif de la décentralisation ne signifie plus rien.**

L'argument théorique de la démocratie

L'argument le plus utilisé pour vendre la *décentralisation politique,* c'est qu'elle favorise la participation des citoyens en les rapprochant du processus de décision. Considérant la très faible participation historique des citoyens à leurs gouvernements locaux, cet argument semble un peu naïf. Et peu importe si cet argument est fondé, **le principal enjeu de la protection de l'environnement est d'essayer de tenir compte du «vote» des générations futures et du Tiers monde.** Que la participation au processus de décision soit locale ou nationale, les générations

---

[695] <u>Décisions et pouvoir dans la société française</u>, colloque dirigé par Lucien Sfez, Union générale d'éditions, 1979, Paris, «La réforme des collectivités locales», Pierre Richard, p. 151
[696] G. S. Cheema, D.A. Rondinelli, Ibid., p. 15 et 308
[697] Dorothy Nelkin, Michael Pollak, <u>The Atom Besieged</u>, M.I.T. Press, 1981, p.41

futures et les citoyens du Tiers-monde ne peuvent toujours pas participer au processus de décision en Occident.

Il serait également naïf de conclure qu'un processus de décision plus démocratique mènerait automatiquement à la protection de l'environnement. Sur certains enjeux, ce pourrait d'ailleurs être le contraire. Si des référendums étaient organisés au sujet de la construction d'autoroutes et de l'accès à l'automobile privée, il est probable que le processus mènerait à une plus grande destruction de l'environnement.

Le rapport de force avec les entreprises multinationales

A l'intérieur des États, la *décentralisation politique* pourrait être nuisible à la protection de l'environnement. Elle affaiblirait l'État central, permettant aux entreprises multinationales de déterminer plus facilement les conditions favorables à leur développement. A cela, les auteurs de gauche répliqueraient que les multinationales contrôlent les États centraux. Cette affirmation est partiellement fondée, mais **pour une multinationale, il est beaucoup plus facile de contrôler un gouvernement local qu'un gouvernement central.** Les ressources financières d'une grande entreprise sont énormes par rapport aux institutions locales. Une grande entreprise peut facilement contrôler un journal local, mais il est plus difficile de contrôler un journal national. Le «chantage à l'emploi» a également beaucoup plus d'effet au plan local qu'au plan national.

Dans le cas de la fonderie de la Noranda en Abitibi, le gouvernement du Québec a imposé une réduction de 50% des émissions, notamment grâce à des subventions de $80 millions. Les pouvoirs politiques de l'Abitibi, auraient été incapables de forcer la compagnie à réduire ses émissions. Politiquement, il y a trop de monde qui bénéficient de la fonderie et les pouvoirs locaux n'auraient pu subventionner l'usine de désulfurisation requise. Si les gouvernements centraux ont beaucoup de difficulté à contrôler les entreprises multinationales, ce ne sont pas les pouvoirs locaux ou régionaux qui en seraient capables.

Le rapport de force avec la technocratie économiste

Dans un contexte de *décentralisation politique*, la technocratie dominante pourrait facilement s'adapter: si la *technocratie économiste* est capable de dominer le processus politique à l'échelle nationale, il n'existe aucune raison pour laquelle son expertise serait soudainement dévalorisée en travaillant à l'échelle régionale. La *technocratie économiste* pourrait donc continuer à dominer le processus politique.

Il faut le contraire de la décentralisation, de nouvelles institutions internationales

Comme discuté précédemment, **le renforcement des institutions internationales est une condition nécessaire, mais non suffisante** à la protection de l'environnement. Si les institutions internationales doivent devenir l'outil principal de la protection de la planète, une remise en question des valeurs actuelles est également nécessaire pour remettre en question la *technocratie économiste*.

Rappelons que de nombreux enjeux environnementaux tels que la protection des océans, les pollutions globales, les pollutions trans-frontalières, sont internationaux. Face à de tels problèmes, les instances régionales, aussi fortes soient-elles, seraient incapables d'agir efficacement. **Pour solutionner les problèmes de pollution globale, les gouvernements des États doivent déléguer une portion de leurs pouvoirs, non pas à des instances locales, mais à des organismes internationaux.**

On peut faire un parallèle entre la décentralisation à l'intérieur d'un pays et la décentralisation à l'échelle mondiale. **À l'échelle mondiale, nous sommes déjà dans une situation de décentralisation** extrême, car il n'existe pas de vrai pouvoir central. Dans une telle situation, il y a très peu de redistribution tel que le démontre la pauvreté du Tiers monde. De plus, l'absence de pouvoir central «mondial» permet à certains pays d'exporter massivement leur pollution sans que personne puisse intervenir (autrement que par la guerre) pour empêcher cette pratique. Une restructuration globale des pouvoirs est nécessaire, mais pas dans le sens de la décentralisation à l'intérieur des pays.

Pourquoi cette erreur des écologistes sur la décentralisation?

Premièrement, les écologistes ont réalisé que la planète pourrait être «sauvée» uniquement avec des changements dramatiques des comportements actuels. Il ne suffit pas de faire quelques ajustements aux pratiques actuelles. En réaction à la situation actuelle de centralisation nationale, ils réclament la décentralisation. Ils adoptent alors une approche dialectique, contraire à l'approche écologiste et ils oublient qu'à l'échelle mondiale, le système politique est décentralisé à l'extrême.

Deuxièmement, les groupes écologistes sont continuellement en conflit avec les pouvoirs en place, représentés généralement par un État central. Il semble donc logique de vouloir affaiblir son adversaire. Cette perception a été accentuée par le soutien de l'État à l'énergie nucléaire. Mais comme discuté précédemment, pour la plupart des autres enjeux, il faut convaincre le gouvernement d'agir, plutôt que de l'empêcher d'agir. Les groupes ont souvent oublié que la protection de l'environnement exige d'abord de changer «les règles du jeu» collectives et qu'à ce niveau, l'action du gouvernement est essentielle.

Troisièmement, plusieurs groupes écologistes ont mis l'accent sur les problèmes des substances toxiques. Sur cet enjeu, les contestations de type NIMBY sont fréquentes, parce que des communautés locales sont souvent touchées par un site d'élimination ou une industrie polluante. Ce type de contestation donne l'illusion que si les citoyens locaux avaient le pouvoir, ils pourraient régler le problème. Rappelons par contre que le NIMBY a tendance à déplacer les problèmes plutôt qu'à les solutionner. Un pouvoir local qui serait basé sur le NIMBY aurait donc tendance à faire de même.

Finalement, du point de vue théorique, les écologistes ont mis exclusivement l'accent sur les «lois» des écosystèmes dans la détermination des principes de l'écologisme. Comme il y a gestion décentralisée et autonomie des écosystèmes, ils ont étendu cette «loi» aux systèmes sociaux et politiques. Cette interprétation néglige totalement l'existence des cycles biosphériques ou biogéochimiques. **Même si nous avons l'impression que les écosystèmes naturels sont autonomes, ils respectent tous les contraintes et les «lois» imposées par les cycles biogéochimiques.** Dans tous les cas, les transformations du carbone, du soufre, de l'azote, permettent aux cycles d'être stables. Il existe donc une «autorité» mondiale qui s'assure que le total des actions individuelles des écosystèmes ne mette pas en péril la planète. Si on inclut les cycles biogéochimiques dans l'ensemble des lois de l'écologie, l'objectif de la décentralisation politique n'est pas conforme aux principes écologiques.

L'influence du contexte politique

C'est en France, où le système politique est centralisé, que les écologistes réclament le plus ardemment la décentralisation politique. Aux États-Unis, les groupes environnementaux réclament rarement la décentralisation, car ils réalisent que leur système politique est fragmenté. Pourtant, c'est là que chaque citoyen contribue le plus à la destruction de l'environnement.

Les auteurs ont tendance à réagir aux abus spécifiques de leur système politique. Aux États-Unis, Milbrath[698] réagit aux excès du libéralisme économique en décrivant le phénomène écologiste; il conclut que le paradigme des environnementalistes s'oppose au paradigme capitaliste des sociétés occidentales (tableau 15.2a).

---

[698] Lester W. Milbrath, Environmentalists,Vanguard for a New Society, State Un. of N.Y. Press, 1984,p.9

Tableau 15.2:   Le paradigme écologique selon Milbrath

Composantes du paradigme écologique

1. Rejet de la croissance économique comme objectif prioritaire
2. Opposition à la science et la technologie qui sont nécessaires pour dominer la nature
3. Opposition aux mesures qui récompensent la productivité
4. Opposition à l'efficacité comme objectif structurel
5. Opposition aux marchés libres
6. Opposition à une système socio-économique orienté vers la maximisation du bien-être des générations actuelles.

En fonction des constats de ce livre, les composantes 2, 3, 4 et 5 doivent être rejetées. L'auteur n'a fait que réagir aux excès de son système politique, sans tenir compte des problèmes des autres pays. La recherche d'une meilleure efficacité technologique et structurelle fait certainement partie des mesures à prendre pour protéger l'environnement. En voici quelques exemples:

— dans les pays de l'Est, il faut moderniser les centrales thermiques et les procédés de fabrication;

— dans les pays du Tiers monde, il faut développer des technologies (ex. énergie solaire) qui permettront de remplacer la combustion du bois qui contribue à la désertification;

— dans les pays occidentaux, il faut changer la structure des villes pour que les citoyens soient moins dépendants des automobiles.

De plus, la destruction de l'environnement est aussi grande en URSS qu'en Occident, même s'il n'y a pas de libre marché.

15.3 Les groupes écologistes, un mouvement social ou une technocratie alternative?

Les théories des mouvements sociaux

Dans ce livre, l'analyse a porté sur les systèmes politiques et les organisations écologistes dans ces systèmes, c'est-à-dire les groupes de protection de l'environnement et les partis verts. En mettant l'accent sur les théories des *mouvements sociaux,* l'analyse aurait été différente. Cette section vise à poser quelques questions qui pourraient faire l'objet d'autres analyses.

Mais une analyse basée sur les théories des *mouvements sociaux* présente une difficulté majeure: il existe des désaccords[699] entre les auteurs sur ce qui constitue effectivement un *mouvement social.* Le socio-

---

[699] Herbert P. Kitschelt, «Political Opportunity Structures and Political Protest: Anti-Nuclear Movements in Four Democracies», British Journal of Political Science, vol. 16, 1985, p. 58-59

logue J. Wilson, attribue les caractéristiques suivantes aux *mouvements sociaux* [700]:

> «Un mouvement social est un effort conscient, collectif, organisé, utilisant des mécanismes non institutionnalisés, pour apporter de grands changements à l'ordre social, ou pour résister à de tels changements.»
>
> «Les mouvements sociaux sont des collectivités organisées. Le degré d'organisation peut varier mais il y a un minimum de division du travail et de hiérarchie des droits et responsabilités des participants.»
>
> «Les mouvements sociaux ont des objectifs larges. Plusieurs mouvements sociaux sont assez petits, recrutant moins de cent membres. Mais leur message est tel qu'ils ont le potentiel de recruter éventuellement des milliers ou des millions de membres.»
>
> «Les mouvements sociaux utilisent généralement des mécanismes non institutionnalisés pour atteindre leurs objectifs... Les institutions actuelles peuvent être utilisées lorsque la stratégie l'impose, mais les autres moyens sont préférés...»
>
> «Les mouvements sociaux ne se limitent pas nécessairement à la réalisation des intérêts spécifiques à leurs membres.»

Selon cette conception, il peut y avoir une grande diversité de *mouvements sociaux,* notamment parce qu'il n'est pas nécessaire de recruter un grand nombre de membres. D'autres auteurs seraient en désaccord avec cette conception. Par exemple, Roskin considère que la principale caractéristique d'un *mouvement social* est qu'il mobilise les masses[701]. Quelques centaines de membres ne sont pas suffisants.

Selon Melucchi, le *mouvement social* est caractérisé par une action peu concertée de nombreux citoyens dans la même direction. Pour lui, l'action doit être diffuse, n'étant pas préméditée dans le sens qu'indique Wilson. De plus, si les participants s'organisent trop formellement en groupes de pression ou en parti politique, cela brise la dynamique du *mouvement social*. Melucchi résume ainsi sa conception des *mouvements sociaux* [702]:

> «Beaucoup d'observateurs ont mis en évidence les caractéristiques particulières des formes en émergence d'actions collectives: on peut en effet identifier quelques traits récurrents, communs à des réalités diverses, qui délimitent un véritable modèle spécifique.
>
> On a parlé à ce propos de structures segmentées, réticulaires, polycéphales. Le mouvement est composé d'unités diversifiées et autonomes qui consacrent à leur solidarité interne une partie importante de leurs ressources. Un réseau de communication et d'échange maintient cependant ces cellules en contact entre elles; des informations, des individus, des modèles de comportement circulent dans ce réseau, passant d'une unité à l'autre et favorisant une certaine homogénéité de l'ensemble. Le leadership n'est pas concentré mais diffus; en outre il est limité à des objectifs spécifiques et divers individus peuvent assumer des rôles de leaders, pour exercer des fonctions déterminées.»

---

[700] John Wilson, Introduction to Social Movements, Basic Books, New York, 1973, p. 8-11
[701] M.G. Roskin, Countries and Concepts, an Introduction to Comparative Politics, Prentice-Hall, N.J., 1982, p.10
[702] A. Melucci, «Mouvements sociaux, mouvements post-politiques», Revue internationale d'action communautaire, automne 1983, Montréal, p.14

Touraine[703] a élaboré des théories sur les *mouvements sociaux historiques*. Sa théorie est conforme au constat que les pays occidentaux seraient maintenant des sociétés post-industrielles. Le tableau 15.3a résume sa perception historique du développement social.

Tableau 15.3: Touraine et les *mouvements sociaux*	
Société industrielle	**Société post-industrielle**
Pouvoir dominant capitaliste	Pouvoir dominant technocratique
Le mouvement ouvrier est le principal contre-pouvoir	Le mouvement écologiste est mieux adapté que le mouvement ouvrier pour devenir le principal contre-pouvoir

Selon sa théorie, à une époque donnée, un seul mouvement social peut être un mouvement «historique» capable de changer la direction de la société. Cela signifie qu'un mouvement social doit en remplacer un autre, ce qui expliquerait les nombreux conflits entre les ouvriers et les écologistes. Mais la conception de Touraine des *mouvements sociaux* est «critiquée» par Melucchi[704]:

> «Touraine réserve le terme *mouvement social* aux conduites d'historicité, celles qui manifestent la production antagoniste d'une société par elle-même à travers ses conflits. Or cette redéfinition me semble faire perdre les avantages d'une théorie de l'action.
>
> J'ai l'impression qu'il y a une catégorie de conduites que l'on peut appeler mouvements sociaux et qu'elles répondent à deux conditions: elles sont d'abord l'expression du conflit, c'est-à-dire de l'opposition de deux acteurs pour l'appropriation ou le contrôle de ressources qu'ils valorisent. Mais cela ne suffit pas: pour qu'il y ait mouvement social, il faut que l'action collective provoque une rupture des limites de compatibilité du système dans lequel elle se situe, avec, dans le cas d'une organisation ou d'un système politique, remise en cause de leurs règles, ou dans le cas du mode de production, remise en cause de la forme de l'appropriation et de l'investissement.»

Selon la conception de Wilson, les écologistes constitueraient un mouvement social. Selon la conception de Melucchi, plusieurs critères sont rencontrés, mais des doutes persistent. Par exemple, aux États-Unis, les groupes environnementaux sont-ils trop bien organisés et trop intégrés aux structures politiques? En R.F.A., la formation d'un Parti Vert national est-elle contraire à la dynamique des mouvements sociaux? En ce qui concerne les théories de Touraine, il est impossible de conclure que les écologistes forment un *mouvement social historique*. Touraine lui-même a été incapable de le confirmer.

---

[703]   voir notamment Alain Touraine, La prophétie anti-nucléaire, Seuil, Paris, 1980
et Mouvements sociaux d'aujourd'hui: acteurs et analystes, Débats dirigés par Alain Touraine, Éditions ouvrières, Paris, 1982, p.35-47

[704]   Mouvements sociaux d'aujourd'hui: acteurs et analystes, Ibid., p.24

Mouvement de masse et NIMBY

Si on admet que les *mouvements sociaux* sont des mouvements de masse, on doit également discuter du NIMBY ou *syndrome pas dans ma cour.* Les démonstrations de masse ont été fréquentes dans la contestation de l'énergie nucléaire. Mais la grande majorité des citoyens mobilisés résidaient à proximité du site d'un projet. Si cette majorité conteste pour protéger «son» environnement, tout en continuant à adopter un mode de vie énergivore, que faut-il en conclure?

En fait, la contestation anti-nucléaire a démontré que la grande majorité des opposants se démobilisent complètement lorsque le projet est abandonné dans leur localité[705] (ou même lorsque la centrale nucléaire est construite). Dans plusieurs cas, on a observé que la mobilisation s'arrêtait à moins de 10 km du site de la centrale.

Aux États-Unis, les conflits sur les déchets toxiques permettent également de conclure que la mobilisation massive provient surtout des populations à proximité des sites et que cette mobilisation ne s'étend aucunement aux autres enjeux écologiques. Le syndrome *pas dans ma cour* jette des doutes sur le fait que ces contestations de masse soient vraiment des mouvements en faveur de la protection de l'environnement.

La politique du futur exclut-elle les mouvements sociaux?

Les *mouvements sociaux* peuvent également être affectés par les grandes tendances politiques. Certains politicologues affirment qu'il y a de moins en moins de *politique de masse* dans les pays riches. Une évidence de cela est le comportement électoral des partis politiques qui mettent l'accent sur l'image du chef et les techniques de marketing politique. Cette stratégie n'exige aucunement l'implication partisane de nombreux citoyens.

En somme, si la politique partisane devient de plus en plus technocratique, pourquoi les écologistes échapperaient-ils à cette tendance? Dans un contexte de marketing politique intense, peut-il y avoir *mouvement social,* puisque la masse ne fait plus qu'arbitrer des différences **mineures** entre les partis politiques?

Mais les spécialistes des *mouvements sociaux* affirment qu'il ne faut pas mettre l'accent sur le processus électoral qui n'est pas si important. C'est l'action sociale continuelle qui est susceptible de transformer la société. Malgré cette réponse, des doutes sérieux persistent, car il faudra que, tôt ou tard, le *mouvement social* pénètre le processus politique pour réaliser les réformes collectives nécessaires. Comment cela se fera-t-il?

---

[705] Mouvements sociaux d'aujourd'hui: acteurs et analystes, Ibid., p.47

Les leaders écologistes, des technocrates

Si des doutes persistent quant au *mouvement social* écologiste, une conclusion est certaine quant au profil des *leaders* écologistes. Ils rencontrent les critères définissant les *technocrates:*
— ils ont des prétentions à la compétence et à l'efficacité;
— ils défendent leur conception du progrès de l'humanité;
— ils accordent énormément d'importance aux enjeux technologiques (probablement trop);
— ils refusent fréquemment le jeu de la politique partisane;
— leur crédibilité est dépendante d'une excellente compréhension des enjeux scientifiques et techniques (par exemple, dans le dossier des pluies acides ou des substances toxiques);
— un nouveau paradigme ne peut être élaboré que par une technocratie.

Aux États-Unis, les observateurs politiques affirment d'ailleurs que les groupes environnementaux sont respectés, parce que leur expertise est souvent aussi grande que celle de l'industrie[706].

L'alliance «naturelle» avec les groupes tiers-mondistes

Peu importe si les écologistes forment une technocratie ou un mouvement social, la contestation peut être grandement élargie par le biais des alliances. Le meilleur allié théorique, ce sont les groupes de défense du Tiers monde. L'engagement écologiste de plusieurs militants, notamment René Dumont, provient d'ailleurs de la constatation des effets de la consommation des pays riches sur le Tiers monde.

En fait, le Tiers monde et la protection de l'environnement ont besoin de plusieurs changements institutionnels identiques:
— une réforme majeure de l'ordre économique mondial;
— une aide accrue provenant des institutions internationales;
— une redéfinition de la *souveraineté* des États;
— une révision de la conception actuelle des sciences économiques.

Il existe des possibilités d'alliance durable sur ces questions. De plus, la rupture de l'ordre économique actuel est dépendante des pays du Tiers monde. Il est raisonnable de conclure qu'une décision collective de leur part **d'arrêter de payer leur dette externe** pourrait produire de grands changements. Une telle décision serait certainement capable d'ébranler la crédibilité des sciences économiques.

A un niveau plus philosophique, les groupes de défense de l'environnement et de défense du Tiers monde ont **la même base éthique.** Dans les deux cas, il s'agit de demander aux générations actuelles des pays riches de changer leurs habitudes de consommation pour donner une chance à d'autres citoyens, dans un cas les générations futures, dans l'autre les générations actuelles des pays pauvres.

---

[706] J. M. Petulla,_Environmental Protection in the United States_,San Francisco Study Center, 1987, p.123

De plus, l'électorat de base des groupes écologistes, ce sont les générations futures qui ne peuvent pas voter; les écologistes devront donc se fier davantage au Tiers-monde pour imposer les changements requis.

Une deuxième alliance «naturelle» avec les pacifistes

Les groupes pacifistes représentent également un allié «naturel» des écologistes. La limitation de la fréquence et de l'intensité des conflits armés exigera aussi des changements parfaitement compatibles avec la protection de l'environnement:

— une redéfinition de la *souveraineté* des États;

— une remise en question de l'économisme, dans le but de réduire les dépenses en armements;

— des interventions plus efficaces des institutions internationales.

Tel que spécifié par la Commission mondiale sur l'Environnement et le Développement, et le Worldwatch Institute, **le financement de la protection de l'environnement devra provenir en grande partie d'une réallocation des dépenses d'armements.** De plus, les pays du Tiers monde devront réduire, eux aussi, leurs dépenses d'armements pour les réallouer au développement. La boucle théorique des interdépendances «écologiste/pacifiste/tiers-mondiste» est complète.

Finalement, sur le plan stratégique, on peut aussi conclure que ces trois groupes ont un adversaire commun: la technocratie économiste.

Le mouvement social par les alliances?

Les leaders écologistes, pacifistes et tiers-mondistes, pris ensemble, doivent-ils être considérés comme une technocratie alternative ou un mouvement social? Si un grand nombre de technocrates contestent le système actuel et peuvent mobiliser beaucoup de citoyens en faveur de leurs objectifs, ils ont des chances de former vraiment un *mouvement social.*

Les alliances ont d'ailleurs démontré leur potentiel en R.F.A. Pendant la période d'implantation des missiles américains en sol ouest-allemand, le Parti Vert a connu, dans les sondages, des niveaux de soutien populaire très élevés. Même sur une base régulière, le Parti Vert doit attribuer ses succès politiques à l'écologisme **et** au pacifisme.

Conclusions

A la question «quel est l'état de santé du monde?, Lester Brown[707], président du Worldwatch Institute, répond ainsi en 1989:

> «Il va de mal en pis. Chaque année lorsque nous dressons le bilan de la santé de la Terre, l'examen des critères vitaux essentiels nous indique qu'il se détériore. En cinq ans, nous n'avons pu relever un seul signe d'amélioration. Les forêts régressent d'année en année, les déserts gagnent du terrain, la couche arable s'amincit, et la couche d'ozone se raréfie. Les taux de dioxyde de carbone augmentent dans l'atmosphère. La diversité de la faune et de la flore diminue. Les déchets toxiques s'accumulent.»

A l'image de cette citation, le constat d'échec discuté dans ce livre, est basé sur des critères environnementaux et non pas sur des critères «politiques» tels que les performances électorales des partis verts ou l'accroissement des préoccupations écologiques.

De plus, contrairement à d'autres auteurs, les critères macro-écologiques ont dominé l'analyse. Ce choix méthodologique est facile à justifier, car la protection individuelle d'écosystèmes devient futile dans un contexte de pluies acides ou de changements climatiques causées par l'effet de serre. Si on réussit à protéger une forêt et qu'elle est ensuite graduellement détruite par les pluies acides, la protection initiale aura été inutile. En somme, les succès micro-écologiques sont directement dépendants des succès macro-écologiques.

---

[707] Lester Brown, «Bilan de santé du monde», Dialogue, no.3, 1989, p.11

Le constat d'échec macro-écologique ne signifie évidemment pas que les groupes écologistes en sont les seuls responsables, et n'implique pas nécessairement qu'ils auraient pu éviter cet échec. **Il faut cependant retenir que plusieurs succès des groupes écologistes ont accru significativement les problèmes macro-écologiques, notamment par la promotion de la villégiature lointaine et des villes de faible densité.** Les exigences des écologistes ont souvent été trop micro-écologiques. On peut donc aussi parler d'échec macro-écologique **des groupes écologistes,** même si globalement, l'échec doit être attribué à de nombreux intervenants. Plusieurs facteurs de l'échec sont inhérents aux systèmes politiques nationaux et à la faiblesse du système politique international, facteurs sur lesquels les écologistes ont peu de pouvoir d'intervention.

Le tableau 16a présente un sommaire de l'ensemble des conclusions. (Les hypothèses secondaires sont présentées avant l'hypothèse principale, car elles permettent de l'appuyer).

Tableau 16a: Confirmation des hypothèses secondaires	
	Statut de l'hypothèse
Hypothèses sur les caractéristiques des groupes écologistes:	
— Les écologistes se différencient par une approche distincte	Confirmée
— Les écologistes se différencient par des exigences distinctes	Confirmée
— Les écologistes forment un «mouvement social»	Non confirmée
Hypothèses sur la confirmation de l'échec des groupes écologistes:	
— Échec démontré selon des indicateurs macro-écologiques	Confirmée
— Échec démontré selon des indicateurs méso-écologiques	Confirmée
— Échec démontré selon des indicateurs micro-écologiques	Non confirmée
— Les systèmes politiques des pays étudiés répondent faiblement aux exigences des écologistes	Confirmée
— Les problèmes environnementaux les plus importants à long terme ne font pas l'objet de conflits politiques	Confirmée
Hypothèses sur les facteurs nationaux de l'échec macro-écologique:	
— L'échec des écologistes n'est pas dû à une faiblesse du soutien public à leurs exigences	Non confirmée
— Le choix stratégique *Parti Vert* versus *groupes de pression* n'explique pas l'échec macro-écologique	Confirmée
— Le conflit écologiste est différent des conflits traditionnels qui ont mené à la construction des États-nations	Confirmée
Hypothèses sur les facteurs internationaux de l'échec macro-écologique:	
— La protection de l'environnement est surtout un enjeu international	Confirmée
— La conception actuelle de souveraineté des États est un obstacle important à la protection de l'environnement	Confirmée
— Les «économies de marché» ne sont pas responsables de l'échec macro-écologique	Confirmée

— Le caractère dysfonctionnel des exigences écologistes est
démontré par le modèle économique proposé par les écologistes   Confirmée
— L'adversaire politique des écologistes est la «technocratie
économiste»   Confirmée

Hypothèses sur les conséquences stratégiques:
— Les alliances les plus fructueuses se font avec les groupes qui   Non démontrée
ont comme adversaire cette «technocratie économiste»   mais probable

— La décentralisation politique est contraire à l'objectif
écologiste de protection de l'environnement   Confirmée

Confirmation de l'hypothèse centrale

Statut de l'hypothèse

Hypothèse centrale:
Les écologistes participent à un conflit dont la résolution   Confirmée dans
est dysfonctionnelle au niveau des systèmes politiques   l'ensemble par les
nationaux et fonctionnelle au niveau du système   expériences concrètes
politique international   mais un doute persiste
à cause du corollaire no.1

Corollaires de l'hypothèse centrale:
1. L'échec des écologistes n'est pas conjoncturel,   Si les sondages sont significatifs,
mais structurel   corollaire confirmé;
si les sondages sont superficiels,
l'échec pourrait être conjoncturel

2. La résolution des principaux problèmes   Confirmé,
environnementaux est impossible sans un renforcement   condition nécessaire
du système politique international   mais non suffisante

Partie A: Les caractéristiques des groupes écologistes

— *Les écologistes se différencient par une approche distincte.*
— *Les écologistes se différencient par des exigences distinctes.*

Ces deux hypothèses sont confirmées. Du point de vue de la théorie
politique, une analyse comparative des approches écologistes et dialectiques permet d'établir des différences majeures, confirmant que
l'écologisme n'est pas une autre forme de socialisme.

En ce qui concerne les revendications, les différences entre les écologistes et la gauche est moins grande, parce que plusieurs des revendications des écologistes ont été inspirées de la gauche, notamment en
Europe. Par contre, plusieurs de ces revendications «empruntées» à la
gauche ne sont pas conformes à l'approche écologiste. Les tendances récentes indiquent d'ailleurs un éloignement des revendications écologistes par rapport à la gauche. Par exemple, les nationalisations sont
maintenant rejetées par la plupart des écologistes alors qu'elles étaient
perçues favorablement dix ou quinze ans auparavant.

Partie B: La confirmation de l'échec macro-écologique

L'évaluation de *l'échec macro-écologique* a été basée sur trois catégories d'indicateurs:
1. des indicateurs «sur le terrain», tels que la contribution aux pollutions globales;
2. des *outputs* des systèmes politiques dans les dossiers de l'énergie nucléaire, des pluies acides et des déchets toxiques;
3. des enjeux environnementaux importants qui n'ont pas fait l'objet de conflits politiques, par exemple l'utilisation de l'automobile privée et l'étalement urbain de faible densité.

— *Les indicateurs écologiques confirment l'échec des écologistes.*
Pour les critères meso-écologiques et macro-écologiques, la situation «sur le terrain» confirme clairement l'échec. Les statistiques concernant la consommation d'énergie et les émanations de bioxyde de carbone, de méthane, d'oxydes d'azote, indiquent un accroissement *per capita* des problèmes. En ajoutant à cela une croissance significative de la population, l'échec est amplifié. Notons que même un faible taux d'augmentation de la population dans les pays occidentaux est significatif, puisque les citoyens «moyens» de ces pays consomment 50 à 100 fois plus d'énergie que ceux de l'Afrique noire.

Concernant les tendances, il y a peu de différences entre les quatre pays occidentaux analysés, ou même en comparaison avec les pays de l'Est. Par contre, sur une base *per capita,* les pires pollueurs sont les États-Unis, le Canada et certains pays de l'Est comme la Pologne et l'Allemagne de l'Est.

— *Les systèmes politiques actuels (des quatre pays étudiés) ont répondu faiblement aux exigences des groupes écologistes .*
Trois études de cas, celles de l'énergie nucléaire, des pluies acides et des déchets toxiques, ont démontré que les *outputs* des systèmes politiques étaient très inadéquats.

Tous les efforts de contestation de l'énergie nucléaire n'ont aucunement servi à réduire la consommation énergétique dans les pays occidentaux, mais seulement à remplacer les impacts du nucléaire par les impacts du charbon ou d'autres combustibles.

Les contestations contre les sites de déchets toxiques ont même contribué récemment à empêcher l'implantation de meilleures solutions d'élimination. Malgré l'ampleur des contestations à ce sujet aux États-Unis, elles n'ont pas empêché des réductions des budgets de l'Agence de Protection de l'Environnement et une augmentation des volumes de déchets toxiques produits.

Dans le dossier des pluies acides, les efforts pour réduire les émissions d'oxydes de soufre seront annulés par l'augmentation globale de la consommation énergétique et par l'augmentation des émissions d'oxydes d'azote dans le transport.

L'analyse a aussi démontré des différences marquées entre les systèmes politqies. Certains systèmes sont structurés de façon à permettre aux groupes de pression de bloquer l'action du gouvernement (États-Unis), alors que d'autres favorisent l'action efficace du gouvernement central (France). Le fait que les groupes environnementaux américains aient réussi à ralentir le développement du nucléaire ne permet pas de conclure à un succès pour deux motifs: premièrement, chaque projet de centrale nucléaire abandonné a été «remplacé» par plusieurs centrales thermiques au charbon; deuxièmement, la structure du système politique américain a amplifié d'autres problèmes écologiques, notamment ceux des déchets toxiques et de l'utilisation abusive de l'automobile privée. A l'opposé, le système politique français a permis l'implantation «autoritaire» de centrales nucléaires, mais aussi l'imposition des taxes sur les carburants, réduisant les émanations globales de bioxyde de carbone. Chaque système politique présente donc, à cet égard, des avantages et des inconvénients. Il faut examiner plusieurs enjeux avant de conclure et, dans l'ensemble, les *outputs* des systèmes politiques ont été très inadéquats par rapport à l'ampleur des problèmes.

— Les problèmes environnementaux les plus significatifs à long terme ne font pas l'objet de conflits politiques.
Certaines théories politiques affirment que, normalement, les élites réussissent à contrôler l'agenda politique. Les difficultés des écologistes face à certains médias confirment partiellement cette allégation. Par contre, il faut constater que **les écologistes se sont plutôt «autocensurés», n'osant pas aborder des enjeux impopulaires.** Quand on voit avec quel succès certains groupes comme Greenpeace ont réussi à embarasser des grandes entreprises, on peut présumer que le contrôle des médias par les élites industrielles n'est pas absolu. Les groupes auraient donc pu insister sur les conséquences de la surconsommation et essayer de modifier l'agenda politique pour y imposer leurs priorités.

Plusieurs biens de consommation ont des effets multiplicateurs sur la destruction de l'environnement, notamment l'automobile, la maison de banlieue, la viande et le papier. La surconsommation de ces biens a été négligée, contribuant directement ou indirectement à l'accroissement des problèmes macro-écologiques. Dans le cas de l'automobile, les écologistes ont cherché à réduire sa pollution mais ils ont complètement oublié les deux facteurs qui rendent l'automobile «essentielle»:
— l'étalement urbain de faible densité qui, du point de vue individuel, impose un taux de possession élevé;
— les subvention massives qui, du point de vue collectif, encouragent une surutilisation.

La remise en question de ces consommations ne signifierait pas un retour à un ère de pénurie, car il y a actuellement **surconsommation**. Les cas de l'automobile et de la maison de banlieue sont liés. Des citoyens s'établissent à 50 ou 100 km de leur emploi, et ont ensuite besoin de deux ou trois automobiles par ménage. Dans le cas du papier, une grande partie de la consommation est composée d'annonces ou de journaux distribués gratuitement, sans être lus. Dans le cas de la viande, les niveaux de consommation en Amérique du nord sont souvent dommageables pour la santé. Une réduction de ces consommations est donc possible techniquement et socialement.

Ce constat pourrait être rejeté, sous prétexte que, historiquement, les groupes «radicaux» ont connu des échecs. Mais jusqu'à maintenant, les groupes «radicaux» appartenaient surtout à deux catégories:

— Les anarchistes qui veulent abolir les États nationaux, au profit des collectivités locales; leur projet est utopique, l'État étant responsable de tous les maux et l'individu d'aucun mal.

— Les écologistes de gauche qui considèrent le capitalisme comme l'ennemi à abattre et qui veulent abolir le marché.

Il ne faut pas confondre une stratégie qui vise à réduire certains types de consommation avec les objectifs des anarchistes ou des écologistes de «gauche».

Dans l'ensemble, **l'échec macro-écologique est confirmé par les trois catégories d'indicateurs,** c'est-à-dire les indicateurs statistiques, les études de cas et le contrôle de l'agenda politique. L'évaluation de l'échec est **relative,** se basant sur l'évolution de la situation de 1970 à 1989, approximativement. **Les progrès dans l'adoption de mesures positives sont beaucoup moins rapides que la croissance des problèmes.**

Partie C: Les facteurs de l'échec macro-écologique

— L'échec des écologistes n'est pas dû à une faiblesse du soutien public à leurs exigences.

Cette hypothèse n'a pas été confirmée. Elle nécessiterait une thèse sur la validité des sondages en matière d'environnement, notamment sur le lien entre les préoccupations et les comportements des individus. Comme tout le monde est vertueux en parole, un thème comme l'environnement est difficile à analyser par des sondages.

Deux alternatives sont possibles face à cette question de l'opinion publique:

— Premièrement, si on considère que les sondages sont significatifs, ils confirment un changement des attitudes face à la protection de l'environnement. Mais, face à l'accroissement de la destruction de l'environnement, il faut constater que ces nouvelles attitudes n'ont rien changé dans les comportements individuels et collectifs. On pourrait alors conclure que le niveau des préoccupations, exprimé dans les sondages, n'est aucunement corrélé avec l'action concrète. Pour les groupes, il serait alors futile de continuer à concentrer tous leurs efforts sur la sensibilisation du public.

— Deuxièmement, si on considère que les sondages sont peu représentatifs de la réalité et que les préoccupations environnementales sont superficielles, la sensibilisation du public pourrait devenir un outil de changement des comportements.

Malgré ces doutes, il est possible de conclure clairement que le type de sensibilisation requis doit être modifié. Il se peut que les citoyens soient vraiment préoccupés par l'environnement mais, à cause notamment des stratégies adoptées par les écologistes, ils sont convaincus que tous les problèmes sont provoqués par les industries et que leur consommation individuelle n'a guère d'importance à ce sujet. Ceci expliquerait en grande partie pourquoi la sensibilisation n'a produit aucune amélioration.

— Le choix stratégique «Parti Vert» versus «groupes de pression» n'explique pas l'échec macro-écologique.

Plusieurs auteurs considèrent que la faiblesse politique des écologistes résulte de leur refus de s'unir à l'intérieur d'un grand Parti Vert. Ceci n'est nullement justifié par les expériences passées. Tant qu'un Parti Vert ne réussit pas à prendre le pouvoir, son action politique est presque identique à celle d'une coalition de groupes environnementaux. L'expérience du Parti Vert ouest-allemand confirme que le regroupement dans un parti politique ne se concrétise pas davantage en décisions politiques appropriées.

De plus, l'option du Parti Vert unifié n'est tout simplement pas disponible dans certains pays dont le système politique défavorise sérieusement l'émergence de tiers partis. Aux États-Unis, le regroupement des écologistes dans un Parti Vert serait l'équivalent d'un suicide politique. L'expérience du Parti Vert de R.F.A. n'est pas applicable aux autres pays analysés en raison des différences de leur système politique.

L'analyse comparative a également permis de conclure qu'il ne faut pas comparer les ressources brutes des groupes écologistes d'un pays à l'autre. Les groupes américains donneraient alors l'impression d'être les plus puissants. Il faut tenir compte des règles concernant le financement, car, si ces règles favorisent la levée de fonds, elles peuvent favoriser tous les groupes de pression, même les adversaires des écologistes. **Les ressources des groupes écologistes doivent donc être évaluées en fonction des ressources de leurs adversaires.**

— *Le conflit écologiste est différent des conflits traditionnels qui ont mené à la construction des États-nations.*

Selon Stein Rokkan[708], les *conflits traditionnels* incluent quatre grands clivages dans la construction des État-nations: les clivages possédants/travailleurs, urbain/rural, Église/État et centre/périphérie. Les exigences écologistes ne peuvent être alignées sur aucun de ces clivages.

La confirmation de cette hypothèse permet de renforcer l'hypothèse centrale à l'effet que l'échec est davantage *structurel* que *conjoncturel*. Les systèmes politiques nationaux sont la résultante de ces clivages historiques et les débats écologiques représentent un autre type de clivage. De ce fait, les écologistes font face à des structures politiques inadéquates.

— *Les acteurs écologistes expriment des exigences qui sont dysfonctionnelles au niveau des systèmes politiques nationaux.*

De nombreuses exigences des écologistes auraient pour effet d'affaiblir les systèmes politiques nationaux, notamment en remettant en question les souverainetés et juridictions actuelles. Pensons notamment aux enjeux de pollution transfrontière, de concurrence internationale, d'application internationale du principe pollueur-payeur ou de la réforme de l'ordre économique actuel au profit des pays du Tiers monde. Cette hypothèse est confirmée.

— *La protection de l'environnement est surtout un enjeu international.*

Face aux enjeux macro-écologiques comme l'effet de serre, les pluies acides ou l'érosion de la couche d'ozone stratosphérique, il est facile de démontrer que la protection de l'environnement est surtout un enjeu international. Cela ne signifie pas que les systèmes politiques nationaux sont incapables de contribuer aux solutions; au contraire, ce sont souvent eux qui doivent appliquer des mesures concrètes, mais les problèmes les plus sérieux doivent être solutionnés dans un contexte international, avec l'aide de structures politiques internationales.

Les groupes écologistes ont sous-estimé cette dimension politique des problèmes environnementaux, en concordance avec le fait qu'ils ont négligé les enjeux macro-écologiques.

— *La conception actuelle de souveraineté des États constitue un obstacle important à la protection de l'environnement.*

Cette hypothèse est confirmée par le comportement des États concernant les ententes internationales et les pollutions transfrontières.

---

[708] Nous aurions préféré ne pas utiliser l'expression *État-nation* qui est ambiguë et controversée. Il s'agit cependant d'un emprunt obligatoire au vocabulaire utilisé par Rokkan puisque l'hypothèse en question provient directement de cet auteur.

Très fréquemment, les États se réfugient derrière leur souveraineté pour ne rien faire. *L'internalisation* des dommages environnementaux vers les pays qui en sont responsables n'est pas une pratique courante.

— *Les acteurs écologistes expriment des exigences qui sont fonctionnelles au niveau d'un système politique international.*
La confirmation de deux hypothèses précédentes contribue à démontrer la fonctionalité internationale des exigences écologistes. La résolution des problèmes macro-écologiques exige des ententes internationales qui devront ensuite être «contrôlées» par des institutions internationales puissantes. Ce constat est également justifié par les exigences micro-écologiques des écologistes: la protection de la faune et plus précisément des espèces menacées, exige depuis longtemps un renforcement des institutions internationales.

— *Les «économies de marché» ne sont pas responsables de l'échec des écologistes.*
Une comparaison des pays «à économie de marché» et des pays à «économie planifiée» permet de conclure que ces deux types d'économie détruisent l'environnement à des rythmes semblables. Dans les deux catégories, il y a des pays plus destructeurs que les autres sur une base *per capita.* Parmi les pays à économie de marché, les États-Unis sont le champion de la destruction de l'environnement. Par contre, des pays comme la France et la R.F.A. sont beaucoup moins destructeurs que l'Allemagne de l'Est, la Pologne ou l'U.R.S.S. On ne peut donc pas conclure que les lois du marché ou la recherche du profit constituent des facteurs universels de destruction de l'environnement.

En outre, si on examine les vingt dernières années, tous les pays semblent suivre les mêmes tendances. Si, *per capita,* la France et la R.F.A. sont moins destructeurs de l'environnement que les États-Unis ou l'U.R.S.S., **leur rythme d'accroissement de la destruction est semblable.** En d'autres mots, si la France et la RFA ont une meilleure performance *per capita,* cela est dû au fait que leur niveau de consommation était moins grand dans les années 50 et 60. La montée des groupes écologiques n'a pas modifié les tendances.

Malgré ces tendances comparables, les niveaux de pollution *per capita* aux États-Unis sont incriminants pour le système politique américain. La principale caractéristique qui doit être mis en cause est la fragmentation excessive du pouvoir qui empêche ou ralentit l'action collective. Ce n'est pas «l'économie de marché» qui doit spécifiquement être mise en cause, puisque d'autres pays riches à «économie de marché» sont trois fois moins destructeurs de l'environnement.

— *Le caractère fonctionnel ou dysfonctionnel des exigences écolo-*
gistes est surtout démontré par le modèle économique proposé par les
écologistes.

Du point de vue économique, les enjeux environnementaux peuvent se diviser en deux plans: premièrement, les actifs constitués des
ressources naturelles; deuxièmement, les passifs constitués par l'accumulation de la pollution. Mais la macro-économie conventionnelle
ignore complètement les actifs et les passifs. Les indicateurs macro-
économiques n'accordent aucune valeur inhérente aux ressources naturelles, allant même jusqu'à nous donner l'impression de devenir plus
riches lorsque nous consommons nos ressources non-renouvelables,
alors que nous nous appauvrissons. De plus, ces indicateurs ne tiennent
aucunement compte du fait qu'une ressource soit renouvelable ou non,
facteur-clef du développement durable. Sur une échelle historique, la
macro-économie a d'ailleurs cherché à minimiser le prix des ressources
naturelles, favorisant ainsi leur surexploitation.

En fait, les sciences économiques négligent tellement les enjeux environnementaux que la discipline de l'économie de l'environnement est
dans un état embryonnaire. De plus, en essayant d'accorder absolument
une valeur monétaire à des choses qui n'en ont pas, les théories et pratiques actuelles de l'économie de l'environnement tendent à favoriser
l'utilisation excessive des ressources naturelles.

Dans l'ensemble, on peut conclure que la résolution des **problèmes**
macro-écologiques est en contradiction avec les principes de **gestion**
macro-économiques. Cela ne signifie pas que les sciences
économiques soient incapables de fournir des outils utiles de protection
de l'environnement (comme le principe pollueur-payeur). Cela ne
signifie pas non plus qu'on doive rejeter la micro-économie ou
l'économie urbaine et régionale. Cela signifie simplement que la gestion des sociétés selon des critères macro-économiques nous mènera
nécessairement à la destruction massive de l'environnement.

Il s'agit d'accepter qu'il existe des critères de décision importants,
autres que des critères économiques.

— *L'adversaire politique des écologistes est la technocratie écono-*
miste internationale.

Cette hypothèse identifie les acteurs dans un débat opposant des
modèles de développement. Il est impossible de confirmer hors de tout
doute une telle hypothèse, mais elle semble fondée parce que les indicateurs macro-économiques comme le P.N.B., le taux d'inflation ou le
montant du déficit public, sont devenus des indicateurs de performance
politique. La macro-économie a donc acquis un statut particulier en tant
que discipline qui influence les grandes décisions politiques. Les spé-

Il faut noter que les promoteurs du modèle macro-économique traditionnel ne sont pas uniquement ou exclusivement des économistes. Plusieurs gestionnaires du monde des affaires, sans être des économistes, défendent farouchement le modèle macro-économique traditionnel. Parmi eux, on peut inclure la majorité des dirigeants des entreprises multinationales qui profitent de l'ordre économique actuel.

— *Pour les écologistes, les alliances les plus fructueuses se font avec les groupes qui ont comme adversaire la technocratie économiste.*
Les expériences passées, notamment en R.F.A. ont démontré que les alliances avec les pacifistes pouvaient renforcer l'action des écologistes. Par contre, dans l'ensemble, cette hypothèse n'est pas confirmée, puisque les alliances fructueuses ont été rares. Mais d'un point de vue théorique, les pacifistes et les défenseurs du Tiers monde ont plusieurs raisons de remettre en question l'économisme. Ce sont donc des alliés «naturels», face à la technocratie économiste.

— *En revendiquant la décentralisation politique, les écologistes ne sont pas cohérents avec leur objectif de protection de l'environnement.*
Les problèmes environnementaux sont, par leur nature même, internationaux et doivent donc être solutionnés à cette échelle. Actuellement, le système politique international est d'une faiblesse extrême, ce qui permet de conclure qu'**à l'échelle internationale, nous sommes déjà dans une situation de décentralisation excessive.**
Même à l'échelle nationale, il serait contre-productif de décentraliser des pouvoirs qui concernent la protection de l'environnement. Par rapport au pouvoir politique des entreprises multinationales, un gouvernement régional est encore plus faible qu'un gouvernement national. A l'opposé de la décentralisation, la protection de l'environnement exigera une délégation de pouvoirs nationaux vers des institutions internationales.
Les principales «erreurs» stratégiques des écologistes sont expliquées par l'opposition *micro-écologie/ macro-écologie* (voir tableau 16b). Historiquement, les écologistes ont négligé les cycles biogéochimiques dans la définition de leurs exigences.

Tableau 16b: Implications de l'approche macro-écologique	
Approche micro-écologique	**Approche macro-écologique**
Priorité à la protection des écosystèmes et à la protection de la faune	Priorité à la protection des cycles biosphériques et à la réduction des pollutions globales
Accent sur les ressources renouvelables et le recyclage des déchets	Accent sur les limites globales et la réduction de la consommation
La distribution de la population est un enjeu important	La croissance de la population est un enjeu vital
La ville est rejetée à cause de sa densité de population	La ville dense est acceptable, car elle permet de réduire la consommation de ressources *per capita*
A l'image des écosystèmes, la protection de l'environnement exige l'autonomie des communautés et la décentralisation politique	A l'image des cycles, la protection de l'environnement exige de gérer l'interdépendance des communautés à l'échelle mondiale

— *Les écologistes forment un «mouvement social».*

Il est impossible de confirmer cette hypothèse secondaire pour plusieurs motifs:

— Il existe, selon les auteurs, des définitions très différentes de *mouvement social.*

— **Plusieurs doutes persistent quant à l'existence d'un mouvement de masse en faveur de la protection de l'environnement. Est-ce que les contestations de masse étaient surtout des mobilisations de type NIMBY (*Not in my back yard*)?** Est-ce que ce type de mobilisation permet éventuellement de protéger l'environnement ou ne fait que déplacer les problèmes?

De plus, rien ne permet de conclure que le nombre de participants à un mouvement soit un facteur déterminant de changement politique et social. Kitschelt, qui a étudié les mouvements anti-nucléaires dans quatre pays, n'a observé aucune corrélation entre les mouvements de masse et les résultats obtenus. Aux États-Unis, le mouvement de masse a été modeste, mais a quand même stoppé le développement de l'énergie nucléaire; la France, par contre, a connu une mobilisation importante, sans aucun effet sur le programme nucléaire.

Toute la question du *mouvement social* doit aussi tenir compte des alliances possibles entre les écologistes, les pacifistes et les défenseurs du Tiers monde. Ces alliances peuvent donner plus de poids à l'hypothèse du *mouvement social.*

Par contre, d'autres alliances semblent avoir été contre-productives, réduisant les probabilités de réalisation d'un *mouvement social*. Par exemple, les groupes environnementaux américains travaillent en collaboration avec les groupes de défense des consommateurs qui, selon des critères macro-écologiques, doivent pourtant être considérés comme des adversaires. (Les groupes de défense des consommateurs cherchent généralement à réduire les taxes à la consommation alors que le principe pollueur-payeur exige de les augmenter). En Europe, les écologistes font souvent des alliances avec la «gauche», alliances qui entraînent des déchirements, notamment à l'intérieur du Parti Vert de R.F.A.

Hypothèse centrale

— *Les écologistes participent à un conflit dont la résolution est dysfonctionnelle au niveau des systèmes politiques nationaux et fonctionnelle au niveau du système politique international.*

L'hypothèse centrale est confirmée, surtout en ce qui concerne la nécessité de développer de puissantes institutions *internationales* de protection de l'environnement.

La distribution des pouvoirs dans les systèmes politiques *nationaux* est également inadéquate sur plusieurs plans:

— organismes économiques puissants qui permettent la domination de la technocratie économiste;

— organismes centraux qui sont conçus pour gérer des enjeux à somme nulle comme l'inflation ou le taux de change;

— absence de contrepoids au pouvoir des médias qui peuvent contrôler l'agenda politique;

— traditions politiques qui empêchent l'intégration des responsabilités environnementales au processus de décision;

— groupes de pression d'affaires dont le lobbying paralyse l'action collective des gouvernements.

Corollaires de l'hypothèse centrale

— *L'échec des écologistes n'est pas conjoncturel, mais structurel.*

Si on affirme que les problèmes environnementaux sont surtout conjoncturels, la sensibilisation du public devient une condition suffisante à la résolution des problèmes, car les systèmes politiques seraient capables de les solutionner lorsque le soutien public sera élevé. A l'opposé, si on affirme que les problèmes environnementaux sont structurels, la sensibilisation du public n'est pas une condition suffisante à la résolution des problèmes environnementaux. Les systèmes politiques actuels seraient incapables de les solutionner, peu importe le niveau de soutien public.

Il est difficile de conclure quant au caractère conjoncturel de l'échec, car trop de doutes persistent sur la signification réelle des sondages. Par contre, après analyse des systèmes politiques, il est raisonnable de conclure que **l'échec macro-écologique est structurel.** Ces conditions ne sont pas mutuellement exclusives et peuvent être résumées par le tableau 16c.

Tableau 16c:	**Caractère structurel ou conjoncturel de l'échec?**	
	Soutien de l'opinion publique	**Réforme majeure des systèmes politiques**
1. La protection de l'environnement est surtout un enjeu **structurel**	N'est pas une condition nécessaire	Condition nécessaire et suffisante
2. La protection de l'environnement est surtout un enjeu **conjoncturel**	Condition nécessaire et suffisante	N'est pas une condition nécessaire
3. La protection de l'environnement est un enjeu **conjoncturel et structurel**	Condition nécessaire mais non suffisante	Condition nécessaire mais non suffisante

L'analyse n'a pas permis de clarifier entièrement ce tableau: à partir des nombreuses lacunes des systèmes politiques, elle a seulement permis de rejeter le constat no. 2 du tableau.

Les doutes sont accentués par le fait que les écologistes ont rarement insisté sur les effets de la surconsommation des produits les plus dommageables pour l'environnement. Il faudrait donc expérimenter cette stratégie de sensibilisation et examiner son impact sur l'application de mesures concrètes de protection de l'environnement.

— *La résolution des principaux problèmes environnementaux est impossible sans un renforcement du système politique international.*
Ce corollaire a été clairement confirmé. Face aux enjeux macro-écologiques, de nombreuses caractéristiques du système politique international sont inadéquates: faibles ressources financières, faible pouvoir d'arbitrage, faiblesse du droit international, conception actuelle de la souveraineté des États, etc.

Ce corollaire ne signifie pas qu'un renforcement du système politique international mènera automatiquement à des solutions aux problèmes environnementaux. **Il faudra aussi remettre en question l'économisme des systèmes politiques nationaux et internationaux.**

BIBLIOGRAPHIE

Bibliographie présentée en six sections:

A. Science politique et économie   (monographies)
B.   (périodiques)
C. Analyse des enjeux environnementaux   (monographies)
D.   (périodiques)
E. Références spécifiques aux études de cas (monographies)
F.   (périodiques)

A. Science politique et économie (monographies)

Attali, J. et M. Guillaume, L'anti-économique, Paris, P.U.F. 1974

Bagdikian, Ben H., The Media Monopoly, Beacon Press, Boston, 1987

Basso, Jacques-A., Les groupes de pression, Que Sais-je no.895, PUF, 1983

Bedjaoui, M., Pour un nouvel ordre économique international, Paris, Unesco, 1979

Berger, Arthur, Media USA, Longman,N.Y., 1988

Bernard, André, La politique au Canada et au Québec, Presses de l'un. du Québec,1977

Berry, Jeffrey M., Lobbying for the People, Princeton University Press, 1977

Bettati, Mario, Le nouvel ordre économique international, Que Sais-je no.2088, PUF, 1985

Bélanger, André J., Framework for a Political Sociology, Un. of Toronto Press, 1985

Biolat, Guy, Marxisme et environnement, éditions sociales, Paris 1973

Birnbaum, Pierre, La fin du politique, Seuil, Paris, 1975

Blondel, J., Political Parties, Wildwood House, London, 1978

Boudon, R., A quoi sert la notion de «structure», Gallimard, Paris, 1968

Braillard, Philippe, Théorie des relations internationales, collection Thémis, P.U.F. 1977

Brandt, Willy (sous la présidence), Nord-Sud: un programme de survie, Gallimard, 1980

Broder, David S., Changing the Guard: Power and Leadership in America, Penguin books, 1980

Bryant, C. G.A., Positivism in Social Theory and Research, MacMillan London, 1985

Cardoso, F.H., Politique et développement des sociétés dépendantes, Anthropos, Paris, 1971

Carnoy, Martin, The State and Political Theory, Princeton, N.J., 1984

Cheema, G.S., D.A. Rondinelli, editors, Decentralization and Developement, Sage Publications, N.Y.,

Cohen, David, «The Public Interest Movement and Citizen Participation», p.52-65,
    Langton, S., editor, Citizen Participation in America, Lexington books, U.S., 1978

Dahl, Robert, Qui gouverne?, Paris, A.Colin, 1961

Dion, Léon, Société et politique: la vie des groupes, 1971

Dion, Léon, Les groupes et le pouvoir politique aux Etats-Unis, Presses de l'Université Laval,1965

Dogan, Mattei et Dominique Pelassy, Sociologie politique comparative, Economica, Paris, 1982

Duverger, M., Les partis politiques, Seuil, Paris, 1981

Duverger, Maurice, Le système politique français, collection Thémis, P.U.F.,Paris, 1986

Easton, David, Analyse du système politique, coll. Analyse politique, Armand Colin, Paris, 1974

Edel, Matthew, Economies and the Environment, Prentice-Hall, 1973

Ehrlich, Stanislas, Le pouvoir et les groupes de pression, 1971

Elliot, John, The Sociology of Natural Resources, Butterworths, Toronto, 1981

Engels, F., Dialectique de la nature, Ed. sociales, Paris, 1968

Fisher, Anthony C., Resource and Environmental Economics, Cambridge Univ. Press, 1981

Gagnon, Luc, L'écologie, le chaînon manquant de la politique, éd. de l'Alternative, Montréal, 1985

Galbraith, J.-K., Le nouvel état industriel, Gallimard, 1969

Georgescu-Roegen, Nicholas, The Entropy Law and the Economic Process, Harvard Un. Press, 1971

Germani, Gino, Politique, société et modernisation, Duculot, Sociologie nouvelle, Belgique,1972

Goguel, François et Alfred Grosser, La politique en France, Armand Colin, Paris, 1984

Grawitz, Madeleine, Méthodes des sciences sociales, Dalloz, Paris, 1984

Grewe, Constance, Le système politique ouest-allemand, Que Sais-je no.2275, PUF, 1986

Grosser, A., H. Ménudier, La vie politique en Allemagne fédérale, Armand Colin, Paris, 1978

Grosser, Alfred, L'Allemagne en Occident, La République fédérale 40 ans après, Fayard, Paris, 1985

Grosser, Alfred, L'explication politique, éd. Complexe, Paris, 1972

Hamon, Hervé et Patrick Rotman, La deuxième gauche, Ramsay, 1982

Hays, M. T., «Interest groups: Pluralism or Mass Society ?», p. 110-125,
    Loomis, B. A. et A. J. Cigler, editors, Interest Group Politics, Congressionnal Qu. Press, Wash. 1983

Hérichon, Emmanuel, La décentralisation, Hatier, Paris, 1983

Hueting, R, New Scarcity and Economic Growth, North-Holland, 1980

Jackson, R.J., D.Jackson, N.Baxter-Moore, Politics in Canada, Prentice-Hall, Canada,1986

Janos, Andrew C., Politics and Paradigms, Changing Theories of Change in Social Science, Stanford Un.
    Press, 1986

Jeanneney, Ulla, Le socialisme suédois: une expérience, Hatier, Paris, 1976

Key, V.O., Politics, Parties and Pressure Groups, N.Y. T. Crowell, 1964

Kiss, Alexandre-Charles, La protection de l'environnement et le droit international,
    Académie de droit international de La Haye, Leiden, 1975

Kiss, Alexandre-Charles, La protection internationale de l'environnement, Documentation française, 1977

Kubalkova, V., A.Cruikshank, Marxism-Lenisim and Theory of International Relations, London, 1980

Langton, Stuart, Citizen Participation in America, Lexington books, U.S., 1978

Lindon, Denis, Marketing politique et social, éditions Dalloz, Paris, 1976

Loomis, Burdett A. et Allan J. Cigler, «The changing Nature of Interest Group Politics», p.1-22,
    Loomis, B. A. et A. J. Cigler, ed., Interest Group Politics, Congressionnal Quarterly Press, Wash.1983

McConnell, C.R., W.H. Pope, P.A. Julien, L'Économique, tome 1: macro-économique, McGraw-Hill,
    1980, p.352

McFarland, Andrew S., «Public Interest lobbies versus Minority Faction», p. 324-351
    Loomis, B. A. et A. J. Cigler, ed., Interest Group Politics, Congressionnal Quarterly Press, Wash.1983

Melucci, A.,«Mouvements sociaux, mouvements post-politiques», dans Mouvements alternatifs et crise de
    l'État», Revue internationale d'action communautaire, automne 1983

Merkl, P.H., editor, Western European Party Systems, Free Press, N.Y., 1982

Merkl, P.H., Modern Comparative Politics, Holt Rinehaut & Winston, N.Y., 1970

Merle, Marcel, Forces et enjeux dans les relations internationales, Economica, Paris, 1985

Ménudier, Henri, Système politique et élections en R.F.A., éd. Peter Lang, France, 1986

Mills, C.W., L'élite du pouvoir, Maspero, Paris, 1969

Monière, Denis, Critique épistémologique de l'analyse systémique de David Easton, Un. d'Ottawa, 1976

Morand-Deviller, Le droit de l'environnement, Que Sais-je no.2334, PUF, 1987

Morin, Edgar, La méthode (tome 1): La nature de la nature , éditions du Seuil, 1977

O.C.D.E., Interdépendance économique et écologique, Paris, 1982

O.C.D.E., La pollution transfrontière et le rôle des états, Paris, 1981

O.C.D.E., La protection de l'environnement dans les régions frontières, Paris, 1979

Olson, Mancur, Logique de l'action collective, PUF, 1978

Orban, Edmond (sous la direction), Le système politique des États-Unis, Presses de l'Un.de Montréal, 1987

Orban, Edmond, La dynamique de la centralisation dans l'État fédéral, un processus irréversible?, Quebec-Amérique, Montréal, 1984

Ornstein, N. J. et S. Elder, Interest Groups, Lobbying and Policymaking, Congressionnal Quart.Press, 1978

Panthéon-Sorbonne (Recherches), Université de Paris, Une approche multidisciplinaire de l'environnement, Economica, 1980 (chap. 1 «Les impasses de l'économisme»)

Pearson, Charles S., Multinational Corporations, Environment and the Third World, Duke Univ.Press, U.S.A.,1987

Piaget, Jean, Le structuralisme, Que sais-je, PUF, 1968

Poulantzas, Nicos, L'État, le pouvoir, le socialisme, PUF, Paris, 1981

Poutout, Pierre, L'heure du citoyen, France-Empire, Paris, 1983

Prud'homme, Remy, Le ménagement de la nature, Des politiques contre la pollution, Dunod, 1980

Quermonne, Jean-Louis, Les régimes politiques occidentaux, Seuil/Point politique, Paris, 1986

Radjavi, Kazem, La dictature du prolétariat et le dépérissement de l'État de Marx à Lénine, Anthropos, Paris, 1975

Redclift, Michael, Developement and the Environmental Crisis, Red ou Green Alternatives?, Methuen, London, 1984

Rokkan, Stein, Citizens, Elections, Parties, D.McKay Co., N.Y., 1970

Rosanvalon, P., L'âge de l'autogestion, Seuil/Point politique, Paris, 1976

Roskin, Michael G., Countries and Concepts: an Introduction to Comparative politics, Prentice-Hall, N.J., 1982

Schrecker, T.F., L'élaboration des politiques en matière d'environnement, Commission de réforme du droit du Canada, Ottawa, 1984

Seiler, Daniel-Louis, De la comparaison des partis politiques, Economica, Paris, 1986

Seiler, Daniel-Louis, La politique comparée, Armand Colin, Paris, 1982

Sfez (colloque dirigé par Lucien), Décisions et pouvoir dans la société française,Union générale d'éditions,Paris, 1979

Société française pour le droit international, La crise de l'énergie et le droit international, Pédone, Paris, 1976

Tinbergen, Jan, coordinator, Reshaping International Order, Signet, Canada, 1977

Touraine, Alain et al., La prophétie anti-nucléaire, Seuil, 1980

Touraine, Alain et M. Azcarate, Mouvements sociaux d'aujourd'hui: acteurs et analystes, Éd. ouvrières, Paris, 1982

Touraine, Alain, La société post-industrielle, Denoël, 1969

Touraine, Alain, La voix et le regard, Seuil, Paris, 1978

Truman, David B., «Interest Group Politics», p. 169-172 dans J. Allmann, W. Anderson, Evaluating Democracy, Goodyear, U.S., 1974

Van Liere, Irene H., Acid rain and international law, Bunsel Environmental Consultants, 1981

Wilkinson, Paul, Social Movements, U.S., 1971

Wilson, Graham K., Interest Groups in the United States, Clarendon Press, Oxford, 1981

Wilson, John, Introduction to Social Movements, Basic Books, N.Y., 1973

World Commission on Environment and Development, Our Common Future, Oxford Univ. Press, 1987

B. Science politique et économie (périodiques)

Bachrach, P. and M. Baratz, «Decisions and Non-decisions», American Political Science Review, Sept. 1963, p. 632-42

Bachrach, P., M. Baratz, «The Two Faces of Power», American Political Science Review, Dec. 1962, p.947-52

Birnbaum, Pierre, «Type d'élite et nature de l'État: l'exemple américain», Pouvoirs, 1984, p.121-8

Birnie, Patricia, British Journal of International studies, July 1977, p.169-190,
«The development of international environmental law»

Boulding, K., The Environmental Crisis, «Fun and games with Gross National Product: the Role of misleading indicators in social policy», Yale University Press, 1970

Daly, Herman E., «Growth Economics and the Fallacy of Misplaced Concreteness» American Behavioral Scientist, Sept.-Oct. 80 p.79-105

Donahue, M.J., «The Great Lakes as a Touchtone for Canada-U.S. Relationships», Alternatives, Sept.-Oct. 1986, p. 3-9

Dower, Roger C.,«Valuing Natural Resources», Environment, May 87, p.10

Ely, John, (review article), «Bookchin's natural anarchism», Alternatives, spr/summer 1985, p.65-68

Freeman, Bill, «Ecology vs Marxism», p.16-17, Our generation, Fall 1979

Kiss, Alexandre-Charles, Annuaire français de droit international, 1979 p.719-725,
«La coopération pan-européenne dans le domaine de la protection de l'environnement»

Kuchenberg, Thomas C., «The International Joint Commission», Environment, March 1985, p.35

La Documentation française, no. 371, «La place des lobbies dans la vie politique américaine», p.5-6
Problèmes politiques et sociaux, «Les groupes de pression aux Etats-Unis»,14 sept. 1979

La Documentation française, Problèmes politiques et sociaux, «Les groupes de pression aux Etats-Unis», no. 371, 14 sept. 1979

Mothé, D., «Idéologie des écologistes et pratiques autogestionnaires», Autogestions, vol.4,1980, p.473-83

Munton, Don, International Journal, winter 1980-1981, p.139-184,
«Dependance and interdependance in transboundary environmental relations»

Perry, John S, «International Institutions; Managing the World Environment», Environment, Jan.-Feb. 1986, p.11-3, 37-40

Phillips, Kevin, «The Balkanization of America, Harper's Magazine, May 1978, p. 37-47

Royston, Michael G., «Local and Multinational Corporations: Reappraising Environmental Management», Environment, Jan.-Feb. 1985, p. 12-20,39-43

Sidey, Hugh, «Fragmentation of Powers», Time, July 6, 1987, p. 31-3

Stein, R.E., J. Woods, Report on «The Great Lakes Water Quality Agreement», Environment, July-Aug. 1986, p.25-7

Touraine, Alain, «Théorie et pratique d'une sociologie de l'action», Sociologie et Sociétés, vol X, no.2

Touraine, Alain, «Réactions antinucléaires ou mouvement antinucléaire», Sociologie et sociétés, avril 1981

Wakefield, P., «Is UNEP Still a Good Investment», Environment, May 1982, p.6-13, 34-8

C. Analyse des enjeux environnementaux (monographies)

Bacot, Paul et Claude Journès (sous la direction de), Les Nouvelles idéologies, Presses univ. de Lyon, 1982, chap. sur «Les écologistes, l'État et les partis»

Boileau, Louise, Etude de deux mouvements écologiques québécois: SVP et STOP, mémoire de maîtrise en sociologie, Université de Montréal, janvier 1976

Bookchin, Murray, The limits of the city, Harper and Row, 1984

Bookchin, Murray, Toward an Ecological Society, Black Rose books, Montreal, 1980

Bosquet, Michel (André Gorz), Ecologie et politique, éditions du Seuil, Paris, 1978

Bourgeault, Guy, «L'environnement: enjeux et questionnements éthiques», Ecologie et environnement, Cahiers de recherche éthique no. 9, Fides, 1983

Capra, Fritjof and C. Spretnak, Green Politics, the Global Promise, E.P.Dutton, N.Y., 1984

Catton, William R., Overshoot, the Ecological Basis of Revolutionary Change, Un. of Illinois Press, 1982

CFDT, Les dégats du progrès, Seuil, 1977

Charbonneau, Bernard, Le feu vert, auto-critique du mouvement écologique, Karthala, 1980
Collectif Ecolo, 90 propositions des écologistes. Une autre manière de faire de la politique, Namur, 1981
Collectif Ecolo, L'emploi: la réponse des écologistes, Centre d'études et de formation en écologie, 1983
Commission mondiale sur l'Environnement et le Développement, Notre avenir à tous, éd. du
    Fleuve,Montréal, 1987
Commoner, Barry, «A Reporter at Large», New Yorker, June 15, 1987
Commoner, Barry, L'encerclement: problèmes de survie en milieu terrestre, Seuil, 1972
Commoner, Barry, Quelle terre laisserons-nous à nos enfants, Seuil, 1969
Commoner, Barry, The Politics of Energy, A.A. Knopf, N.Y., 1979
Commoner, Barry, The Poverty of Power, Bantam Books, 1976
Dansereau, Pierre, Biogeography, An Ecological Perspective, Ronald Press, 1957
Die Grünen, Programme of the German Green Party, LongRiver Books, London, 1983
Dumont, René, Un monde intolérable, Seuil, 1988
Dumont, René et les membres de son comité de soutien,
    La campagne de René Dumont et du mouvement écologique, éditions Pauvert, 1974
Dumont, René, L'utopie ou la mort, Seuil, Paris, 1973
Duplé (Sous la direction de Nicole), Le droit à la qualité de l'environnement: un droit en devenir, un droit à
    définir, 5° conférence internationale de droit constitutionnel, Québec-Amérique, 1988
Ehrlich , P. R. et A. H. Ehrlich, Population, Ressources, Environment, 1972
Ehrlich, Paul R., The Population Bomb, Ballantine Books, N.Y., 1968
Environnement-Canada, Rapport sur l'état de l'environnement au Canada, 1986
État de l'environnement, 1987, Ministère de l'environnement de la France, 1988
État de l'environnement, 1986, Ministère de l'environnement de la France, 1987
Faivret, J.P., J.L. Missika et D. Wolton, L'illusion écologique, Seuil, Intervention, Paris, 1980
Gignac, Hélène, Idéologies et pratiques écologistes: le cas québécois, maîtrise à l'université de Montréal,
    1982
Goldsmith, Edward and the Editors of The Ecologist, Blueprint for Survival, HMC, 1972
Guérin-Henni, Anne, Les pollueurs, Luttes sociales et pollution industrielle, Seuil/Point politique, 1980
Harnois, Marcel, Les groupes environnementaux au Québec,
    rapport de maîtrise en sciences de l'environnement, janvier 1986
Henderson, Hazel, The Politics of the Solar Ages, Anchor, N.Y.; 1981
Hunter, Robert, Greenpeace, R. Laffont, 1983
Jurdant, Michel, Le défi écologiste, Boréal express, 1984
Lalonde, Brice et Dominique Simonnet, Quand vous voudrez, éditions Pauvert, 1978
Langguth, Gerd, The Green Factor in German Politics, Westview Press, 1984
Lantin, Françoise, «Ecologie et biologie», dans P. Achard et al. Discours biologique et ordre social,
    Seuil, Coll. Science ouverte, Paris, 1977, p.206-240
Lavoie, Jean-Guy, Les organisations internationales, l'environnement et le développement, non-publié,
    1987
Leaders of U.S. Environmental groups, An Environmental Agenda for the Future, Island Press, 1985
Lebreton, Philippe, L'ex-croissance, les chemins de l'écologisme, Denoël, Paris, 1978
Lovins, Amory B. et John Price, Non-Nuclear Futures, Ballinger, 1975
Lovins, Amory B., Soft Energy Paths: toward a durable peace, Harper Colophon books, 1977
Lovins, Amory B., Stratégies énergétiques planétaires, Bourgeois, 1976
Meadows, D.H. et al., Halte à la croissance, Le Club de Rome, Fayard, 1972
Milbrath, Lester, Environmentalists, Vanguard for a New Society, State Univ. of N.Y. Press, 1984
O'Riordan, T, Environmentalism, Pion, London, 1981
O.C.D.E., Données O.C.D.E. sur l'environnement, Compendium 1987, Paris, 1987
O.C.D.E., L'état de l'environnement dans les pays de l'O.C.D.E., Paris, 1979
Papadakis, Elim, The Green Movement in West Germany, Croom Helm, G.B., 1984
Pepper, David, The Roots of Modern Environmentalism, Billings & Sons, G.B., 1984
Petulla, J. M., Environmental Protection in the United States, San Francisco Study Center, 1987
Porritt, Jonathon, Seeing Green, The Politics of Ecology Explained, Basil Blackwell, U.K., 1984

Ramade, François, Les catastrophes écologiques, McGraw-Hill, Paris, 1987
Rapport du «comité nucléaire, environnement et société» au parti socialiste,
    Pour une autre politique nucléaire, Flammarion, 1978
Ribes, Jean-Paul, Pourquoi les écologistes font-ils de la politique ?, Seuil, Paris, 1978
Rosnay, Joël de, «L'analyse énergétique, outil d'une politique de l'environnement», dans Une approche
    multidisciplinaire de l'environnement, Recherches Panthéon-Sorbonne, Economica, Paris, 1980
Rosnay, Joël de, Le macroscope, Seuil, 1975
Rubin, S. J., T.Q. Graham (editors), Environment and Trade: the Relation of International Trade and
    Environmental Policy, Allanheld, Osman Co., N.J., 1982
Sachs, Ignacy, et al., Initiation à l'écodéveloppement, Privat, 1981
Samuel, Pierre, Ecologie: détente ou cycle infernal, Union générale d'Editions, Paris, 1973
Schumacher, E.F., Small is beautiful, Abacus, London, 1974
Simonnet, Dominique, L'écologisme, collection «Que sais-je» no.1784, P.U.F. 1979
Singh, Narindar, Economics and the Crisis of Ecology, Oxford Un. Press, Delhi, 1976
Tozzi, Michel, Syndicalisme et nouveaux mouvements sociaux: régionalisme, féminisme et écologie,
    éditions ouvrières, Paris, 1982
Union Internationale pour la conservation de la nature et de ses ressources,
    Stratégie mondiale de la conservation, 1980
Vadrot, Claude-Marie, L'écologie, histoire d'une subversion, Syros, Paris, 1978
Vaillancourt, Jean-Guy, Mouvement écologiste, énergie et environnement: essais d'écosociologie, Saint-
    Martin, 1982
Watt, Kenneth E.F., Understanding the Environment, Allyn & Bacon, U.S., 1985
World Resources Institute, World Resources 1987, Basic Books
World Resources Institute, World Resources 1988-89, Basic Books
Worldwatch Institute, State of the World, 1988, W.W.Norton, New York, 1988
Worldwatch Institute, State of the World, 1989, W.W.Norton, New York, 1989

D. Analyse des enjeux environnementaux (périodiques)

Anthony, R., «How Effective was the Green Vote?», Environment, Dec. 1982, p. 2-4
Anthony, R., «Trends in Public Opinion on the Environment», Environment, May 1982, p. 14-20, 33-4
Bonnal, Françoise, «Opinion publique et écologie», p.27, «Les mouvements écologistes dans le monde»,
    Problèmes politiques et sociaux, La documentation française, 3 juillet 1981,no.418
Bookchin, Murray, «Freedom and Necessity in Nature: A problem in Ecological Ethics», Alternatives, Nov.
    1986, p.29-38
Bookchin, Murray, «Marxism as bourgeois sociology», Our Generation, vol. 13, no. 3 p.21-28
Bookchin, Murray,«An open letter to the ecological movement», Our Generation, vol. 14, no.2, p.23-8
Bosquet, Michel, «Le vote des verts», Le nouvel observateur, 5 mai 1981
Boy, Daniel, «Le vote écologiste en 1978», Revue française de science politique, vol. 31, no.2, avril 1981,
    p.394-416
Brown, Lester, «Bilan de santé du monde», Dialogue, no.3, 1989, p.11-16
Burklin, Wilhelm, «The German Greens», International Political Science Review, Oct. 1985, p. 463-81
Caldwell, L.K., «Cooperation and Conflict, International Response to Environmental Issues»,
    Environment, Jan.-Feb. 1985, p. 6-11,38-9
Clarke, Deborah, «The Canadian Coalition on Acid Rain: Canada's Lobby Force in Washington»,
    Alternatives, winter 1983, notes p.3-8
Clow, Michael,«Alienation from Nature: Marx and Environmental Politics», Alternatives, summer 1982
Cohen, J.L. et A. Arato, «The German Green Party», Dissent, summer 1984, p.327-32
Cotgrove, Stephen et Andrew Duff, «Environmentalism, middle-class radicalism and Politics»,
    Sociological Review, vol.28 no.2, May 1980, p.333-351
Devall, Bill, «The Deep Ecology Movement», p. 299-322, Natural Resources Journal, April 1980
Dunlap, Riley E., W.R.jr Catton, «A New Ecological Paradigm for Post-Exuberant Sociology»,
    American Behavioral Scientist, Sept.-Oct,. 1980, p. 15-47
Dunlap, Riley E., W.R.jr Catton, «Environmental Sociology: A New Paradigm»,

The American Sociologist, vol. 13, Feb. 1978, p.41-49

Dunlap, Riley E., «Paradigmatic Change in Social Science»,
American Behavioral Scientist, Sept.-Oct. 1980, p.5-14

Dunlap, Riley E.,«Public Opinion on the Environment in the Reagan Era», Environment, June 1987, p.6-
11, 32-7

Fisher, Claude, «Le mouvement écologique et ses contradictions», Preuves, automne 1974

Fontanel, Jacques, «An undeveloped peace movement: the case of France», Journal of Peace Research,
June 1986,p. 175-82

Gurin, David, «France: making ecology political and politics ecological», Contempory Crisis, April 1979,
p.149-169

Harger, Robin, Gary Culhane, «The Ecological Movement», Canadian Dimension, vol. 8, no. 3, p.41-3

Johnson, Ralph W., «Environmental Protection in Canada», Environment, July-Aug. 1986, p.2-3

Journès, Claude, «Idées économiques et sociales des écologistes», Projet, no.182, fév.1984, p.215-23

Journès, Claude, «Les idées politiques du mouvement écologique»
Revue française de science politique, vol.29, no.2, avril 1979, p.230-54

Kabala, Stanley J., «Poland, Facing the Hidden Costs of Development», Environment, Nov. 1985, p.9

La documentation française, «Le programme des écologistes», p.29-32,

«Les mouvements écologistes dans le monde», Problèmes politiques et sociaux, , 3 juillet 1981,no.418

Le Monde, dossiers et documents, mars 1978, «L'écologie enjeu politique»

Lölhöffel, H., «Commission d'enquête ou non? Une grande coalition tacite contre le parti écologiste»,
La Tribune d'Allemagne, 1 sept. 1985, p. 3

Luten, D. B., «Ecological Optimism in the Social Sciences», American Behavioral Scientist, Sept.-Oct.
1980 p.125-151

Lyon, Vaughan, «The Reluctant Party: Ideology Versus Organization in Canada's Green Movement»,
Alternatives, Dec. 1985, p. 3-8

Manifeste du regroupement écologique québécois, Montréal, automne 1978

Merchant, Carolyn, «Women and the Environmental Movement», Environment, June 1981, p.6-13, 38-40

Mewes, Horst, «Can Germany's Greens Succeed», Environment, May 1983, p.2-5

Mewes, Horst, «The Green Party Comes of Age», Environment, June 1985, p.12-7, 33-9

Mewes, Horst, «The West German Green Party», New German Critique, winter 1983, p.51-85

Ménudier, Henri, «Les élections du Bade-Wurtemberg: le glissement à gauche des 'Verts' »,
Documents: revue des questions allemandes, vol.35, no.2, juin 1980, p.13-17

Ménudier, Henri, «Les Verts en Allemagne fédérale», Revue Études, 1983, p.175-88

Mitchell, Robert Cameron, «How 'soft', 'deep', or 'left' ? Present constituencies in the environmental
movement for certain world views», p. 345-358, Natural Resources Journal, April 1980

Morin, Edgar et al., «La pensée écologie», Dialectiques, no.31, Paris, 1981

Mosher, Lawrence, «Environmentalists Sue to Put an End to Regulatory Massive Resistance»,
National Journal, Dec. 19, 1981, p. 2233-4

Muller-Rommel, F., «The Greens in Western Europe», International Political Science Review, Oct. 1985,
p.483-99

Natural Resources Journal,, «Class Politics or Democratic Reform: Environmentalism and American
Political Institutions», p. 222-241, April 1980

Nelkin, Dorothy, «L'énergie nucléaire dans le discours féministe», Sociologie et sociétés, avril 1981

O'Riordan, T., «Public Interest Environmental Groups in U. S. and Britain»,
Journal of American Studies, Dec. 1979, p. 409-438

Paehlke, Robert C., «12 Ways to Start Working Together», Alternatives, Aug.-Sept. 1987, p.59-64

Paehlke, Robert, «Environmentalisms: 'Motherhood', Revolution, or Just Plain Politics», Alternatives,
Dec. 1985, p. 29-33

Paehlke, Robert, «Environnementalisme et syndicalisme au Canada anglais et aux Etats-Unis»,
Sociologie et sociétés, avril 1981

Pridham, Geoffrey, «Ecologists in politics: the West German case», Parliamentary Affairs, fall 1978 p.436-
444

Racine, Luc, «Crise écologique et symbolique de l'apocalypse», Sociologie et sociétés, avril 1981

Rodman, John, «Paradigm change in political science: an ecological perspective»

American Behavioral Scientist, Sept.-Oct. 1980 p.49-78

Rothacher, Albrecht, «The Green Party in German Politics», West European Politics, July 1984, p.109-16

Sainteny,Guillaume, «Le vote écologiste aux élections régionales», Revue politique et parlementaire, jan. fév. 1987

Sandoz, Gérard, «Les écologistes, les syndicats et l'enjeu électoral» Documents: revue des questions allemandes, vol.34, no.4, déc.1979 p.3-12

Sarkar, Saral, «The Green Movement in West Germany», Aternatives (of G.B.), April 1986, p.219-54

Science et Technologie, «Désastres écologiques à l'est», juin 1989, p.16

Siemens, Jochen, «Les Verts et leurs problèmes», La Tribune l'Allemagne, 7 juil. 1985, p.3

Stengel, R., «Morality Among the Supply-Siders», Time, May 25, 1987, p. 20-22

Symonds, W., «Washington in the Grip of the Green Giant», Fortune, Oct. 4, 1982, p. 136-142

Taylor, R.A, «Why Reagan is on the Griddle Over Environment», U.S. News and World Report, Oct.30, 1982, p.57-59

The Ecologist Briefing Document, «The Social and Environmental Effects of Large Dams», The Ecologist, vol 14, no 4/6, Grande-Bretagne, 1984, 16 p.

The Economist, Oct. 15, 1988, «Changing colour», p.15-6

The Environmental Forum, Aug. 1984, «The League of Conservation Voters», p. 19-21

Thompson, D., «The Greening of the U.S.S.R.», Time, Jan. 2, 1989, p.59

Vaillancourt, Jean-Guy, «Evolution, diversité et spécificité des associations écologiques québécoises» dans «Écologie sociale et mouvements écologiques», revue Sociologie et sociétés, avril 1981

Vaillancourt, Jean-Guy, «L'écologisme politique», notes d'entrevue, Le pouvoir en question, cahier no.20, Radio-Canada

Vaillancourt, Jean-Guy,«Le mouvement vert Québécois: entre l'écologie et l'écologisme», Possibles, printemps 1985, p. 35-46

Vaillancourt, Jean-Guy, «Les Verts du côté de la colombe», Autogestions, nos 20-21, 1985, p. 35-9

Vaillancourt, Jean-Guy, «The Ecology Manifesto and the Growth of the Movement in Quebec», p.5-6, Our generation, fall 1979

Van Liere, K. D., R. E. Dunlap, «The Social Bases of Environmental Concern: review of hypotheses, explanations and empirical evidence», The Public Opinion Quarterly, summer 1980, p.181-97

Vincent, Bernard, «Le rouge et le vert, La gauche face au défi écologique», Esprit, no. 10, oct. 1977

Warburg, Philip, «French Ecologists on the Campaign Trail», Environment, Dec. 1981, p.12-20, 34-35

Warren, Charles S., «Budget Cutbacks and Environmental Legislation», Environment, March 1982, p. 2-4

Wickham, T. et D.Huff, «Environmental politics score in Ontario»,Alternatives, spring-summer 1985, p.72-3

E. Références spécifiques aux études de cas (monographies)

Babin, Ronald, L'option nucléaire, Boréal Express, Montréal, 1984

Bergin, Edward J., R. E. Grandon, How to Survive in your Toxic Environment, Avon, N.Y, 1984

Bernier , B. et M.Brazeau, Un patrimoine en détresse, MER et Université Laval, 1986

Bouguerra, Mohamed L., Les poisons du Tiers monde, éd. la Découverte, Paris, 1985

Brooks, David, Robert Bott and John Robinson, Life after oil, A Renewable Energy Policy for Canada, Friends of the Earth, 1983

Brown, L.R., J.L. Jacobson, The Future of Urbanization, Worlwatch Paper no 77, May 1987, p.17

Carroll, J. E. (Canadian-American Committee), Acid-rain: an issue in Canadian-American relations, 1982

CFDT, Le dossier de l'énergie, Seuil/Points, 1984

Chubb, J. E., Interest groups and the bureaucracy: the politics of Energy, Stanford Un.Press, 1983

Cook, Constance E., Nuclear Power and Legal Advocacy, Lexington books, Mass., 1980

Dagenais, Jean-Pierre, Ironie du Char, Montréal, 1982

Drablos, D. and A. Tollan, editors, International Conference on the Ecological Impact of Acid Precipitations, Sandefjord, Norway: S.N.S.F. Project, 1980

Gagnon, Luc, Les interactions entre la densité, l'ensoleillement et la consommation énergétique, mémoire de maîtrise en sciences de l'environnement, UQAM, 1983

Gates, David M., Energy and Ecology, Sinauer Associates, U.S., 1985

Georgescu-Roegen, Nicolas, Demain la décroissance: entropie, écologie, économie, Favre, Lausanne, 1979

Hill, Stuart, «Political culture and evaluation of nuclear power: a comparative analysis of France and the U.S.», p.35-69, dans A.J. Groth et L.L. Wade, ed., Public Policy across Nations, 1985

Howard, Ross, Pluies acides, Québec-Amérique, 1982

Illich, Ivan, Energie et équité, Seuil, Paris, 1973

Johnston, Douglas M. et P. Finkle, Acid precipitation in North America: the case for transboundary cooperation, Canadian Institute of Resources Law, 1983

Lalonde, Richard et Hélène Lajambe, Québec 2025, la voie énergétique douce, Energie, Mines et Ressources Canada, 1983

Lash, J., K. Gillman, D. Sheridan, A Season of Spoils, The Story of the Reagan Administration's Attack on the Environment, Pantheon Books, New York, 1984

Lewis, D., W. Davis, Joint Report of the Special Envoys on Acid Rain, Jan. 1986

Manahan, S., Environmental Chemistry, W. Grant Press, Boston, 1984

Nelkin,Dorothy, M. Pollack,The Atom Besieged, Antinuclear Movements in France and Germany, MIT Press, 1982

Nobert, Marie, Dynamique de l'opinion publique en matière d'environnement: revue de littérature, INRS-Eau, oct.1985

O.C.D.E., L'énergie nucléaire et l'opinion publique, Agence pour l'énergie nucléaire, Paris, 1984

O.C.D.E., La protection de l'environnement dans les régions frontières, Paris, 1979

O.C.D.E., Les économies d'énergie dans les pays de l'O.C.D.E., Paris, 1987

O.C.D.E., Les transports urbains et l'environnement: rapport de base, Conférence européenne des ministres desTransports, 10-12 juillet 1979, G. Bouladon, «Coûts et avantages des véhicules à moteur», p.313-338.

O.C.D.E., Perspectives à long terme de l'industrie automobile mondiale, Paris, 1983

O.C.D.E., Politiques et programmes énergétiques des pays de l'AIE, Examen 1986, O.C.D.E., 1987

O.C.D.E., Revitaliser l'économie urbaine, Paris, 1987

Ontario ministry of the environment, A submission to the U.S. E.P.A. opposing relaxation of SO$_2$ emission limits in state implementation plans and urging enforcement, 1981

Parlement du Canada, Chambre des Communes, Sous-comité sur les pluies acides, Les eaux sournoises: rapport du sous-comité sur les pluies acides, 1981

Perrot, Claude, Énergie et matières premières dans le monde, Boréal, Paris, 1986

Price, Jerome, The Antinuclear Movement, Twayne, U.S. 1982

Ramsey, William, Unpaid Costs of Electrical Energy, Resources for the Future, U.S., 1979

Renner, Michael, Rethinking the role of the automobile, WorldWatch Paper #84, June 988

Report of the European conference on acid rain, Goteborg, Sweden, May 9-12, 1981

Roqueplo, P., Pluies acides: menaces pour l'Europe, Economica, Paris, 1988

Sweden ministry of agriculture, environment, 1982 committee, Acidification, today and tomorrow: a Swedish study, Stockholm, 1982

Thomson, Michael J., Great Cities and Their Traffic, Penguin Books, 1977

Vincent, Solange, La fiction nucléaire, Québec-Amérique, 1979

Weller, Phil, Acid rain: the Silent Crisis, Ontario 1980

F. Références spécifiques aux études de cas (périodiques)

Attinger, Joelle, «We are in a Heap of Trouble: Seabrook may be the first nuclear plant to bankrupt a utility», Time, Oct. 26, 1987, p. 98

Babin, Ronald, «La lutte antinucléaire au Canada», Sociologie et sociétés, avril 1981

Birnie, Patricia, British Journal of International studies, July 1977, p.178, «The development of international environmental law»

Blank, L.W., «A New Type of Forest Decline in Germany», Nature, March 1985, p.311-4

Bloom, Jane L., «Superfund: the Next Five Years», Environment, May 1985, p.4-5, 41

Booth, Andrea, «Ontario cuts conservation programs», Alternatives, winter 1985, p. 52

Boraiko, Allen A., «Storing Up Trouble... Hazardous Waste» National Geographic, March 1985, p.319-351

Bosquet, Michel,«Energie et société: dix-neuf ou vingt choses que je sais d'elles», Le sauvage, printemps 1980

Bowonder, B., J.X. Kasperson, R.E. Kasperson, «Avoiding Future Bhopals», Environment, Sept.-1985, p.6-13

Brown, M.H., «Toxic Wind», Discover, Nov. 1987, p.42-9

Business Week, Oct. 18, 1982, p.86, «A Canadian storm over acid rain»

Carroll,John, «Acid Rain Diplomacy: the Need for a Bilateral Resolution»,Alternatives,winter 1983, p 9-12

Chandler, William, «Development Through Conservation: the case of energy», Alternatives, spring-summer 1985, p.22-26

Cleveland, W.S., T.E.Graedel, «Photochemical air pollution in the Northeast U. S.», Science, vol.204, no.4399:1273-8, 1979

Congressionnal Quarterly Weekly Report , «Hazardous Waste Debate», Oct. 8, 1983, p.2110

Congressionnal Quarterly Weekly Report , «Hazardous Waste», June 18, 1983, p. 1259

Congressionnal Quarterly Weekly Report , «House works on Hazardous Waste Bill», Aug. 6, 1983, p. 1640

Ça m'intéresse, no.39, mai 1984, «Les pluies acides attaquent la forêt française»

Davis, D.L., «Cancer in the Workplace», Environment, July-Aug. 1981, p. 25-37

Davis, Gary, «Toxic Materials: The Changing Role of States», Environment, April 1984, p.5, 39-41

Davis, Joseph A. Congressionnal Quarterly Weekly Report, May 28, 1983, p.1063-1065, «Acid rain is still a sore point for U.S./ Canada»

Delisle, C.E., L. Roy-Arcand et M. A. Bouchard, Effets des précipitations acides sur les divers écosystèmes: synthèse bibliographique, CINEP École Polytechnique, Montréal, 1985

Denis-Lempereur, Jacqueline, «Les poubelles de l'industrie débordent», Science et Vie, février 1986, p.84-99, 152-3

Dessureault, M. «Le dépérissement des arbres», Phytoprotection 66: 71-81, 1985

Dobell, Peter C., International Journal, winter 1980-1981, p.17-38, «Negociating with the United States»

Dowling, Michael, «Defining and Classifying Hazardous Wastes», Environment, April 1985, p.18-20,36-41

Drabble, Nancy, «Pesticide Legislation Reform: Accord between Industry and Environmentalists», Environment, Dec. 1985, p.4-5

Evans, B., «No Ordinary Scandal», Audubon, May 1983, p.44-49

Fernex, Solange, «Pluies acides et alerte au smog», Écologie, fév. 1985, p.10-11

Fouéré, Erwan, Europe, May-June 1983, no.237, «Clashing on the environment: U.S., Europe follow increasingly different paths», p.12-15

Friends of the Earth (Canada), «A Soft Energy Path for Canada: Can it be made to work?», Alternatives, fall 1984

Gagnon, G., G. Roy. État des recherches sur le dépérissement au ministère de l'Énergie et des Ressources, Cahier de conférences, mai 1987

Gagnon, L., Y. Guérard, «Le dépérissement des forêts: un retour aux sources», Franc-Nord, automne 1987

Gervers, J.H., «Nuclear Waste Disposal in Europe», Environment, Oct. 1987, p.41

Gladwin, Thomas N., «Patterns of environmental conflict over industrial facilities in the U.S. 1970-78», p. 243-274, Natural Resources Journal, April 1980

Gore, Rick,«Can we live better on less?», National Geographic, special report on Energy, Feb. 1981, p.34-57

Heil, J., J.VanBlarcom, «Superfund: The Search for Consistency», Environment, April 1986, p.8

Hendershot, W.H., What is the effect of acid precipitation on soils? MacDonald Journal, May 1986

Hinrichsen, Don, «The forest decline enigma», BioScience, vol. 37, no.8: 542-6, 1987

Jackson, J., P.Weller, «The Waste Management Industry», Probe Post, Feb. 1983

Jeffery, David, «America's auto mania», National Geographic, special report on Energy, Feb. 1981, p.24-33

Johnston, Douglas M., P. Finkle, Acid precipitation in North America: the case for transboundary cooperation, Canadian Institute of Resources Law, 1983, p.35-39

Kabala, Stanley J., Poland, «Facing the Hidden Costs of Development», Environment, Nov. 1985, p.6-13

Kiss, Alexandre-Charles, La protection internationale de l'environnement, Documentation française, 1977, p.45